荆楚文库

李廉方集
（五）

李廉方 著
郭戈 編校

荆楚文庫編纂出版委員會
華中師範大學出版社

九一八國恥紀念

（小學教學活動綱領及參考資料）

《九一八國恥紀念》（小學教學活動綱領及參考資料），開封教育實驗區教材部 1934 年 9 月印行。

目　　錄

教學活動綱領………………………………………………………	1877
第一編　九一八的前夜………………………………………………	1885
第一章　九一八以前的國際情形……………………………………	1885
第二章　九一八以前的日本…………………………………………	1895
第三章　九一八以前的中國…………………………………………	1902
第二編　九一八之發生及其經過……………………………………	1908
第四章　九一八國變之近因…………………………………………	1908
第五章　九一八事變經過情況………………………………………	1914
第六章　九一八事變後東北各地陷落之經過………………………	1929
第三編　九一八事變後………………………………………………	1945
第七章　九一八以後的國際形勢……………………………………	1945
第八章　九一八以後的日本…………………………………………	1954
第九章　九一八以後的中國…………………………………………	1969
結論　從中日的歷史關係說明我們的使命…………………………	1972

教學活動綱領

導言：九一八事件，為我國近代歷史上最大的恥辱。而且事實正在演化，目前並未止息。故對該事件之研究，以能激起學生對當前中日問題之注意為主。使學生因研究九一八事變之起因與經過，而肯注意其演化。因注意其演化，而得中日問題觀察研究之簡單途徑。從此種途徑的獲得上，以激發兒童關心國事的精神，以養成兒童注意時事的習慣。教學內容，應注意與已學五九事件相拍合。教學進行，應注意使結果扼要而敏速。不重鋪張形式的紀念，不重過甚其詞的宣傳，不重課堂形式的拘牽，而使學生走入於普通誦習、抄襲的苦境。綱領內容：高年級，以壁報為主要目的，領導學生閱讀與製作。低年級，藉新生情境之接觸，領導學生閱讀、訪問與描述。教學開始，仍以高年級為先導，故一切計畫須對全校作整個之注意。其他各點，與本部前出之五九國恥紀念教學活動綱領，大致相同，教者可忖度情勢，參照活用之。

甲、高年級

一、開始活動

1. 學校於適當地方置九一八將到的警語，以引起學生注意。
2. 學校於適當地方置中國地圖標識被占領域，引起注意。
3. 揭示新聞，注意提醒最近報紙上有關東北事件之時事。
4. 尋閱去年九一八各人所作日記。
5. 尋閱去年九一八各人所作之研究記錄。
6. 尋閱去年九一八本級所作之記錄及文稿。

7. 於適當時機提出紀念九一八。
8. 發表個人意見如何度過此日。
9. 決定紀念辦法，開始準備。

二、準備工作

1. 整理去年九一八之個人工作成績，於室內陳列。
2. 整理去年九一八之本級工作成績，於室內陳列。
3. 教師選擇有關九一八研究之書籍，於室內陳列。
4. 提出下列各問題各自選擇研究：
 (1) 九一八事變發生時，我國內部情形如何？
 (2) 九一八事變發生時，國際情勢如何？
 (3) 九一八事變發生前中日兩國之外交情勢如何？
 (4) 九一八事變發生，我國所受有形損失之統計。
 (5) 九一八事變發生後日本繼續對我國進攻還有那些事件？
 (6) 選一段九一八事變中可紀念的故事。
 (7) 填寫一張暗射圖，畫出九一八後日本對我進攻的路綫。
 (8) 最近報紙上所載東北問題有甚麼重要消息？
5. 尋找參考資料，各自研究。
6. 發刊壁報，發表各自研究所得，開始宣傳。
7. 根據研究所得，繪製愛國圖畫。
8. 根據研究所得，繪製有意義的統計圖或表。
9. 編制警語，準備張貼。
10. 準備演詞，推選講演員，準備在大會講演。
11. 準備紀念歌詞。
12. 準備紀念會中本級所應有之準備。
13. 準備紀念會中本級所擔任之工作。
14. 準備個人有計劃之活動。

三、開會紀念

1. 布置自己的教室：

（1）懸掛自己繪製的地圖。

（2）張貼愛國畫片。

（3）張貼警語。

（4）張掛重要研究紀錄。

（5）張掛最佳講演稿。

（6）壁報出特號。

2. 布置公共場所（就本級所擔負之範圍整理布置）：

（1）布置大禮堂。

A 懸掛黨國旗及總理遺像。

B 懸掛中華大地圖。

C 張貼標語圖畫。

D 其他應有之布置。

（2）布置校內其他場所：

A 於適當地方張貼標語。

B 張貼愛國圖畫。

C 設置足以表現抗日精神的簡易遊戲。

3. 布置個人有計劃活動之應有布置。

4. 開會：

（1）室外列隊。

（2）肅靜入堂。

（3）立正對中華地圖行注目禮。

（4）如儀行禮。

（5）唱黨歌。

（6）挺胸靜默。

（7）立正，舉右手唱國恥歌，或打倒日本歌。

（8）教師及同學作簡要講演。
（9）呼口號散會。
5. 自由參觀其他各級同學研究成績及教室布置。
6. 作個人有計劃之宣傳活動，或參加遊戲。

四、結束活動

1. 共同方面：
（1）整理保存本級所出之國恥壁報，決定續出或停刊。
（2）撤除並保存本級教室布置所製之警語或圖畫。
（3）撤除並保存本級教室布置所張掛之研究文字及圖表。
（4）整理保存對外活動之文稿或製品。
（5）整理或結束本級為全校所擔任之事項或文件。
（6）撤除本級所設置之抗日遊戲器具。
2. 個人方面：
（1）整理自己的研究筆記或他種稿件，結束保存。
（2）整理個人特殊有計劃活動所製之器具文件或記錄。
（3）摘要記錄紀念會中自己所認為最受感動之講演。
（4）寫一篇九一八國恥紀念感言，或記事文字，以備明年檢閱。

乙、中年級

一、開始活動

1. 利用學校所設置之警語開始活動。
2. 利用高年級同學的紀念活動，選取其所設置之警語、圖畫、壁報等，作為研究資料。
3. 揭示新聞，提醒注意最近報紙中，有關東北事件之時事。
4. 教師將有關於九一八事件之圖畫，特別陳設。

5. 尋讀自己所讀過有關中日事件的文字。
6. 發表個人意見，討論如何度過此日。
7. 決定紀念辦法，開始準備。

二、準備工作

1. 提出下列各問題，選擇研究：
（1）九一八事變發生距今已有幾年？
（2）九一八事變發生前，中日間有何重大事件？
（3）九一八事變發生時，我國內部有何重大事件？
（4）九一八事變我國失掉的土地有多少？人民有多少？重要軍火有多少？
（5）在教師所特備的地圖上，畫出九一八後日本對我國進攻的路綫。
（6）選讀或聽述一段九一八事變中，最能興奮精神的故事。
2. 尋找參考資料研究作口頭報告。
3. 分頭搜集，有關九一八事件之照片或圖案。
4. 室內懸掛中華地圖，用色紙或小旗表出九一八後日本所侵略我們的土地。
5. 尋找樣張，準備警語。
6. 準備愛國繪畫。
7. 準備一種足以表示抗日精神的遊戲，設置於適當地方。
8. 發刊壁報或畫刊，發表各自抗日意見。
9. 準備九一八紀念歌，或抗日歌。
10. 參加大同學所招集之紀念會籌備會。
11. 準備紀念會籌備會所指定之工作。
12. 準備紀念日內個人所願作之有計劃活動。

三、開會紀念

1. 布置教室：

（1）整潔室內陳設，拂拭或換新已布置之黨國旗，及總理遺像。

（2）張掛或陳設各自所搜得之有關九一八事件之照片或圖案。

（3）張貼警語和繪畫。

（4）壁報或畫刊出特號。

2. 布置公共場所（依籌備會之指定範圍，加以布置）。

3. 開會：

（1）室外列隊。

（2）肅靜入禮堂。

（3）立正，對中華地圖行注目禮。

（4）行禮。

（5）唱黨歌。

（6）挺胸靜默。

（7）立正舉右手唱國恥歌，或抗日歌。

（8）聽教師及同學講演。

（9）呼口號散會。

4. 自由參觀其他各級同學之教室陳設和宣傳布置。

5. 作自己所願作的有計劃的宣傳活動。

四、結束活動

1. 共同方面：

（1）撤除室內所陳設之搜來的照片或繪畫，送還或保存。

（2）彙訂保存本級新出壁報或畫刊。

（3）撤除或選擇保存室內所張貼之警語或繪畫。

（4）抄錄或收存大同學所製之警語或宣傳文字。

（5）撤除並保存本級所設置之特別遊戲器具。

2. 個人方面：

（1）整理自己的研究紀錄，結束保存。

（2）收存個人所作繪畫他種製品。

（3）整理保存或答謝送還自己所借來的照片或圖畫。

（4）記錄紀念日內自己所作有計劃活動之經過或結果。

（5）把自己所學得的故事在家內說給父母或姊妹聽。

丙、低年級

一、開始活動

1. 參觀大同學之研究設置——如警語、圖畫、壁報等。
2. 研究學校所設置之九一八將到的警語。
3. 教師將有關九一八事變之書籍畫刊等特加陳設。
4. 懸掛中華地圖於室內，由教師標誌九一八事變日本所佔我們的土地。
5. 各自尋閱故事畫刊中有關九一八事變的故事。
6. 請求同學或師長，或家長指示九一八事變情形，並怎樣表示紀念。
7. 決定紀念辦法，開始準備。

二、準備工作

1. 每晨報告各自從閱讀或訪問所得有關九一八的故事。
2. 選讀大同學所製警語，臨寫或推人描寫。
3. 搜集剪貼有關九一八事變之照片，或圖畫。
4. 各自繪一幅反日圖畫。
5. 準備國恥紀念歌，或抗日歌。
6. 準備一套足以表示抗日精神的遊戲。——如射箭等。
7. 推舉代表參加高年級同學所招集之紀念籌備會。
8. 準備執行大同學所指示之工作。
9. 換短裝或便利衣服準備參加紀念會。

三、紀念活動

1. 布置自己的教室
（1）整潔室內陳設。
（2）拂拭或換新已陳設之黨國旗及總理遺像。
（3）張貼自製警語和繪畫。
（4）陳設各自搜集剪貼之照片和圖畫。
（5）布置習射場所。
（6）布置或執行大同學所指定之場所或事項。
2. 參加紀念會
（1）整隊入禮堂。
（2）立正，向中華地圖行注目禮。
（3）行禮。
（4）唱黨歌。
（5）挺胸靜默。
（6）立正，舉右手唱國恥紀念歌，或抗日歌。
（7）聽先生及同學講演。
（8）呼口號散會。
3. 參觀各級同學之紀念布置。
4. 自由參加各級同學所設置之抗日遊戲。

四、結束活動

1. 各自報告自己在紀念會中所聽到或見到的事情。
2. 撤除室內特殊陳設，分別送還或保存。
3. 整理保存或送還自己搜得之照片或圖畫。
4. 整理保存自己所繪製之圖畫。
5. 保存本級所製之抗日遊戲器具。
6. 把自己所學有關九一八的故事說給父母或姊妹聽。

第一編　九一八的前夜

第一章　九一八以前的國際情形

一

　　世界大戰改變了國際情勢，戰前與戰后的世界，大不相同。現在，我們要敘述九一八以前的國際情勢，可斷自大戰以后。

　　大戰的結果，造成甚麼呢？

　　第一點，德奧帝國因戰敗而衰頹，土地是被人擇肥分割了許多，賠款的數目直大到不可思議，同時，並論定了他們是戰爭的罪魁，使他們不能在國際中站有一些地位。於此，威廉第二的雄心，被凡爾賽和約所代替了！

　　第二點，英法意雖然是戰勝了，但是，戰勝者所受的苦痛，並不比戰敗者減少了多少。因為在戰爭中的消耗太大，使各國的經濟狀況都淪於動搖破產之境，傷亡太大，人口也發生問題。因此，他們社會上充滿了不安，社會主義的思潮便盛極一時，保守如英國，勞工黨也竟然執政了。這種種情形，使這幾個國家不得不要求休養，對於世界上的事情，總不能比過去是同樣的熱中了。

　　第三點，因為戰爭的痛苦，已經被人們所體認了，所以，人們恐懼戰爭，厭惡戰爭，而渴求和平，抱着高尚和平理想的威爾遜，便遠渡重洋的來到凡爾賽主持組織個國際聯盟，想藉着這個機關來和平的解決國際一切糾紛。在當時，很有些人夢想着：國際聯盟一旦實現了，世界便可以永久的和平了吧！果然，時至今日，我們已經知道；這種夢想終於是夢想。

第四點，世界的重心，不復在大西洋，而遷移到太平洋了。在歐洲大戰中，固然有許多的國家因戰爭而衰頹，沒落。同時，却有些國家因受戰爭之賜而富强。此次大戰中唯一的幸運兒是美國，其次是日本。當歐陸整個的沉醉於戰爭的時候，美國便成了歐洲各個參戰國家的軍需品供給人，美國的工業因之迅速的發展起來，參戰的國家是犧牲了無數的金錢，而美國却獲得了大量的財富，紐約金元便戰勝了金磅，美利堅的艦隊，便與大不列巔海軍相並駕了。從此美國就以世界債權者的資格爬上了世界王者的寶座。日本也是同美國一樣的幸運，大戰賜予日本以巨額的財富同着偉大的海軍。雖然日本以地理上的關係，尚無問鼎世界之力，但終不失爲一異軍突起，光芒逼人，使世人不得不承認他是五强之一。英法意固然是戰勝的强者，但是呈衰頹之勢，而日美却都是新興的健兒，充滿了活潑氣象，所以，世界的重心，自然便傾向到日美所在地的太平洋上來了。

第五點，大戰又另一個結果，便是造成了蘇維埃俄羅斯聯邦。蘇俄在內亂外侮夾攻之下，終於刻苦奮鬥克服了艱難危險的環境，使世界史上增加了新頁，這一個嶄新的社會體系之出現，當然會引起世人的注意，尤其是在他后來實行放棄世界革命的策略而專側重於國內建設的五年計劃，將要完成的時候，更使世界上對他重視。這也是增加太平洋重要性的因子；因爲蘇俄也是太平洋沿岸的大國家。

大戰的結果，最重要的事件，大致已如上述。總其要點，不外二者：
（一）西歐各國，皆疲於戰爭，乃藉凡爾賽和約苟安一時。
（二）美日突起，蘇俄革命成功，造成世界史上的太平洋時代的到來。明乎此種情勢，才可以進而討論近一二十年來的國際大勢的變遷。

二

世界大戰之爆發，其最基本的原因，並不在於一般軍人酷嗜戰爭，實在是由於資本主義發展，各國間對於原料地的掠奪，投資地的競爭，商品市場之獨占熱，以致發生不可調解的矛盾而爆發了的。換句話說，也就是掠奪殖民地的戰爭。大戰的結果是殖民地的重新分配，以犧牲同盟國的利益，來滿足協約國的慾望。這種辦法，並不能真正的解決了世界問題，資本主義存在一天，這種戰爭就不能一天倖免。所以，當歐西資本家暫時休息的時候，太平洋就又另起風雲了。

世界上弱小民族所佔有的土地，大多已經被列強直接的間接的瓜分了，最後還有一塊未瓜分的肥肉，這便是中國。中國在各個資本主義的眼中看來，是多麼可愛的一塊菜啊！新興的日本，很想趁着歐洲人疲乏的時候，來獨吞中國，在歐戰正酣的時候，日本向中國提出二十一條件，那便是獨佔中國的具體表示。戰後日人不退回膠州灣，那是日本人執行他的計劃。這種情形，固然不是中國人所能容忍的，就連美國也不能承認，這並不是因為美國有愛於中國，而是因為美國需要中國，需要中國當他的市場，當他投資地啊！因此日美的衝突，便日益劇烈了。

原來日美之間，並沒有甚麼衝突，在日俄戰爭中，日本曾經從美國得到很多的援助，但是當時，日本允許：（甲）將東三省劃作永久中立地帶；（乙）南滿鐵路由日美共營，為報酬美國援助之交換條件，然時過境遷，日人竟食言自肥，日美間感情，遂趨惡化。當日本向中國提出二十一條件時，美國就通牒中日政府，提出抗議，聲明美國對於中日兩國已締結，或將締結之協約，或其他外交文書之內，如有損害（一）美國及美國人民之條約上之權利，（二）對中國政治的領土的保全，及門戶開放之國際政策，稍有毀損者，美國概不承認。等到在凡爾賽會議席上，中日爭青島的時候，美國顯然的是站在反對日本的立場上的。當凡爾賽和會對於青島問題作不公正的解決的時候，承認日本堅決的拒絕交還青島予中國，而中國代表便宣告退席而拒絕和約簽字了。同時，美國亦掀起排日風潮。美國上院外交委員會明白向美人宣稱："日本將合併山東！""日本欲霸太平洋，豈能坐視，不如訴諸一戰。"日本外務大臣內田康哉，為緩和美國人的感情，乃發表宣言，鄭重聲明日本退還膠州灣。但在此期，日美雙方，皆競造軍艦，預備在太平洋上決一雌雄。但是，歐戰方過，創痕猶殷，設非瘋狂，目擊耳聞，能不心驚，是以雙方皆不願輕於一試。同時，美國是歐洲的大債主，也很關心歐洲的事情，也不能傾全力於太平洋。不過，當時沒有作戰的根本原因，還是由於日本自以爲武力薄弱，不足抗美。有此三因，日美問題便終於和平解決了。這個解決的方式，便是華盛頓會議。

　　華盛頓會議是由美國召集的，華盛頓會議的主要題目，就是解決太平洋問題，換句話說，就是解決中國問題。在這次會議中，美國以絕大的力量，逼迫英國，使英國與美國合作，同時再以英美聯合的絕對優勝的力量壓諸日本。使日本不得不接受美國所提出的條件而減縮了他自己在太平洋上的野心。華盛頓會議最重要的結果如下：

　　1. 取消英日同盟。
　　2. 日本退還青島及膠濟路予中國。
　　3. 締結公約，保證中國領土及行政權之完整。此公約之原則有四：
　　甲、尊重中國之主權與獨立，暨領土與行政之完整。
　　乙、給予中國完全無礙之機會以發展，暨維持一有力鞏固之政府。
　　丙、施用各國之權勢，以期切實設立暨維持各國在中國全境之商務實業機會均等之原則。
　　丁、不得因中國狀況，乘機謀特別權利，而減少友邦人民之權力，並不得獎許有害友邦安全之舉動。
　　4. 爲保證上述之四個原則，並締結海軍軍備限制條約。該約有兩要點：
　　甲、確定英美日法意之海軍主力艦及保有量如下：

國名	保有噸數	比例
英	五二五,〇〇〇噸	五
美	五二五,〇〇〇噸	五
日	三一五,〇〇〇噸	三
法	一七五,〇〇〇噸	一.六八
意	一七五,〇〇〇噸	一.六八

乙、停止太平洋上海軍根據地建築之競爭，該約之第十九條云："美國英國和日本承認自簽約時起，維持下列領土或屬地防備和海軍根據地的現狀。"

A 美國在太平洋上現有或將來取得的島嶼屬地，但（a）美國附近海岸，阿拉斯加，（阿留地安群島除外）和接近巴拿馬運河地帶的島嶼及夏威夷諸島不在內。

B 香港和英國在太平洋上東經子午綫一百十度以東，現有或將來取得的島嶼，但（a）加拿大附近海岸，（b）澳大利亞及其領地，及（c）新西蘭不在內。

C 下列日本在太平洋上的島嶼領土和屬地——千島列島、小笠原群島、奄美大島、琉球群島、台灣和澎湖島，及將來日本在太平洋上獲得的島嶼，領土和屬地。

這樣，對於日本是有很大的損失的，因爲他受了束縛，受了限制，最要緊的是海軍力與美國成了三比五，而處在絕對的劣勢。但是日本也有所得。因爲，在西太平洋內，英美都停止了海軍根據地的建築，使日本没有被攻擊的危險，於此，太平洋是走入一個太平的階段，而中國也託庇安静一時。

三

但是蘇俄抬頭了。蘇俄的内部統一了以後，便又一步一步的走上了遠東舞台，蘇俄走到遠東，第一次遇到的敵人不是美國也不是日本，而是英吉利。原來蘇俄要求出海的口岸，在地中海是與英國衝突，在中亞也還是與英國衝突，到遠東來，這種衝突還繼續着。當着中國國民革命開始高漲的時候，英俄的鬥爭，在遠東也便一天劇烈一天，五卅慘案、沙基慘案、香港大罷工，都是中華民族排英的表現，這種動作，雖然是我們民族運動中必有的節目，但是，很顯然的，這是中國與俄國携手共同工作的，那時候中國國民黨奉行總理的聯俄的政策，所以國民軍所到的地方，英國的勢力，便被排除，英人何能坐視，乃集合大批軍艦於長江下遊，並有一萬六千陸軍在上海登岸，大有用武力干涉中國革命的決心。但是，英國單獨在遠東行動是危險的，所以，他便約日本爲己助，可是日本報之以白眼，而拒絕了他的要求。狡猾的英人，便立即轉變方向，與中國人謀妥協，將漢口、九江、鎮江等處租界，完全交還中國，以緩和中國民氣，一直到中國清黨運動發生，俄國勢力被排除，這一幕鬥爭，在太平洋上，才暫告一段結束。

日本爲甚麼不援助英國呢？這有兩個原因：一，日本對英國的報復，因爲英國在華盛頓會議裏援美排日。二，因爲當時中國人排英，受實際利益的是日本，英貨在中國的滯銷，日貨便在中國暢行，英國勢力在中國衰落，日本勢力便在中國增長。試一檢一九二五年至一九二七的中國入口統計，便可知道日貨之激增與英貨的驟減，差不多是互相抵償的。從這一點上，就可以知道日本不援助英國的真正意義了！

在那個時候，美國也趁着機會，在中國得着些利益。並且，在加拿大方面，在南美的方面，在澳洲的方面，英美資本主義都有些衝突，所以英美之間，日益矛盾，日本乘着這個機會，便在西太平洋上逐步發展其野心，原來華府條約，對于海軍力所規訂的只是主力艦，日本便專側重於輔助艦之建造。一時建艦競爭頓起，太平洋幾有恢復華府會議以前的局面之勢。英美兩國，心殊憂之。遂又有倫敦會議之召集：

倫敦會議是專門爲討論華盛頓會議所未能解決的問題的。也就是專門爲討論五強輔助艦保有量的，開始的時候，參加的本有法美英意日五強，但是法意因衝突太過，無法調諧，而中途退出，所以，真正與會的，只有英美日三國。三國會議進行也極其困難，幾經曲折，始簽定三國協定，在該協定中規定對于輔助艦的限制如下：

英美日允於一九三六年底以前，不得將其巡洋艦、驅逐艦、潛水艇的噸數超過下列數字

　　甲、六吋以上礮的巡洋艦

　　　英　　　一四六八〇〇噸
　　　美　　　一八〇〇〇〇噸

日　　　　一〇八〇〇〇噸
乙、六吋以下礮的巡洋艦
英　　　　一九二〇〇〇噸
美　　　　一四三五〇〇噸
日　　　　一〇〇四五〇噸
丙、驅逐艦
英　　　　一五〇〇〇〇噸
美　　　　一五〇〇〇〇噸
日　　　　一〇五〇〇〇噸
丁、潛水艇
英　　　　五二七〇〇噸
美　　　　五二七〇〇噸
日　　　　五二七〇〇噸

　　這次條約的締結，英日美皆各有所獲，英國在輕巡洋艦上取得了最大的保有量；日本得到潛水艇的平等，同時日本素來就自詡潛水艇艦隊之優良，爲世界第一，美國取得了重巡的最大保有量。並且，美國巡洋艦之建造，較諸英日，實爲落後，今藉倫敦海約之限制，英日皆須拆毀已成之艦而美國獨能得造巡艦十餘艘，不能不說是一個絕大的勝利。可是因此一來，倫敦會議不唯不能解決太平洋上的問題，反而促動太平洋問題的爆發；因爲，既各有所得，自然也就各有所恃而無恐了。所以華盛頓會議確實是使太平洋太平了些時，而倫敦海約只是增加太平洋上不太平的因子。

四

　　自從"生產合理化"這個口號被人們提出了以後，各個資本主義家都以爲這是救濟資本主義崩潰的唯一的道路，這是救濟經濟恐慌的唯一的聖藥；所以各個國家都拼命的施行生產合理化，一時尤以美國爲甚，加以美國蘊藏極富，機械發展又達最高度，同時，技術人材又很充足，所以實行生產合理化最有成績。不過生產合理化真能救濟資本主義的危運嗎？是的，生產合理化，是能救濟資本主義的危機的；不過，那只是一時的，在生產合理化的後面，有更大的經濟恐慌等待着呢！因此，在一九二五年以後，全世界的經濟狀況，雖日漸轉好，使資本主義繁榮超過戰前景象，但是空前的經濟恐慌又隨之襲來。這一次大恐慌，一九二九下半年首先在美國發出信號，美國證券交易所裏的股票價格驟跌，從此便影響及于全世界。

衰老的英國，已經到了日暮殘年，那裏受得住這種颶風狂浪。因此，英國首先表現不安。失業人數增加了，國際貿易低落了，財政日益困難了，於是一般英國政治家只有忙着救濟國內喲！

年壯力強的美國，對於這一次的恐慌，開始以爲這不過是一時的現象，不致於延長，並不十分重視。可是，事實上愈演愈劇，江河日下，經濟狀況，一天險惡一天。胡佛總統費盡了九牛二虎的力量，也挽救不了這種趨勢。所以美國人也只有傾全力於國內救濟了。

英、美是資本主義的領袖，是世界金融的重心，他們的搖動，便是世界的經濟結構的總動搖的開始。於是經濟恐慌，便普及到全世界。除蘇俄以外，各國都或先或後的捲入了這個漩渦。生產過剩，物價低落，信用破產，股票跌價，失業增加，這種種現象，充滿了各種經濟部門。資本主義有甚麼方法對付呢？只有提高關稅壁壘，放棄金本位，對外企圖掠奪新市場，對內企圖防止外貨侵入……可是這些並不能真正解救經濟恐慌，實在只是加緊了國際間的對立，加緊了國際間的衝突。所以這種新重商主義的出現，鎖國主義的復活，只是造成了世界新的衝突的局面。自此以後，各國間的關係是日趨分化了。

美國的商品，侵入了澳門市場，美國的資本，流入了加拿大，流入了南美，美國的煤油商人，與波斯煤油田大有發生關係的可能，這在過去一向都是英國的地盤，一旦美國欲插足其間，怎能不引起糾紛呢？但是在太平洋上英美的糾紛，還是以中國問題爲中心。當時競爭最烈的是對於中國的投資。因爲世界上最後未被分割的一塊地方是中國。各個資本主義在危急存亡的時候，對於中國都當做是一塊肥肉，可以做挽救資本主義厄運的唯一補劑。在英國領導下的國聯，想向中國投資，引誘中國向國聯貸金一千萬金磅，而美國却引誘中國向美國貸白銀十萬萬盎斯。因此英美的對立，十分緊張，日本乘之，乃居間自高其位。因為萬一英美兩國一旦翻臉，發生戰爭，兩國的海軍，工力悉敵，勝負不可預卜，但日本是第二位海軍國，却有決定英美戰爭的運命的能力。所以英美兩國都想示好於日本。日本便可乘機對英美兩方威嚇利誘，使英美默認日本在西太本洋上之特殊地位，同時日本人也是看清了這一點才敢毅然決然的進佔東三省的。於此，我們可以說：華盛頓會議是英美合作所造成的，九一八事變是英美分裂所產生的。過去英美合作，便能維持太平洋上的均勢；現在英美分離，便引起日本打破太平洋上均勢的行動。這一點是理解最近十餘年來太平洋局勢的關鍵，我們要認識清楚。

　　在遠東除去英美，最有關係的歐洲國家，便是法俄。但是法國最擔心的，畢竟不在太平洋上，而是在萊茵河上，其次也在地中海上。尤其是德意志民族的復興運動，已竟如火如荼的興盛起來。賠款是不愿意繼續支付了，戰爭中罪魁的責任不願繼續擔負了；海軍在盡可能的狀況之下，力謀重建，陸軍在各種不同名目之下訓練起來了；廢除凡爾賽和約的呼聲，一天高似一天。這些都是使法國寢不安蓆，食不甘味的事情，在這種情形之下，法國對於遠東，實在不敢過於說話。他只想遠東的霸主，不光顧他的安南，也就滿意了。這也是使日本在遠東敢橫行無忌的原因。

　　蘇俄是一位新生的國家，一切都在建樹中，蘇俄的建設進展一點，他的生命便充實一些，他的力量便增加大些。這種力量從歐俄一步一步的發展到亞俄來。第一個五年計劃，是蘇俄大的收穫，同時，也是各個鄰國的威脅；這種威脅，除下中國不大感覺到外，東西鄰邦都感到不安。反俄的聲浪，高倡了；反俄的集團，又漸漸發展起來。在西有法蘭西做反俄的領袖；在東方，便有日本愿充攻俄的先鋒。因為在地理上，在歷史上，日俄在遠東都是不能相安的。過去的日俄的戰爭。並没有解決了日俄間的問題，只是日本將俄人南下政策打擊了一下，而俄人向北方退縮一點，使日本人在大陸上找到了一些根據地，並且因有此一來，使兩國之間，更蘊藏着更大的戰爭可能性。中間雖因世界大戰，蘇俄革命，遠東共和國之建立，二國之間緩和了些時，但是，這種緩和情勢之所以成立，完全由於蘇俄勢力在遠東之衰弱。到了蘇俄五年計劃逐漸完成的時候，日本便感覺到日俄戰爭以前的局面又要復活了，日俄戰爭又不可避免了。打人先下手爲強，應先有準備，這也是使日本積極要佔領東三省的原因。並且，日本可以藉口準備進攻蘇俄，以取得列強的同情和援助。在九一八事變之後，便有日、法、波，締結同盟、共同進攻蘇俄的消息傳出。這種國際間的大陰謀，雖未實觀，但總事出有因吧！

總觀戰後世界：歐洲國都在精疲力盡狀態之下，埋頭於復興國内工作，以洗滌大戰中的創痕，日美兩國却在誇耀國力互相爭雄狀況之下，造成太平洋上的風雲。幸而有華盛頓會議，英美合作，壓抑日本，藉九國公約，造成太平洋均勢，中國亦藉此均勢之力而苟安一時。於此，我們可以説，保障歐洲和平的是凡爾賽和約，保障東亞和平的是九國公約。

但是倫敦的海約，並没有救濟了九國公約的缺點，反而使九國公約的缺陷擴大了。因爲九國公約之保障，完全在於英美日的海軍比率爲五、五、三，而在倫敦海約中的英美日海軍力已成十、十、七的比例，尤其潛水艇竟成爲十、十、十的比例，這樣一來，五、五、三的比率動摇了，九國公約的保障動摇了。遠東的均勢，也便因之動摇了，遠東問題之要爆發，只是時間的問題了。

促進遠東問題爆發的最近因，還是世界經濟恐慌。因爲世界經濟恐慌，各國都忙於對内的救濟，同時，各國之間的經濟戰爭也特别劇烈，以英美爲尤，於是英美不唯不能再共同協力來東洋壓抑日本的行動，同時彼此之間鬥爭便很激烈，所以日本也就大膽了，趁着這個全世界苦於經濟恐慌的時候，試行他的大陸政策了。

其次的原因，便是蘇俄的勃興。日本人爲求將來與俄對抗起見，爲見好於列強起見，都要做進攻蘇俄的準備。不過九一八事件發生，最基本的原因，還是由於日本內部經濟恐慌，同着中國內部情形不良好之所致，所以，我們在敘述了國際情形之後，我們要說明中日兩國的情形。

第二章　九一八以前的日本

一

日本，現在是一個快要很成熟的資本主義國家了！但是以日本土地之狹小，自然資源之缺乏，竟然能發展到現在情勢，自當另有原因在。第一個原因，便是因爲甲午之戰，中國賠他兩萬萬兩銀子，這兩萬萬兩銀子，第一年內便交付了一萬萬兩。日本藉着這種大批的意外收入，充做他資本主義建設的基金。他的資本主義之嫩芽，才一天一天的發展起來。第二個原因，就是因爲歐戰。歐戰中日本獲得財富方法與美國不大相同。美國是大部分依恃供給交戰國的軍需品而獲利；這種利益，在日本固然也獲了不少，而日本最主要的獲利源泉，還在歐洲貨物不能東來，日本國內市場不被外人掠奪，工業可安然發展，並且南洋及中國市場，多被他佔領。所以日本資本主義便很迅速的發展起來了。日本經濟學家高橋龜吉將日本資本主義經濟發展作如下的敘述：

1. 由準備的隱忍努力時代轉入了完成時代。
2. 由各種投資時代漸漸達到了收穫時代。
3. 由艱苦的整理改革合理化時代轉入了效果的收穫時代。

依高橋說：在一切建設裏，都需要多大的準備的隱忍的努力和時間。在這樣的時代裏面，這種努力效果之大小，雖然在着着堆積起來，但它的功積不會表現到社會上。不過，當這種努力的效果達到某一點的時候，它的功積，就突然表現出來了。大體上由明治到大正年間的日本經濟，正是這樣隱忍努力時代。然而到了昭和時代，日本經濟就從這種隱忍努力時代，轉入了飛躍的完成的時代。

在準備的隱忍的努力時代，投下的資本不生利潤，而且有繼續投下之必要。產業財政必然地會顯著的窘迫。從大正十年到昭和初期的日本經濟，便是這樣的投資時代。然而昭和以後，日本經濟就從投資時代，轉入了收獲時代，在這個時期裏面，日本底金利水準突變地低下了的事實，便足以證明此事。到了這個時代，產業財政，便日益充足。因此，對於各種產業的改進，便裕有餘資來辦理了。於是，新的生產工具，新的生產方法，都層生迭見了。最顯然的進步，首推人造絲的製造，人造絲的機器，早則三年，晚則五年，必重新換了一次，這種改良，縱是在歐美工廠也是望塵不及的。在這種狀況之下，益發增加了他的收獲。

日本經濟飛躍發展的第三個原因，依高橋說，是在於更早的施行生產合理化。原來，資本主義經濟的發展，時常遇到經濟恐慌的事件。尤其是在資本主義資格最嫩的日本，更會容易發生。但是，日本每遇一次經濟恐慌，便增加了一次經驗，很迅速的將它整理完好，一九二○年日本經濟上的大反動，是促進日本經濟整理的開始，一九二三年的大地震，是日本整理經濟的一個好機會，一九二七年日本大金融恐慌，使日本差不多完成了他的整理經濟的工作。整理工作都是些甚麼？這主要的不外是，商品的生產費之減低，工資的減低，人員的大整理，商品運輸費的減低。因爲完成這些工作，日本的商品，便可以大批的向國外輸出了。同時，國內的國富也便一天一天的增加起來了。他這個時候格外的需要市場，需要原料的供給，需要投資地。因爲這些更增加了他的侵略性。

日本的侵略政策，歷來有兩種，一是海洋政策，主張南下取南洋群島，佔据澳洲，完成海上霸權。一是大陸政策，主張西進取朝鮮，取東三省，佔領中國，完成亞洲大帝國的迷夢，以之問鼎世界。南下的對頭，便是英國，日本在過去曾經一再仰賴英國幫忙而取得到勝利，自然不能立時和英國翻臉，並且不列顛的聲威，也是使日本人不敢輕於冒犯的。所以日本只有發展他的大陸政策而東進了。

日本人發展大陸政策的藉口是人口問題。日本終天喊着人多地狹，住不下了！以此來向世界說明不得不向外找殖民地的苦衷。國人不察，亦多有認爲這是事實的。實際考察起來，人口問題，實在是騙人的。日本北海道人口密度還是小得很，就是南部日本人口密度，也不比中國東南沿海各處爲大。同時，日本不習於寒帶生活，移殖朝鮮及東三省人民，迄今還是寥寥。根本説起來，現代資本主義社會發生的人口問題，並不是如馬爾賽斯所説，而只是資本主義發生的生產過剩，人口過剩的矛盾現象。我們要認清，日本人的侵略性，在過去（明治時代）多半是武人的雄心，想藉搶劫以致富；時至今日，日本人的侵略性，是資本主義發展的必然結果。資本主義不向外發展便會覆亡，軍人只是資本家的走狗。

二

日本的大陸政策對象便是中國，他佔領了朝鮮、台灣以後，他便訂了一個蝎形政策：以遼東半島、山東半島爲兩個脚，以台灣爲個尾巴，將中國海岸緊緊封鎖住。所以，在日本佔領了青島以後，便不肯放手。不過日本最主要的發展地域還是在東三省。近一二十年來日本在東三省處心積慮時時刻刻擴充權力，警察權、郵政權、駐軍區域都隨時隨地擴大。每次中國内亂，或者發生一些事件，日本便乘機提出要求。鐵路敷設權，礦山開採權，各種經濟上的權利，日本都乘機攫取或獨占。他在東三省出進的交通綫已形成了一個循環系統，這種循環系統是日本根據他的兩綫兩港政策而完成的。

由日本左世保乘船至大連，以南滿路而達瀋，此爲左一綫。

由日本乘船經釜山登陸，貫朝鮮中部至新義州，渡鴨綠江鐵橋、安瀋路而到瀋陽。此爲中央幹綫。

由日本乘船至朝鮮青津，乘車至會寧，由吉會路達吉林，轉車入瀋陽。此爲右一綫。

此種路綫適成 T 字形，故又名之曰 T 形政策。憑此綫，日本關西陸軍，由釜山至瀋陽，只要三十小時，其海軍由左世保抵旅順，也只要四十小時，故一旦大陸有事，日海軍發動於旅順，陸軍集中於瀋陽，皆需時不到兩日，這種交通綫的重要可想可知了。所以在過去吉會路雖然尚未完成；可是，日本出入東北的交通網，已大致完成了。同時我們知道，交通網內的土地，便受掌管着交通權的所支配。所以，日本在東三省，在事實上早已取得了支配權了。中國的統治權在那兒早已動搖了，若是老實不客氣的說，中國與日本，主賓早已易位了（關於日本在東三省乘機擴張權利，事實可參看商務印書館出版之《中日外交史》）。

三

日本侵略大陸，第一個對手方是中國，甲午一戰，中國一敗塗地，不復為日本之阻礙了。第二個對手方是俄國，日俄一戰，俄國退出南滿，也不是日本的死對頭了。最後對日本大陸政策有阻礙的是美國的遠東政策。美國的遠東政策的基本原則是：

1. 門戶開放，2. 機會均等，（這是有害於中國的）

3. 領土完整，4. 主權獨立。（這是有利於中國的）

而這幾種原則，已成為國際政策，經過各國簽約承認。就連日本自己也簽訂九國公約而承認之。日本為想打破這種局勢，費盡了力氣。在華盛頓條約，倫敦海約以後，美國自以為可以安然了；因為日本的海軍終呈劣勢，當不敢再謀在遠東稱霸了。於是美國對於海軍的建造，便不努力，而日本却乘着這個機會趕緊的將條約所允許的軍艦額量充實起來。海軍的強大，是日本打破美國遠東政策的工具，是建立日本向外侵略的基礎。日本之所以能如此，也是因為在這個時期中，日本的經濟狀況很好。這裏我們可以發見一個循環因果關係：

日本資本主義發展的結果，需要向外侵略；

日本資本主義發展的結果，完成了日本向外侵略的工具；

日本因為有了向外侵略的工具，便能充分向外侵略；

日本因為能向外發展，使他的資本主義發展到另一個階段。

資本主義需要發展，便需要侵略，發展助長了侵略，侵略助長了發展。不過這種情形，不是完全能圓滑的進行，因為資本主義國家之間，會發生矛盾，被侵略者會起來反抗，就是侵略者本身也會發生破綻。不過這種情形，在大體上總是事實。

在前節裏，我們說過：太平洋的太平是依靠九國公約而造成的，九國公約是依靠海軍五、五、三的比例而維持的。在上面我們又說明了，日本自此後即力謀打破此等局勢，即趕造軍艦、主力艦，固限於十比六而輔助艦則成十比七，潛水艇更成十比十，這些便增強了日本的力量。尤其是在今日海軍技術改革之下，主力艦已不復如過去之重要，日本海軍依條約論已在西太平洋上取得優越的守勢。同時，美國懶於造艦，去條約所允許之額尚遠，而日本已完成條約所許額，於是日本多新銳之艦，在量上雖仍不及美國，而在質上，已有壓倒美國之勢。海軍力量的消長如此，九國公約還有什麼做保障？九國公約沒有保障，日本自然敢重起雄心圖謀稱霸遠東了。這是日本敢出兵東三省的真正原因。關於這一點我們所以要反覆說明，完全是要指出：今日之世界所可恃者武力耳，弱者只有自强，才可自救！

四

日本資本主義雖然是得着發展，不過，他是一個後進者，國際市場多半已被先進各國所分割，各個先進的資本主義國家的境內，日貨固不能侵入，就連列強的殖民地，也是關稅壁壘森嚴，不易叩關。他唯一的尾閭，只有東三省。在走投無路的時候，他只有加緊東三省的剝削。

尤其是在世界經濟恐慌的時候，美國英國，也都積極的想開闢新的市場，尋找新的投資地。東三省是一塊剛開發的處女地，當然是資本主義最中意的地方了。所以，英美的資本，尤其是美國的資本便逐漸的流入東三省了。這種事實，實在是使日本吃驚不小。一向日本認為禁臠的東三省，驀然間闖進一位強有力的不速之客，日本自然會特別擔心了。何況乎中國當局，也很想藉美國的資金，來發展東三省的實業，以與日本對抗哩！中國開發葫蘆島，開發秦皇島，敷設鐵路，想將葫蘆島來代替大連，這些雖都是圖謀發展中國經濟應有的辦法，而日本人便認為這就要危害日本人的利益了。日本人以為葫蘆島的興盛便是大連的衰頹，大連的衰頹，便是日本在東三省的總失敗，在東三省的失敗，便要影響到日本的生存，於是東三省是日本的生命綫的口號，就被無恥的倭奴喊出來了。為要維持生命，就自然而然的結論到佔領生命綫！在這種情形之下，日本為排拒中國發展東北經濟計，為反對美國資金流入東三省計，遂出毅然決然的手段以佔領東三省了。

同時，還有一點，我們要指出來的，就是，日本資本主義之發展固然是很順利的，但是不景氣的高潮，也是時常襲擊到東京、大阪。這種不景氣的情形尤其在九一八以前那個階級最為嚴重。生產過剩的病態在日本也發現了，因爲這樣逼着日本資本家縮小生産範圍，更嚴厲的減低工資。於是，已失業的工人成爲社會上不安的分子；未失業的工人也充滿了生活苦痛的情緒，青年界思想，便在這種環境之下，形成了左傾，這種情勢，也是使日本統制者所認爲是最大的致命傷亡所在。爲設法彌補這種危機計，向外侵略是最好的方法了，因爲向外侵略，幸，則可掠得市場，增加財富；不幸，則可挑撥起戰爭，在戰爭中可以移轉國內人的視綫，用愛國的忠心，去壓倒階級鬥爭的意識；在戰爭中，重工業的資本家可以獲得重利，鋼鐵資本主義與紡織資本主義之不同，也就是在於此點。在現在的日本，重工業已經有相當發展了，所以，更增强他的戰鬥性。總上可知日本在經濟恐慌中，逼着要找出路；同時，一般重工業資本家，尤其是軍需企業家，希望戰爭，從戰爭中找取利潤；於是，以引起戰爭爲目的而出兵東三省的事實便發現了。代表輕工業資本家的幣原外相，見着日本軍人蠻幹，以爲日本人佔領東三省，猶如吞了一顆炸彈，必不得了；他那裏知道軍人同着重工業資本家却正希望這顆炸彈趕快就爆發呢？

　　還有一點事情，我們可以順便提到的，日本自田中死後，政權便完全入於政黨之手。（田中雖亦爲政友會總裁，實際上是軍人專政）軍部與政黨間的爭權衝突，便不可免，政黨動倡裁軍之論，以壓抑軍人，果政黨政治，長期穩定，實非武人之利，這也是武人願意奉田中的遺策而進行征服中國以征服世界的工作的理由。

五

　　在上面我們已經説明了。日本海軍已有能力衝破九國公約，這種能力，是由於日本經濟發展所賜予他的。因爲他經濟發展，他們需要市場，需要市場便要向外侵略。有了侵略的力量，有了侵略的需要自然便要實行向外侵略了。

　　東三省久已在日本人把持之下，日本人在東三省已經完成了交通網，日本人已經將東三省當做他們的生命綫。所以他向外侵略的第一步便走到東三省來。

促進日本出兵東三省的因子,是:日本經濟恐慌,美國資本在東三省的活躍,蘇俄勢力在北滿的勃興,日本軍人之想立武功於國外,而求執政於國內。有了這種種因子,日本自然可以造成許多藉口案件,而佔領瀋陽了。

第三章　九一八以前的中國①

一

中國民族的真正覺醒期,並不是辛亥革命的時候,實在是起自五四運動。五四運動是中國民衆第一次最偉大的反日運動,也是中國民衆第一次發覺自已的力量,同着認識了中國的危機。五四運動以後,民氣雖有一度消沉,但是,五卅慘案發生的時候,民衆運動的高潮熱烈的澎湃起來了!我們可說,五四運動是中國民衆自覺的開始,五卅運動却是中國民族自決運動的高度發展。因爲有了這兩次運動,才有北伐的完成,國民政府的成立。果真這種情勢在繼續進行的時候,時至今日,中國已經成爲一個很強很富的國家了,根本再談不上甚麼國恥事件,不過,不幸得很,在中國國民革命的過程中,却發生了很大的挫折。

第一,中國國民黨的清黨運動。中國國民革命開始的時候,是以中國國民黨爲主幹,而容納共產黨的援助的,中山先生的容共政策,也是以共產黨確定放棄在中國革命的領導權而接受國民黨的政綱爲條件的。這一點可以從中山先生同俄國代表越飛所發的共同宣言看出來的。清黨固已不免使革命的勢力分裂,而使革命的進行延緩,但同時却更附帶發生了一種更惡劣的結果,就是因爲要禁止共產黨活動,同時把民衆運動,也停止了。民衆運動的停止,不能不說是中國的一大損失。因爲民衆的

---

① 本章收入時有刪節。

力量，才是國家真實的力量，民衆運動的停止，便是民衆力量的分散，這種損失，真不可以數量計了。

　　第二，中國國民黨領袖間之糾紛。中國國民黨自中山先生逝世後，儼然有三位領袖在：一位是蔣介石，一位是胡漢民，一位是汪精衛。這三位先生，只能兩位合作。于是形成一種走馬燈的局勢，兩位在朝一位便在野，兩位合作時候，一位便反對。近六七年史實俱在，不難覆按。無疑的，中國國民黨是中國革命的主力，是中國政權的管理者，而國民黨領袖間如此情形，本身力量便不充足，還怎麽能充實中央政府力量，發揮中央政治的能力呢？

　　第三，裁軍失敗，內戰頻仍。北伐總算藉馮閻合作與張學良之易幟而完成了！十七年在南京舉行裁軍會議，這次會議，實在是中國興衰一個絕大的關頭。不幸，破裂了！爲革命而作戰二三年之久之後，在爲革命而犧牲數十萬青年之後，不幸的內戰又從此爆發了。此起彼伏，每次戰爭時間，長則幾及一載，短亦動逾月餘，犧牲的熱血頭顱，更不可計，農村經濟，固因之而破產，都市財富，亦因之而衰頹。政府既成爲軍事機關，人心亦多消極失望。自侮已極，欲求外禍不至，當然是不可能的了。

　　因爲上述的諸種原因，在北伐中所提出的口號如廢除不平等條約、打倒帝國主義等，便不能實現了，在北伐軍出發的時候，外國人都十分驚懼，各地教堂的教士，多半聞風而逃，只此一事，便可見一般，各地租界屢次收回，尤著成績。但是，自中國內爭起，帝國主義者在中國仍復舊觀，逃去了的教士回來了，不平等條約延展下去了。帝國主義在中國的勢力與中國民衆運動的興衰，正成反比。這種歷史教訓，我們不可以不知道。帝國主義者在中國既重新抬頭，便變本加厲的對中國再行剝削。眼光銳利的日本，遇此時機，豈能輕輕放過。在國民革命運動最高潮的時候，英國約日本出兵中國，日本不應允，可是在十七年的五月，日本却單獨的出兵濟南了，前後相距，僅及一年，便不同如此。尤其是日本出兵濟南的結果是完全勝利，中國的外交官蔡公時先生，是被日軍慘殺了，中國的人民財物，不知損失了多少，結果中國只是提出空頭的抗議。日本人九一八在瀋陽事變的影子，已經在這是潛伏着了。

二

中國與日本最發生關係的地方是東三省。東三省在張作霖統治之下，已歷有年所，差不多東三省與日本所辦的交涉，概由東三省地方直接爲之。張氏處在日人控制之下，自多依賴日人之處，尤其是有事於關內，不得不親日以苟安求存。日本人也利用這種弱點，一方面援助張氏以鞏固張氏政權，一方面脅制張氏以取得各種利益。但是當日本軍閥想佔領東三省的時候，對於張氏的存在，仍然認爲是不可能的。日本軍閥近年來想實行佔領東三省的，第一個是田中（可參看田中滿蒙對策），所以雖則張作霖認田中是朋友，而在田中却以爲非制死張作霖不好佔領東三省，因此，皇姑屯炸車的事件便發生了。

在日本人預計中，張作霖炸死之後，東三省必亂，日本人乘此藉口保僑，出兵佔領東三省後，再看情勢，辦理交涉，幸而永佔，否亦可索厚償。不意張作霖身負重傷，力持鎮靜，下車竟坐汽車回帥府，且生死消息，絕對秘密，瀋陽秩序，又安然如常，縱日本浪人、軍人，極力挑釁，而中國軍警，概以不抵抗了之，使日人無可藉口。當時，日本關東軍司令部特自旅順遷入瀋陽，以便就近指揮，而佔領瀋陽。但是等了幾天，還沒有辦法，只好悄悄的將司令部又遷回旅順。也正因爲有過這樣事件，東北當局才學會不抵抗主義，以爲日本人要有動作，必須有所藉口，日本人要想造成藉口，必多派浪人、軍人在街上尋事，或直接奪取中國軍警的槍械，不與日本抵抗，彼無可藉口，就可以不致發生事變了。九一八事件之所以不抵抗，便是爲此。可是日本人也看清了這一點，關東軍人便向外交部要求自由活動之權。原來，主張先造成藉口，然後動作，可以混淆國際聽聞，避免挑釁的責任，乃是日本外務省的主張，關東軍派土肥原回國請陸軍部與外交部交涉，乘東北不抵抗之弱點，直接行動。及交涉圓滿後，即返東三省，當時土肥原發表談話云："此次陸軍與外務省商議之結果，我自己活動之基準，明白指示，能夠自由活動，所以我非常愉快，因爲歷來一切交涉，完全由外交方面專斷，陸軍僅在背後支援。但此後只要得領事諒解，便可直接出頭與中國折衝。據最近情報，中國已經屈服的接受日本談判（指中村事件）。然而據我自己的經驗，此事不能夠簡單的解決。縱令中國承認殺害中村太尉之事實，倘不能容納日本所提出之條件，當然事態猶未免重大化，至彼時如何舉動，陸軍側意見已經決定，外交當局意見果否完全一致，此刻尚不便明言。吾人想藉中村事件，解決歷年來許多累積之滿蒙問題，自不待言。至其手段方法，……決不取姑息手段，非澈底的乾淨的解決不可。"（見二十年九月十七日即九一八事變前一日之大阪《朝日新聞》）日本軍人之預定發動九一八事件，在這一個談話裏已昭然若揭了。第一次東北軍的不抵抗主義（張作霖死後的時候），使東北穩定一時，這是不抵抗主義的利益；第二次不抵抗的結果，遂釀成東北陷落的禍。明乎此，始可知日軍在九一八事變之前，爲何這樣的輕敵，直視中國軍隊如無物；同時，也才可以曉得東北軍爲甚麽才不抵抗。

三

在九一八事變之發生，張學良是採取不抵抗主義的。但是，在日常經濟戰爭上，張學良却並沒有完全退讓。尤其是在鐵路綫的敷設，交通港口的營造上，東北當局是時時刻刻在努力着。東北當局爲打破日本人在東三省經濟上的優越地位，首先便謀打倒南滿路，其次便在打倒大連港。打倒南滿路與打倒大連港是一而二，二而一的工作。因爲大連之繁榮，唯南滿路是賴，南滿路的吐納口岸，便是大連。東北當局爲打倒南滿路，便計劃興築中東西三大幹綫！並開闢葫蘆島，以之代替大連。這中東西三條路綫計劃如下：

西綫：葫蘆島——打虎山——通遼——洮南——龍口——黑河

中綫：葫蘆島——打虎山——通遼——開通——扶餘——哈爾濱——海倫

東綫：葫蘆島——瀋陽——海龍——吉林——同江——撫遠

西綫自打通路完成後，已通至龍江以北。中路未完成者，開通與哈爾濱之一段；哈爾濱以北至海倫，早已通車。東綫於一九三〇年完成吉海、瀋海二路，已通至永吉。這三條綫合而觀之，類似英文"Q"形，故日人稱爲"Q"政策。設若東綫完成，則滿鐵以東之貨物，盡爲所吸收，西綫完成，則滿鐵以西之貨物，亦盡爲所吸收，若中綫完成，則滿鉄以北貨物，盡爲吸收。此種鐵路網一旦完成，直可制南滿於死命；使南滿成爲一條無用廢路；同時，亦可使大連成爲無用廢港。而葫蘆島將一躍而爲遠東唯一之大商港。

上述的這種計劃，當九一八以前，正在積極進行中。雖尚未完全成功，而成效業已大著。原來，大連開闢以來，其貿易額與年俱增，未曾稍跌。民元貿易總額止六千萬兩，至民國五年，便增到一萬五千萬兩，民國九年增到二萬萬兩，民國十四年增到三萬萬兩，民國十八年增至四萬萬七千萬兩。唯到了十九年貿易額驟減到三萬九千萬萬兩。九三〇年東三省年歲稔豐、又無天災人禍，獨大連貿易額驟減，日本當然是焦急萬分。

至于南滿路的收入，也驟形減低，南滿路的純利益，歷來是很高的，民國十八年純利益爲四千五百萬圓。可是民國十九年比十八年收入減少了五千萬（撫順煤減收二千萬，南滿本身收入減少三千萬，共五千萬）。與四千五百萬相較，已屬虧本。但南滿当局，力事減縮，始能稍獲贏餘，但其利率已自百分之十二・二，減至百分之五・七了。這更是使日本警懼的事情。

這種衰退，當然有許多原因；因爲全世界經濟，都在不景氣高潮襲擊之下而衰頹，但是，這裏主要的原因，還是在於受我國鐵路綫的包圍。爲着這個原因，日本多方設法，但終無若何效果。日本爲拯救南滿的危運計，便不惜冒天下的大不韙而出兵東三省了。

四

總述本節要點，不外四者：

一、中國因爲內部不統一，而致中央不健全，沒有力量去發展建設事業，使中國仍滯留在十八世紀中，不能現代化。兼以內亂頻繁，遂易引起外患。"人必自侮然後人侮之"。這却是一個事實。所以任何國恥，都是由於我們本身不能統一，不能爭氣，而專門勇於私鬥所招來的。

二、中國自義和團事變以後，時時都存着懼外的心理，處處都想對外人獻媚。對於外國的軍隊，更是敬之如神聖，畏之如蛇蠍。因之對於與外國辦交涉，歷來想不到用武力爲後盾，尤其是對於日本辦交涉，總是以忍耐而求妥協爲原則，致爲敵人所乘，而失地數十萬方哩。不過這種事實，也是由於第一點事項所引致出來的：因爲政府自己感覺到沒有力量，所以才不敢存抗爭的決心。

三、日本之佔領東三省，日本軍人，早有計劃，唯過去未得外交部人員允諾。所以才未遽然施行。這一次事變之發生，是日本軍部壓倒外務省的開始；也就是軍人管理政治的先聲。

四、九一八以前，我國在東北的鐵路政策，實最遭日人忌視。同時也就是因爲中國積極進行，樹立自主的經濟政策，才引起日本人的軍事行動的。在過去，我國東北當局，還以爲在政治上，外交上，對日本採取極端退讓主義，便可以求得埋頭建樹經濟基礎，培養力量的機會。可是陰毒的日本，那兒會給予我們這種機會！所以，在我們的鐵路政策還沒有完全實現的時候，日本已經用武力強行佔領了。這種情形，在現在也還沒有變更：日本反對中國與國聯技術合作，便是這種事實的鐵證。

第二編　九一八之發生及其經過

第四章　九一八事變之近因

日人之於東北，數十年來，無時無地，不在圖謀中。其詳情已見於前文，茲不贅述。而九一八事變，本係日人預定計劃。但苦無藉口，以肆其野心耳。乃製造種種殘酷無理事件，挑釁壓迫，以爲逞其獸慾之地步。顧我國國民忍辱負重。每一事件出，率由政府正式交涉。日人始終求藉口不得，乃悍然漠視一切，不顧國際道義，而九一八驚天動地之事變，遂出演矣。茲將足爲九一八事變導火綫之事件，分述於左：

一、米雙珍案

民國二十年夏，遼寧省遼陽縣，日站附屬地日本警察，以惡劣手段，用煤油灌斃回民米雙珍。此案出後，遼陽縣當局，即向日方交涉，並提出懲兇賠償等條件。而日方始終支吾抵賴，不肯認過，以致激起遼陽民眾公憤，群起組織米案交涉後援會，尤以回民更爲忿慨，清真教屢次開會，討論應付辦法，督促縣當局，嚴重交涉，誓爲後盾，瀋陽各界人士，對於此案亦紛紛起而聲援，遼陽地方法院檢察處爲愼重起見，特將前經遼陽官立醫院醫生魏晨光（英國人）解剖米屍時，取驗肺部之液體物，約一百格蘭姆，裝瓶加封，解送遼寧高等法院檢察處，由該處轉送小河沿施醫院詳加化驗。經醫生化驗之結果，證明確爲冷水與煤油混合物，並無肺癆菌等別物雜於其中。當經出具鑑定書，連同原送化驗物，一併交還高等法院檢察處，該處即據情呈報省政府，請轉飭外交特派員辦事處，向日方嚴重交涉。遼寧國民外交協會，以案關民命，特派該會幹事朱煥階，前往遼陽實地調查，以明真相。朱氏事畢歸來稱：米雙珍向在遼陽日站附屬地內開設牛肉鋪，小本經營，尚足自給。平日爲人亦甚端正。因同院住有日本婦女大西氏，素以放印子錢爲生，前因出外討債，數日未歸；日警乃遂疑爲米雙珍所害，捕送警署，威逼口供。米以實不知情，當然不能承認，日警遂以毒辣手段，用煤油灌注米之口鼻，因傷害肺部斃命。日警因無實供而釀出人命，自知理曲，乃僞稱米因肺病而死，命其家屬將屍領回。米之家人，報告中國官廳。經縣政府派人到場檢驗，無法證明因何致死。遂令其家人先照回教習慣，舉行下葬式。復將屍體送醫院解剖，見死者之肺，一葉脹大，一葉縮小，當時雖經檢驗，未能加以確定。後經完全證明，案乃大白。米氏之死，當然由日方完全責任。但日方一味圖賴，絕不承認。地方民眾，無不悲憤填胸，交涉久之，亦無相當效果。

二、萬寶山案

萬寶山處長春東北六十里，伊通河東十餘里。二十年四月，有漢奸郝永德者，以長農稻田公司經理名義，租得長春三區萬寶山附近三姓堡地方，生荒熟地共五百晌，租期十年。並未呈報我國官廳，得正式許可，竟私自轉租與未入籍之韓僑，並私訂各種契約，定租期爲十年。五月間大批韓僑入境，集眾四五百人，突在伊通河畔馬哨口地方，開挖溝渠。長二十餘里，寬至四丈，兩旁泥土堆積，又佔用七八丈，毀我民田四百餘畝。又因馬哨口築壩，致伊通河上游水勢日深，漲溢出岸，水勢洶湧，農民既痛良田之被挖，復懼禾稼被淹沒，遂設法勸阻，結果無效。而長春日領竟派武裝警察六名，至馬哨口保護韓人挖掘。農民乃邀集代表面求政府，請求交涉。中日兩方於是派員會查，結果我主張回復掘毀農田，停止築壩。日方完全拒絕，更令大批韓人及便衣巡警，携帶武器，前往佔據民房。有關係之農民，忍無可忍，遂推村正爲首領。於六月三十日，決議於七月一日早，每戶派壯丁一名，齊集腰窩堡，自動平填水溝，是日並殺猪盤形群体歃血，共同立盟，與日警抗衡到底。七月一日早六時，萬寶山一帶數十村農民，齊集腰窩堡，共到七百餘人，各持鎬鍬，由代表曲湘樓、孫榮卿等領導，白布朱書大旗四面，上書"我們大家身家性命所關的熟地，經不法的人，挖掘溝濠，斷成兩截，害誤大家工作，屢呈官府，迄無辦法，迫不得已，除由我們自決，實行正當防衛手段，一面自行恢復原狀，以便耕作，一面要求官府，責令不法的人，賠償損害外，特此露布周知。萬寶山被害人公啓。"七時許，至前馬家哨口伊通河岸，時韓人仍在築壩，武裝巡警六人，在場監視。農民到後，插旗地上，即分段平溝毀壩，溝爲填平者都十五里，壩則完全被毀。當時日警出頭攔阻，質問理由，農民代表則答以平填溝濠，便利耕作，並非尋釁，日警理曲詞窮，其中一人遽執代表衣袖，大撞其羊頭。另一人則倒臥溝內，盡情無賴。但農民仍進行其工作，至十二時，溝已填平，農民遂整隊而去。臨行前，日警詢以明日來否，代表答以仍來。問來若干人？答今日七百，明日一千。日警大怒，忿謂："如明日來一千，可帶一千具棺木。我帝國今晚發兵，飛機、大砲、機關槍、炸彈均備。來一千，死一千，不令一生還。"農民去後，日警即以傳書鴿向日領館告急請援。二日早，即到武裝日警三十名，携有步槍、手槍、機關槍、彈藥。由日警察主任中川治率領，分散於水溝左右。至八時許，各村農民仍在腰窩堡集合，抵馬哨口後，方擬繼續填平韓人挖掘之溝，而慘無人道之日警，竟開槍射擊，我農民死傷多人，遂釀成巨案。事後日領館更增派軍警二三十名，連前共七十三名，全歸中川指揮。屯土爲二里長之戰濠一條，向馬哨口架設機關槍。又侵入馬哨口，佔據王姓民宅，將附近村民，盡行迫之逃避，伊通河之渡船，亦被日本奪去。韓人壯丁百餘口，在日警督護之下，積極築堰調水，我農民乃一面成立外交後援會，誓死反抗。一面請長春外交當局向日領抗議，而日方終不認錯，並發露其殘酷之面目，進一步釀成朝鮮慘殺華人案云。

三、朝鮮慘殺華人案

萬寶山案之起也，日人本意在激怒華民與彼發生衝突，以便藉口出兵東北。其欲造成戰端，至爲明顯。我方爲避免衝突故，始終馬哨口無我方軍警。日人詭計未售，遂大作虛僞的宣傳，謂東北我國當局，如何壓迫韓僑，某日中國陸軍若干，殺韓人若干，肆意造謠，挑撥是非。以捏造之消息，電達韓境各報館，七月三日晨，仁川各報紙，忽載萬寶山韓農被華人屠殺，東北當局下令驅逐韓僑之訊。韓人信之，當夕開韓民大會。查日本當局，向禁止韓人集會結社，至於群衆大會，尤爲嚴禁。今竟特許，不加禁止，日人之用意可知。開會後，成群結隊，至華人區域示威。日警旁觀，不但不速爲制止，且多有脫去警帽，混入群衆，實行指揮殺人者。於是仁川、漢城、平壤、鎮南浦、新義州、元山等地，同時發生暴動。自七月三日起，至八日止，我華僑男女老幼，被慘殺死者五百餘人。受傷者，達二千餘人。商店搗毀殆盡，房屋十九被焚。駐漢城我領事館，亦被搗毀，厥狀絕慘。方暴動時，韓人前行，日人逐其後，首謀者且指示韓人三條：遇警官則猛進，遇憲兵則考慮，遇軍隊則後退。此爲日人指揮韓人仇殺華人之鐵證。且中韓素無惡感，韓人又受日人壓迫已數十年，久不能聚衆至數千人，此次各地韓人聚衆數千，顯係其爲被動。又在七月三日，仁川發生暴動以前，已有殺盡華人之傳聞，當由我駐韓領事，向日方警告，而彼置之不理。於事變時，又斷我電話電報，使華僑無路逃生。時有覺悟之韓人，向暴徒散放傳單，勸告勿妄動者，日警反力爲阻止。自暴動發生後，日政府更向東北增兵，幣原外相對瀋陽總領事訓電有云："……似此實難保不再發生昭和二年之不祥事件。（即濟南五三慘案）……倘或中國官憲漠視再三之警告，則日本政府，由保護滿洲日僑之見地，不得不取正當之處置，結果，或釀成極重大之局面，亦未可料……"查韓人之暴動，確爲日人有計劃之操縱指使者。日人之意，以爲萬寶山事件，不足使華人與韓人發生衝突，故必更進一步，演此大暴動之慘殺案，使韓人仇殺華人，華人於不可忍時，以屠殺手段報復韓人，彼則藉口保僑，出兵東北，造成戰端，達其侵略之野心。此種陰謀，早爲我方看破，我民衆乃一面忍氣吞聲，靜候政府解決。一面對於在華韓僑，反更加保護，於是日人之計又失敗。事後韓族同盟會，哈爾濱之韓僑研究會先後發出宣言，一面向中華民國，表示萬分抱歉。一面聲明韓民親日派之奸細，甘受日本利用，由韓人自行解決，並宣布日人之陰謀。日人惱羞成怒，謀我日急，而中村失蹤事件起矣。

四、中村大尉失蹤案

日人鑑於其詭計未售，因又捏造中村大尉為華兵所殺，興波作浪，向其本國大作宣傳。謂陸軍步兵上尉中村震太郎，及前騎兵伍長井杉延太郎，奉參謀本部命，偕昂昂溪昂榮旅館主伊木延大郎等一行五人，携帶中國護照，於六月上旬經由哈爾濱出發，往興安嶺視察。原擬兩月即返，但出發而後，杳無消息。當由哈爾濱特別機關派員調查。據報告中村一行於六月二十七日左右，抵洮索鐵路終點葛根廟附近之民安鎮。正在該處飯館進膳之際，突有興安屯墾隊第三團所屬官兵數人進館檢閱，命中村一行停止旅行。示以護照，亦無效，竟被拘捕，槍六挺，及隨身衣物，都被掠去。不經提示任何理由，竟將中村一行綁赴該兵營後之山林中槍斃。七月一日復堆集木材焚燬屍體。而此種消息，則又得之於朋分中村等遺款之一中國軍人。又謂我國在興安屯墾區蘇鄂公爺廟之駐軍，見中村自攜日金三千元，見財起意，將中村殺死，事後由一蒙古人告密云云。任意宣傳，鼓動其本國民氣，其矛盾衝突，不近情理之點，不一而足。查民國二十年六月間，有日人自稱黎明學會幹事農學士之中村震太郎，帶同日人井杉延太郎及姓名不詳之白俄人一名，蒙古人一名，持日發居留民護照，藉遊歷之名，實行軍事調查。由博克圖經過興安嶺各地方，於六月二十六日到達佘公府。欲由駐軍操場邊通過，經第三團連長王秉義，見其行迹可疑，攔阻盤詰，索驗護照，因無中國護照，又言語支離，乃引至團部，訊係遊歷遇匪追逃至此。該團恐日人等受匪害，乃留住團部，加以優待。嗣檢查其身體，竟由其褲內搜出日俄文軍用地圖兩張，日記二本，筆記錄三張，現洋票一百一十九元，金票二元，其日記筆錄各係記載調查將來軍事上應用各項。遂着兵士將其看管，夜間該日人等，竟乘隙逃脫，守兵當即追緝，中村等已行甚遠，並鳴槍數響，因而引起潛伏之馬賊，開槍將其擊斃，在東北山下發現屍體。

夫興安區域，曠野遼濶，日人豢養之馬賊，時出沒其地。民國十八年時我方已照會日本，禁外人前往遊歷，原案具在。屯墾當局又曾聲明係危險地帶，禁止外人遊歷，并不負保護之責。中村以負有特殊使命之身，不顧我照會及聲明，故意冒險深入，死於馬賊之手，實屬咎由自取，我國當然不負責任。且中村所領之護照，係日方所發，并非我國官憲所發者。又中村所領之護照，是以農學博士考查地理名義，而實際上是參本部部員，在國際法上，應否負責，又是問題。凡此種種，足證中村之死，我方不負責任爲當然合理，而日本南陸相在閣議席上，高唱對華強硬之議論，參謀部亦主硬化，七月十三日外務陸軍海軍三省課長會議，僉認中村事件，應訴諸實力，具有強硬的決心，以期同時解決滿蒙各問題。日軍更用宣傳方法，以期求得民衆之同情，派遣飛機散布傳單，謂日本在滿洲蒙古特殊利權之危機，聲明中國如何侵害日本在滿蒙條約權利之實例，標定"擊滅暴戾東北政權"及"藉此機會永久確保日本帝國在滿蒙既得之權益"爲軍人口號，同時決定取斷然手段，發動實力，命關東軍所部集中一處，行使武力的解決，此真小題大做，藉題發揮者也。中村不過一大尉耳，其中尚有我國不應負之責任，然張作霖之被炸，蔡公時之遇害，其地位高於中村遠甚，在韓華僑之被屠殺者，其代價較中村，又何止千萬倍，乃張、蔡之死，以不了了之，華僑慘害尚不負賠償之責，死一中村竟值得日本如此大呼小叫耶，足證日人別有用意。查二十年三月南滿召集通蒙語之日本幹員數十名，並出重金聘蒙古貧民爲響導，秘密潛入蒙古，中村大尉者，即日本所派遣之一，探員分五路入蒙，第一路由察哈爾入蒙，第二路由熱河入蒙，第三路由洮南入蒙（即中村所行之路綫），第四路由黑龍江入蒙，第五路由俄境入蒙，探員沿途測量及攝影，在國際上能容許此違反國際法之行爲乎？中村事件發生後，日方不循外交常例，駐遼領事不直接與外交辦事人員交涉，而逕向省主席臧式毅交涉，露骨逼脅，臧派員二次赴興安區調查，並調屯墾軍團長去遼，詳細勘詢，邊署參謀長榮臻，則於九月八日赴平謁副張，請示交涉機宜，萬福麟回瀋與在錦之張作相等共商應付方策。而駐遼日本林總領事時常催促臧式毅答復。每次催促必謂日本將自由行動，或全滿日兵憤慨萬分，將不奉長官命令，如有意外，不負責任，種種恫嚇之詞，不一而足。及土肥原於九月十五日，由東京回瀋陽，形勢愈惡化，而九一八事變作矣。其詳情於下文述之。

第五章　九一八事變經過情況

自日人假藉中村案為名，其軍部大肆狂吠，以武力解決。調兵遣將，作種種準備，二十年九月十五日，土肥原自東京回瀋陽，日人遂毅然自由行動，事變作矣，茲將其經過情形，分述於下：

一、日人事前之軍事準備

日人在我國本駐有軍隊，其在吉林延吉、琿春、和龍、汪清四縣者，數逾萬人，直轄於朝鮮軍司令部，並受延琿各領事之調遣，平時與鮮境之日軍，互相聯絡，以通聲援，置電話電報以傳消息。二十年夏駐延吉日領奉朝鮮總督，鮮軍司令電訓，向我市政處，提出租用商埠地建設軍事聯絡班本部，當經張市長拒絕，嗣由吉省政府批准，租用文安路深井花園東南空地一段，計三百餘方坪。立約簽字後，於六月間開始建設樓房，九月十日竣工，日軍遂紛紛遷入宏大之兵營。更派大批密探，越江入境，潛入樟木德基、四道溝、石洞溝、蘆鎮、南坪鎮、延吉、天寶山、紅溪河、老頭溝、琿春、草帽頂等處，密探潛入我境者達八批之多。其在長春日軍由日本關東軍司令長官本莊繁，於二十年九月十三日自旅順抵長，偕參謀坂垣中佐、武田大佐、石原少佐、中野大尉、有富等一行五十餘人。十四日檢閱第四聯隊、第三旅團、守備憲兵衛戍各隊兵二千名。於西公園大營教場內，本莊並致狂妄之訓詞。九月十五日赴四平街、公主嶺、范家屯等處檢閱軍隊。同時哈爾濱滿鐵駐軍軍官為視察行軍陣地，自九月一日起，往返於哈長途中不絕，駐哈日領大橋，曾潛迹出滿洲里，繞往伯力，會晤蘇俄遠東當局有所接洽，蓋為出兵東北時，請求蘇俄諒解者也。至於遼寧方面，其沿安奉綫守備隊第三大隊，自九月七日以來，逐漸西移，向蘇家屯、瀋陽一帶集中。南滿路守備隊，由大連柳樹屯秘密運至瀋陽，暗為布置。同時朝鮮平壤飛機增至五十餘架，蘇家屯南滿車站，亦存放由日運來之飛機三十餘架。駐在朝鮮境內之步砲兵分兩支，開抵邊境，分駐新義州及會寧等處。東北日僑在鄉軍人會，於九月八日奉到陸軍部密令，準備分三處報到：一遼寧、二長春、三哈爾濱。日軍又在瀋陽築砲臺三座，同時於南滿路更增派日兵一師團。九月十五日，土肥原大佐，自日本歸來，携有九一八事變之秘密計劃。至十七日晚，在瀋日本之在鄉軍人，均集中於日車站附近之忠魂碑前，召開大會，臂纏黑紗，於狂妄演說之後，又繼之以煽動之口號，如"為保障滿蒙之既得利權而洒軍人之鮮血"，"以後死之鮮血，慰先烈之英魂"，"打倒侵害日本權益之張學良"，"打倒迫害日僑之張學良"等等。當時情勢緊張，如箭在弦上，刀將出鞘，大有一觸即發之勢，而瀋陽官方則歌舞方酣，猶不知大禍之將至也，可哀也夫。

二、事變之經過

十八日午後一時，由朝鮮龍山調來敢死軍一聯隊，而駐在遼陽之多門第二師團，亦於是日向瀋陽進發。午後十時突下動員令，十分向瀋陽城分路進攻，三十分許瀋陽東北方向，忽然霹靂一聲，全城震動。此即一部分着中國制服之日軍人，將南滿鐵路自行拆毀路軌之工作也（即所謂柳條溝事件）。並槍殺十七日雇用之華乞丐十數人，衣以中國軍人制服，用刺刀刺破，拍攝照片，以為口實。將第二師團之第二十九聯隊、第十六聯隊、第三十聯隊及龍山調來之敢死軍，混合編為三大隊，分路進攻。

第一隊計分三支隊，一支隊為步兵，二支隊為機關槍，三支隊為砲隊，銜枚疾走，直攻北大營。共布五道戰綫，以重砲掩護之，砲兵設陣於昭陵東方高阜上，直對東大營轟擊，砲兵開火後，步兵即進迫營門，機關槍聲如爆豆，砲火劇烈，全城震動，居民從酣夢中驚醒，惶駭無措。北大營事先毫未覺察，故無絲毫準備，嗣以砲彈落入營內，庫房擊毀，驟然發火，始大驚，出營瞭望，則四圍已被日軍包圍，火綫激烈，彈落如雨，我北大營第七旅即向軍署參謀處榮臻報告，旅長王以哲即與榮臻、朱光沐、臧式毅、吳泰勳等在朱宅開緊急會議，並以電話報告副張，回稱須始終鎮靜，切勿抵抗，軍隊可撤退避讓，我軍遵從命令。未幾，日軍得寸進尺，竟攻入營內，殺傷我兵士，我軍仍不抵抗，聽其驅殺，及退出營房，兵已傷亡過半。越半時後，日軍砲火益形劇烈，大營之內，火起數處。時東北軍已完全退出，祇剩空營一座。日兵乃放膽長趨直入，除將遺留之軍械子彈，款項掠獲外，並遍營縱火，而東北軍十餘年來所建築唯一大本營，竟付倭人一炬，深堪痛恨。日軍既佔領北大營，而砲仍未稍歇，至次日午時，營內猶烟火彌天，居民北望，無不揮淚，婦人孺子甚至有痛哭失聲者。午後一時，有卍字會擔架隊百餘人，赴營援救受傷軍隊，至晚尚未蔵事，死傷之衆可知。此爲日軍第一隊圍攻北大營之情形也。

第二隊行至瀋陽東門外，分爲二支隊，一支隊直向城東，東山嘴子之東大營進攻。東大營爲東北第二大營房，規模之廣大，雖少遜北大營，然猶可容軍隊十萬人。祇因事前毫未有聞，大敵突然當前，軍心憤駭。中下級軍官，以電話詢北大營，電話不通，轉向東北邊防署打電話，亦不通。蓋此時所有省垣一切電綫，早被日人割斷矣。各處電訊，既已隔絕，方知情勢惡化，正急籌應付之際，而北大營已起火，火光燭天，至是方知北大營已陷落日人之手。北營既陷，援應已絕，僅僅東營一面，孤掌難鳴。不得已亦整軍退出，將官流涕，兵士痛哭，悲哀之聲，聞於遐邇！日軍遂攻入營內，大肆搜索，所有一切軍器，子彈錢款，以及一應緊要物品，悉搜掠淨盡，此東大營陷落之實狀。其另一支隊，即包圍兵工廠，及各軍械製造廠，各儲藏倉庫，與糧秣廠，被服廠，迫擊砲製造廠。除將廠內各部完全封鎖，派兵把守外，所有各級員工，其在廠內者悉皆軟禁，完全失其自由。復次則包圍東北航空處，除將處內所有技師工匠，駕駛員，航空學生等，完全監禁外，並將廠內所有各式飛機上重要機件，全行卸去。此第二隊進攻之情形也。

　　第三隊直迫省垣，分爲三路進攻。第一路攻商埠地南市場，首先襲入商埠一二公安分局，日兵對於東北軍隊，猶或有相當戒心，若公安隊警察，早已視如無物，突施包圍，先行割斷電綫，次則强迫繳械，將所有公安局內員司兵役，悉皆軟禁一室，嚴密監視，不准外出。通日語者，略爲抗辯，非毒打即槍決。公安機關佔據後，即佔據一切官廳公署，緊要物品，悉被掠奪。各機關之首領員司，除微服逃避外，悉被日人軟禁。第二路攻商埠地北市場。十間房之公安分局警察，見日本守備隊洶湧而來，初尚認爲日軍實彈演習。因此種無理之自由行動，久已司空見慣，尚未介意。及見日軍猱升電桿，割截電綫，乃始上前制止，日軍遽發槍命中仆地。局內警察聞槍聲，知有變，羣出應援，雙方遂發生衝突，互有死傷。既見日軍益形衆多，乃知形勢重大。除當場被繳械外，餘皆四處奔避。第三路日軍約七百人，襲攻省城，於大西邊門外，分成兩股：一股由大西邊門侵入，一股由小西邊門侵入。除將小西關四公安分局包圍外，即直闖入磚城，包圍第一公安分局，及憲兵總司令部。一面割斷電綫，佔據電話局、有綫電局、無綫電臺。於是電報電話，完全不通，內外消息，盡皆隔絕。然後侵入東北防署，省政府及一切重要機關，與東三省官銀號，中、交兩銀行，各銀行，各儲蓄會。所有駐在省垣之警察、憲兵、軍隊悉被繳械。日軍侵入各大機關後，恣意搜索。銀錢及貴重物品，皆被掠奪。十九日晨，城關各地大小街巷，遍布日本軍隊，不可勝數，於是瀋垣完全陷落于日人之手。此第三隊進攻之情形也。

三、九一八事變之損失概況

　　瀋垣陷落後，我國所受之損失，何止億萬，茲將其重要部分，敍述於下：

　　A 軍事機關

　　a. 東北邊防公署　十九日午前六時，爲日軍佔領，參謀長榮臻化裝逃出，九月二十日至平，損失約如下表：

各種機彈	共八三種	值洋四三八四五一九元
各種機械	一九一八件	一五六八六七元
各種軍械附品	三〇六二一七件	四四四三二二元
各種軍械材料	二七四三七種	三六八九〇一元
軍用器材	七八種	七二八〇〇三元
建築材料	四三九種	二六三九三〇一元
衛生器材	二〇五〇種	三〇九八〇〇元
車輛馬騾	一〇四四匹	九二一八四〇元
軍用信鴿	一七〇隻	五一〇〇元

  b. 張副司令行轅　十九日午前六時十分，被日軍包圍。故大元帥之五夫人，率家屬由衛隊保護出走暫避，所有一切貴重物品，均爲日軍運走，二十年之珍藏，盡皆一空。

  c. 北大營　十八日晚十時爲日軍包圍，至十九日午前四時，被日軍佔領，損失如下：

捷克式短筒步槍	一〇七四支	八五九二〇元
舊七九步槍	一八支	一六二〇元
自來德手槍	二一〇支	二五二〇〇元
伯爾格滿機槍	三四挺	二〇四〇〇元
哈基開斯機槍	二五挺	三五〇〇〇元
捷克式輕機槍	二九挺	三四八〇〇元
馬克沁機槍	二四挺	四八〇〇〇元
十五珊裝輪迫擊砲	四門	一五〇〇〇元
八珊迫擊礮	一四門	二六二五〇元
一四式三七平射礮	一五門	七〇二〇〇元
新七九步槍彈	一八二七九〇七發	二一九三四八元
舊七九步槍彈	九〇五〇發	一〇八元
自來德手槍彈	六四六二發	一〇六七元

伯爾格滿機槍彈	五三四〇〇發	八二二元
哈基開斯機槍彈	六八八七八〇發	八二五三元
馬克沁機槍彈	三六九八二發	三九四七七元
八珊迫擊礮彈	二九二三發	二六三〇七元
十五珊迫擊礮彈	三二一六發	一一七六〇元
三七平射礮彈	二八五一發	四六一八〇元
木柄手榴彈	一〇〇〇〇個	八〇〇〇元
手榴彈袋	三九一條	五八六元

其他如鐵甲車、坦克車、探照燈等等尚不在其內。

  d. 東大營　駐軍事前曾奉令向新民移動，避免日軍挑釁，十九日午前五時被日軍佔領。

  e. 海軍司令部　在大西關外，十九日午時爲日軍佔領，其損失約如下表：

軍用水面飛機	二架	八〇〇〇〇元
十生半快砲砲彈	四百顆	二〇〇〇〇元
十生半快砲藥莢	四百個	二八〇〇〇元
十五生快砲藥莢	二百個	一六〇〇〇元
三磅砲底尖	一萬五千個	二〇〇〇元
七九函砲子彈	一萬顆	二〇〇〇元
自來德手槍	四支	四〇〇元
自來德手槍子彈	五百粒	五〇元
七九套筒步槍	十八支	一四〇〇元
250 華特胡波發報機	一架	二〇〇〇元
204 號真空管	二個	一五〇〇元

其他約值五十萬元

  f. 東北陸軍講武堂　有軍官千餘，學生千餘，十九日午前五時三十分被日軍佔領，損失如左：

各種山野砲	三二門	一五六〇〇〇元

各種步兵砲	三二門	一〇九一一〇元
重砲及加農砲	一二門	七七一二〇〇元
各種高射砲	四門	二四〇〇〇〇元
各種機關槍	一〇二挺	一六四八八〇元
各種步騎槍	三四四一支	八七五四〇元
各種手槍	二九支	二四四〇元
各種觀測器	三二一份	三二五二三七元
各種鞍具	二三〇份	一七五九三二元
馬刀	四〇〇把	四〇〇〇元
各種槍彈	一五二二三三粒	一五二二三元
各種砲彈	三三一九發	八二九三五元
各種空包	一六五三一個	五二〇〇元
藥莢	六八五五個	二四六六〇元
子彈袋	一四二條	六一〇元
其他……		

g. 東三省兵工廠　十八日午後十一時日軍由日站向大東邊門外兵工廠發砲，至十九日午前十時，日軍佔領省垣後，平田大尉率第二十九聯隊佔領之，損失如下：

各種機關槍	計一四種	二七三四挺
各種步槍	計一五種	九三六二五支
各種馬槍	計六種	一三一七支
各種手槍	計六六種	三〇二門
各種野砲	計一一種	五八四八支
各種山砲	計一五種	一四七門
各種平射砲	計一種	一八九門
各種迫擊砲	計四種	二七門
各種機槍彈	計一〇種	二三七四五七七七粒
各種步槍彈	計二〇種	一四一五五一三六粒

各種手槍彈	計九種	四六三三五七二粒
各種平射砲彈	計一種	二一〇六二一顆
各種野砲彈	計一二種	二〇六九七二顆
各種山砲彈	計九種	八〇三四五顆
各種迫擊砲彈	計八種	二六七四四顆
各種重砲彈	計三種	七九六四顆
各種高射砲彈	計二種	六八一五顆
各種炸彈	計六種	五一一三二〇顆
各種地雷	計五種	七六四顆

其他火藥、機器、材料種類繁多，無法計算。

h. 東北學生隊　在大東邊門外，學生六百餘人，十九日午前四時，均換便服逃走，計損失軍械、器物、書籍、軍服共值洋二四三〇〇〇元。

i. 東北憲兵司令部　在小南門裏，新築樓房尚未竣工。十九日上午爲日軍佔領，所有憲兵各部，事先退出，損失如下表：

一、軍器及馬匹共計估價洋五八七四二五角

二、服裝共計估價現洋五七六一九六角

三、現金損失計洋一二七一六元

四、書籍共計估價洋三三四元

五、沒收犯人服裝共計洋四一四元

六、沒收犯人服裝及軍械等共值洋一〇六〇五九角

七、木器及雜具估值洋七七三六一角

八、藥器藥材等共值洋六二三八元

j. 航空處　多門師團部下之第十六聯隊，於十九日午前十時二十分佔領該廠，其損失如下：

甲、直接損失之部

一、司令辦公及寄宿暨雜項房舍二百餘間，估值二十萬元。

二、飛機棚廠三所，估值三十萬元。

三、工廠廠房五所，倉庫及特別彈藥庫十所，估值三十萬元。

四、新舊飛機二百六十架，發動機四百五十餘架，估值四千萬元。

五、飛機及發動機備件三十餘種，各種儀器，並無綫電照像器等件，估值一千萬元。

六、工作機五十餘種，工俱數千件，估值五十萬元。

七、電器及蒸汽原動機件，估值五十萬元。

八、機關槍步槍各一百餘挺，手槍六十餘支，平射砲四門，子彈四十餘萬粒，炸彈一千四百餘枚，共值一百八十萬元。

九、汽車四十餘輛，估值三十餘萬元。

十、油類及五金等各項材料一千餘種，估值十萬元。

十一、醫院器械一百餘種，藥品三百餘種，估值三萬元。

十二、桌椅凳櫃及其他各器皿三千餘架，估值十萬元。

十三、金櫃及銀行存款被扣數目，約二十餘萬元。

十四、服裝給養損失，約二萬五千元。

十五、被害兵伕卹金二萬元。

乙、間接損失之部

一、員工在潘家宅中，損失及遷徙費用，約一百五十萬元。

二、商人因事變不能交貨，該部損失一百萬元。

以上總共損失約五千六百八十七萬五千元。

k. 長官公署衛隊統帶部　該部與長官公署同時被占，計損失如下表。

一、軍醫醫療器械	一一二種
二、軍醫藥料	二一七種
三、馬匹木器雜械	六七種
四、獸醫器械材料	一八九種
五、軍需處服裝用具	三二種
六、統帶部械彈器材	六六種
七、騎兵隊械彈器材	三六三種

八、汽車隊車輛十二輛，馬五百零六匹，醫藥材料一百五十六種，

醫療器械六十七種

　　九、步兵總隊部械彈器材　　　　一〇九種
　　十、第一隊械彈器材　　　　　　六二七種
　　十一、第二隊物品　　　　　　　四四種
　　十二、汽車隊用具一百二十九種　各種汽車二百一十六輛
　　十三、探照隊軍械服裝家具　　　一七八種
　　十四、衛戌隊軍械彈藥器材　　　五〇六種
　　十五、曲射砲連械彈器材　　　　三二種
　　十六、通訊隊服裝雜具　　　　　五一種
　　十七、第三隊械彈器材醫療物品　六三九種

1. 東北迫擊砲廠　十八日夜半爲日軍佔領，計損失如下：
　　一、各種迫擊砲　　　　　　　　八種二千三百零三門
　　二、各種迫擊砲彈　　　　　　　　六種五十二萬五千二百二十
四發
　　三、火藥　　　　　　　　　　　六種
　　四、製造材料　　　　　　　　　八百種
　　五、砲筒荒料　　　　　　　　　七百五十支
　　六、總分倉及各種倉庫　　　　　九所
　　七、動力及工作機器　　　　　　六五〇部
　　八、工具及理化儀器　　　　　　千餘種
　　九、汽車　　　　　　　　　　　五十輛
　　十、半成品八生的砲　　　　　　六十門彈十萬發
　　十一、半成品十五生的砲　　　　十門彈五千發
　　十二、廠房兩座工具規矩　　　　五十種
　　十三、未成汽車　　　　　　　　四十三輛
　　十四、現金　　　　　　　　　　四十五萬九千六百元
以上共計值洋八百九十三萬三千六百六十九元
　　m. 東三省測量局　該局在城內大紅袍胡同，十九日午後三時被佔，

計損失實測原圖六種，印刷圖二十一種，圖根簿二種，水準簿二種，地圖原板六種，儀器及書籍一百種，理化儀器一部，家俱六種，估值七十餘萬元。

n. 全省警務處　該處於十九日午前十一時被佔，計損失槍支、子彈、汽車、用具等，約值洋二百萬元。

o. 省會公安局　十九日午前十一時，被日軍縱火焚燒一部分，全城警察六千人，均被繳械，死九十餘人，工業區之六分局於夜間日軍進攻該處時，該局警察僅三十餘名，與日軍死力抵抗，雙方肉搏亙三小時之久，後因子彈告罄，外無援應，遂被攻入，於是此數十健兒，悉被殺害，碎足折脊，挖胸洞腹，狀極慘酷，公安局之文卷印信，皆被搶去。

p. 遼寧糧秣廠　十九日午前十二時，被日軍佔領，損失如下表：

一、實存款項	八二〇元
二、東三省官銀號存款	一二五〇〇〇元
三、機器馬匹軍械	二一八四八〇元
四、物品服裝	二一〇一九五元
五、糧秣	一八六〇九六〇元
總計約	二四一五四〇一元

q. 遼寧被服廠　該廠於十九日午後四時陷於日軍之手，計損失如左：

一、服裝成品存六十六種	值洋六四一〇五六〇元
二、遺存材料三十四種	值洋一七〇〇四二〇元
三、各工廠存物	值洋四四四三七二元
四、全廠存各項器具	值洋一四四四一二元
五、銀行存款	值洋一四六五二〇元
六、附屬製革廠存品	值洋四六〇七一七元
以上總計約	值洋七五七六六〇一元

B 政治機關

a. 東北政務委員會　九月十九日午前十一時，被日軍佔領，全部職員悉逃避。所有文卷印信，皆爲日掠去。

b. 遼寧省政府　九月十九日午前六時許，被日軍佔領，職員逃避一空。文卷印信，亦被日軍搶去。省主席臧式毅被虜，未幾即屈膝投降。

c. 民政廳　該廳附於省政府內，與省府同時被佔，廳長陳文學於九月二十五日脫身來平。

d. 教育廳　十九日午前十一時被佔領，廳長金毓紱被日軍監禁，職員悉數逃避。

e. 財政廳　十九日午前七時，首爲日軍佔領，廳內職員悉逃，文卷印信，盡爲日軍搜去，廳長張振鷺，事後來平。其損失約如下表：

庫藏股各款存數	六〇〇〇〇〇元
公債	五四〇〇〇〇元
捲煙統稅存款	二五〇〇〇〇元
會計股存款	一五〇〇〇〇元
清丈事務處存款	五〇〇〇〇元

f. 農礦廳　二十日十二時被日軍佔領，職員均逃避，廳長劉鶴齡適因事赴營口，在營口被日軍逮捕，嗣又送至瀋陽，監禁於鮑文樾公館。農礦廳所受之損失如左：

各項收入現款	九〇〇〇〇〇元
傢俱儀器	四〇〇〇〇〇元
二十年度水利收入	三五〇〇〇〇元
二十年度林務收入	五〇〇〇〇元
二十年度礦稅收入	一一〇〇〇〇元
二十年度商業注册費	五〇〇〇〇〇元
本溪湖煤鐵公司罰款	二二〇〇〇〇元

g. 東北最高法院　九月十九日午後二時，被日軍佔領，職員均逃，院長孔昭焱赴平。其損失如左：

存交通銀行大洋	一八八四七元
存交通銀行大洋（奉天大洋折合）	一七五八四元

會計科存款	二三〇三元
傢俱五〇四件	一二〇〇〇元
佛藍橋式汽車一輛	五〇〇〇元
圖書二一一册	一五〇〇元
其他	二〇〇〇元
總計約	五九二三四元

C 黨部

遼寧省黨部指導委員會　該會址在小南關建設廳舊址，於十九日午後十二時被日軍佔領。省指委彭志雲、邢士廉、康明震等因事未在省城，留會內之李紹沆事變時逃避鄉間。職員均走避，會內之總理像及各種宣傳品，均被日軍毀壞。

D 金融機關

a. 東三省官銀號　十九日午前十一時被日軍佔領，總辦魯穆廷事後赴平。其損失約如下表：

現金	四四九七〇五一元
定期放款	一六三〇七八二元
定期抵押放款	一五四八〇八九元
活存透支	一一二二八六五二元
存放各同業	二三七六八一九〇元
農商抵押放款	二〇〇〇〇〇〇元
各署戶欠款	三五〇二三九六七元
總分號往來	二五〇一七九六二元
附屬營業資本金	三九四六〇〇〇元
附屬營業往來	二五八四六〇七四元
暫記欠款	四二二四三九六元
未收資本	二五〇〇〇〇〇元
發行銅元票準備金	二五一五〇〇〇元
發行十進銅元準備金	一五一八三五元

發行哈大洋券準備金	一三五五六九二七元
發行現大洋券準備金	三〇八七六四二一元
發行奉大洋票準備金	二〇〇〇〇〇〇〇元
遼寧省整理金融公債	四〇〇〇〇〇〇元
其他	
總計約	四三四七一七六〇一元

b. 邊業銀行　該行十九日午前十一時，被日軍佔領，損失如左：

放款及墊款	三九五九五八五九元
現金	二一二五五八九八元
物品	四一三〇八元
應付款款	五五九五二九七二元
抵押品	二五〇〇〇〇〇〇元
寄存品	四二〇〇〇〇元
其他	
總計約	一五四二六八五三〇元

c. 中國銀行　十九日午前十二時，被日佔領。

d. 交通銀行　十九日午前十二時，被日軍佔領。

E 交通機關

a. 東北交通委員會　十九日十二時被日軍佔領，委員長高紀毅事前在津，各種款項、文件盡皆陷於日人手中。

b. 東北交通用品製造廠　地址在工業區，直屬交委會，十九日午後三時被日軍佔領，廠長蘇尚達赴平。共損失資本及貨物，約二十萬元以上。

c. 東北電政管理處　在皇宮路南，十九日午前七時被日軍佔領，職員均逃，器物文件，爲日軍搜去，處長朱光沐二十四日赴平。

d. 東北電信管理處　在東北電政管理處內，同時被日軍佔領，計損失如左：

瀋陽無綫電第一臺	二一〇九八一〇元

瀋陽無綫電第二臺		三九四五〇〇元
瀋陽無綫電第三臺		八〇〇九〇六元
瀋陽無綫電德式收發電臺		九二〇〇〇元
瀋陽無綫電美式收發電臺		一九五〇〇〇元
瀋陽無綫電中央德式電臺		四七七五〇元
瀋陽無綫電中央美式電臺		一六〇〇〇〇元
瀋陽無綫電修理廠		二三二〇〇〇元
瀋陽無綫電廣播電臺		二七六〇七四元
電信處管理處材料庫各種材料		九〇二八五五元

e. 遼寧電報局　十九日午前十時被日軍佔領，午前六時，日軍割斷電綫，平瀋電報不通，嗣日軍佔領後各員均逃；機器、材料、物品共損失約十七萬元以上。

f. 遼寧省電話局　十九日午前十時，爲日軍所佔，職員均逃，計損失如左：

八號電話鐵綫路	一五七八〇里	六二八四〇四〇〇元
八號電話銅綫路	一六四〇里	六八八八〇〇元
十二號電話銅綫路	八五七〇里	二三九九六〇〇元
長途電話局交換機	九一部	三〇二五〇元
長途電話局話機	九二〇部	五五三二〇元

g. 遼寧郵政局　十九日日軍十數名，曾至郵局強制接收，以局長巴里地力爭，始退，但未幾日軍到局監視，並檢察來往信件。

h. 遼寧電燈廠　十九日十二時爲日軍所佔，由日軍監視之下，仍令職工照常工作但重要職員均逃避，後由日人接辦。

F 教育機關

a. 東北大學　十九日下午四時，該校工廠被日軍封閉，東大學生悉逃。書籍衣履，狼藉滿地，秘書長寧承恩於二十六日赴平，計共損失圖書儀器雜物一千萬元以上。

b. 馮庸大學　二十二日日憲兵突圍馮大搜察，並將校長馮庸捕去，校內存之飛機兩架，槍五百餘支，均被日軍搶去，馮押在日憲兵司令部，後於十月三日釋放，於二十二日脫險云。

c. 遼寧省立第一師範 在小南關，校長梅佛光係國民黨員，該校學生多富革命思想，故九月十九日日軍三十名竟包圍該校，幸事前學生均逃，梅校長亦赴平，校中一切，均為日韓浪人刮去。

d. 第三高級中學 校址在昭陵之南，御花園之北。十八日夜，日軍攻北大營時，該校適當其衝，十九日晨學生悉逃避。所有校具及學生書籍衣履，均為日韓浪人搶刧一空。

e. 女子師範 十九日上午為日軍佔領，學生逃出。

其他各校在日軍壓迫之下均行輟課。

G 法團

瀋陽各法團如市商會、市工會、省教育會、市農會、國民外交協會、基督教青年會、報界聯合會等，均於十九日被日軍佔領或搜察。

十八日事變之巨大損失，右已述竟，大好河山，竟如此斷送於不抵抗之下，嗚呼！

第六章 九一八事變後東北各地陷落之經過

日軍佔領瀋垣之際，駐在其他各地之倭軍，即將各重要城市佔領，其經過情形，分述於下：

一、安東被佔之經過

九月十九日上午二時，日軍派機要人員駕輕便車赴市內視察，五時四十分，乃派日本守備隊二百人，闖至市內。當將縣政府、商埠公安局、水上公安局、縣公安局、消防隊、商務會及各分局所，完全包圍。各日軍皆武裝實彈，布滿各要區。我軍警完全被繳械，各機關人員多半逃避。日軍乃向我方提出條件，着於十九日正午十二時，全市各機關自動退讓，否則武力解決。我各機關首領於午前八時，齊集商會會議。公推海關畢税務司、商會主席孫朗軒二人，赴日領館交涉無效。

日軍於佔領三日後，藉口軍事之必需，將電燈廠封鎖，迫商民安設日本電燈，先交三個月之電燈費。將縣政府改爲日本憲兵隊，公安局改爲日本守備隊之大本營。商團又警察之武器，皆被奪去。日兵三五成群，橫行街市。所有各機關人員及學生等，均設法逃避。日飛機凌空示威，元寶山及縣府門前，均設重砲。各商號停止交易，各銀行皆爲日軍監視。又派員檢察郵件，平津各報，皆被扣留。於是安東完全陷於日人之手。

二、營口被佔之經過

十九日上午五時三十分，駐屯大石橋日軍四個中隊急行去營口。上午八時，侵入市內。先佔領練軍營，解除我軍六百人之武裝。在不抵抗之下，縣政府公安局、鹽運使署、海關監督公署，均被佔領。電報電話，均被割斷。並強佔北寧路車站，當地軍警均繳械，駐站警務長及站長，均被日軍綁去，新修之碼頭，亦被破壞。又派步兵一中隊在日站駐紮，擔任警戒並監守各機關。除海關外，地方各機關，全在日人掌握之下。以領館爲主政中樞，以公安局爲行政樞紐，辦事均承日人意旨，有日顧問二人在局長辦公室，輪流辦公，實爲監視局長，絕無自由。日方又派便衣偵探二十名，在市埠服務。縣長被監禁，不能行使職權。各機關均由日方派經理員一人，專管財政，逐日收入款項，盡交日方主管部。一切行政事項，皆須聽命於彼。商號被迫營業，而交易絕少，人民被慘殺者極多。

三、田莊台被佔經過

九月十九日午後四時，日軍越營河進佔田莊台，旋又撤退。十月十一日，有日軍五六十名，駐距田莊台二十里之某處，函田莊台商會，囑派人歡迎，便進駐街市內，我軍聞訊退走。日軍遂派汽船三隻，裝日兵一小隊，佔領田莊台。

四、撫順被佔經過

九月十九日午前十一時，駐撫順日守備隊，由川上大尉會同警視寺田所指揮之警察隊，進佔縣政府及公安局。旋將公安隊二百五十名，警察八十名，城內軍隊二百名，警察五十八名，分別繳械。計繳去迫擊砲二門，大小槍四百餘支，子彈二萬發。於次晨用汽車運入滿鐵借用地內，撫順遂高揭日本旗矣。

五、海城被佔經過

九日十九日，午前二時，駐海日砲兵第二聯隊向潘垣出發，日商民均荷槍實彈，警戒中日交通，道絕行人。三時，海潘間電報及電話俱不通。八時，日站號砲兩發，日守備隊數十人，携帶武器包圍各機關，將各處軍器彈藥綑載而去。二十日，經孫縣長派人交涉，始發還槍二十五支，彈一千發，海城遂在日人指導之下組地方自治委員會矣。

六、牛莊被佔經過

九日二十二日，日軍兩大隊馳至牛莊，藉口剿匪，由營口開入，實行佔領，繳我軍械。又調來飛機炸彈，毀物甚多，居民被害者四十餘人。

七、鳳城被佔經過

十九日夜二時餘，日軍開始包圍。一由縣西北四台子下車，進逼縣城西北。一由縣東黃嶺子，進逼縣城東北。東西北三面布置妥當後，東南西南沿安奉路綫各橋洞，各樹林處，亦均為日軍布置妥當。然後另有騎兵一連，於是日上午七時，長驅入縣城。更將遼寧陸步軍第一團團部、二營營部、五連、七連、八連及機關槍連、迫擊砲連、公安局、公安大隊部、縣政府等各機關，悉數包圍。將縣城佔領，軍隊繳械。並以十二月十日組自治執行委員會。一切實權，均歸日人掌握矣。

八、通遼被佔之經過

日軍於侵佔瀋吉後，煽動滿蒙獨立，以通遼爲首都。十月十日在大蒿子大林站等處，約集蒙民，發放槍械。十三日情形陡緊，日人早田等逼我迎蒙兵來城獨立，當爲汪縣長拒絕。日人大怒，令蒙匪進襲。進援蒙匪之日軍於十三日黑夜，爲盜俠天下好，震東洋等所迫，不容其鐵甲車前進。我騎兵遂於十四日擊破蒙匪。十五日日飛機一架向市中擲彈死傷多人，夜間日人欲乘鐵甲車進攻，又爲盜俠所算，在鐵路下掘成空洞，致該車陷落坑中，又不得逞。自十一月一日起日軍大舉進攻，我軍與之相持，至四日通遼遂被日軍佔領矣。

九、洮南被佔之經過

十月二十五日上午九時，日守備隊森司令官派駐長守備第六大隊所屬之第二、第三、第四三個中隊，由上田中佐爲總指揮，至鄭家屯，與羽山支隊會同前往。二軍共五百餘名，攜機槍數十架，由四路洮開到鐵甲車一輛抵洮，接連又開到兩輛，共約二百餘人。日軍未到之前，派有飛機到洮偵查，並擲炸彈二枚。一時洮南人心，頗爲緊張。日軍到洮後，於上午九時四十分佔洮南各機關，並派洮昂路日顧問石原代理洮昂路局長。迫令縣長撤換教育公安二局長。到洮南之日軍即開洮安。襲洮索路入索倫，破壞興安區屯墾公署。

十、開原被佔之經過

九月二十四日午前十時將開原攻陷，即將各交通機關及各學校完全佔領。對各機關職員必致之於死地爲快，知識階級，尤爲其眼中釘，縣長及財政局長均被擄。又強迫擊磙廠大隊繳械，韓大隊長大義不屈終率隊而去，當時擊斃警察二十名。公安局長逃。又青年會幹事，王書良、蕭共天數人，素具愛國熱忱，被日人往捕，蕭未及逃死之。於是開原政權，皆歸日人之手。

十一、梨樹被佔之經過

梨樹自九月二十日起，連日均有飛機一架，在天空盤旋並擲彈數枚，而日方便衣隊，時在梨樹出入不已。十月十一日，忽以請客爲名，將縣長包某，公安局長李某請去，旋被監視。並有日人數十，入城内，將税捐局、財政局，及其他財政機關，均行監視。至十六日，日人遂護送闞朝璽之兄闞朝山到縣，組梨樹四民自治委員會，取消縣府，一切大權盡歸日人矣。

十二、新民被佔之經過

九月二十四日，日軍開始向新民進發。至廿九日，新民站各旅館客棧完全佔領。至十月十五日，日軍回瀋陽。二十日二次向新民增兵，我軍乃於二十三日撤退，日軍進城，迫魏縣長（名鑑）移交政權，魏不允，押禁於司令部，於二十七日夜間逃走，携印繞由黑山，經打虎山到錦謁榮臻報告新民被佔經過。於是新民政權落於日人之手。

十三、本溪被佔之經過

九月十九日午前十時，日守備隊闖入縣城，當將縣政府、公安局包圍，强迫公安局繳械，我軍警在不抵抗之下，本溪遂爲日軍所佔。中日合辦之本溪湖煤鐵公司，所有華籍職員，皆爲日人逐出去職。縣城金融機關，停止營業。十月八日，日軍首領在縣政府召集各機關首領及地方士紳，組設維持委員會，於是本溪政權皆爲日人掌握。

十四、蓋平被佔之經過

駐瓦房店日本守備隊，於九月十九日三時北上，在大石橋應援佔領營口畢，於當日午後二時進佔蓋平。先登城垣看守各門，旋由隊長松井卯吉率兵四十人侵入縣政府，並繳警察槍械，商店閉門，行人絶迹。二十日上午辛縣長赴日軍隊部，商維持辦法，組設保安委員會。十月十五日，在日軍指導之下，蓋平保安委員會正式成立，以辛爲委員長云。

十五、遼陽被佔之經過

九月十九日午前十時，日守備隊二百名入城內，即將縣政府公安局等機關佔領，因有于沖漢、袁潔珊等關係，殺人尚少。二十五日起，日軍改編華人戶口，一切行政權均入日人手中，而財政機關，亦被日人掌握。每日日軍三五，侵入民戶，擄架姦淫，稍作抵抗者，有死無活，全城婦女，姦污殆遍。

十六、復縣被佔之經過

復縣政府數年前移至南滿綫之瓦房店，已無形受日人勢力之威脅。瓦房店守備隊出動後，殘留軍隊甚少。日本在鄉軍人特組警備團，擔任借用地警備事宜。所有殘留軍隊，全部於九月十九日上午十時動員，一面佔據縣政府、鹽務掣驗緝私局、地方法院，一面侵入公安局，將公安隊一百五十人解除武裝。復縣被日佔領後，亦由日軍威迫組自治會矣。

十七、四平街被佔之經過

四平街爲梨樹公安二區分局所在，九月十九日上午，日本守備隊將所有警察槍械，悉數捆載以去，電話局及其他機關，先後被佔。九月二十二日，日軍第二師團一支隊，由少佐羽山率領，開抵四平街，將四洮路警，解除武裝，旋即轉赴遼源。嗣後由奉天維持會，派賣國賊闕鐸接任四洮局長，路權遂入日人手中。又威脅地方劣紳，設立市政公所，於十五日宣布成立云。

十八、鐵嶺被佔之經過

九月十九日晨駐鐵嶺日本領事石塚，訪縣長俞榮慶，交涉結果，日本張貼布告，並不入城。十月八日下午二時，日軍突入縣城，聲稱有華便衣隊藏匿城內，大事搜索，結果毫無所得，倖倖而去。旋於九日上午八時，又入城搜索，聲稱俞縣長接受錦縣省府命令，有通敵嫌疑，俞縣長及公安局長，均被日憲兵傳去。當即佔據機關，立繳軍警槍械，直至下午二時，始退去一部。邑城交通斷絕，人心惶惑，居民紛紛逃往鄉間，鐵嶺完全為日佔領矣。

十九、昌圖被佔經過

日獨立守備隊司令官森連率隊，於九月二十日晨，用砲向紅頂山營房射擊，同時第五、六兩大隊兵開始攻擊，並用飛機投彈。我軍第二十旅，已於十九日申時退至法庫一帶，二十日上午六時，電報電話，業已不通。財產損失頗巨，居民死傷七十餘人，午前十一時遂被日軍佔領，圍繳警察署槍械。破壞各種交通工具，昌圖遂被日軍蹂躪不堪矣。

二十、遼源被佔之經過

遼源縣距南滿路四平街，約五十三英里，駐長春守備隊，少佐羽山於九月二十二日晨，率一支隊一百八十人，由長春轉四洮路，於二十二日佔領遼源，華軍退出，全城人士逃走一空。公安局長因日人有勒繳縣公安隊槍械之消息，率隊遠避。二十三日夜又開到日軍二團，並迫改縣政府為地方維持會云。

二十一、法庫被佔之經過

十二月二十一日，日軍步騎砲聯合隊，由鐵嶺開到法庫縣境調兵山，法庫縣警團在紅石磊子一帶防堵。二十一日拂曉日軍開始攻擊，同時日軍並由新台岡站，開到裝甲汽車六輛，載兵六百二十人。自動脚踏車十二輛，載兵二十四人，一起進攻法庫縣南門。日機四架，飛至縣城上空投彈。我警團雖經猛烈抵禦，但至當日午後四時，日軍卒侵入法庫縣街。我警團受傷十餘名。陣亡五名，斃敵十餘名，法庫縣政府行政科長劉子豐陣亡，縣長携印逃至五台子，法庫遂被日軍佔領。

二十二、懷德被佔之經過

十一月十三日早，懷德商會突接范家屯電話稱，新縣長即往接收，令飭鋪戶懸旗歡迎。時該縣趙縣長及汲公安局長，因公出城無人負責。當日午刻有日本便衣隊三十人，各持手槍，及中國警察二十餘名，護送新縣長，乘坐馬車，上插日旗。到城外，日便衣隊放傳信鴿一，即入城訪商會長談話，謂奉日軍部令，前來接收縣署，令速找回趙知事辦交代。該偽縣長及中日護從，住城內永衡達，當晚又放傳信鴿一，翌日上午查點該縣警甲，並委本街會仙居執事馬某為公安局長。十五日早九時，前趙縣長及汲公安局長聞變，帶公安馬隊及迫擊砲隊馳回入城。此時有日飛機一架，在縣城上空盤旋，偵查形勢，縣長等帶隊入城後，捕獲偽公安局長馬某及其他七八人。並遣馬隊赴永衡達不得入，乃令商號閉門，設卡防守，堅持一日夜，至十六日晨仍無解決辦法。十八日日軍一百二十名，前來攻擊縣城，該縣遂被日軍佔領。

二十三、長春被佔經過

駐長日軍第三旅團司令金川中藏，團長長谷部照梧，以日軍既佔瀋垣，長春日軍亦應同時策動，竟於九月十八日午後五時，發檄調在鄉軍人，集合待命。十時用長途汽車先將日僑及財物，秘密接入租界。又於夜半，利用消防隊汽車十數輛運大槍二百餘支，分發日警，其餘一部，盡發於日商。十二時五十分，日軍警奉長谷命令由日界東大橋至西公園，南至公園八島橋，北至二道溝散步關，及中東路站南溝沿地方，一律分兵扼守，並在附近高粱地內伏兵布哨，迨至十九日早二時許配布完竣，三時三十五分下總攻擊令。四時轟然砲響，死亡遍地矣。

日兵三百五十名，攜帶機槍、陸砲，實行攻二道溝，將我東北軍第三營部包圍。我軍奉命，不加抵抗。日迫繳械，傅營長不屈，遂為日人擊死。軍士完全繳械，死八九十名，傷四五十名，居民死二百餘人，日軍亦死傷三四十名。

時我軍在南嶺者，約有二團之衆，因奉令退讓，正擬撤走之際，日軍大部兵力，已開始以猛烈砲火攻擊，當場死傷數十人。遂向東西南三方潰走，槍炮大半拋棄。日軍見我退走，乃集野、陸、山、迫擊各砲，掩護總攻，並以機槍掃射，我軍大受損失，軍民死傷甚衆，約五六百人。南嶺團營各部，遂爲日軍佔領。

鐵道北三不管地方，及長春市公安局第一區分局派出所，於十九日被日軍包圍，將我警士十數名全部拘禁室內，並解除武裝。午後三時向長春市政籌備處提出條件三：一，釋放萬寶山案主角郝永德；二，自動交出警察武裝；三，市面由日軍維持。市政籌備處長不允，日軍遂以大砲轟擊市街。房物財產，損失無算，人民死傷，不可算計，於是長春完全陷於日軍之手。

二十四、永吉被佔之經過

九月二十一日午後六時，日軍於我不抵抗狀態之下，佔領永吉。先是吉邊代理司令熙洽，於接到瀋陽長春之惡耗後，即開會討論辦法，令各軍自動撤退。在日軍未至之先，會晤日長谷旅團長，要求日軍暫緩入城，容省軍退出，並由省會警察布置，維持過渡治安辦法。長谷允許，熙洽即回省垣，令駐省之邊署衛隊團，及第二十五旅，保護省委及各機關重要文件，退往磐石。省會警察，全體武裝出動，防暴徒倡亂。下午六時，日軍抵車站，其飛機且擲彈數枚，車站全部被壞。城郊內外民戶，咸覓地逃避，一時秩序大亂。日軍即入城，佔領各機關，另派步兵一部，進駐吉長綫重鎮樺皮廠及烏拉街，至二十二日組織治安委員會。至此永吉一切政權皆歸日人掌握。

二十五、敦化被佔經過

日軍佔領永吉後，即分派一部，於九月二十二日晚，乘客貨車十二輛向東進行，於二十三日抵敦化，駐軍聞訊早已遠避。縣政府、公安局遂被日軍佔據。後又與延吉方面之日軍羅南師團聯絡，協同布防，並武力完成吉會路云。

二十六、卜奎被佔之經過

遼吉失陷後，日人即聯絡張海鵬使奪取黑省。張氏本爲張作霖在綠林時代之結義弟兄，乃東北之老派武人之一，任洮遼鎮守使凡十五年，張學良秉政後，黑督出缺，張氏自忖資望，以爲非我莫屬，詎竟未償其願，爲萬福麟所得，遂懷恨在心。及九一八事起，張氏乃勾結日本，擴充軍隊，日軍以大批服裝軍械子彈接濟之。有衆萬七八千人，實行侵黑，黑省聞訊後，當即電平向副司令行營及萬福麟報告，並請示辦法。嗣得覆電，張軍如前進，可和平退讓，以免糜爛。另由張副司令電委黑河鎮守使，黑軍第一旅長馬占山氏，代理省府主席及邊防副司令。十月十四日，張軍前鋒抵江橋，江垣聞訊，震驚異常，省委及文官多向哈埠逃避。時駐江橋站之軍隊爲于兆麟旅，本擬遵副司令部令，退往肇東，而士兵憤甚，於十四日夜間，自行將江橋炸毀。十五日拂曉，猛襲張軍，張軍稍卻。是日午時日飛機兩架，又掩護進攻，時于部祇五千人，張部有萬七八千人，因于部戰鬥力極强，故雖有日機助攻，亦死守不退。時興安區屯墾軍孫王兩團，亦加入，助于旅夾攻，張部敗走。馬占山由黑河電飭黑東騎兵第一旅，張殿九聯軍二旅，火速開江橋，助于旅掃蕩逆軍。十六日，日飛機三架在天空助戰，並以鐵甲車衝擊，幸于旅死力抵戰，免免潰退，至十七日逆軍有二團反正，張海鵬乃返洮南，補充實力，圖再舉。

十月二十六日，黑省垣突到日武官二人，令馬占山將政權移交張海鵬，馬占山毅然拒絕。至十一月三日，日軍開到江橋鐵甲車二列，兵三十名，工人百名，飛機五架，實行武力修橋。我軍爲避免衝突，退走十五里，日軍竟用飛機擲彈，傷我士兵九名。四日，有日兵三百人乘霧進襲，我軍將其擊退，是日下午日兵四千人渡江，向我軍施猛烈攻擊，我軍拼死抵抗，至五日晚不少懈，我軍死五百人。因陣地難守，遂於六日下令退三間房車站，日軍猶進逼至韭菜溝地方。

日軍見我軍固守陣地，乃由朝鮮將第十九師團調來，赴瀋陽換防，駐瀋第二師團掃數開前方，多門中將亦親自出發。十二日遂傾其全力向我陣地進攻，飛機六架，彈落如雨，我軍取守勢無進展，馬占山進駐前方，士氣大振。十四日敵又總攻，我死團長一，傷士兵多人，馬親在前方指揮，敵卒不得逞。

十六日，日軍通諜令馬占山撤退，馬置之不理，於是連日陷于苦戰中。是日上午十一時，日軍飛機，步、砲、騎各兵四千人，向我軍猛撲，我軍力抗，日方遂令飛機全體出動，共五十架，連翼飛陣地上猛炸，我軍死傷極重。幸天起大風，愈刮愈緊，日機擲彈，毫無效果，兩軍混戰，日又不支。自此以後，日方化整爲零，以小部兵力，不時遊擊，以疲我軍，乘我不備，大舉反攻。

十七日夜十時日兵八千向我騎兵猛襲，我騎兵二團力抗。夜半新由朝鮮開來之兩聯隊亦加入，我軍因敵砲火猛烈，不能固守戰壕，乃出壕混戰，我軍死傷極衆。

十八日，日以第二師團主力，向我馬占山部猛攻，突破第一第二兩防綫。午時又作第二次猛攻，我軍不得已退守昂昂溪。於是日軍亦追至昂昂溪，同時日方又新由朝鮮開到裝甲汽車十二輛，援軍四聯隊，日第二師團多門遂帥此新實力，大舉來攻，我軍應戰。日軍一面平戰壕，一面用唐克車衝鋒，飛機在上空掩護。我軍至此，直已無再作戰能力，遂退至榆樹屯一帶。夜間日又加入生力軍萬人，見我軍死拒，仍不少退，遂用十二輛唐克車衝鋒，我軍死守陣綫。馬占山親率所部當最前火綫，激戰三小時，兵士均未進食。馬用電話調省垣某團，火急率所部赴前綫，限一小時到達，詎該團長延誤至三小時，馬氏憤急，親將其槍決，馬氏在槍林彈雨中，親率所部猛抗，其親信二連長，因進攻不力，立槍決，軍心大奮，卒將其擊退。事後檢點，損失三分之一，馬不得已遂退至昂昂溪以北。

日軍主力分兩路包圍，再行進攻，至下午一時，我軍全綫崩潰，馬氏乃退守省垣。日機在省垣上空盤旋，民衆大起恐慌，馬見軍庫已空，援軍未至，且省垣無險可守，不得已遂與日軍通諜，謂本人爲顧全民命，不願使省垣糜爛，退出卜奎，但日軍須俟我軍退盡後，方許進城，不然寧死不退。日軍允許，遂於十九日率隊由北門退出，民衆流淚相送，多棄業隨馬氏赴克山。日軍於二十日進城，於是卜奎全城陷于日人之手矣。

二十七、錦縣被佔之經過

瀋陽自被暴日強佔後，不得已乃將省政府移設錦州，日方因欲遂其全吞東北之野心，故蓄意破壞。前次在東大營擲彈四枚，殆即示威之先聲也。其時錦城人心雖有一度之恐慌，不久即復原狀。省府組織後，雖爲偏安之局，而人心已有所歸，不復如九月下旬之混亂。乃十月八日，忽有日機十二架，飛錦擲彈，又造成恐怖局面，其始至時僅一架，繼又有九架，分三次陸續飛到，最後復來二架。集於錦城上空，即在交大及北寧路車站一帶，開始暴力工作。總計先後擲彈三十餘枚，一時居民亂竄，莫知所措，炸彈暴發聲與人民哭喊聲，聯成一片！幸城垣尚未被毀，否則更不堪想矣，日機擲彈一小時，始循北寧路飛回。

十一月二十二日，日關東軍司令部，於攻陷卜奎後，又積極向西進展，以鈴木混成旅爲主力，開始軍事動作。二十七日晨，日甲車與我甲車在繞陽河衝突，我甲車不支，被擊毀。打虎山我甲車一列往援，於激烈抵禦之下，將日甲車車頭擊破，下午四時後，日軍連來兩車頭，其一又爲我擊破。日砲兵乃下車從側面猛擊，我甲車被迫退至繞陽河西橋，日騎兵徙左側抄襲，將三十四號橋拆壞，我甲車乃退陳家屯，及厲家窩堡。晚七時日兵繞至後方，抄我軍後路，爲我軍發見，我甲車遂夾擊日軍，打虎山派一營往援。

十二月二十二日夜間，日軍向田莊台之中國鐵甲車射擊，我軍還擊至二十三日下午，戰事未止。晚間日軍將田莊台佔領，復爲當地鄉團將其包圍，日兵傷亡過半，至二十四日晨始突圍而去，午又率大隊復佔田莊台鎮，鄉團始退走。下午二時又佔領車站，我甲車遂退守大窪車站，同時由昌圖至營口綫上進攻之日軍，共一個師團之多云。

二十五日，日機三架飛至大窪車站，將鐵路炸壞一段，致我甲車二輛，無法駛回，同時並有日軍一隊，向我甲車攻擊，幸我軍趕至，將日軍擊退，復掩護工人將被壞鐵道修復，我甲車始得駛回。二十六日，日機兩架投彈八枚，大窪站電報電話均被壞，下午七時日軍又進攻，發砲七十餘響，爲我甲車擊退。二十七日，日軍在飛機掩護之下，復攻大窪車站，敗退，又反攻，爲鄉團所敗，日軍傷亡百餘人，狼狽退走，我鐵甲車仍在大窪車站。二十八日午，日鐵甲車，開砲向我甲車射擊，飛機二架在空助戰。午後一時，日軍七百人向我取包圍形勢，猛烈攻擊，另添飛機八架，凌空協助，我甲車四面還擊，將其擊退。未幾，日軍又向我猛攻，進退數次，日機六架又加入助戰，我甲車被命中四十餘彈，終不堪日陸空軍四面包圍，被迫退出大窪，我軍死傷甚衆。

二十九日，日多門第二師團主力，及大隊飛機，進攻盤山。我中山號甲車及前方各軍，猛烈抵抗，前仆後繼，死傷甚衆，中山號甲車中砲數十彈，不得已稍形後退，至晚我軍退溝邦子。三十日，日軍在各處進攻，激烈異常，我軍死傷甚衆，但卒將其擊退。日機到處擲彈，以威嚇我軍並擾亂後方。

二十一年一月一日，我軍於上午七時，自錦州開出，共七列車。九時大凌河戰事激烈。我鐵甲車由大凌河西移，過錦州未停留，直開綏中縣。日機十餘架，飛至錦州上空，投彈甚多，全城秩序不安，人民扶老攜幼，群向西奔，狀極悽慘，九時電話電報不通，交通斷絕，我軍集於長城之內。午後日方指揮之匪軍，及正式日軍兩千名將錦州城重重包圍。榮臻將前方總指揮部移大凌河，省府由黃顯聲代拆代行，十二旅及二十旅於二日退出，日軍遂於下午六時進入錦州，掌握一切矣。

二十八、哈爾濱被佔之經過

哈爾濱華洋雜處，地位重要。當九一八事變消息傳到後，各機關首領咸向特區長官公署詢問真相請示機宜，時張景惠氏赴遼未歸，代理長官職務之葆康乃於九月十九日夜開會，召各機關首領討論應付辦法。決議，一軍警聯合，竭力維持地方治安，二特區除護路軍外，無其他軍隊，如日軍北進，護路軍應預定應付步驟，免未俄人藉口。二十一日夜，在朝鮮銀行、日日新聞社、日本領事館，及日本特務機關相繼發生炸彈案，日在鄉軍人秘密會議，令日商停業，學校停課，槍械秘密準備妥協，靜候命令出動矣。二十三日午，張景惠返哈。二十四日夜召各機關首領會議，謂在瀋已與日方商洽妥協，欲組東省特區臨時保安會，當時未決定。

　　二十五日又發現炸彈，所受損失甚微，並得證據皆係日人預先埋置，故意造成恐怖世界。二十六日午後，張氏組治安維持會，自爲會長，各機關法團首領爲副會長，于是一切事務，皆由日人指揮，張景惠氏，不過一傀儡耳，人心大爲動搖。又自二十四日起，日機不時至哈埠散荒謬之傳單，一時滿城風雨，張氏遂發一安定人心之布告，亦無效力。又自十二月一日至三十一日，日人無時不在搗亂中，狂妄舉動層出不窮。二十一年一月十九日，土肥原抵哈，督飭張氏將張學良派之人物完全撤換，張唯命是從。至二十六日，日機飛至哈道外散發于琛徵勸李馮軍隊退出市外之傳單，飛極高。馮占海部於二十五日先由雙城繞道至哈東，於是首入哈埠，攻公安局，繳去槍械。二十四旅李杜部騎兵，午前九時入哈道外。哈市治安由前公安局長高齊棟維持，所有警察皆臂纏白布，書鐵血救國四字，黑步軍一旅劉團，奉馬占山命，午到松浦市，聲援李馮。於是日軍大怒，由長春進軍攻哈，因東鐵俄局長拒絕運兵，日方無可如何，乃強迫滿鐵工人代運至松花江站，與扼守該地之我軍陳得材旅衝突，日軍以機槍野砲轟射，飛機二架在空投彈。陳旅上下受敵，正危急間，不期有不識大義之莊營，突譁變三連，牽動全軍，不得已乃燒燬松花江第二木橋，向陶賴朋德惠縣退走。日軍修橋進迫，至三岔河被我軍痛擊，車輛傾覆，死六百人，日軍仍進，遂於三十日抵雙城。我軍遂派趙毅旅堵禦，及趙旅趕至，雙城已爲日人所佔，遂猛攻日軍，並將路軌拆斷，日軍陷進退維谷之境。我二十五旅二十六旅二十八旅各一部，會同開前方替換使趙旅休息，宮長海騎兵會同各軍將日軍包圍雙城縣中，日軍死戰，卒不支，將城攻破，日軍狼狽潰走。

依蘭鎮守使李杜，中東路護路軍總司令丁超，聯合吉省各軍，組自衛軍，通電各方表示態度。

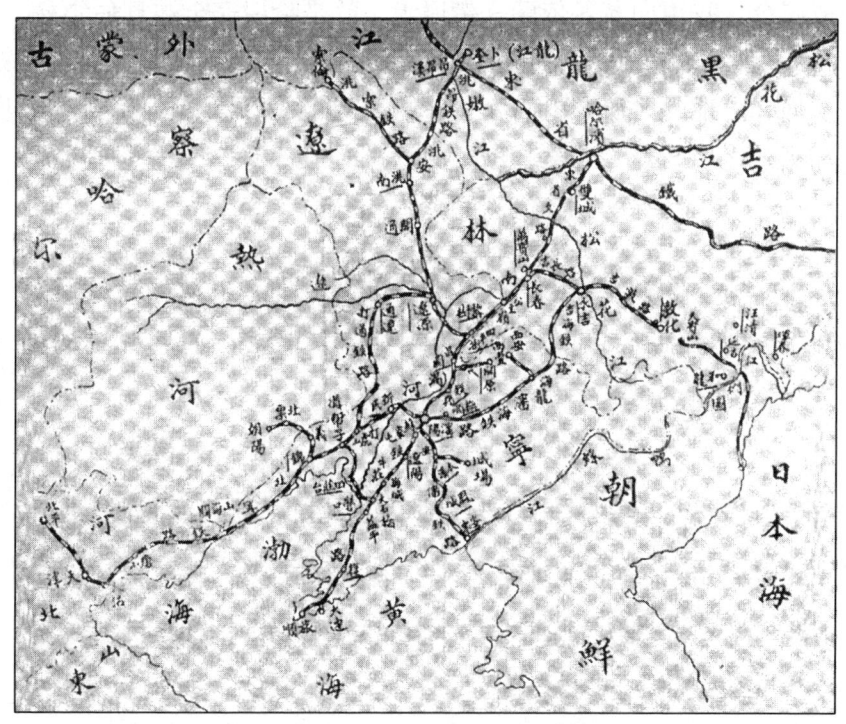

東三省日本強佔區域圖（凡圖１者爲被占地）

二月一日晨，日軍與丁超所部在雙城附近接觸。投日之熙洽逆部，將其主力集哈埠東南之阿城與丁超部對抗。自衛軍總兵力，約萬四千人，其中多配置市之兩側，哈東馬家溝一帶有預備隊三千名。其在西城方面者爲馮占海部千名，賓縣有二十五旅之一團駐守，此外另有我軍二千人積極破壞鐵路，阻日軍前進。

二月三日午，丁超軍在阿城南方，與熙洽軍交戰。日第二師團壓迫一部丁超軍開入雙城。四日一時，第二師團先頭部隊開抵哈爾濱南，午後二時丁超軍漸向哈埠南方退却。

五日午前十時，日軍在哈埠南與我軍主力衝突，激戰一小時，被日軍佔領。十一時多門師團司令部入城，連日與我軍激戰之日軍前鋒，於六日晨進哈埠郊外，電報局及無綫電台，均被佔領。多門入城後，立即頒布戒嚴令，我軍向賓縣依蘭一帶退走。於是哈埠完全被日佔領矣。

自此以後我東北三省除馬占山所領之黑軍及李丁自衛軍，各地義勇軍，所僅守之地外，所有七百萬方里之土地，三千萬之人民，遂永劫陷於水深火熱之境，無一寸之乾淨土矣。

第三編　九一八事變後

第七章　九一八以後的國際形勢

一

日本佔領東三省了，在開始的時候，各國都以爲這是一時的，不是永久的。日本外務省也一再聲明日本在滿洲絕無領土的野心。但是，事實畢竟證明了這是說謊，同着世人一般預測的錯誤。不唯在東三省的日本兵不撤退，反而大批的日本軍從日本國內運輸到東三省來！不唯日軍佔領的區域不縮小，反而日益擴大。北上取齊齊哈爾，南下攫奪錦州，東攻義軍，西窺熱河。"頭可斷，兵不可撤"的口號，已早被日本軍關東司令本莊提出來了。不久，滿洲國又出現了。於是國際形勢才日趨嚴重。因爲有了滿洲國，中日間的和平解決方法，已經沒有了。世界各國對於日本，也沒有希望了。九一八事件之發生，在國際上並不是沒有和平解決的辦法，可是，滿洲國的出現，却將這一綫希望剪斷了。尤其是荒木的宣言："不惜賭國運爲保衛滿洲國作孤注一擲。"更是使世界上各國外交家絕望。

當九一八事件發生的時候，英國固然是態度模棱兩可，美國也是在沉默着，蘇俄更是作壁上觀。主要活動的機關是國聯。中國既向國聯提出訟控，同時英法也表示由國聯來解決此次糾紛。國聯第一次議決案，令日本先撤兵，然後再進行仲裁。但是日本拒絕了。國聯第二次議決令日本撤兵，日本仍然是拒絕了。國聯遭了兩次拒絕，毫沒辦法。威信從此掃地盡矣！國聯原本是凡爾賽和約的產物，同時也是執行凡爾賽和約的機關，在反凡爾賽的德意志眼中看去，國聯只是个壓榨德意志的機器。這一個紙老虎一旦被日本戳穿以後，一般反凡爾賽和約的人，也就特別活躍起來了。從此，不唯遠東多事，就連歐西也多事了。現代世界是一個機體，牽一髮便可動全身的情況，也於此可見了。此中變遷情況，茲擇要述之。

二

國聯威信既已掃地，可是這般老奸巨猾，千孔百計，總要顧全面子。在日本板起面孔，絕對不睬的狀況之下，聰明的他們，便提出派調查團前往實際調查，既以緩和中日在日內瓦的爭執，也藉此遮蓋自己的面孔。著名的李頓調查團，便自此產生了。

當國聯準備派遣調查團的時候，日本却又準備佔領上海了，所以，國聯調查團尚未動身，而日本却已經在上海動手。守上海的十九路軍，並沒有受不抵抗主義所傳染，便毅然決然的奮起抗戰。這一次戰爭，延長到一月有餘，日本軍人的威名，也遭了一個大大的挫折。並且世界各國也知道：中國並非真是遠東病夫，不能作戰，實在的中國是有偉大能力的，他能作最勇敢的奮鬥，他能作最光榮的戰爭，中國的軍隊在物質缺乏之下，能戰敗世界最強陸軍國的陸軍。不過這只是給予世界上一個強烈印象而已。終於在日本飛機大礮威脅之下而議和。這一次日本出兵上海固然是想威脅中國；同時也是威脅英美。因爲在上海，英美人所有的利益是大極了。這次威脅的目的，在逼着英國美國承認日本在東三省的新行動——建立滿洲國。日本利用這種手段，威脅歐美列強已非一次。天津事件，已開其端；並且從那一次事變裏，日本才確知道英美法意在遠東都采取退却的姿勢。因此，一二八上海戰爭才會發生的。在上海戰爭聲中，美國曾有一度海軍動員的消息，但終於因爲美國海軍長官感覺到力量薄弱而致作罷。結果，只是將全部海軍移駐太平洋，對日本予以一種威脅而已。但是，日本那裏管得這麼許多。

國聯調查團到中國的時候，日本在東三省樹立傀儡政府的工作，已經準備完全了。國聯調查團還沒有出關,無恥的溥儀已竟當執政了。國聯調查團出關考察東三省現狀,而一般倭子倭孫、傀儡、漢奸等都假造民意,向國聯調查團聲明要求獨立。不過,這種滑稽的事情,安能騙欺人。滿洲國的真實情形,久為世人所公曉,他只是日本御用的傀儡,全體人民在反對着。從地理上、歷史上、文化上,東三省絕不能與中國脫離;這種事實,也都為世人所知曉,日本縱厚顏狡辯,亦不得不屈伏於此等事實之前。所以,在國聯會議席上,滿洲國之存在,終於是不會被人承認的,尤其有史汀生不承認主義做不承認偽國的唯一奧援。

國聯不承認滿洲國的議決案是通過了。而日本的代表松岡洋佑也便退席了,因為日本一再宣言:國聯若不接受日本的要求,日本便不惜退出國聯,現在國聯並沒有接受日本的要求,日本自然便退出國聯了。國聯與日本的衝突,至此已經達最後階級,日本既已退盟,國聯不復再有制服日本的方式。國際間的和平希望,也就從此完全斷絕了。

三

日本退盟,國聯醜態畢露。其無力無能的情形,也顯然的表現出來了。我們曾經說過:國聯只是凡爾賽和約的執行者,就是壓榨德國的機器,現在,國聯力量是動搖了,反凡爾賽的集團,便想乘機而起。而在德國,卻又恰逢國社黨,希特拉上台。希特拉是反凡爾賽和約最狂熱的領袖,並且,他之所以能取得群眾擁護,最主要的原因,便是在於他勇敢的堅決的反對凡爾賽和約,逢到這種機會,那兒能輕輕讓過。那時的歐洲,首先當前的問題,便是軍縮。英法意爭倡軍縮,而德意志卻要求軍備平等。德國根據凡爾賽和約而限制軍備;但卻也要求各國遵凡爾賽和約大大的減縮軍備,否則德國即將擴軍,以取得與列國平等的地位。

對於德國軍備平等要求,最反對的當然是法國。法國便提出安全問題做答覆。法國的意思便是:德國軍備平等是可以的,但是我的安全,要有保障,沒有保障,不能允許德國擴軍。所謂保障,不外兩途:一、請與英國締結軍事協定;二、準許法國擴充武力至自認為能維持安全的時候止。第一項要求，英國便不十分同意，因爲英國並不十分願意法國過於强盛。第二項要求英意也不能同意，因爲這樣便無異乎無限制的軍備競爭。所以，交涉没有結果，雖然是英法德意締結了一個四强公約，也終無補於事。德國的軍備平等要求還在進行着，德國的軍事擴張的事實還在進行着。法國却固守安全之旨，不容德國平等，德國也便以退出國聯方法對付之。如此，軍縮事件，便完全崩潰了。

西歐這種變動，大多係受遠東方面情形的影響，日本不退盟，德國也不一定就會退盟。不過，這種局勢變動，却轉又影響到遠東方面來。原來，法國對於日本，多少是站在表同情的方面。其中原因，不外一、法日在遠東没有甚麼了不得的衝突。二、日本侵滿作戰使法國軍火商獲得了巨額的利潤。三、日本强盛，可牽制英美，法國藉以企圖奪取英美所佔有的世界霸權。四、當時的法國是西歐反俄的領袖，在法國有白俄軍的司令部，在法國指導下的東歐各小國，都有法西斯的組織，這些都是法國準備進攻蘇俄的工具。不過，爲想戰勝起見，便很需要對蘇俄施行東西夾攻，擔任東方前綫的，日本最爲適宜。日本取東三省，是攻蘇俄的準備，所以，法國多少是同意日本行動的。因此在過去國聯會議席上，法國常左袒日本。但終以英美之壓力，使日本在國聯中失敗，但法國的真實情形，我們是很容易看出來的。這也是日本敢置英美的抗議於不顧，而一味强横蠻幹的理由。但是，德國復興了，國聯坍台了，這種局面，完全改變了。法國當前最大仇敵，不是蘇聯，而是德國。德法世仇，既無和解之策，只有益增敵視之意。希特拉的狂妄直使巴黎爲之不安。在這種局面之下，法國所要求的，不是打倒蘇俄，而是壓服德國，爲要想壓服德國，只是指着些小協約國是不夠的。因爲意大利是親德的，英國的態度很模棱，法國勢必另求友軍，蘇俄便首應其選了，蘇俄有强大的陸軍，尤其是蘇俄有偉大的空軍。蘇俄的飛機可自由轟炸柏林，這種事實，是法國參謀部認爲最滿意的事件。因此法國一變反俄的態度，而爲親俄的動作。俄法不侵犯條約批准了，赫里歐赴俄遊覽了，法國的飛機訪俄，這些都是圖謀增加兩國情誼的。法國本來因爲反俄所以親日，現在親俄了自不能不反日本了。

蘇俄的外交家是最會利用國際局面的。在希特拉勃興聲中，在軍縮流產聲中，歐洲各國都捲在不安定的漩渦裏。這正是蘇俄外交活動的好機會喲！所以，在倫敦經濟會議失敗的時候，而蘇俄外長季維諾夫却滿載而歸，與多少個國家，都訂立了不侵犯條約。於是蘇俄在西方的安全，是較爲得着保障。他便大量把精銳的軍隊運輸到東方來。在過去蘇俄對於日本是抱着恐懼的心理，故對日交涉，多取退讓態度。中東路之談判出賣，便是最顯著的例子。但是到了這個時候，蘇俄態度崛強了。不唯中東路談判決裂，並且蘇俄的領袖多公開的警告日本。

總上所說，可知：自日本退盟，便引起德國的退盟，因爲德國退盟，便引起法俄合作的傾向。過去，日本唯一友人的法國，現在不能不離開日本友人的地位了。蘇俄爲了法國這個朋友，更又乘機簽訂了許多不侵犯條約，暫無西顧之憂，遂一改過去退讓面目，而秣兵厲馬與日本強力相峙於太平洋之岸。這是國際情勢一大變動。

四

日本佔領東三省，列強中最受刺激的當然就是美國，美國要制止日本，但是感覺己身的力量暫時還不夠，便不得不求友軍，作爲制止日本的幫手。依歷史而論，美國最好尋求英國作爲朋友，以便進行制止日本。所以，在胡佛時代，史汀生就曾經想約英國用經濟封鎖制止日本。不過，英美的衝突，差不多是遍世界的，英國因懼怕日本在東亞過於發展，同時也懼怕美國在遠東勢力的過度的膨漲。所以，英美的澈底合作，很不易于成立。不過，自九一八以後，兩國在遠東問題上，在海軍問題，總算是比較更接近了許多。但是，這不能滿足美國人的慾望的，美國還要力找出路。

羅斯福總統在入白宮之前，便預計到在遠東勢力非找一個新朋友不可；尤其是在日本軍人日益跋扈，太平洋戰爭爆發時機日益迫近的時候。聯英既不能成，那麼便只好聯俄了。所以，在日本內閣所舉行的五相會議，主戰派得了勝利之後，美俄便同時發表了復交的電文。

原來，美國歷來就不主張承認蘇俄的。因爲認爲承認蘇俄便有被赤化的危險。可是，在對日作戰上，美國是需要蘇俄的。蘇俄更是需要美國的。美國得蘇俄的幫助，可以在日本的北方，取得空軍根據地。蘇俄得到美國的承認，可以增加國家的地位，鼓勵國內人民的自信，同時，在經濟上，可以得到奧援。這種情形，自然對日本予以莫大的威嚇。

不過，在日本早已預定了戰略，他認爲太平洋戰爭中他的對手方，絕不是一個國家，而是中美英，或者是中美俄。所以，美俄復交，日本人並不絲毫爲之退縮，從這種事實裏，充分表現出：要制止日本，用盡任何外交方式，終皆無用。只有用強暴才能制止強暴。美國認清了這一點，從此，在表面上，不再作刺激日本人感情的事件，而專門努力於海軍空軍之建造，以圖謀用武力來改造遠東的局面了。不唯如此，並且在表面上還多少采取和緩日本人感情的辦法，如赫爾與廣田互換文約，重申日美和平的意旨；允許菲律賓獨立，表示美國無野心於遠東。實際上，這祇是加緊了準備戰爭，而藉此想混淆敵人的視綫吧了！

在上述這一個階段裏，可以說是蘇俄外交勝利時代。蘇俄在西方取得法國的親善，在東方取得美國的承認，而主其事者的都是季維諾夫，這無怪乎季維諾夫渡美歸來，蘇俄全國歡迎之若狂了。並且因爲美俄復交，使太平洋局勢入於新的階段。在歷史上，美國幫助過日本抵抗俄國；這是在日俄戰爭的時候。日本也曾勾引過俄國抵抗美國；這是在大戰正酣，俄國尚未革命的時候。而現在呢，却是俄美合作對付日本了。這是一個新的史實，也是一個新的時代。以一個資本主義集團的領袖和唯一的社會主義國家握手，這真不能不令後來的歷史學家詫異。不過在我們現在人看來，這真沒有甚麼出奇；美國上議院議員主張承認蘇俄的演說詞中，"敵之敵即汝之友"一語，即可說明此種現象而無餘。不過，從這一點上，我們又可以看到太平洋戰爭是何等的迫急了。

五

九一八以後的英國，始終在沉默着；並且在沉默中存着無限的憤恨。

同時，却也潛伏着些恐懼的成分。他不能制止日本行動，可以沉默；他受日本的影響，致使遠東市場停滯，尤其是在華北，在長江流域他都擁有莫大的利權，而這些權利，時有受日本蹂躪的危險。這些事件，都會使英國人憤怒，但同時也使他恐懼。在一二八戰爭以後，英國已深感覺到日本野心的可怕。但是英國的對策，仍然是消極的，退讓的。到了日本退出國聯取熱河，窺平津的時候，英國感覺到遠東戰爭是不可免了，才日益轉入備戰的狀態。有一個時候，英國保守黨的人們，還想誘致中國承認既成事實，和日本妥協，維持東亞和平於一時，可是以後，英國人放棄了這種觀點。遂加緊的趕修新加坡軍港，增加香港的軍力，舉行遠東海軍會議，企謀與荷蘭合作保持南洋。透視英國之用意，端在於造成南太平洋優越的守勢，保存既獲的利益，以之靜觀局變。一俟日美，或日俄戰起，彼可從中漁利；換句話說，他很想取得上次大戰中的美國的地位。所以他對于日本，固然是希望能用國際合作方法鎮壓下去。但是，果真鎮壓不成，他也可以鼓勵日本戰爭。向愛好和平的英國，到了現在，已經不再和平了。不過，他希望別人打仗，而不希望自己參加，就是參加也要做最後的參加者。

六

德法的對峙，日俄的對峙，日美的對峙，已使國際不安。況太平洋上有英國乘機而動，歐陸有意大利首鼠兩端，因之國際間的險惡情形，較一九一四年猶有過之。所以戰爭是不可免的了。為着要戰爭，擴充軍備的競爭便一發不可遏止。一般國際政治家正在高倡軍縮的當兒，而各個國家都正在加緊擴軍工作。試一檢查近一二年來各國的預算案，軍費膨漲的情形定使人可怕。不過為着要戰爭，不得不在外交方面亦有所準備。法俄聯合之所以對德，美俄聯合之所以對日，這都是很顯然的事。不過，德日之間的關係又怎麼樣呢？

我們知道：日本是東方的孤立者，德國是西方的孤立者，孤立者與孤立者自易聯合；再者，日本與國聯是處在正面衝突的地位，德國也是與國聯處在正面衝突的地位，對手方相同。自然也易於結合；並且德國欲求東進，蘇俄是他的對頭；日本欲求北上，蘇俄是他的對頭，敵人相同，自易於結合；最後，日德之間，並沒有甚麼衝突之點，足以妨礙他們的結合，同時，他們同一的嗜好是戰爭。在戰爭中，彼此都需要朋友。尤其是在進攻蘇俄戰略上，德日波（波蘭）合作最爲有價值。現在德波的親善，不唯多年惡感似已消失，就連走廊問題，都好像得到諒解，這不是偶然的事件！不過，這也只有從準備進攻蘇俄這一點上，才能了解這種關係又怎樣係轉變的理由。

德日合作是否已經成爲事實。最近各國報紙上都常有德日締結秘約的風傳，尤其是在維也納暴動陶爾斐斯被刺的時候。這種事實現在雖然還沒有方法證實，但是，這是可能的；這是必然的趨勢。在這種情形之下，最受威脅的，當然是蘇俄，蘇俄爲着對抗日德合作，便提出東歐保安公約。所謂保安公約者，便是由蘇俄、波蘭、立陶宛、納唐尼、愛斯唐尼、捷克、德國，七國共締一與萊茵河公約（萊茵河公約由法德及小協約國訂立，保障西歐安全；此條約英意保障其效力。）相類似的公約，而由法國保障其效力。不過這種條約，德國反對，波蘭不承認，而法俄又志在必行，其結果，恐怕將要演成以法俄協約代替東歐保安公約吧！果真如此，那麼一九一四年以前的法俄德的關係，又重現了。歷史是不是循環的？誰敢說呢！

<h2 style="text-align:center">七</h2>

國聯自從碰了日本的釘子以後，並不是不想對付的方法。在歐洲簽訂四強公約之後，國聯基礎稍形穩定。國聯對付遠東的熱心程度，又漸漸高起來了。國聯與中國技術合作的口號也就漸漸的喊開了。國聯的用心，究係何在？是爲的拯救中國嗎？是爲的要壓倒日本恢復面子嗎？……這些都不是的。

原來，國聯對日本的衝突，並不在於國聯主持正義；也不在於國聯有維持國際條約的責任；更不是因爲國聯對中國有甚麼好感。完全是由於國聯對於中國所製定的方策，是想將中國置於國際共管之下。日本想獨吞中國，固爲國聯所反對；就連日本想動意瓜分中國，國聯也不同意。因爲現在日本在遠東最有實力，瓜分起來，必獲利最宏。國聯技術合作的眞成績，究竟怎樣，根本也不値我們過於重視。因爲這不唯是遠水不能救近火，而且有飮鴆止渴的危險。但是，日本對於這種事實，已經極力反對了，日本外務省的舌人，公開發表反對的言論。這種言論一出，全世界爲之騷然，列強紛紛提出抗議。結果日本外務省雖提出類似不承認這個宣言的解釋，但是也並沒有宣布將前次發言收回。這種事情，將來演變至何種程度，現在還沒有一定。是不是中國實行與國聯技術合作的時候，日本便以海軍封鎖中國海岸，而舉行與世界對抗的戰爭。或者是日本便進佔中國某一重要地點，威協中國，不得不停止合作。抑還是日本只是以狂言嚇人，到那時候反到有所顧忌，不敢動作了呢。這都說不定。不過，從這一點上，日本人獨霸遠東的決心，更充分的被世人所了解了。

八

總觀世界情勢演變，自九一八發生後，迄於今日，可分成四大階段：

第一個階段，各國都捲在經濟恐慌狂潮之中，九一八事變驟然發生；各國在希望上，都企求和平解決，免得加重國際間的不安，而使經濟恐慌，益發加深。同時，各國在實力上也沒有干涉日本的能力。尤其是各國之間，並沒有什麼結合，單獨行動，誰也不願意。因爲列強存着這三種心理，所以，才使國際局面成爲異常的沉悶，而各國（除日本外）也都在遵循外交正常軌道，企圖對中日事件，求得和平解決之道。

第二個階段，自上海戰爭起，至滿洲國成立日本退出國聯止，世界和平的企求，已經完全斷絕了。各個國家都要加緊的準備戰爭，沉靜的國際，一變而爲多事之秋。海軍競爭，陸軍競爭，空軍競爭，都發生了。

第三個階段，軍備競爭。既日益劇烈，秘密外交，遂復活躍。國際條約，已成具文，兩國間的秘密條約，重新爲各國當局所重視。因此，使正在混亂的外交戰中的各國，漸漸的分化成爲幾個集團。未來大戰中的戰綫，於此日趨具體化了。

第四個階段，各國重工業因備戰而得到額外的利潤，在經濟恐慌中的資本家，受此一嗎啡針，益發促進他們愛護戰爭的心理。因爲，他們已經知道：只有藉戰爭來替資本主義找出路了，加緊製造戰爭，便是現在各國正在進行的工作。目前，正是在這個階段，這個階段中的對抗的主力，可以分成兩個集團：一，法俄美集團。一，日德集團。

此外，還有些遊離分子。如英國，在歐洲還是有時候他同情德意志，有時援助法蘭西；在太平洋，有時候，對美國政策予以援助，有時候又倡英日同盟復活，尤以最近英國實業考查團到東三省去參觀，最有親日的意向。又如意大利，在反凡爾賽和約上與德同情，在對奧國問題上，與德意志又絕對的對立；他對日本固然沒有好感，但是對蘇俄也根本不能愛好，所以他們仍然是當個遊離分子。也許將來戰爭結果的決定權都操在這兩位遊離分子的手中。

第八章　九一八以後的日本

一、日本人民對九一八事變的態度

九一八事變在日本人的眼光中當然是一個絕大的勝利。不過，日本的政治家，日本的學者，日本的青年，對於這種舉動，並不能同意。雖然是在武人高壓之下，反對出兵滿洲的人，還是很多。二十年十二月神户英文報載有自署"一個能自己思想之日本人"之投函一通，原函的譯文如下：

"記者足下：數日前偶見報載一新聞，謂有若干日本人在東京開會，反抗日本軍閥目下在滿洲之舉動，各報對此事皆采沉默態度，不贊一詞，然此事縱小，實在是極有意思。何以呢？因爲這可以表示即在一個爆發物式之國民間，亦尚有若干人能自己思想而不爲人轉移。"此等人依於此項可駭之罪過,將在牢獄中憔悴數年,自無疑義,然余對彼等,則完全同感。余爲一能運用自己頭腦之日本人,特作此函,堅決反對目下在滿洲之所爲。試思在恐怖奔突之華人逃難者之後,乃有飛機追逐之,此是何等景象?有何可誇之價値?當然,飛機是一種新殺人器,我國苦乏更大之機會以試驗耳,我日本人對於所謂和平及和平之願望,亦嘗喋喋於口。然當余草是函時,市街之上正有許多青年,結隊狂呼,告人以殺中國人爲好事,而報紙則詔吾人以不久在滿洲戰綫上將續有動作也。雖然,在滿洲之戰爭,今日猶未終了,但若有某某國能減其畏難怕事之心理,毅然出頭干涉,在滿洲之武裝暴漢,則戰事自將立熄也。"

　　日本的學者公開反對日本軍人行動的,最著名的是日本帝大教授橫田喜三郎。二十年十月十五日,橫田喜三郎在東京大學法學部當着許多日本各界聞人公開演講,他説:"我對於滿洲問題以第三者地位,裁判員的態度,作公正之説明。諸君聽之,或視爲無味,或有不快之感,故在先聲明。依報章之記載,而爲研究滿洲事件之根據,則不能不令人有懷疑之點。當事者之軍部,以此次事件,是局部的問題,而國聯與美國,視爲嚴重,稍露干涉面目,……就此種情形觀察,這種問題,已成爲國際化。在未説明此問題已成爲國際化以前,先將滿洲事件發生之事實向諸君申叙之。

　　中國破壞鐵路,設若是確實事實,日本軍隊加於反擊,此爲自衛權之行使,進而因追擊軍隊,佔領北大營,亦可以自衛言之。然攻擊北大營,同時攻擊遼寧,則眞可爲自衛科?中日衝突發生,基於鐵路之破壞,據確實消息,所破壞之鐵路不過二米突。其時間爲九月十八日下午十點三十分,僅有六時半之時間,其佔領地點,北抵寬城子(十九日午前四十四分),南至營口(同日五時),此果爲自衛乎?然有一種事須注意者,中國全然取無抵抗主義,凡其佔領之地,並未經過戰爭。……

　　且在滿洲事件未發生以前,日本軍從全州,向奉天移動,稱爲演習,適時遼寧發生此次事變。此種情形,蛛絲馬迹,不無可尋,則日軍之行動,誠可稱爲敏速鋭感哉!以吉林惡化,由朝鮮出兵吉林,則將吉林佔領。但在滿鐵勢力外之哈爾濱，形勢險惡，僑民恐慌，且日本軍隊離該地甚遠，其情形嚴重，有發生危險之可能性，恐較吉林爲甚，何以不出兵，豈不令人懷疑乎？

要之，佔領北大營乃至遼寧，此種行動，稱爲自衛行動，實在勉强，是完全越過自衛範圍。

且在十月四日日本飛機爆擊錦州，此種行爲，是顯然干涉中國内政的表示。軍部當以爲是自衛權之行使，是出於不得已……日本在空中擲彈行爲，是完全干涉中國内政，破壞國際法。僅以飛機在錦州飛旋一事而論，亦是嚴重問題。今年橫斷太平洋成功之美國寒譯僕恩河二人，在今年夏際於日本領土内空中飛行，照攝要塞影片，日本全國大爲騷動，以其侵犯日本之自主權，罰金二千〇五十元，方算了事。錦州離南滿鐵路，甚爲遼遠，時派飛機前往偵察，此乃侵犯中國自主權，更爲違反國際法。縱今日本飛機是爲偵察而飛往錦州，遭中國軍隊之襲擊，應當逃去，而不應擲彈。……

日本有大多數人主張以滿蒙關係日本生存甚鉅，爲擁護生存權，故對滿洲問題，決不能退步。可是爲生存權，只以用兵爲上策乎？此不待解而自明矣！軍部以滿洲在國防上甚爲重要，不得不占爲己有，循是言之，滿洲在日本軍事上固甚重要，而中國全部於日本軍事上，亦相當重要，則亦取而代之乎？果如此，石炭在軍事上佔重要之地位，則法國薩爾之炭礦，日本亦必須佔領，天下寧有斯理乎！……

有以此次滿洲事變之發生，是由於中國不解決一切懸案，及不履行條約。吾人就實際情形論之，果如斯乎，抑非然耶？

（一）鐵路問題。日本以中國建築打通綫與南滿綫並行，是違反條約，而實際上則不如斯，滿鐵綫與打通綫相隔百英里，並非並行，若以打通綫與滿鐵路是並行，則無異於日本東海道綫與中央綫是並行，故此理不通。

（二）鮮民問題。……中國官吏對於鮮民，並不是特別壓迫，其對中國人民，也是一樣的壓迫，故在滿洲鮮民所受之壓迫，決不如中國人民所受其官吏壓迫之甚也。……

現多以解決滿洲問題，須舉國一致，則可獲健全解決結果。今政府與軍部處對立地位，與大戰後德國相似，日本將來難免不有德國大戰後所造成之狀態。事實勝過雄辯，言論當自由，故余以第三者演說地位，只顧及事實與真理，故乃放言，此乃真爲健全之自由。"

至於日本新聞界，也有公開反對九一八事件的，如《東方經濟》報載有一文，題爲"滿洲之價值"。茲節譯其文如左：

"吾人曾屢言及之，我國國民及當局，尤其軍事當局，往往將吾人在滿蒙之權利利益及滿蒙之資源，過分重視其價值。猶之雞之尚未出生，即計算其只數，不知縱使權利之益得有的確保障，滿蒙資源盡歸吾人支配，而吾人之真獲得如何，亦爲問題。論者輒謂滿蒙未闢之地甚廣，可以移殖大批日農，此直爲一種幻想。須知日農之生活標准雖低，而滿洲華農生活標准更低，日農斷難與之競爭。我國民中能移殖滿蒙者，殆惟有韓人，然使韓人大批移殖之結果，農產物大增，則日本國內之農業必遭其減絕無疑。滿蒙之米麥及原料多而廉，固足予我以利益，然在可獲享此利益之前，必須國內工業經一種完全之變更，試問我民族準備前進至此地步否耶？又有以滿蒙礦產之富爲言者，然滿蒙礦業之發展，又適足破壞日本國內之礦業，而使全部工業及經濟界陷於可怖之過度的混亂。至在滿洲礦地僱用日人勞工，其爲違反經濟定律與不可能，與在滿洲農場用日工無異。關於滿蒙及森林及其他資源，其困難也亦然。過度時期之困難，姑置不論，吾人敢斷言滿蒙經過理想的經濟上之發展，將終爲一中國之土地，而非日本之土地，何也？因其人口將在實際上全爲中國人，不過含少許韓人而已。若欲移殖大批日本人，在經濟上大不可能，無論其政治地位如何，終是中國人的土地，日本僅能依其人口及富力之增加，獲得商業上之間接利益耳。

目下滿洲的糾紛，殆全因華人之經濟勢力日形擴大鞏固，日人無法以舊工具相抗，乃不得不訴諸政治的武力的方法，然地方一經安定，華人又將源源而來，遍布其地，吾人以何法驅之耶？吾人若不由根本考慮，徒欲據滿蒙爲己有,則結果必得種種之惡收獲,而毫無有益之酬報。

今在滿洲之日軍閥,竟以製造一滿蒙理想國爲事,此真可謂輕視妄動。所謂理想國者,其意義如何,吾人不知之;但一種理想國家,不能在日本國内造成,反能在中國領土滿蒙造成,寧有此理!社會主義者往往數殖其人於無人之地,圖組織一理想的社會,而從來未有成功者。今我日人竟圖在社會的政治的理想各別之中國人所居之土地創設一理想國,尤爲笑談。抱此種妄想之日本人,竟在滿洲握大勢力,益足證我日本民族對滿蒙乃至對中國全問題,缺乏正確之了解。要之,中國人在滿蒙,滿蒙終屬中國,若國人能深明此點,則欲在滿蒙造新國之可笑的幻想,幾乎無存在之餘地了!

日人不乏抱此幻想而於決定日本對滿洲或中國之對策具有勢力,此真是一大危險,因其結果,勢必引起列強之懷疑,及中國之怨恨。滿蒙既終必爲中國所有,我日本自招中國之敵視,實非得計。若謂中國不能自治,更爲錯誤,中國已自治數千年。現在一般少壯國民之民族自覺心益見強固,今者強硬製造滿蒙理想國,正與中國民族之自覺心爲敵,即與日本之永久利益相反。

至日本目下對列國間之關係,異常可嘆,列強顯然不反對日本在滿蒙佔有某種限制中之特別地位,然若日本藐視一切,進行過甚,則列強勢必起而抗議。今我國中竟有以言行挑怒列國者,輕視列國與國聯之威信,此實一種危兆。在大戰前,德國藐視列強,終受大禍。在國家間與個人相同,驕於自大,乃最大之險事,我國民可速醒悟耶!"

不唯日本學者,新聞界有人反九一八事變,就連日本軍人也有反對九一八事變的。二十年十一月《日本時報》載有日本軍人石丸中將之對滿不可戰論,内稱:"吾人(日本)在戰役中欲一舉而戰勝二三國家,必須用迅雷不及掩耳之手段,作一決定最後勝利之攻擊。戰事苟經延長,則吾人勢必失敗。蓋恐有中立國加入也。但,吾人如采此等速戰速決政策,必須捨棄防衛手段,而擴大戰事範圍,此種舉動將違反國聯盟約,與非戰公約。換言之,吾人如采此策略,必須敵視全世界也。……令日本處於孤立之地位，日本海陸軍將受重大之打擊。"

不過日本國內反對侵略中國的最激烈分子，是青年學生、工人，同着些左傾份子。在日本出發滿洲的軍隊中，曾經一再發現日本共產黨反對出兵的宣傳品，尤其是在日本出兵上海的時候，東京大隊大學生，舉行反對出兵侵略中國集會。明治大學學生首先介導，日本大學學生隨聲附和，公開演講，散佈傳單，高呼"打倒軍閥"等口號，軍警馳至，捕十人去，才將這次集會解散。又橫濱學生亦群起反對出兵。大阪海員全體罷工，反對日本派兵來華。

從上面的敘述裏，我們知道：日本人民中，凡有思想的，都在反對九一八事變。他們的心理可以分成三種：

第一種人認為用武力佔領東三省，並不足維持日本在東三省的經濟利益；並且有損及日本國內經濟利益的危險。所以，出兵東三省，實在是一種盲目的衝動，沒有什麼價值可言。

第二種人認為日本出兵東三省，便是向世界挑戰；這種行動，與戰前的德國的態度是一樣的，其結果，亦必如德國，為列強聯軍所擊敗。所以，出兵東三省，實在是一種冒險的勾當。幣原外相一再警告日本國民說："佔領滿洲無異乎吞下去一個炸彈！"這一句話，最足以代表這般人民的心理。

第三種人認為侵略中國的結果，獲得榮譽的是一些軍閥，獲得實際利益的是些財閥，而一般日本國內的平民，並沒有什麼好處，反而只有擔負戰爭的責任，去犧牲金錢，去犧牲性命。這種不合理的勾當，應該澈底反對。

二、日本政府對九一八事變的對策

組織成日本政府的分子，可以分成兩派：一是軍人；一是政黨。政黨是純粹資本家的代言人；軍人固然也是資本家的走狗，同時也還保存些武人的特性。同時，也還可以這樣說：政黨多代表輕工業資本家，軍閥多代表重工業資本家。而在政黨中，民政黨又是輕工業資本家的代表，政友會又是重工業資本家的代表。因此，政黨與政黨，政黨與軍人間的衝突，是時常發的。九一八事變發生之後，武人與政黨的政策，也更是時常相左，他們雙方勢力消長，可以分成兩個階段。這兩個階段的分水嶺，是犬養之被刺。在犬養未死以前，政黨的勢力，是比較有力些；軍人多少還要受內閣支配些。而在犬養死了以後，尤其是齋藤內閣的五相會議之後，軍人的勢力是澎漲了，武力直接支配了內閣。此中情勢，可如下述。

當日本內閣開始計議應付九一八事變的時候，執政的還是民政黨。民政黨是傾向國際協調主義的，所以，對於東三省的事變，極力不主張擴大，免受國際指謫。依若槻首相、幣原外相、井上藏相之意，只圖藉此已造成之局面，向中國辦交涉，既可提出更苛刻條件，而使中國又易於接受。在東三省可以不必有領土的野心。可是，在軍人方面，則堅決主張擴大事件，完成征服滿蒙即所以征服中國，征服中國即所以征服亞洲，征服亞洲，即所以征服世界的雄圖。因此，外、藏兩省對於駐朝鮮日本軍未經內閣議，遽行自主出兵，深致不滿，而軍閥却力為解說，要求閣僚諒解。在九一八事變後四日，即九月二十二日，日內閣舉行的臨時閣議二次。第一次閣議，在上午十時，陸相與外相衝突殊甚，至下午再開閣議時，外相與陸相間，始取得一妥協途徑，其要點為：

一、希望以後關於軍隊行動，當於事前與政府商洽。（這是尊重外相的意見）

二、為解決滿蒙懸案計，希望於進行中日交涉時，仍繼續佔領東北各地，為外交保障。（這是尊重陸相的意見）

在九一八事變以後的相當時間內，日本政府就是持着這個態度。因此，日本在國聯的代表芳澤，便提出五項原則，希望中國承認，而開始直接交涉。

五項原則是

一、中日兩國須互保持不仇視態度，並各保其領土之完整。

二、所有華方各種反日運動，包含對日經濟絕交在內，應即永遠禁止。

三、華政府應保證日人生命財產之安全。

四、日資建築之鐵路中國必須償款，並必須承認現存之滿洲境內鐵路建築合同。

五、華政府應承認日本現存條約的權利，日人在滿租地問題，亦包括在內。

但是，中國拒絕了這五項原則，以致日本的直接交涉的動議失敗。日本之所以要直接交涉的理由是很顯然的，因為在不受第三國干涉狀態之下，他可以額外的向中國勒索特別苛刻的條件。唯當時中國也看清了這一點，故唯國聯是賴，拒絕直接交涉，而請國聯仲裁。不過，國聯的議決案，又不能如日本之意，是以，日本與國聯的正面衝突，遂逐漸加緊起來。

日本對付國聯的辦法，在開始的時候，是引誘在位的強國，使強國在國聯會議席上袒護日本。後來，又暗中勾結歐洲反國聯的國家如德、意、等國，使國聯淪於崩潰之域。在開始，首先被日本引誘上手的是法國。法國在國聯會議席上，對於日本曾予以不少的幫助。後來，日本又誘惑英國，英外相西門，有時候，在日內瓦替日本說幾句撐腰的話。日本的方法，不外三種：

一、日本表示自己願意作攻日的先鋒。

二、日本可以用商業上的利益，引誘英法。

三、主張分中國，引誘英法各擇肥而噬。英可以廣東、西藏為根據地，而攫取大塊土地；法可以雲南為根據地，而攫取大塊土地。果英法樂於瓜分，則破壞九國公約，破壞國聯之責，皆由英法日擔負，世界各國當然亦是莫可如何了。

不過，這種瓜分的事實，終以國際局勢複雜，不能實現。可是日本為對抗國聯及避免破壞九國公約的責任，遂着手於偽滿洲國的創立。初則擾亂天津而將溥儀綁去，繼則出兵上海，發動上海戰爭，威協中國，威協英美，使默許滿洲國之發生。果然在加速度的生產狀況之下，滿洲國便哇哇墜地了！

不過，這種生產，還沒有足月，所以溥儀先當了個執政；以後才當成皇帝。

滿洲國之出現，是日本政策的根本改變。日本開始並沒有決心將東三省不退還中國，但是，以國聯的無力，同着中國不能接受日本的苛刻條件，致使中日間的問題，無法解決。時間愈延展愈使日本人看清情事，因此，才使着日本軍人充分有驕傲的權利。得寸進尺的心，自然而生了，不抵抗主義引出東三省的陷落；常期的不求解決的辦法，又引出了滿洲國的發生。滿州國的建樹，是日本開始實行永久佔領東三省的第一步。但是，這個時候，民政黨業已失勢，而日本的内閣已經過一次更迭，政友會犬養已經代若槻而組閣了。政友會自然比較民政黨接近軍人。這是一大轉變。

在滿洲國成立以後，對於滿洲事態之處理，日本軍人内部也發生一種爭執。一派主張速戰，既已打敗馬占山，日兵已入北滿，可乘勢入俄，與俄人決一雌雄。唯用迅雷不及掩耳的手段對付蘇俄，定可取勝，因蘇俄未曾得有準備機會也。這種意見少壯派軍人主之。另一派以爲日本當前的急務，在於消化滿洲，肅清東三省的義勇軍，樹立滿洲新政權，藉以制世界列國之口。這種主張，可以武藤信義爲代表。這兩種政見雖然不同，不過，其對中國主張積極侵略這一點，却是一致。所以等到犬養毅被刺齋藤内閣出現的時候，對華的侵略便更見積極，滿洲國便被承認了。滿洲國成立以後，上述的兩個積極政策，究竟那一個被選擇了呢，二者比較起來，後一個自易見信於元老重臣；因爲這是比較穩健些。因此武藤便被派爲關東軍司令，兼駐滿特派全權大使了。

滿洲國之建樹，是向國聯挑戰的。滿洲國之承認，是日本對抗世界的決心的表現。所以，在國聯，否認滿洲國存在的時候，日本便毅然決然的退盟了。不唯退出國際聯盟，並且進一步的取熱河，進窺平津，强迫中國締城下之盟，默認已成的事實。這是武藤的使命。日本軍人的大慾，於此得償了。

不過此有所得，彼即將有所失。日本因穩定僞國基礎，强迫中國屈伏，這一點雖然是得到勝利，可是，在對俄上便不免有所失了。因爲這樣，給予蘇俄以一個很長的時間，使蘇俄在遠東國境上，得從事於戰爭的準備。不唯建設海參崴的海防，蘇俄有很大的成功；就連在外興安嶺及貝加爾湖畔的陸防，俄人也大致布置就緒了。不用說，空軍更是有充分的準備。從此，日本不唯一舉而取西伯利亞的迷夢消失了，就連想進踏蘇俄國土，也非易事。武藤爲此，遂自刎以死。

武藤死後，日本主張速戰派雖漸得勢，但是，蘇俄畢竟不是中國，不敢輕於一試。爲準備進攻蘇俄，不唯在西方要找得朋友，同時還要取得中國諒解，因爲中國若乘日俄戰爭以取利，也是日本的大患。在這種局面之下，中日間的妥協聲浪，又高了起來。從塘沽協訂起，直到現在，仍然是在這個情況中。

日本爲什麽要進攻蘇俄？這有兩個原因。一，日本認蘇俄在遠東的勢力之存在，是日本在滿洲最嚴重的威脅，蘇俄一日不除，滿洲便不能安穩的爲日本所有。二，日本之佔領東三省，當然爲列强所不喜。最後，終必訴諸戰爭，日本果能一舉而勝强俄，此外，則將無人敢與日人一較高低了。日本的亞洲霸權，便可以從此確立。換句話説，日本是想用對俄戰爭的勝利，來樹立他的亞洲門羅政策的。

總觀，日本對付九一八事變之態度，可分爲三個階段：

第一個階段：政黨勢力較大，力特謹慎，不願將事態擴大，而藉以免引起國際干涉。只要從此次事變中向中國勒索得極大的利益，便已滿足。是以此時，並無非佔領東三省不可的意向。

第二個階段：軍人勢力壓倒政黨，滿洲國不唯出現，且日人已予以承認。是不啻宣布日本已準備世界戰爭矣！但此時軍人中又以緩戰派佔優勢，所以日人便着手於東三省之經營，與夫熱河之吞併。換言之，就是對中國加緊侵略。

第三個階段，日本發覺蘇俄勢力之可畏，轉思與俄決一死戰，以定東北之盟主之誰屬。從此速戰派佔勢力。轉思與中國暫時妥協，藉以緩和中國感情，以便集全力對俄。

從上面的叙述裏，我們可以知道：日本現在對於東三省問題之解決，已決意訴諸戰爭，現用武力來衝開現存的局面。所謂衝開現存的局面者，便是想打破現在歐美各國在遠東的勢力,而代之以日本的亞洲門羅主義。因為,也只有這樣,日本才能安穩的佔據東四省。日本為着準備戰爭,不論對俄,或對美,抑或對英美,但是,他的第一步工作,在用強力壓迫中國,使中國與他妥協,以便在大戰中,可以聽他任意取求。同時,在國際上,日本便極力拉攏不滿意現狀的國家為與國,準備其共同行動,準此,日德密約的傳說,絕不是無因的,而是個合理的預測。

還有一點,我們要順說到的,就是日本人統制東三省的辦法。這最好看本莊繁等上日本皇帝的電報。茲摘錄該文如下:

"東京天皇陛下御前聽,臣等於六日,在奉天滿鐵社成立政務維持會,已皆遵旨就職。臣等仰瞻天顏皇恩似海,必效犬馬之勞,以報我帝國與我皇帝陛下也。今議決:擬以支那東特行政長官張景惠為四省自維會長,兼保安總司令。蓋該長官,在滿洲極負聲望等,且毫無學問,人既顢頇,又無大志遠謀,手下皆阿諛之輩,毫無人才之可言。故臣等為帝國一貫政策速達目的計,必使此等人物,為國利用也。奉天仍以袁金鎧、于冲漢、金梁、趙欣伯等組織,此數子者,俱為臣等恩威並用收服,況于冲漢又有鉅款存我銀行,更無異志矣!……二,黑龍江,臣等本擬以和平手腕召回馬占山,奈馬堅拒再四,無法奪其志,暫時任張景惠主之可也。……現在唯一之目的,即妥協熱河之湯玉麟。蓋湯為滿蒙失意軍閥,久有叛張之心,現如能為帝國服從,則滿洲一貫政策,不難於最短期間,促其實現也。……五,即應付支那政府及各地抗日運動也。臣等竊以支那政府,久已成為呼喚不靈,殘缺不完之政體,蔣介石雖甚聰明,但對國家思想,仍不健全。所謂北上收復失地,無非無臭宣傳,毫無作用也。張學良醇酒婦人,更不足道,顧維鈞,施肇基,只白手空號式之外交,更屬巧婦難為無米炊,不足懼矣!總之,對支那政府,實不足慮,臣等敢放言之,對支那領土,可於三月內完全佔領也。次即南北雙方之反日運動,京滬較烈,表面觀之,不可略之,但實際,支那五分鐘熱血,久所公認,如史國利用中無知軍閥威迫消滅之,或更以重利誘惑之,不難制止也。……(目自《國難痛史卷》四一四〇頁)

同胞們！讀此電文作何感想！

三、日本國的現狀

日本的人民都在反對日本出兵侵略中國，而日本的軍閥却在積極進行侵略中國的工作，二者互相矛盾，背道而馳。在這種情形之下，日本的社會狀況當然不會好了。請看下列各種事實，便可見一般：

試一檢查一九三二年十二月十四日的 Jaden Chtonicle 報紙，便可發現下列的事情：

全家均爲共產主義者

新潟基農夫，年三十一歲，曾被羈於大阪監獄凡四年，釋放後又以繼續宣傳共產主義之嫌疑被檢舉。姊妹四人，兄弟二人，從妹一人，亦同時以共產嫌疑被捕入獄。

學生的檢舉

長野大學生二人及青年約十人以參加共產主義文學團體之嫌疑，被檢舉。

赤色學校

由少女十二人所組成之某團體，已在橫濱被檢舉，其時伊等潛居一穴室，開始講習共產主義。

女子大學生之檢舉

明治大學女生七人以有組織共產主義文學運動之嫌疑，被檢舉。

第二次釋放

拘留已二月之前京都大學教師河上肇民之令媛已釋放。

小學教師之檢舉

大阪小學校青年教師五人，以主持普羅演劇同盟之嫌疑，被檢舉。

共產主義的法官

審判所官吏數人，以有共黨嫌疑被檢舉。

共產主義者之裁判

最近共產主義者十八人宣判死刑，二百二十二人宣判懲役後，以現在又將去年三月所檢拿七百人中之八十一開始裁判。

　　早稻田大學的赤色危機

　　早大學生十五人被檢舉，與其中一人父親處竊取七百萬元債券一事有關。彼等以此資金用於出版並發行共產主義文獻。

　　以左翼後援之嫌疑被捕

　　法政大學教授戶坡氏及上級官吏有以供給費用於共產主義組織之嫌疑，被檢舉。

　　這樣日本農民中產階級及智識份子對於日本現狀之不滿，而左傾欲改造日本的事實，便不難爲我們知曉了。

　　原來，日本（一）因爲東三省戰爭及積極備戰的結果，產物大部份使用於非生產用途。（二）因爲立腳於通貨膨脹的輸出雖然增大，但把商品削本出售於外國，不啻爲膨脹的輸出，而致國內窮貧化起來。所以國民財富在實際上却一天減少一天。欲明這種情形，可以檢視下列二表：

一、以日本幣紙價值所表現的日本輸出表（單位一〇〇萬元日金）

平均每月	一九三〇年	一一九
同上	一九三一年	九三
同上	一九三二年	一一三
十月爲止平均每月	一九三三年	一五〇

二、以美國金元價值所表現的日本輸出表（單位一百萬元美金）

平均每月	一九二九年	八一
同上	一九三〇年	五九
同上	一九三一年	四六
同上	一九三二年	三〇
十一月爲止平均每月	一九三三年	三〇・二

　　依第一表日本輸出一九三三比一九三一年增百分之五十以上，可是以第二表，則自一九二九年起比一九二九年却減少半數。於此，可知日

本在通貨膨脹所造成的輸出的增加的真像了！並且從此，也可知道日本社會所以不安的真正的原因了。

不唯此也，日本爲準備戰爭，其軍費之支出，也實爲驚人。現在就他的最近預算表，比較一下，便可知道：

日本歲出，預算（單位百萬元）

部別	一九三三——三四	一九三四——三五	增	減
內務	一三八・五	一三一・六		六・九
教育	一五二・二	一五二・八		
農林	一二二・八	八七・七		三五・一
交通	三六〇六	一八九・八		一六〇・八
財政	四八一・六	四六六・二		一五・四
陸軍	四四八・一	四〇三・七	四八七・八	
海軍	八五一・八	四四九・五	九三七・三	八五・五

各部都減少支出，省下來的錢，完全劃作擴充軍費。那麼其他部門所管理的事業，怎麼能不衰落呢？

日本的財富實際上在近二三年來減低，而他的軍費又如此增加，結果，上那兒去弄錢呢？他的辦法，就在加緊工人的剝削。三菱銀行所發行的工資指數，便指明了工資不斷跌落的情形：

一、按件工資

一九三〇年……………………………………………九六・二

一九三一年……………………………………………九一・三

一九三二年……………………………………………八八・一

一九三三年（六月）…………………………………八五・一

二、按時工資

一九三〇年……………………………………………九八・七

一九三一年……………………………………………九〇・七

一九三二年……………………………………………八八・一

一九三三年……………………………………………………八八・四

工人收入的減少，便流入資本家手中去，再由國家用赤字公債吸收了去。

增加日本社會不安情形的另一個原因，便在失業工人的增加。日本社會局關於每年的失業者對於比七百萬工人的比率是如此：

一九二九年……………………………………………………四・五四
一九三〇年……………………………………………………五・二五
一九三一年……………………………………………………六・六八
一九三二年……………………………………………………六・三八
一九三三年……………………………………………………五・九一

不過，在實際上，日本工人失業之多，必有過於此者。

同時，日本的農村，也陷於悲慘的狀況。日本高僑藏相說："農民階級現在貧窮的原因，可以舉出很多，但此等原因中之最大的，莫過於：農民在婚禮和葬禮等等的儀式上太糜費；他們在養育小孩子上花的錢太多；並且，就是自己能夠自己製造肥料，竟亦不惜化錢買現成的肥料。實際上那兒是這一回事？實際上是由於這幾年間日本的米和生絲的生產過剩，而致暴跌價目。因而使農村的中產者破產。自耕農的數目便日益減少，這樣青年男女脫離農村的數目便日益增多。農村不穩的情形，也日益緊張，這樣廣汎的農民運動便開始了。

這種種現象，便成了日本社會的不安。

以上所述，我們可以知道：日本人民因不滿現狀而日益左傾。同時，反對向外侵略而主持打倒軍閥財閥的運動便一天緊張一天。但是，日本的執政者，已經不能顧這麼許多，只有遵循武人的意旨，一味蠻幹。積極準備戰爭，準備用全日本人民的生命財產，為他們的戰略一試其用。所以日本的政治將益沒有辦法。

我們又知道：日本的經濟，表面是很繁榮，而這一種繁榮，是所謂"戰時通貨膨脹景氣"，是外強中乾的，表面上日本產業發達，實際上日本的財富總額減縮。因之，工人工資減低，工人失業增多，農村破產。

這種情形，有日趨嚴重之勢，所以日本的經濟也快走到了絕路。

同時我們又知道：日本在國際上，已到了孤立的地位。英、美、法、俄、意固多與之不合作，就連荷、葡等國也多高其關稅壁壘以待日貨。在全世界上已經是到處碰壁，果然日本的武人繼續的盲目衝動下去，勢必將日本這一隻小舟駛翻不可。德國有德國的自然富源，有德國人民的特點，戰敗還可存在，日本果若戰敗，恐怕連戰後德國的地位也享受不着！日本的軍閥，你們也可曾曉得，可憐的蠻牛們呀！

第九章　九一八以後的中國

九一八事變既然突然發生，而且倭寇又乘機東搶西掠，不幾日間幾乎把我東北三省完全佔領。雖然我們中國人民素有病夫之稱，可是神經系到底還是健全的，這時猛然間被人拿利刀割去頸項上的皮肉一大塊，縱使是睡着了，也不能不覺得發痛，也不能不驚醒過來。所以九一八以後的中國，實在也和以前大不相同。究竟他醒後曾做了些甚麼事情，在這裏有加以敘述的必要。現在就讓我分段說來：

一、政府的指置

九一八事變的發生，日本人是有政策，有步驟，有目的的，并不是出之偶然。但是我們中國怎樣呢？政府事先既沒預爲防備，事變到了，却一味鎮靜。邊疆大吏又不以守土爲責，結果產生了所謂"不抵抗主義"。而我東北三省的版圖，就改變了顏色，這就是最初所采取的對日方針，對日政策！

但是，人民是不能再鎮靜下去了。非常憤怒，非常悲望，尤其是那些學生們，請願罷課，奔走呼號；還有些因爲受愛國的熱誠所驅使，感到失望、悲觀，便絕食、自殺，想用這種種事件，來喚醒當局來刺激國民。於是政府接受了人民的"抵抗"的口號；却加了"長期"二字，即所謂"長期抵抗主義"是也。因爲人民對以前的"不抵抗主義"的責難，中央便說是"邊疆大吏，擅自撤兵，致一無抵抗而喪失三省"；而邊疆大吏却说是:"原擬與寸土存亡相共,無奈迫於力弱,中央不切實援助所以才不戰而退。"放棄錦州,最足以表現這種情形。

在那"長期抵抗主義"的號召之人,也很發生了一些值得記載的事情:第一件便是"精神團結",在上海開了一個和平會議,南北的領袖,在那兒見面了。中國統一的面目,又行恢復。這便是,作爲長期抵抗的張本。一二八事變發生,中央便立即遷都洛陽,以表示長期抵抗的決心;再接着又是甚麼"開發西北"啦,以作長期抵抗的根基;招開"國民會議"啦,以謀長期抵抗的方法。……真真是五花八門,不一而足。

政府爲欲達到長期抵抗的目的,于是又有"先安内而後攘外"的主張。那末,剿匪哪,剷共哪,削平背離黨國的叛徒哪……等等安内的政策,都爲政府所采取了,實行了……這是"長期抵抗主義"的實際的表現。

我們的政府,對於九一八事變的措置,唯一方法,就是"訴諸國聯"。當九一八事變發生之初,我國政府便向國聯提出控告。當時的意思,以爲國際聯盟是個排難解紛的公斷機關,總會主持公道的;何況我國和日本又都是國際聯盟的會員,依照會章的規定,凡會員國間發生爭議,都有應當先行訴諸國聯理事會公斷判決的義務。國際正義終能戰勝強權的念頭,始終放在當局的心頭。但是國聯却只在紙面上做些文章,静觀其變而已,一點實際的效力也沒有表現出來。日本還是繼續實施其侵略的政策,我國僅是以"抗議""駁覆""聲明"及"宣言"之類對付而已。最后國聯派了一個調查團來遠東調查,這個國聯調查團來遠東調查,這個國聯調查整整費了數月的工夫,寫了一本報告書,共分九章,前八章都是鋪叙事的多,仍然承認中國在東三省的主權,並指明九一八事變的責任應由日本負之,這似乎是很公道的了,很可以使我們喜慰的了;但是最后一章所建議的解決辦法,却是主張滿洲由各國來共管的。——這是各國不許日本單獨把東三省鯨吞下去,而欲由各國來共同管理,也就是共管中國的先聲!這又何嘗是個好的兆頭呢?

二、民衆的抵抗

九一八事變之后,東三省境内的人民,因爲迫以切身的痛苦,反抗很利害。他們組織了義勇軍，在東三省各地攻擊，使倭寇疲於奔命。更乘青紗幛起的時候，破壞敵人的交通路綫，攻城劫寨，時時使倭寇驚惶失措。談到義勇軍，我們便不能不想到馬占山、蘇炳文、王德林、丁超、李杜、諸人，他們在東三省境內，領着他們的健兒，和日本鬼拼命沙場，得不到政府的援助，只有關內的人民踴躍地捐助他們；后來被日本壓迫到了邊境，不得已把武器都交給俄國保管，而馬蘇李等人只得暫且放棄抗日工作由歐洲返國了。但是那些爲國而戰死沙場的忠勇的義士們，真是雖死猶生。關內的國軍，也有請纓衛國，而不是空發通電來的沽名釣譽。如像十九路軍的淞滬之戰，完全是自動的，激於義憤的表現。他雖然未得最后勝利，可是他給了日本以重創，他給了國家以不少的光榮/。再像方振武的荷戈北上，張發奎的戎裝待發，孫殿英的孤軍塞北，尤其宋哲元的死守長城，關麟徵浴血古北口，何應欽表示死守北平城，都是抗日的具體的表現。

　　民衆對日反抗，在消極方面，也有很大的表現。所謂對日經濟絕交運動就是很明顯的例證。我們知道日本工業所需要的原料，多數是望着我國供給的；及其製成物品之后，也需要着我國來替他消費的，所以舉國上下絕對不與日本政府或人民在經濟上有任何往來。——這個政策是很有效的，很可制日人的死命的，日本屢次向我國政府提出抗議，要求禁止民衆的經濟絕交運動。日本在華的工廠，尤其是紗廠，幾乎是完全關閉了。長江中的日本輪船，多是空着遊來遊去。日本的資本家對於軍人不滿意的呼聲漸漸高起來了。這都是抵制日貨的成績。這個經濟絕交運動，當然是民衆自動的。可是當着經濟絕交運動最高潮的時候，而日本仇貨的輸入，仍不能完全斷絕。並有些漢奸在日本的利誘之下，也竭力的爲日本收買原料，源源的運往東京。政府爲欲敷衍日本的面子，也不敢對這些漢奸們有所作爲，更不敢對仇貨的進口有何表示。於是抗日救國會、血魂團及鐵血鋤奸團之類在全國各地活動着，尤其是在大都會裏，是更加的活潑。這種情形，在現在還繼續着。

結論：從中日的歷史關係說明我們的使命

中日在遠古或者就有交通關係。不過，那種交通關係，恐怕只是限於少數漂泊中國的人們，或者是逃難的人們，偶然的跑到日本去。這些事實可不必追求。我們根據可信的史料，來考察中日間的關係，大致可以分做三個時期。

第一個時期在元代以前。這個時候的日本，是向中國進貢，派人來中國學習文物制度。

第二個時期在日本明治維新以前。這個時候的日本，是海上的強盜，專門縱使人民，來中國海岸搶掠。

第三個時期在明治維新以後。這個時候的日本，已經現代化了。實力驟強，遂進而侵略中國。

現在，我便依次叙述：

（一）

歷史上記載中日發生關係的，在漢以前的事實，都不可遽信。所以，我們以爲中日間正式相通，是始於兩漢。漢武帝征服高麗，威震瀛海，東瀛各邦來朝者三十餘國，中有大倭王，即日本。後漢，倭奴國主又遣使獻貢來朝，使人自稱大夫，光武帝賜以印綬，此後，朝貢不斷。魏明帝時，倭王遣大夫難升米等來朝，明帝詔以書曰："制詔親魏倭王卑彌呼。帶方太守劉夏遣使送汝大夫難升米，次使都市牛利，奉汝所獻男生口四人，女生口六人，班布二匹二丈以到。汝所在逾遠，乃遣使貢獻，是汝之忠孝，我甚哀汝。今以汝爲親魏倭王，假金銀紫綬，裝封付帶方太守假授。汝其撫綏種人，勉爲孝順！汝來使難升米牛利涉遠，道路勤勞，今以難升米爲率善中郎將，牛利爲率善校尉，假銀印青綬，引見勞賜遣還，今以絳地交龍錦五匹，絳地縐粟罽十張，蒨絳五十匹，紺青五十匹，答汝所獻貢值。又特賜汝紺地句文錦三匹，細班華罽五張，白絹五十匹，金八兩，五尺刀二口，銅鏡百枚，真珠丹鉛各五十斤。皆裝封付難升米牛利還，到錄受悉，可以示汝國中人，使知國家哀汝，故鄭重賜汝好物也。"

晉太康年間，王仁，攜《論語》十卷，《千字文》一卷，入日本為博士，日本之習漢學，自此始。永嘉年間，日本又到中國江南求裁工織女，自此以后，日本衣布之俗，亦略同中國。南北朝時，倭王遣使朝貢，自稱使持節，都督倭、百濟、新羅、任那、秦韓、慕韓六國諸軍事，安東大將軍，倭國王，表求除正，宋文皇帝總封安東將軍。後倭王又上表於宋順皇帝曰："封國偏遠，作藩於外，自昔祖禰，擐躬甲冑，跋涉山川，不遑寧處，東征毛人五十五國，西服衆夷六十六國，渡平海北九十五國，王道融泰，拓土遐畿，纍葉朝宗，不愆於歲。臣雖下愚，忝胤先緒，驅率所統，歸崇天極，道經百濟，裝治船舫，而句驪無道，圖欲見吞，掠抄邊隸，虔劉不已，每致稽滯，致失良風。雖曰進路，或通或否，臣亡考濟，實忿寇讎，壅塞天路。控弦百萬，義聲感激，方欲大舉，奄喪父兄，使垂成之功，不獲一簣。居在諒闇，不動甲兵，是以偃息未捷，至今欲練甲治兵，申父兄之志，義士虎賁，文武效功，白刃交前，亦所不顧，若以帝德覆載，摧此強敵，克靖方難，無替前功。竊自假開府，儀同三司，共餘威假授以勸忠節。"這是因為高麗阻貢，而倭王便不惜一戰，對於中國忠誠之義，溢於言表，所以宋順皇帝便封他做武使持節都督倭、新羅、任那、加羅、秦韓、慕韓六國諸軍事安東大將軍倭王。齊高帝進武號鎮東大將軍。梁武帝進武號征東大將軍，在這個時期中，日本對於中國渴望的是賜予較大的封號，以便稱雄東瀛。可是到了隋唐之後，日本人對於中國所求的，不是這些，而是文物典籍了。

隋大業三年，倭王遣大禮小野妹子為大使來朝。并帶沙門數十人，來學佛法。日本遣派留學生來中國者自此始。此後使臣留學生時來，尤以至唐高宗時最盛，這一般留學生回到日本去，仿照中國文字造出了平假名片假名的日本文字。日本制定許多儀制，他們對於盛唐的文物制度盛事鼓吹。日本皇室，遂完全模仿唐儀，建立官制，接受漢學，提高精神文化，盛唐威儀，見於三島。唐代法律，亟爲完備，日本的大寶法令，也就是採用唐律而成的。時爲日本大化元年，所以日本史稱之爲"大化革新"。在唐代，中國對待日本總算是好得很了：愛之如子姪，誨之如生徒。日本得具有國家規模者，皆食此一時之所賜也。但是，日本竟有一時候，還會幫助別人來和中國開仗。有一次，百濟侵新羅，新羅乞師於唐，高宗命大將蘇定方伐百濟，滅其地，置照都督府，百濟求援日本，日本竟許之，立即派兵到百濟，但是被唐軍打敗了。倭人以讎報德，已於此可見了。

當時日本的航海術是異常惡劣，使臣貢舟，時有傾覆，兼着後來中國亂作，日本才絕貢使。到了宋代，兩國商業，往來很爲繁密。日本僧來中國者，亦爲數頗多。但是兩國間的使臣往來，却是少極了。到了元代，元兵欲伐日本，遇風浪覆没，使日本倖而免於亡國，可是日本却因此大吹大擂了。終元一代，兩國間仍無往來。

總上所述此時期中中日間歷史，可分爲三個階段：

第一階段：中國聲威，遠震瀛海，日本稱臣受封，藉之以稱雄海島，此漢代以後隋代以前之事也。

第二階段：日本派遣大批留學生來中國學習，將中國一切文物典藉都盡量的輸入日本，使日本得具備國家規模，爲日本文化奠定基礎。日本之所以能存立於世界，日本民族之所以能成爲文明的民族，皆食此時中國之賜。中國之於日本不爲不厚了。

第三階段：日本已有相當文化，對於中國不思有以報德，反絕中國，不復通使，且常限制中國去日本通商的船數。（南宋理宗二年，日本限中國商船入口，以五艘爲限，多則毀之。）

不過從此以后，日本人更是狼子野心，不唯不知報德，反而專以搶掠侵略中國爲能事了。

（二）

　　元代既絕日本，遂禁商市，日本也由將軍執政，嚴禁通商，因此，中日兩國之間，海船往來，都是一些奸利小民，久之，這般人都流為海盜，專事在沿海搶劫。其後，日本內亂，盜賊競起，更因之多來中國海岸，搶掠財物，人民患之，明洪武元年太祖即遣使說之。書曰："上帝好生，而惡不仁。我中國自辛卯以來，中原擾擾，爾時來寇山東，乘元衰耳。朕本中國舊家，恥前王之恥，師旅掃蕩，垂二十年，遂膺正統。間者山東來奏，倭兵數寇海濱，生離人妻子，損害物命。故修書特報，兼諭越海之由。詔到日臣，則奉表來庭；不，則修兵自固。如必爲寇，朕當命舟師揚帆，捕絕島徒，直抵王都，生縛而還，用代天道。而伐不仁，惟王圖之！"但是日本不理。

　　洪武三年，明又遣使諭之，日本還報，奉箋稱臣，貢馬及方物，太祖嘉之。但是不久，日本人又變了，海盜還是繼續來中國搶劫，明太祖一再責備倭之王，倭兵爲寇如故。洪武十四年，太祖命禮官移書倭王，內有："吾奉至尊之命，移文於王，王若縱民爲盜，不審其微，井觀蠡測自以爲大，無乃搆隙之源乎？"倭王答書，頗爲強項，略曰："臣居遠弱之倭，褊小之國，尚且知足。陛下城池數千餘，封疆百萬里，乃常欲吞滅人國。臣聞天朝有攻戰之策，小亦有禦敵之方。倘陛下選股肱，起精銳，來侵臣境，臣將掃境內以迎將軍，豈肯望馬塵而拜乎？順之未必生，逆之未必死。相逢於賀蘭山下，聊以博戲，臣何懼哉？倘君勝臣，君亦不武，設臣勝君負，不免貽小邦之羞。自古和爲上策，幸上國圖之。"於是太祖惡日本益甚，乃命湯和巡視海岸，等城防寇，并著祖訓，列日本爲不庭之國，此後日本亦或遣使來朝獻貢，亦或中斷。明英宗時，倭王上表求賜銅錢，表曰："書籍銅錢，久仰上國，永樂中例賜銅錢，近無恩賚，公府索然，何由利民，欽請周急。"成化年間，又向中國乞錢表曰："敝邑久承焚蕩之餘，銅錢掃盡，公私偕虛，何以利民，今差使入朝，所需在斯，聖恩鴻大，賜錢一十萬貫，則國用足矣！"中國當然是照例的賜予他們些金錢，但是，倭奴的用心究竟是不可預測的。他一方面向中國上表稱臣乞錢，而另一方面還是不住的放縱他們的人民來中國海岸搶劫。尤以自嘉靖二十六年至萬曆十六年四十年間，沿海各縣，被禍最烈。倭奴比普通賊寇更爲慘酷，遇人即殺，遇屋即焚，財物無論多少，盡取之淨盡。因爲這一般倭奴，他有大的海船，不需要在大陸上久留，所以盡情的破壞各種事物。從此，中國人知道倭奴賊子狼心，不能以恩德化之，只有用武力對付他，才決心痛剿。當時，總督胡光憲，總兵戚繼光、劉顯俞大猷等，負責征剿。内中尤以戚繼光最爲有功，將來寇倭奴，多半坑殺。至今沿海地方，猶有矮子墳之傳說，這都是當年戚將軍的功績，倭勢從此大殺。

但是，不久，日本内部也統一了。豐臣秀吉握軍權，以武力統制日本，自稱關白。此人好大喜功，既定日本，便思有事於國外遂約高麗侵中國，高麗王拒之。秀吉遂興兵征高麗。計發陸軍十三萬，水師九千，別有遊擊軍六萬，備應援。高麗兵抗戰不利，乃望風而潰，倭兵長驅直入，陷都城，追及平壤。高麗王李昭一再向明庭請助，明遂出兵援之，唯主將用不得其人，因之在平壤城外爲日兵所敗。明朝乃急易李如松爲東征提督，李一戰而捷，大敗倭奴。高麗失地，已大半收復，如松乘勝而進，但又受小挫，雙方遂入對持狀態。時中國兵部尚書力主議和，乃與秀吉締約如左：

1. 兩國和親，明主以女妻日皇。
2. 商船仍如舊交易。
3. 朝鮮八道以四道歸日本，其餘四道授於李昭。
4. 李昭當以太子或大臣一二人質于日本。

秀吉表示認可，中國乃以楊方亨爲正使，沈惟敬副之，前往辦理議和事項。朝鮮使黃慎等亦偕行。秀吉拒見朝鮮使者，而恭迓方亨等。及使者去，召人讀册文，至"封爾爲日本國王"，秀吉色變，取册書裂之，謂"吾掌握日本，欲王則王，何待爾對"，戰事遂又爆發，彼此互有勝負。秀吉病死，戰事因之而結束。然中日兩國均因此次戰争上擔負過大而疲困了!

總上所述,此時期中,中日關係可以分成兩大階級:

第一階級,日本人民,化爲海盜,十分向我海岸搶劫。這種行動是零碎的,並非整個的。

第二階級,日本武人,正式以全力侵略中國。這種行爲,雖與海盜所爲者,並無二致,但是這是整個的,而非零碎的。

所以,我們也可以總合起來對這個時代的日本,給予一個新名辭,叫做海上強盜,或者叫做賊邦。("日本"一語,在英文上爲Japen,此字若以音譯之,適可爲賊邦。此種譯法,國人不妨引用之。)不過,從此也可以知,日本人對於中國,存心侵略,也不是一天了。同種同文,共存共榮,只是麻醉人的口號吧了,在日本,壓根兒就沒有這回事!

(三)

在清代同治十年以前,中日關係多半還是一如明朝之舊,但自同治十年起,中日之間,便締結中日修好通商條約十八款,規定日本得置領事於中國各商港。然條約尚未批准交換,而台灣生番戕害琉球難民之事件以起。原來琉球是中國的屬地,但日本却以爲琉球應該與日本有特殊關係,強制琉球王子年及十五必須遊鹿兒島,使琉球受其支配。同治十年,琉球漁人六十六名航海遇颶風,漂流至台灣,其中五十四人爲台蕃所殺。鹿兒島知事以此事報告日本政府,日廷議論沸騰。遂籍口保護琉球爲名,向英法美荷各國聲明琉球已歸日有,封琉球王子爲藩王,同時並出兵台灣,欲奪取生蕃所在區域爲己屬地。先是日本雖有此心,但恐中國人阻礙,所以,日本就先派種臣來中國交涉。到北京,向總理衙門提出琉民被害事件,問生蕃是否屬於中國版圖。其時總理衙門大臣毛昶熙等不明外交,答以:"琉球係我屬國,其民被害,毋勞貴國干涉;且台灣生蕃地,政務不及,其殺人劫掠,與我政府無關云云"。這樣一來,無異自棄主權。種臣得此答覆,大喜而歸。日本遂起征台之師。

日本征台灣,每戰皆利,因爲以生蕃與正式軍隊對抗,終不能敵。

日軍佔領地帶，一天大似一天，所以，日軍便在龜山建築房屋，作永久住留之計。中朝至此，覺事態已急，才一面派沈保楨爲欽差大臣率精兵萬人入台，以促日本退兵。同時，又向日本公使提案交涉，但均不得要領，兩國國交，即將斷絕。后來日本堅決索賠償軍費，始可退兵，英國公使出而斡旋，締中日和約三條如下：

1. 日本此次征台灣，係保民義舉，中國不認爲不是。
2. 中國賠償撫難民銀十萬兩，賠償台灣修道建屋費四十萬兩。
3. 約束生蕃此後不再加害航民。

這樣一來，琉球是讓予日本了。當時左宗棠曾主張，"寧讓俄人一步於伊犁，不可不出全力制日本於琉球。"可惜清廷不用。從此益啓日本輕視中國之心，而甲午戰爭之機，已伏於此了。這種事件之發生，不得不説是由於我國當時清朝政府，太無外交常識，"台灣生蕃地政教不及，其殺人劫掠，與我國政府無關"一語，便把琉球斷送了。可是，後來甲午事件之釀成，也還是由於當時執政者太不明白國際法之所致。其向經過大致如下：

朝鮮臣屬中國歷明清，皆不背。光緒二年，朝鮮自與日本訂約，有"朝鮮爲自主國"一條，但是中國人不曾知道；這已經大失着了。自此，朝鮮内部便分爲兩派：一、獨立黨主張維新親日；二、事大黨主張守舊臣事中國。兩派水火，遂發生内亂。中日兩國皆出兵戡亂。亂平，日兵不願撤退，中日雙方再幾經交涉，締約三款：

1. 兩國屯朝鮮兵，各盡撤退。
2. 朝鮮練兵，兩國均可派員爲教練官。
3. 將來兩國如派兵至朝鮮，須互先行文知照。

此約一成，朝鮮就成了中日共同保護國了，時光緒十一年事也。此種條約，完全由於不諳國際法，乃鑄成大錯！甲午之戰，固自此起，中國之危運，亦由此決定，清廷昏憒，一至於斯！若李鴻章者流之肉，豈足食乎！

光緒二十年（即甲午年）朝鮮又起内亂，中日皆出兵未至，亂已平，但日兵有進無已，清廷與之交涉，亦不聽。日使亦入朝鮮宮殺衛士，虜王李熙，中日戰爭，於焉開幕，但中國連戰皆北，主戰派爲之喪胆，主和派勢力驟增，遂開始議和。李鴻章爲全權代表，赴日締結《馬關條約》十一條，其中最重要的，是：

第一條中規定中國放棄朝鮮保護權。

第二條中規定中國割讓台灣澎湖及遼東半島。

第四條中規定中國賠日本軍費兩萬萬兩。

此約一成，中國國際地位一落千丈，瓜分之聲頓起。日佔遼東半島，俄所不甘，乃聯法德干涉之，日本無力與俄抗，遂退出遼東。此後，無國際常識的李鴻章，不知利用國際均勢，以求自強，反思用以夷制夷的方法，聯俄制日，既租旅大於俄，又與俄締密約。因此，英索威海衛，德索膠州灣，法索廣州灣，更終於引起日俄戰爭，使東三省全部勢力，被日俄平分佔領，日本大陸政策遂得逐步進行。

此後，聯軍之役，日本亦出兵。當時，列強大有瓜分中國之意，日本因力微位低，縱即瓜分，所獲亦無實利，所以，力爲反對。這種反對，固屬是有利於中國，但是，日本人的用心，並不在此，他只是留着作他將來獨吞的地步罷了！民國後，歐戰起，日本乃乘機提出二十一條件。二十一條計分五號，最苛刻者，爲第四號、第五號。

第四號：

1. 中國政府允准所有中國沿岸港灣及島嶼，概不讓與或租借與他國。

第五號：

1. 中國中央政府須聘請有力之日本人，充爲政治財政軍事等項顧問。

2. 所有在中國內地所設日本病院寺院學校等，概允許其土地所有權。

3. 向來中日兩國屢起警察案件，以致釀成糾葛不少，因此須將必要地方之警察作爲中日合辦；或在此等地方之警察官署，須聘用多數日本人，以資籌劃改良中國警察機關。

4. 中國由日本采辦一定數量之軍械（如中國政府所需軍械之半數以上），或在中國設立中日合辦軍械廠，須聘用日本技師，並采買日本材料。

5. 中國政府允將接連南昌與九江、南昌之鐵路及南昌杭州間，南昌湖州間，各鐵路之建造權，許與日本。

6. 福建省內，籌辦鐵路礦山，及整理海口（船廠在內），如需外國資本時，先向日本協議。

7. 中國政府允日本在中國有宣教之權。

這種條約，實際已將中國當做保護國了。日本為甚麼敢冒國際大不諱，提出這種條件？這完全是由於歐洲列強埋頭於大戰，無力東顧，所以她便在大陸上自由縱橫了。這種條約，後來以國人之群起反對，又遭華府會議之否認，才算是以不了了之。

中國在上述這一個階段中，始終是一個統一的國家，但自此以後，以袁世凱稱帝，張勳復辟，遂演成四分五裂的局面。日本人更得施展其操縱中國內政的機會了。他就左一批右一批的借款予中國政府，充作內戰之資，更派員深入中國各軍事領袖處煽動戰爭。就連張勳復辟的事件，也是早就在日本境內決定了的。縱是華府會議以後，日本對中國不能有所過分要求，更不能有所直接行動，但他也專門是在做破壞中國統一，擾亂中國秩序的工作。有時候也竟然直接出兵中國國內，干涉政治。最顯著的，是阻礙郭松齡回奉同着出兵濟南阻礙北伐。不過他主要工作，還在操縱中國人自己打仗，這種工作，一直到九一八事變以前，還煽動石友三叛變，想從中取利。

總觀此期中日關係，也可以分做三個階段：

第一個階段：自同治十年到歐戰停止以前，日本是時時刻刻的想直接在中國取得政治上、領土上、經濟上的權利。每次要求，有所不遂，便訴之戰爭，用武力屈伏中國。這種侵略是顯明的行動。

第二個階段：戰後，尤其是華府會議以後，日本只在中國軍人背後作操縱者，唆使中國內戰不已；同時，對中國加緊經濟侵略。這種行為是比較潛伏些。（正因為這種潛伏的行動，遂使着一般同胞們，忘記二十一條的苛刻，忘記了日本人的狠毒，忘記了當前的危險，忘記了將亡國的苦痛，一切不努力，而致造成今日之局勢。）

第三個階段：可自山東出兵起，一直到九一八事件發生。這個時候，日本自恃力強，復鑒於中國內部之無力（日人長谷川如是閑竟說現代世界有中國這樣紛亂的國家，實是世界的悔辱），所以對中國又想采取直接行動，用武力吞併中國。這種行程，現在還正在進行着。

（四）

中國與日本幾千年來的歷史，我們已經作了一個大略的敘述。這歷史告訴我們：

日本的立國是賴中國的幫助；

日本的養生立身之術，是習自中國；

日本維新成功的原因，還是賴中國王陽明的學說；（明亡，朱舜水入日本，才傳播去的）

日本能統一的原因，端在人民有尊王攘夷的意識；這也是中國人賜給他的。

日本窮困的時候，便向中國乞錢救濟。

這樣中國對於日本不算是不厚了！但是日本對於中國所貢獻的是甚麼？是：縱海盜搶劫；

乘機便侵佔中國的土地；

千孔百計謀吞併中國。

這樣，日本對於中國總不算是不毒了！所以我們可以論定：日本是歷史上的海盜，在過去盜我們的精神財物，現在盜我們的物質財物。道地是一個賊根子。

但是，我們雖作這樣的敘述，只是尊重事實，並沒有存心藉此判決宣布日本在道德上破產；因為，這種海盜，根本是沒有道德可言的。並且，我們縱然是取得道德上的勝利，這是阿Q的辦法，也終無補於救危存亡。我們只有以血洗血，我們只有用暴力制止暴力。我們叙述歷史的意義，是在要恢復我們的自信心，了解日本人的根本意念，及其能力。認清過去的事實，可以幫助把握現階段的情勢。

中國強，日本自臣服而東亞和平，中國弱則日本的海盜根性便要復發，使東亞大陸便要終日鬧寇警。我們要維持生存，消滅倭奴的侵略、搶劫，維持東亞和平，只有我們自強，去震壓這個野心家，去改變這個野心家。真正能對付海盜的，只有戚繼光等人，議和終是沒法的。這是我們的結論，也就是我們的使命，同時也就是我們的出路！

同胞們！提高你們的自信心，鼓起你們的勇氣，擔負着這種使命而前進吧！

附　　錄

中央電頒"九一八"紀念辦法

省黨務辦事處，頃奉中央電令，以九一八國難三週年紀念；轉瞬即屆，除紀念日之宣傳要點，另由中央宣傳委員會頒發外，茲特頒紀念辦法如下；是日全國停止宴會娛樂，各地黨政軍警機關，各團體，各學校，分別集會紀念，並由各地高級黨部，召開各界代表紀念大會，全體黨員，公務員，各學校，各商店住户，於是日上午十一時，停止工作五分鐘，起立默念，誓雪國恥，並對抗日死亡將士，及殉難同胞，致沉痛之哀悼，仰即知照，並飭屬遵照，該處奉電後，除函者政府轉飭各縣政府遵照外，昨並令仰各縣黨部轉飭所屬一體遵照云。

岳飛與朱仙鎮
（小學教學活動綱領及參考資料）

《岳飛與朱仙鎮》（小學教學活動綱領及參考資料），開封教育實驗區教材部 1934 年 11 月印行。

弁　言

　　宋室南渡以後，岳忠武率師北伐，兩河望風景從，可見強敵逼境，人民無不奮鬥以圖存者。惟賴有忠義奮發之民族英雄，爲之倡率，斯精誠團結，足以制勝疆場。然而主謫相奸，登錄佞倖，忠良駢首，欲畫淮北餌敵，以冀保守偏隅，終於自覆其宗社，可不哀哉！余嘗遊朱仙鎮，尋岳忠武進軍遺迹，兼探詢朱亥里居及墓道。朱亥一市井俠耳，其事不足道。忠武効命於危亡之日，掃蕩夷酋，所至披靡。及於奉詔班師，居民攀留不得，相率南徙，敵人不敢追躡其後。迹其戰功軍紀，與夫盡忠報國之志略，勝不驕矜，黜亦坦然，誠足以光日月而泣鬼神。今遺迹已泯，婦孺皆能道其軼事。以此知忠義奮發之精神，即其人賫志以歿，百世之下，猶聞風興起。若夫遭逢時會，擁兵自雄；稍一失勢，則多方煽亂；惟知苟全利祿，剝削民生，視國家之喪師失地，曾不圖挽救於萬一。當其尸居高位，煊赫一時；而誤國殃民，臭貽子孫，未有不與秦檜、万俟卨同伍者也。茲編教學參考資料，首舉忠武爲範，所以示復興民族之趨向也。賈魯河之變遷，關係地方盛衰，故並及之。至於朱仙鎮記錄，抑慨朱仙鎮集之亡佚，搜殘補闕，或亦留心鄉土者所樂觀也夫。

　　編是册時，曾率同人視察朱仙鎮一周，李君蔚穠復往調查五六日，搜尋變遷事迹。篇目之預定及材料整理，屢加訂正。計編成是册，編《教學活動綱領》及《岳飛的志願和戰功》者趙作安；編《岳飛所在的時代》者王子和；編《賈魯河》者李蔚穠；《朱仙鎮》則李蔚穠與趙玉芳合編；附錄則同人合輯；搜書面岳飛題字及卷首遺像者李東旭。

　　　　　民國二十三年十月　李步青廉方識於開封教育實驗區

目　　錄

教學活動綱領 ……………………………………………………… 1993
第一編　岳飛 ……………………………………………………… 2001
　第一章　岳飛的志願和戰功 …………………………………… 2001
　　一、岳飛所受的時代影響 …………………………………… 2001
　　二、岳飛的精神和志願 ……………………………………… 2004
　　　（一）盡忠報國的精神 …………………………………… 2004
　　　（二）攘夷復仇的志願 …………………………………… 2005
　　三、岳飛的對外戰功 ………………………………………… 2006
　　　（一）新鄉之戰 …………………………………………… 2007
　　　（二）建康之戰 …………………………………………… 2010
　　　（三）郾城之戰 …………………………………………… 2013
　　　（四）朱仙鎮之戰 ………………………………………… 2017
　　四、岳飛朱仙鎮班師和中原再陷 …………………………… 2021
　　五、岳飛的死 ………………………………………………… 2023
　　六、後人對於岳飛的評論 …………………………………… 2030
　第二章　岳飛所在的時代 ……………………………………… 2038
　　一、宋朝南渡前之國勢 ……………………………………… 2038
　　　（一）徽宗之弊政 ………………………………………… 2038
　　　（二）北宋之內亂 ………………………………………… 2039
　　　（三）北宋之外患 ………………………………………… 2039
　　　（四）金人第一次南侵 …………………………………… 2041
　　　（五）人民對和議之憤慨 ………………………………… 2042
　　　（六）金人第二次南侵 …………………………………… 2043

（七）汴京陷落徽欽北狩……………………………2043
　　（八）張邦昌之僭逆……………………………………2045
　二、岳飛北伐時宋朝之國勢……………………………………2045
　　（一）南宋之內政………………………………………2045
　　（二）南宋之外患………………………………………2048
　　（三）南宋之內患………………………………………2050
　　（四）南宋諸將之抵抗…………………………………2051
　　（五）秦檜主和…………………………………………2053
　三、岳飛班師后南宋之國勢……………………………………2056

第二編　朱仙鎮…………………………………………………………2059
　第一章　現在概況…………………………………………………2060
　　一、面積………………………………………………………2060
　　二、戶口………………………………………………………2061
　　三、商業………………………………………………………2061
　　四、交通………………………………………………………2063
　　五、賈魯河……………………………………………………2064
　　六、農業………………………………………………………2065
　第二章　過去事迹…………………………………………………2067
　　一、古迹………………………………………………………2067
　　二、寺觀………………………………………………………2067
　　三、陵墓………………………………………………………2071
　　四、人物………………………………………………………2072
　　五、設置………………………………………………………2073
　第三章　金石及藝文………………………………………………2076
　　一、金石………………………………………………………2076
　　二、藝文………………………………………………………2079

第三編　賈魯河…………………………………………………………2083
　　一、賈魯河之自然地理………………………………………2083

二、賈魯河之源流考異 …………………………………… 2085
　　三、賈魯河與汴水之關係 ………………………………… 2089
　　四、賈魯河與蔡河之關係 ………………………………… 2093
　　五、賈魯河與黃河之關係 ………………………………… 2095
　　六、賈魯河與洛水之關係 ………………………………… 2098
　　七、賈魯河變遷之大勢 …………………………………… 2101
　　八、賈魯河之人文地理 …………………………………… 2108
第四編　附錄 ………………………………………………………… 2111
　一、附傳 ……………………………………………………… 2111
　　（一）少年英勇的岳雲 …………………………………… 2111
　　（二）驍勇善戰的牛皋 …………………………………… 2111
　　（三）捨生取議的張叔夜 ………………………………… 2112
　二、關於岳飛的傳說 ………………………………………… 2114
　　（一）岳飛招狀的傳說 …………………………………… 2114
　　（二）獄卒隗順的傳說 …………………………………… 2114
　　（三）岳飛被召赴獄的傳說 ……………………………… 2115
　　（四）風波亭的傳說 ……………………………………… 2115
　三、關於岳飛的戲劇 ………………………………………… 2117
　　（一）別母刺背 …………………………………………… 2117
　　（二）鎮檀州 ……………………………………………… 2117
　　（三）岳家莊 ……………………………………………… 2118
　　（四）八大鎚 ……………………………………………… 2118
　　（五）請宋靈 ……………………………………………… 2118
　　（六）風波亭 ……………………………………………… 2119
　　（七）胡迪罵閻 …………………………………………… 2120
　四、岳飛詩文選輯 …………………………………………… 2120
　　（一）奏乞出師劄子 ……………………………………… 2120
　　（二）奏乞本軍進討劉豫劄子 …………………………… 2122

（三）謝講和赦表……………………………………………… 2122
（四）奉詔移僞齊檄……………………………………………… 2123
（五）兩河燕雲利害論…………………………………………… 2124
（六）良馬對……………………………………………………… 2125
（七）五嶽祠盟記………………………………………………… 2125
（八）送紫巖張先生北伐（紹興五年秋）……………………… 2125
（九）題翠巖寺　寺在南昌府之西山去府五十里……………… 2126
（十）寶刀歌書贈吳將軍南行…………………………………… 2126
（十一）滿江紅　本意…………………………………………… 2126
（十二）滿江紅　登黃鶴樓有感………………………………… 2127

教學活動綱領

導　言

　　岳飛爲我國近世史上傑出之人物，處夷族猖獗，外患煎逼的時代裏，更足奉爲青年楷模。其對外抗戰之忠勇精神，久爲國人所崇敬。廟宇遍天下，如河南之朱仙鎮、湯陰、淮陽、郾城，湖北之武昌，浙江之杭州均有崇祠，建築之偉久爲世稱。其足迹所到之地，如湖南之岳州，江西之九江，安徽之廬州、廣德，江蘇之常州、宜興，以及首都附近之新城、牛首山等地，或爲平盜，或爲殺虜，或因卜居，其遺風餘烈，尤多能爲當地居民所道稱。至於戲劇、雜談、小説、野史常稱其爲岳侯岳爺之作，留傳於窮鄉僻壤間者，到處皆是。各書局所出小學中高年級社會及歷史課本，選其遺事爲正式讀物者更多。故本教學之開始，當因時地之宜而慎選其適當之誘因。或藉遊覽古迹，或因閱讀故事，或乘課堂講述，時事談話，以及戲劇觀賞之便，領導學生，更加深究，以達到是項教學之目的。綱領所列，乃以普通之地域範圍爲限，"開始活動"，可視爲適當開始後之第二步，教者當視環境及時機之便，而補充活用之。教學之重要段落，爲搜集與閱讀，其有古迹可尋者，當不以此爲限，可參看本部已出之禹台、龍亭等教學綱領而施用之。研究結果，高年級重筆記，中年級重口述。更利用中高年級之活動結果，而爲低級之較高班級作岳飛故事聽述之開始。故綱領雖無低級，而低級之工作，實依託於中高各年級活動之中，視全校爲一體，而寓以學生教學生之意義，於是項教學中。至活動之進行，需要教師之慎重指導者亦多；如何使搜集豐富，如何使閱讀有趣，教師須對材料之品類及内容先作充分準備。檢查字典辭典，亦須對學生作適當之教導。務使學生研究興趣之抖起，不僅在材料內容之有味，而更須從處理方法之增高與熟練上使其欣快而樂爲之。

高年級

一、開始活動

（一）教師於適宜時機提出下面的問題
1. 你們知道我們中國人爲甚麼崇拜岳飛？
2. 後人紀念岳飛有些甚麼表示呢？
3. 岳飛有些甚麼手迹留傳後代？
4. 岳飛是甚麼地方的人？

（二）就傳聞或觀覽所知對上列問題作研究談話
（三）整理談話結果，抽出要點和疑問
（四）決定研究綱領開始準備（參看"二"和"三"）

二、準備工作

（一）決定研究題目開始尋找參考
1. 岳飛是甚麼時候的人？距現在有多少年了？（注意檢查歷代大事年表，練習年代推算方法）
2. 岳飛是甚麼地方的人？離開我們這裏有多遠？（注意檢查地圖，認識交通路綫，推算路途遠近）
3. 岳飛所生在的時代，與現在有甚麼相同點？（注意外患與內政）
4. 岳飛生平抱着如何的志願？（指導深究岳飛詩文，尋閱參考書籍，抽繹岳飛生平所抱志願）
5. 岳飛對外族的抗戰，有那幾次最值得紀念？（參看參考資料）
6. 岳飛是怎樣死的？（參看參考資料）
7. 在岳飛生在的時代裏，我們這個地方，曾受過如何的災害？（注

意金人侵擾及徭役匪患等故事。（參看參考資料）

8. 在開封附近（或他處）還有那些地方留存着岳飛的古蹟？（如注意朱仙鎮的現在狀況及岳廟等）

9. 其他因當時之便所應有之題目。

（二）采訪有關岳飛的傳聞

1. 關於岳飛初生時的神話傳說。（見《岳傳》及《精忠說岳》）
2. 關於岳母刺字的傳說。（見《精忠說岳》及刺字戲劇）
3. 關於岳飛打敗敵人的傳說。（參看參考資料有關岳飛的戲劇）
4. 關於岳飛死的傳說。（參看參考資料傳說及有關岳飛的戲劇）
5. 關於岳飛死后的其他傳說。

（三）搜集參考書籍（三至五得由教師任選若干種以資參考）

1. 《岳飛》——商務印書館《小學生文庫》。
2. 《岳飛》——新生命書局《新生命大眾文庫》。
3. 《關岳合傳》——中華書局《學生叢書》。
4. 《南宋的兩個民族英雄》——商務印書館《復興歷史教科書》高小第二册。
5. 《岳飛》——中華書局新課程標准《小學歷史教科書》高級第二册。
6. 《岳飛》——大東書局《新生活教科書·社會》高級第二册。
7. 《遼金和中國的關係》——商務印書館《復興社會教科書》高小第二册。
8. 《外患不絕的宋代》——世界書局《新主義小學高級歷史課本》第二册。
9. 《岳飛和文天祥》——世界書局新課程標准《高小社會課本》歷史編第二册。
10. 《金的興起和南宋偏安》——北新書局《歷史教本》高級第二册。
11. 《金的興起和南宋偏安》——青光書局《高小社會課本》歷史編

第二册。

  12. 其他參考資料。（參看本書參考資料）

（四）搜集岳飛的詩文（見參考資料）

（五）搜集岳飛的字（轉借或購買）

  1. 草書中字《前後出師表》。（字帖店）

  2. 楷書大字"墨莊"。（字帖店）

  3. 楷書大字《滿江紅辭》。（字帖店）

  4. 草書中字《滿江紅辭——登黃鶴樓有感》。（見《廬山訓練集》）

  5. 草書大字"還我河山"。（見各書報及本書封面。）

（五）分組記錄所得傳聞

  1. 分組記載。（每組擔任兩題，每題須有兩組，以便相互觀摩）

  2. 謄錄陳列。（擇優或全部陳列，以供研究時之參考）

（六）整理參考書籍編號陳設

（教師先將各書內容綱要，加以提示，以便學生依照自己所擔題目尋閱書籍。並隨時注意指導學生檢查字典、辭典及其他書籍。）

（七）選擇岳飛詩文，工楷書寫張掛室內。

（八）整理所搜得之岳飛的字，張掛室內。

（九）準備其他工具開始研究。

三、閱讀和研究

（一）交互閱讀所得傳聞。（注意批評）

（二）自由閱讀參考書籍。

  1. 摘錄要點。

  2. 提出綱要及問題。

（三）觀察地圖，考察金人侵掠宋國土地及岳飛北伐路綫。（見本書參考資料）

（四）選擇熟讀岳飛詩文。

（五）分組擔任研究題目，分別研究解答。

（每組須任二題，每題當有二組）

（六）記錄研究結果，特別記載各組之新發現。
（七）相互報告研究結果，俾得彼此參考。
（八）彙集研究結果，各組交換批評。
（九）依據批評結果，各自修正。
（十）依據研究結果，各組任便各擇一題，編爲岳飛的故事。

四、整理結束

（一）共同方面
1. 選擇各組最佳研究紀錄，彙訂保存。
2. 整理參考書籍，分別送還或保存。
3. 整理所錄傳聞，分別發還個人或保存。
4. 整理所得岳飛的字，分別送還或保存。
5. 整理所書岳飛詩文，決定永久陳設或撤除。
6. 留意適當時機，練習述說岳飛的故事。

（二）個人方面
1. 謄錄本組研究結果。
2. 依據他組研究結果，謄錄各問題重要答案於自己的研究記錄簿內。
3. 整理自己的研究記錄及其他稿件等，附注所用參考書籍，研究經過及感想等，自加保存。
4. 將自己所作，或閱讀所得岳飛的故事，說給弟姊或低年級同學聽。

中年級

一、開始活動

（一）教師於適宜時機提出下面的問題

1. 你們知道岳飛爲甚麼常受人們的崇拜？
2. 後人紀念岳飛有些甚麼表示？
3. 岳飛是甚麼地方的人？
4. 岳飛是甚麼時候的人？

（二）就傳聞或觀覽所知對上列問題作研究談話。

（三）整理談話結果，抽出要點和疑問。

（四）決定研究綱領，開始搜參考資料）（參看"二"和"三"）。

二、準備工作

（一）決定研究題目開始尋找參考

1. 岳飛是甚麼時候的人？距現在大約有多少年？（指導學生依西歷紀元計算）
2. 岳飛的幼年時代有些甚麼傳說（參看二）。
3. 岳飛是甚麼地方的人？在我們所住地方的那一面？（指導學生檢查明晰地圖，辨識地位方向）
4. 岳飛對外抗戰有那幾次最值得我們紀念？（參看參考資料）
5. 岳飛是怎樣死的？（參看參考資料）
6. 在開封附近（或他處）有那些地方還留存着岳飛的古迹？（注意朱仙鎮之遠近及交通居民情形）
7. 其他因當時之便所應有之題目。

（二）采訪有關岳飛的傳聞（訪問家長及大同學，或閱讀參考書）

1. 關於岳飛初生時的神話傳說。（見後列各參考書及《精忠說岳》）
2. 關於岳飛斫柴讀書的傳說。（見後列各參考書及《岳傳》）
3. 關於岳飛劃沙識字的傳說。（見後列參考書）
4. 關於岳母刺字的傳說。（見《說岳》及《刺字》戲劇）
5. 關於岳飛打敗敵人的傳說。（參看參考資料有關岳飛的戲劇）
6. 關於岳飛死的傳說。（參看參考資料及有關岳飛的戲劇）
7. 關於岳飛死後的其他傳說。

（三）搜集參考書籍

1. 《忠和孝》——中華書局《小學社會課本》初級第四冊。
2. 《岳飛》——世界書局新課程標准《小學社會課本》第五冊。
3. 《岳飛給秦檜害死》——北新書局《小朋友史話》。
4. 《岳飛的故事》——北新書局《小朋友名人故事》。
5. 《南宋的兩個民族英雄》——商務印書館《復興歷史教科書》高小第二冊。
6. 《岳飛和文天祥》——世界書局新課程標准高小《社會課本》歷史編第二冊。
7. 《岳飛》——中華書局新課程標准小學《歷史課本》高級第二冊。
8. 其他參考資料。（參看本書參考資料）

（四）搜集岳飛所寫的字

1. 草書大字"還我河山"。（見各畫報及本書封面）
2. 楷書大字《滿江紅辭》。（字帖店）

（五）整理參考書籍編號陳設。

（教師將各書內容綱要加以揭示，以便學生依照自己所擔題目選擇閱讀，並隨時注意指導學生檢查字典及其他書籍）

（六）整理所得岳飛手迹，張掛室內。

（七）準備其他工具開始研究。

三、閱讀和研究

（一）分擔研究題目，開始研究解答（每組須任二題，每題須有二組）

（二）互相報告各自所得傳聞（注意語言練習）

（三）自由閱讀參考書籍

1. 依據教師提示要點，選擇書籍。
2. 按照自己所擔題目，閱讀參考書，注意記載書名、頁數，以便考查。

（四）相互報告研究結果（簡要說明問題答案）。

（五）各自記錄研究題目及簡要答案。

（六）依據閱讀及訪問所得，分組演述岳飛的故事。

1. 岳飛初生的神話。
2. 岳飛讀書的故事。
3. 岳飛作戰的故事。
4. 岳飛死的故事。
5. 岳飛死後及其他傳說。

（七）相互批評所述故事之內容及形式

（八）各自記錄故事的名稱，及最感興趣之點於自己的記錄簿內

四、整理結束

（一）共同方面

1. 選擇最佳記錄揭示展覽。
2. 整理參考書籍分別送還或保存。（注意致謝，或登記）
3. 整理或撤除所得岳飛的字分別送還或保存。（注意致謝）
4. 留意適宜時機或發柬招請低級同學，述說岳飛的故事。

（二）個人方面

1. 整理結束自己的研究記錄，附注年月以便日後考查。
2. 記一篇較詳日記，敘述自己對於岳飛的批評。
3. 選取岳飛的故事說給弟妹或媽媽聽。

參考資料：

第一編　岳　　飛

第一章　岳飛的志願和戰功

一、岳飛所受的時代影響

　　岳飛，字鵬舉，於宋徽宗崇寧二年（一一〇三），產生於河南湯陰縣（宋屬相州）的一個農家裏。他的父親名叫岳和，母親姓姚，是一對謹守禮教、樂於耕作的老夫婦。

　　在岳飛生後的十數年中，宋朝正是徽宗當國，蔡京用事的時候。朝政不振，國事漸非，大臣們祇知以私怨相傾軋，黨派的爭執重於一切。排斥異己至於加罪於已死之後。手段的毒辣可以説達於極點。皇帝祇知荒淫尋樂，一意作粉飾太平的勾當。造玩物，製禮器，采運四方奇花異石以廣園林，擾亂得天下百姓家家不安。於是方臘倡亂於江南，宋江騷擾於京東。人民在重役暴斂之下，復擔心着避兵躲匪，怨忿之聲日加悽厲。有宋一代的禍亂，此時實已步入於嚴重時期。

　　在這個時期裏，岳飛正過着田野的兒童生活。水旱兵匪，常使得他的幼小心靈恐怖憂慮。窮苦農民的悲怨歌聲，在麥隴田塍間不時振動着他的心弦。政治的不良影響，早已從生活問題上，給了他一個粗淺的認識。加之他所住的湯陰縣，在宋屬相州管轄，離開澶淵之役的澶州（今河北濮陽），不過一百餘里。異族的馬足時常踏進，敵人的兇惡面孔，久爲當地住民所熟知。從故事及民間傳説中，也常使得他的心房顫動，精神不安。國家觀念的養成，在此時期裏，實已有了深牢的根基。"盡忠報國"四字的刺上脊背，事實上，也就是他在遊戲中，所表現的童年思想之反映。

　　宣和四年以後，大勢愈加可危。童貫約金伐遼，屢爲遼兵所敗，惹得金人輕視，外患從此更加嚴重。大臣們一部份昧於"兵凶戰危"的古訓，事事主張退讓，"惟彼番戎，豈爲敵對"（見《三朝北盟會編》卷之一《趙普諫伐燕疏》）。趙普的舊話，被他們奉爲金科玉律，時常抬出作爲不必對夷族抗戰的口實。燕雲十六州地爲漢地，民爲漢民，但是有人曾說：這些地方的老百姓"自唐末至今，數百年間，子孫無慮已易數世，今則盡爲番種，豈復九州中國舊民哉？"（見《三朝北盟會編》卷之八《宋昭論北界利害疏》）自立注腳，自願拋棄，退讓之心可爲十足。所以每有戰爭便加掣肘，你進我退，你違我從，是非經年不決，戰和始終不定。敵進一步，便退讓一步。要錢送錢，要地割地。稱臣稱子都可以辦到，只要能求得暫時的太平，便認爲是絕大的勝利。一部份的大臣，爲着個人虛榮，藉名發揚國威，常欲對外用兵。但是不諳部伍，不習陣戰，初則昧於地理險要，甘以灤東三鎮（營平灤三州，即今之灤東地）予敵，繼則失於御將方策，重要城壘無人。加之朝廷"猜防武臣"，戰具不修，大將多貪金錢，軍糧耗虧。軍事既興，戰志往往未決，徒藉使臣的往返交涉，以希冀僥倖的成功。文臣講和於內，武將怯懦於外，金兵一到，大將爭逃。於是燕雲陷落，長河失守。一年之中，汴京兩次被圍，首都精華，被掠一空。君臨萬民的皇帝及后妃貴嬪，也被敵人虜去，作了奴隸。百姓們更是日處在水深火熱之中。朝廷於徵夫調馬之外，更以免役爲名勒索民財，徭役之重，直使得家家百姓感覺生不如死。河東河北數路，更不時被敵人踐踏，父母被殺，妻子爲虜，田園荒蕪，廬舍爲灰，經一次夷族的蹂躪，無異乎遭一次洪水的漂沒，所受痛苦自然比暴政爲更甚。於是強者不甘蜷伏、爭起伙併，黃河以北便完全變成了無政府的狀態。

　　這時的岳飛正是二十餘歲的青年，初因家庭貧窮爲人充當佃户（爲韓魏王家佃農），饑寒的逼迫，使他不能潛心斯文，於是使鎗弄棒力習武事，更從周侗學得左右開弓的射法。體力愈強，心志愈壯，朝政的窳劣，早已使他不甘坐視。加之異族馬足一再踏來，有田不得耕，敵人的暴力之所至，常使得全體農民感覺漂流失業的痛苦。外族的兇惡面孔，在他的心目中，也由傳説想像，變成了目覩的實況。對於國軍的無能，農民們恨入骨髓。每於喘息稍定之時，聚斂官吏和庸懦朝臣的誤國，自然成爲他們的重要談話資料，唾駡詛咒，當必極厲。岳飛是體格健全精神飽滿的青年，日處在這樣的環境薰陶中，所感自較常人更加深重。"文官愛錢，武將怕死"，皇帝庸弱，夷族兇狠，在在都足以使他的青年心志，感覺不安。"鞭打四夷，尊强中國"的志願，便於此時，茁突了倔强的萌芽。

　　靖康以後宋鼎南遷，黃河兩岸盡失所有，淮河以北的民衆，亦幾乎盡成了夷虜的奴隸。岳飛投軍離家無異滅國的逃亡，國破家亡的痛苦，直接壓迫了他的心頭，使他不能再安然無事的過他的勞動生活。他只得携帶着農民的純潔精神，轉而盡力於救國的事業。先從敢戰士，又從平定軍，幾次入伍，完全是爲有家不得歸的痛苦所逼迫。因此他每與虜戰，必奮不顧身，親冒矢石。曹州之戰，曾披髮揮四刃鐵鐧，直犯虜陣，縱橫馳逐。太行之戰，單騎持丈八鐵鎗刺殺虜帥黑風大王。一種農民純樸剛健的愛國精神，不能自已的，常於對夷虜作戰時，十足的表現出來。所以我們每讀岳飛的詩句，至"金酋席捲盡擒歸"等一類句子，閉目一想，他以農民精神，所抱的殺敵的志願，輒能活躍於眼前。

　　建炎之間，大勢更危，長江天險，亦被敵人踏過，江南荆湖的民衆，亦均不得再過他們的太平生活。劉光世飲酒取樂坐失天險。杜充舉城投降，甘以建康與敵。逼得皇帝跑入海上。宋祚的不墜僅餘一髮。時勢的逼迫，使岳飛不忍再作片刻的徬徨，於是獨率孤軍往來轉戰。殺退敵人，削平諸盜，把"宋朝再振，中國安强"的責任，毫不遲疑的擔在了自己的身上。時代的洪爐鑄成了他的偉大人格，彪炳的勳業，遂永遠不會爲我們中華民族所忘記了。

二、岳飛的精神和志願

(一) 盡忠報國的精神

岳飛以農家子,生在北宋末年君昏臣庸的時代裏,幼年飽嘗朝廷聚斂的痛苦,少壯親逢異族侵略的戰爭。文官愛錢,武將怕死的宋朝弱點,從他的農民身心中,由直接感受,而爲他自己所發現。一種痛恨疾憤之情,常使得他的中心不安,反身自處,必欲作有力的矯正。"盡忠報國"四字,遂成了他一生行爲的重心。

他在《辭少保第五劄子》中說:"若夫貪慕榮禄,務榮一身而不以國家爲念,則非臣之所忍爲。""忍"之一字的提出,實足以充分表現,他的"盡忠報國"的精神。在國家危在旦夕的時候,管理國家政事的人,尚肯侵公肥己,謀榮一身,眼看着數百萬民衆,日處在水深火熱之中,而自己獨享安逸之福,直是殘忍。這種忠心爲國的言語,南宋至今不知已刺痛過多少人的心房。

因爲他存心"盡忠報國",所以他才能事事忘掉個人,朝廷每有崇賞,他總是先環顧大局。"深慮名器不重,勸賞不實,何以厭服公議。"(岳飛:《辭建節第四劄子》)他常想着,無功之賞,適自取辱。所以他又說:"若更貪戀寵榮,不惟取誚人言,亦於臣之冒濫,實所不安。"(《辭建節第二劄子》)對於個人祿位看輕,而把人格名譽看重,像以上所舉,在他的奏疏劄子中處處可以看到。但他這種表示絕不是故作謙辭。因爲他情願犧牲個人榮祿以成全國家的大局,所以他才常常作這樣的顧慮。然而在急難當前的時候,他卻又毫不辭謝的把權位拿在自己的手中,在《乞寵制置使職事狀》中,他曾明白的說道:"繼蒙除臣荊南鄂岳黃復州、漢陽軍,德安府制置使,令臣收復襄陽六郡。臣深體國事之急,憤激於懷,是以承命出征,不暇辭請。"這種勇於負責,有功不居,"先天下之憂而憂,後天下之樂而樂"的精神,試想南宋至今曾有幾人。

金錢、勢力和個人幸福,既不能走上他的念頭,所以他自奉極薄,常以布衣蔬食爲滿足。對士卒則極端公正,得到皇帝一罋酒的賞賜,也要使大家各嘗一點。招納降將向不自專。李寶率隊投降，爲韓世忠所截留，岳飛不但不因少增實力而煩惱，並且還說："均爲國家，何分彼此。"於此可知，他的忠心爲國的精神，實非僅僅用之"不愛錢，不怕死"。一進一退，悉以國事爲前題，勝不居功，過不委人，所以高宗也以爲他的"忠"心至於"精"的程度，而以"精忠岳飛"的旗幟賞賜他。

北宋末年，大將見敵遠遁或率隊降敵的人，童貫、梁方平外，不知還有多少。文臣受敵人金錢勢力的引誘，甘作傀儡的人，前有張邦昌，后有劉豫。岳飛說他們是："率中華禮義之俗甘事猩氈。"這種不忠於國家不忠於民族的行爲，在宋幾乎已有了不可挽回的風氣。不有精忠之氣，如何能激勵士卒，感動人心？在國家危急存亡的時候，惟有真正能"盡忠報國"的人，才能依爲干城。雖然時代不同，國體更易。而國家民族，所需要的熱血健兒，岳飛却仍然是我們的好榜樣。

(二) 攘夷復仇的志願

"盡忠報國"是岳飛作事的精神，"攘夷復仇"，可說是他一生奮鬥的志願。宋朝自立國以來，向以"猜防武臣"爲國策，不知道充實國力，只希望以贈幣輸絹的辦法以謀苟安。敵人一來只有講和。名義上說是"暫緩敵鋒，徐圖恢復"，實際上却是步步退讓，分段放棄。只見土地日削，歲幣日增，不見有一事的準備是爲着抗戰與恢復。岳飛對此非常痛心，所以他一入軍伍，便抱着對異族抗戰的決心。因爲罵黃潛善、汪伯彥的"奉車駕日益南"，曾被朝廷責罰，受過越職奪官的處分。又對張所說："今日之事，惟有滅虜酋，迎二聖，復舊疆，以報君父耳！"可見掃滅夷虜，迎還二聖，與恢復舊疆三事，自始即爲他奮鬥報國的志願。

南遷以后，無能的講和更多，岳飛更是始終反對，嘗說："夷虜不情，犬羊無信，莫守金石之盟，難充谿壑之求。"（見《謝講和表》）。金人的欺詐行爲，他認識的可說是十分清楚。他明白不能對外抗戰，不但外患難以免除，內憂亦必日加嚴重，所以他說："陛下……雖曾分命將臣鼎峙江漢，而皆令自守以待敵，不敢遠攻而求勝，是以天下忠憤之氣，日益沮喪；中原來蘇之望，日益衰息，歲月益久，污染漸深，趨向一背，不復可以轉移……"（見《乞本軍進討劉豫劄子》）。所謂"忠憤之氣""來蘇之望"，皆國家無形的實力，失掉了民眾精神的援助，大勢便永無可轉之機。這種見解的確超過宋代諸臣之上。

他認為講和只能作暫時的手段，所以他說："圖暫安而解倒懸猶之可也，顧長慮而尊中國豈其然乎。"（見《謝講和表》）要想得到真正的和平，必須有真實的實力。長慮而尊中國的成績，決不是只靠增幣講和所能得到的。所以他終日摩拳擦掌，準備着要作這種為民族復仇的不世功業。他說："唾手燕雲終欲復仇而報國，誓心天地當令稽首以稱藩。"（見《謝講和表》）又說："鞭打四夷，尊強中國。"（見《御書屯田三事跋》）又說："立奇功，殄醜虜，復三關，迎二聖，使宋朝再振，中國安強。"（見《廣德軍金沙寺題記》），這些言語，都是他對外精神自然的流露，無論何時讀了，都可以使我們感覺興奮與佩服。

在個人方面，他覺得不能對外抗戰的人，不能算是為國立功。所以他個人所希望的是："功業要刊燕石上。"（見《寄浮屠慧海詩》）他認為能以殺退夷狄，規復幽燕，立起高大的紀功碑於邊塞上，才算獲得了榮耀。雖然他討平湘湖諸盜，對國家已經很有功績，但他自己並不以此為滿足，他說："忠義必期清塞水，功名直欲振邊圻，山林嘯聚何勞取，沙漠群雄定破機。"（見《題翠巖寺詩》）國家養兵原為對外，要他去討平山林嘯聚之眾，只是大材小用了。真正忠義之士，心須立志清除邊患，不能威鎮邊圻使異族斂迹的人，便不能算是為國立功。他這種精神，在我國歷史上，能同樣找到的，實在並無幾人。把國家和種族看得比一切都重，岳飛實在是一個獨呈異彩的大人物。

三、岳飛的對外戰功

"壯志饑餐胡虜肉，笑談渴飲匈奴血。"這是岳飛《滿江紅》詞中，膾炙人口的兩句話。從這兩句話中，可以看出他對外作戰的精神是何等的澎湃英烈。因為他投身入行伍的志願，是在於"滅夷虜，迎二聖，復舊疆"，所以他的心目中，常以能對夷虜作戰為可樂。所謂"笑談渴飲匈奴血"，就是描寫他願意和夷虜廝殺，一面殺着一面歡笑着的志願。在他的詩詞題記中，這樣的描寫很多。他希望能騎着馬在敵人的血泊中馳逐，他想把敵人的頭掛在旗竿上，帶回來給大家看。"馬蹀閼氏血，旗梟克汗頭"，這是他送張浚北伐詩中，鼓勵張浚的話，也是他個人夢寐不忘的心願。他希望殺過沙漠以北，殺到敵人的宮廷以內，蹈着敵人的血而歡舞，"北踰沙漠，蹀血虜廷"。他願一氣不停的，殺退敵人，一直殺到敵人的老穴黃龍府，在黃龍府裏，和他的部下將士們揮拳痛飲。"直抵黃龍府，與諸君痛飲"，這些痛快淋漓的言語，都是他對外作戰精神的表現。因為他有這樣的對外精神，所以他每與金人作戰，常獲驚人的勝利，宋代二百餘年所受異族的污辱，只有在岳飛的對外戰功中，可以略洗一二。

茲摘其最值得紀念的幾次大戰，分別叙明於後：

(一) 新鄉之戰——奪虜纛而舞

自靖康元年金兵兩次進犯汴京，虜去徽欽二帝，大獲勝利後，金人已把整個中國看作了囊中之物。從此以後，便不斷的進兵騷擾，黃河以北幾幾乎為他們的馬蹄所踏遍。老百姓們強的被虜，弱的被殺，田園房舍，盡成了夷賊的牧場廐棚。饑餓流離的痛苦，使得大家個個感覺生不如死。在這種情況之下，又逢着高宗怯懦，聽了黃潛善、汪伯彥的話，駕幸金陵，南遷避禍。汴京城裏只留了一個宗澤駐守，富商貴冑爭着搬家。向南走的大道上，擠滿了車馬和行人。河北一帶的老百姓聽說了這種消息，更加心忙意亂，恐慌的情緒，重壓了大家的心房。眼看着亡國的橫禍逼在了他們的眼前。

在大家憂心如搗的時候，忽然傳出了一個好消息，這個消息就是說："皇帝雖然南遷，並未忘掉河北，已命張所帶領人馬，任河北西路招撫使，招撫不肯順番民兵，為國抗賊"。這個消息傳出之後，大家非常高興，有志男兒，爭來投効，不數旬間便得兵數萬，聲勢大振，老百姓們覺得前途漸有希望，才得稍稍安心。

這時的岳飛正為着罵了黃潛善、汪伯彥的"奉車駕日益南"，被朝廷奪去官職，閒住在家裏。心上的憂憤自然比普通百姓，還要更甚一層。

聽說張所到來，便立刻前往投効。張所見他身體魁梧，相貌堂皇，便以國士的禮待他。和他相談以後，知道他的見解不凡，不是行伍中的粗人，就授他以修武郎的職位。他看張所待他有禮，明白張所是一位有識的長官，就乘機說說張所，請張所以國家大勢爲念，努力鎮撫河北。他說："祇要張招撫能以忠許國，我岳飛便可以出死力來幫助你。"張所聽了，更加歡喜，就命他在都統制王彥的部下充當一名首領，隨定王彥往衞州新鄉境內前去殺賊去了。

和外敵廝殺，岳飛認爲是一件最可樂的事，得了這樣的機會，自然十分高興。大軍過河以後，便要求王彥出兵殺敵，不料王彥是一個膽小如鼠的無能之輩。大隊開入新鄉境內以後，他看見新鄉城上，敵人的大旗飄揚着，軍容甚盛。便先有了三分怯敵之念。於是駐軍石門山下，不肯出戰。岳飛見他如此無能，非常氣忿，在軍帳內好歹勸他，終於不聽，岳飛動了氣，就在帳前厲氣對王彥說道："王將軍，你不知道麼，我們的皇帝已被敵人捉去了，我們的土地已被敵人佔有了，在這個時候還要觀望不前，怎麼你也要投降敵人，自去作異族的奴隸麼？"說罷，滿面怒容，站起身來出帳去了。王彥雖然身爲大將，但爲正義所迫也不敢奈何他，只得低着頭瞟他幾眼，看着他怒氣不息的出去了。

岳飛來到帳外，看見他的直屬部下，都在那裏擦磨刀鎗。就把他們調集成伍，對他們說道："我們都是大漢男兒。長城以南是我們祖宗所居的土地，現在爲夷虜佔有，使我們有家不能歸。如今敵人就在新鄉城內，願殺敵的人，請立刻收拾鎗械，同我前往。"兵士們痛恨虜人，至於刺骨，聽說殺敵自然願意。而且開德之戰，岳飛曾用兩箭射死金兵執大旗的兩個人，使得金人喪胆。大家久已知道他是一位能爭慣戰的好漢，同他前往，自然更加高興。於是大家應聲允諾，立刻便拔寨起營，浩浩蕩蕩，殺奔新鄉城下去了。

這天正是建炎元年九月二十一日。有力的秋風，自東北刮來，平曠的原野不能見一個農夫和行人，萎枯的亂草中，不時雜陳着白骨，腥風送來，不由得使人陣陣心酸。亡國的百姓不如雞犬，到了這個地方大家更深深的感到。遠望新鄉城上，高插敵人的大旗，藉着風力的展送，一伸一捲，彷彿毒蛇的長舌，對着城下的百姓滴灑毒涎。岳飛見了早已氣忿填胸。軍士們個個屏氣怒目，緊張了全身的肌肉，前進的脚步聲音，便一齊的沉重起來。

大軍漸行漸近，敵人的探馬早已還報，城門開處便有一隊番兵擁現出來。只見一個個人強馬壯，金甲耀彩，長鎗短劍，映着日光，閃閃發亮。番兒千戶們，頭插牛尾，項帶馬鈴，身上斜扣角弓，胯下叢插羽箭。裝束得雖不似人，倒也十分威武。一陣金鼓齊響，喊殺的聲音好似潮水湧來。岳飛的兵士未經親手訓練，精神究竟少差，而且敵人數倍於我，縱有愛國之心，到此也要膽寒，無作戰經驗的早已有些色縮起來。

這時岳飛却不慌不忙，指揮部伍。待得布勒一定，然后鼓軍應戰。自己手持丈八鐵鎗，奮馬當先，馬蹄過處，夷虜迎風而倒。士卒們見他如此英雄，也個個奮不顧身。一時喊殺之聲振天動地。番將千戶阿里孛與萬户王崇，二人合馬齊來。岳飛看清他們的裝束，知道他們是一軍首領。心裏想道："射人先射馬，擒賊先擒王。"於是揮動長鎗，直取二人，戰不數合，先將阿里孛揮於馬下。士卒吶喊一聲上前綁了。萬户王崇見勢不妙，撥馬回奔。大小番兵頃刻亂陣。一個個只顧逃命，不顧應戰。脚快的丟下兵器狠命飛奔，脚慢的逃跑不及跪地呼爺。漸漸殺到城墻角下，萬户王崇拚命的打折馬鞭要想逃進城去。岳飛見追他不及，便就身上取下長弓，挽滿一射，恰恰射中王崇的馬股。那馬負痛跌倒，王崇滾入泥泊。士卒們一齊呼喊擁上前去。城上番兵見連失二將，肝胆俱破，丟開城守分頭逃命。岳飛馳馬登城，拔下敵人的大旗，就馬上大笑揮舞，部下將士歡呼雷動，於是賊人遠遁，新鄉克復了。

大軍進城以後，巡察一遍，見城內確已無敵人蹤迹。岳飛才號令部下，略加休息。並派人携着敵人的大旗，回報王彥，傳示諸軍。諸軍見了，個個驚服，大家鼓噪前進，清除四野，新鄉全境便完全掃去了敵蹤。

金兵橫行中原已非一日。夜半擂鼓，可以嚇退身率十萬大軍的梁方平。不料這次遇見了岳飛，以數百騎新募之兵，奪了新鄉，心中如何能服。次日增兵再戰，又被岳飛大敗於候兆川。損失士馬兵甲不計其數。從此以後，才不敢過於輕視南人。岳南蠻子的徽號，便成了他們大小驚恐的警語了。

（二）建康之戰——牛首山下設埋伏

金人南侵，最能幹的大將，粘罕（又稱粘没喝，清時改稱尼瑪哈）之外，便是兀朮（清時改稱烏珠），他生性驃悍，野心最大。自建炎元年金人大起燕雲八路民兵，分三道南侵時，兀朮隨定謁爾多（清時改稱鄂爾多）由東路進攻，入滄州過山東到達中原後，深羨中原風景之美，物產之富，布帛女子的大批掠獲，使他欣快忘形。回軍之後，慾火難熄，對金主多方慫恿，以財帛引誘部下。在文化落后，搶掠成性的暴群中，經他這一挑撥，自然野性大發。於是休兵不過月餘，便又於建炎三年六月間，重起燕雲河朔兵馬，由兀朮率領向南殺來。

這時高宗皇帝已逃入杭州。宋朝雖然屢次受金兵的侵略，但是對於邊防，却仍然毫無準備。所以兀朮的大軍一動，黃河兩岸各州郡，如風捲殘雲般，立刻都被他打破了。長江雖然水勢兇湧，古稱天塹，但是把守的大將個個無能。劉光世鎮守江州（現在江西的九江），終天置酒高會，飲宴歌舞，敵兵過江二天，還不曾有人知道，及兵臨城下，他便棄城南竄了。杜充鎮守建康（現在的南京），敵人在北岸攻打烏江，他却看着不救，聽說金兵渡江，他首先嚇得縮成一團。兀朮派人一誘，便又叩頭拜降了。偌大的一條長江，却被兀朮兵不血刃跨了過去。這樣無能的軍隊，在當時直令江南的民衆恨死。

兀朮過江之後，心裏自然格外高興。聽說高宗已逃入臨安（現在的杭州），便滿面笑容向南殺去。過常州下廣德，一直殺過臨安。逼得高宗皇帝逃上海去，他還覺得並不瀉意。又在臨安城縱兵焚燒，任意屠掠，前後繼續了五天。看看西湖風景祇剩禿山，大小百姓死亡殆盡了，他才携帶掠獲財物，凱歌北歸。一場恣意潑辣的暴橫，大小番兒莫不稱意。兀裏率領大軍一面殺着，一面走着，看看刀下的人頭，點點船上的財物，耀武揚威，心裏面自然是別有一種痛快的滋味。每過一個關鎮，便笑着對部下說："南朝可謂無人！如此險要地方，倘有一羸馬把守，吾等便難渡過。"這種譏人而自誇的言語，說時不知是如何的眉飛而色舞。大小番兒伴他一笑，就在這笑語喧天中，他們又殺回常州來了。

這天是建炎四年四月二十五日，兀朮大軍行入鎮江境界，正要鼓櫂入江時過揚州（現在江蘇的江都縣）的時候，忽被韓世忠，和他的夫人梁紅玉，以艨艟大艦，從江心攔住。兩下殺了數日，兀朮始終不能衝過。在這情勢緊迫的時候，部下能人獻策，鑿通老鸛舊道（在今江蘇江寧縣黃天蕩南），直泊建康城下，索性再來一個大殺大火，然后徐圖過江的計策。

事情的順利，彷彿處處都出兀朮意料之外，一條長大的舊河，果然一夕而渠成。馬足踏入建康城內，又是人人屈服。番兵們如狼似虎，仍和在杭州般，一齊暴橫起來。但是建康百姓，自上次被掠以後，十室九空，相隔不過數月，一切那能恢復。番兒們搜掠不着，兀朮立刻便暴躁起來，下令抓出未逃鄉紳，嚴飭負責辦理。並限定即日傍晚，具金銀縑帛騾馬以獻，倘若逾期不齊，便要下令屠城。

無主的民眾，聽說這個消息，個個魂飛魄散。盡地藏腰纏之所有，也不夠湊足所要數量之一半。城內挖地三尺，已不能再增添一絲和半點。看看日已過午，番兒們已氣恨恨的出城回報不再要索。從他們的神氣中，已暗示了大禍將臨的消息。鄉紳們一個個愁眉淚眼，坐着等死。百姓們無老無少，一齊都放聲大哭起來。

轉眼間日已西墜，金營中畫角的聲音，吹得悽厲動人。膽小的百姓們，不知早已嚇死了多少。金銀縑帛不能如數送到，自然是要前來屠城，兀朮說過的話，誰也不敢希望着他會脫空。漸漸天已昏黑，城外忽然傳過來一陣嚇人的"殺"聲。這是金兵起身的口號，自然不會聽錯。頃刻之間，全城十數萬民眾，便一齊宣布了死刑。老人們含着滿包眼淚，嚇得縮成一團；少女們披髮墜石，一齊去投井躲身；母親們舍不下她的愛子，個個用破襟遮了兒頭，希圖已死兒免。全城哭聲已息，只有不知死活的瘦犬，還在大街小巷中替主人狂吠着。一陣殺聲高起，個個的脖項上彷彿落了一陣冷雨，殺聲緊緊逼來，大家便一齊昏了過去。

次日天色已亮，太陽仍舊又從紫金山頭照了過來。百姓們睜開倦眼一看，不見有許多死屍躺在自己的身旁。各人摸摸自己的脖項，仍然是完好無缺。昨夜的一場大禍，誰也不知道是如何躲過了。慢慢的消息傳來，纔知道兀朮的大營已連夜遷移。昨夜嚇人的殺聲，連兀朮也曾大大的吃驚。不見敵人前來，只見自己兵士亂砍，屢次增派士卒巡邏，但是出營個個不返。番兒們疑神疑鬼，把兀朮也嚇得坐臥不安，所以雖然屠城的時限已到，也不便如期踐約。這樣的一個神秘事件，才留得建康百姓多活一夕。

太陽不斷的推移，時間又將中午。兀朮驚慌了一夜，心裏十分懊惱。自己想道："江上的大戰被韓世忠困得無路可走。好容易逃入建康，實指望要勒索屠城，以洩積憤。不料昨夜時機將到，忽然又遭遇了那樣的一個神秘橫禍。南朝向來無人，如何會有這樣的暗襲。好，一不做二不休，趁這日色傍午。我□再索財物，殺進城去。"

心計一定，號令即下。命后隊人馬在龍灣（在現在的首都之南）下寨，自己率領大隊健騎，直薄建康南門。大喝一聲，山崒動搖。頃刻之間，建康百姓便又走入了死的世界。只見大隊番兒躍馬揮刀，精神百倍，迨得接近城郊，便一齊砍殺起來。撅塘平隴，燃燒房屋。昨夜的一趟驚恐，都在這時發洩出來。一時黑烟四起，日色無光。看看離城漸近，大家益發的潑辣。有人殺人，無人殺犬。個個馬下繫着許多血淋淋的人頭，以裝點自己的威嚴。城中百姓聽見了這消息，也無力再作驚恐，自認昨夜的僥倖渡過，已竟是天賜的幸福。全城鴉雀無聲，坐等着死神的來臨。鄉紳們不忍看着數十萬同胞的同時受死，只得再把僅有的財物送出城來。

兀朮接了貢物，心裏並不滿意。僅僅瞟了一眼，便又揚鞭前行。看看前隊亦進入城內，只聽哭叫之聲，城裏城外，同時騰起。人喊馬嘶，直振得耳鼓欲聾。兀朮正在得意洋洋的時候，忽見大將軍韓常，自左翼馳來。看他面如土色，氣喘不迭。一語不曾說出，便有刀鎗劍戟，隨他的身後閃來。兀朮見勢不妙，並馬與韓常同奔。未曾馳近龍灣，早見自己營中黑烟四起。二人定睛一看，只見一隊異樣人馬，自牛首山下新亭（在首都南十五里）路上繼續馳來。看他所揭旗職，上寫一個"岳"字，知道這又是兵行廣德時，曾出奇邀擊的那個岳飛。他雖然是一個小小的統制，但是部下將士人人英勇，昨夜的一場斫殺，想來也定然是他作鬼。兀朮這樣愈想愈怕，不由得率領殘餘，加鞭直奔。途中與龍虎大王相遇，二人抱頭痛哭。看看掠得財物，十已失去八九。點點部下兒郎，死亡倒有大半。兀朮一場江南橫行的好夢，到此才醒覺起來。

金兵退去數日，城中百姓才敢開門相視。大家彼此探訪以後，知道岳飛的兵馬早已入城。一次痛快淋漓的廝殺，斬獲秀髮垂環的番頭二千餘級。僵尸十餘里，收降兵士千餘人，俘獲萬万户千户等金將二十多名，得良馬三百匹，鎧仗旗鼓，牛驢輜重等，不計其數。百姓們得了這樣的佳音，自然是人人歡慰。自這次大勝以後，江南一帶，直至宋末，不曾再見金人的踪迹。

（三）郾城之戰——大破拐子馬

自古異族侵略，向來都是得寸進尺。宋朝自南遷以後，不明和戰之義，屢受金人侵害。每次和好往往不過一年，便又敗盟。正如胡寅所說："但見通和之使歸未息肩，而黃河、長淮、大江相繼失險矣。"紹興九年高宗又用秦檜的計策，再和金人講和，國內有識見的人，無不認爲失策。岳飛屢次上疏，痛言和議不當，請求朝廷早決大計，勿以和好爲可恃。但是高宗無能，秦檜跋扈，不但不聽岳飛的話，反說岳飛好爲大言，故意慫勇戰爭。其他有識之臣，凡倡議對外備戰的人多被貶出。於是全國上下，從此緘口，再也沒有一個人敢來爲這事多嘴了。

這樣剛剛過了一年，秦檜方喜着大功成就，不料就在這年的夏天，金兀朮悔恨了當年和議之非。想起中原風景之美物產之富，自恨不知佔爲己有，未免過於愚呆。意志一定，便又領定大軍向南殺來，住守東京（開封）、西京（洛陽）、南京（歸德，現在的商邱）的各位大臣，或降或遁，重鎮全失。黃河以南的情勢，立刻又緊張起來。接着拱（現在的雎縣）、亳（現在安徽亳縣）失守，順昌（穎州，現在的安徽阜陽）被圍，長淮兩岸又成了敵兵殺人的場所。人民手製地養的產品，又變成了無主之物。拜敵請和者的罪惡，到了這時才算個個有了實事的招狀。

戰報傳來，大家手忙脚亂。在敵人大兵壓境的時候，高宗才又想起了岳飛。急忙下詔，命他出兵先救順昌。並且寫信對岳飛說："設施之方，一以委卿，朕不遙度。"意思就是說："你看怎樣辦着好，就怎樣辦。我是不再多問了。"一種恐懼的心情溢於言外。"不用岳飛之言，受禍至此。"待到此刻，他才比較的覺悟了。

岳飛聽說金人敗盟，未曾接詔，早已着急。眼看着國土盡失，怎能使他坐臥得安。既接高宗手書，知道大勢已急，先派張憲、姚政，各領一支人馬出援順昌，自己計劃一定，即分命王貴，牛皋，董先，楊再興，孟邦傑，李寶等將官，一齊動員，分頭進攻。以西京，汝州（現在的臨汝），鄭州（現在的鄭縣），穎昌（許州現在許昌），陳州（現在的淮陽），曹州（現在的荷澤），光州（現在的光山），蔡州（現在的汝南）等八路爲目標。更暗遣梁興過河，秘密活動。糾合兩河忠義，準備響應。戰綫南北展開，長逾數百餘里，自己帶領輕騎駐劄郾城，指揮各路將官分頭作戰。大軍一動，四方報捷，李寶殺虜於曹州；張憲敗虜於陳，蔡，穎昌，王貴的部將楊成破賊於鄭州；劉政復劫於中牟，牛皋，傅選戰勝於京西；張應、韓清奪回了洛陽；孟邦傑復永安軍（在今陝西）。各路將官一齊得勝，汴京以西，敵人已不能立足。大小番兒，紛紛回奔。八路驚報一齊飛入兀朮的耳鼓裏，在精神上先給了他一個大大的打擊。

金兵連次失敗以後，兀朮非常惱怒，他想道："南朝人馬那能如此英勇，想必各路將官攻戰不力，恐懼岳飛的虛名，自造退却的空氣。"於是招集龍虎大王、蓋天大王與昭武大將軍韓常等，共同商議進戰的策略。大家坐定之後，兀朮搖頭說道："如今八路敗北，想必各位將官，作戰不力，說是岳家軍利害，我却不信。"龍虎大王，蓋天大王及韓常，看見兀朮有意責備自己，便一齊起立對兀朮說道："南朝其他將官都好對付，惟岳飛指導有方，兵勢銳不可當，我們的兒郎作戰雖然英勇，但是始終抵他不過，不知如何是好！"兀朮聽了，不覺大怒，喝聲："無能之輩，看我前去。"即刻下令大小番將一齊準備。合龍虎大王，蓋天大王，及韓常三部大軍先行開道，自己親率鐵軍在後督戰。全部兵馬一萬五千餘，併力進攻郾城，要與岳飛一決最後勝負。

驚報傳來，遠近的百姓們個個心驚膽怕。朝廷得了探報，也立刻焦灼起來。秦檜們暗散流言，說："明知岳飛不行，終究要惹出大禍來。"高宗更嚇的晝夜不安，生怕自己的帝位，從此有了動搖。於是連夜派人通知岳飛，對岳飛說："金人兵兇將勇，戰爭確不可大意，千萬要慎重自固，不可輕以出戰，喪失軍旅事小，危及朝廷事大。"岳飛接皇帝的這封信，知道他有些過於擔心，即刻招集部下，對大家說道："金人的伎倆已窮，我們大家要準備殺他一個落花流水。"從這天起，他便派定數十首領，分班前往挑戰，命令士卒站立陣前高聲叫罵，激動敵人趕快出戰。

如此天天罵賊，罵了一連數日，金營中始終不見動靜，兵士們都暗暗擔憂，知道這是兀朮，正在作充分的準備。這天是紹興十年七月初八日，清晨一起，岳飛仍照往日一樣，派人出城罵賊，罵到日色過午，賊營中仍然毫無動靜。兵士們罵得力疲，剛剛要下馬休息。抬頭一看，只見遠遠的塵頭起處，鳥雀爭飛。人喊馬嘶的聲音，由高空傳來，彷彿颶風乍至，暴雨驟來。探馬飛奔來報，說是："金兵一萬五千餘人，旗分五色，衣甲鮮明，一齊開拔前來，由龍虎大王，蓋天大王，及大將軍韓常先行開道，四太子兀朮親率鐵浮圖，押隊督戰，兵行近郊。請速準備。"

岳飛得了探報，心中暗自算計。知道鐵浮圖為兀朮輕易不用的常勝軍。兵士皆被重鎧，頭帶鐵兜，周匝皆綴以長簷，下墊氈枕。刀砍不過，箭穿不透，只能殺人，不能被殺。三人為一伍，各騎壯馬一匹；馬亦被兩重鐵甲，僅留四足馳奔。兵行所至，人馬向來無恙。更使三馬相連，繫以皮索，三人合力作戰，有進無退。自兀朮練成這隊鐵軍以後，所向無敵。虜人稱這隊人馬叫做鐵浮圖，又號鐵塔兵，更號拐子馬。凡用這隊人馬作戰，就是志在必勝。

岳飛的部下聽說了這個消息，個個先在脖下捏了一把冷汗，大家想道："城內所有的兵總共不過數千，敵衆我寡，早已可慮。如今又逢兀朮自將鐵浮圖前來，看起大勢，兵敗必然。"但是偷看看元帥的氣色，却是不忙不慌，在鎮靜的神氣中，更表現着一種喜悅興奮的精神。只見他傳出一支令箭，先命："長子岳雲率領背嵬騎五百，攻打頭陣，不能得勝，先斬汝頭。"又命："楊再興率領遊弈騎五百，在後接應。其餘部隊悉數留入城內，各備長竿一條，以麻縶刀其上，聽候差遣。"大家聞令之後，岳雲、楊再興率領背嵬遊弈躍馬出戰。留下的兵士無不替他二人擔憂，暗自納悶的倒有一半。心裏想道："元帥這次用兵，簡直如同兒戲。兀朮以萬千人馬前來，僅派背嵬、遊弈應戰，如何能勝。而且留下吾等，各把兵器縶在竿上，一旦使用，解他不急，如何是好！"大家一面想着，一面準備着，待得準備齊全，天色已近傍晚。

　　這時岳雲早已和虜人戰了不止數十百合。兩柄八十餘斤的鐵錘，早已打成了血色紅球。楊再興匹馬單鎗，衝入虜陣，欲生擒兀朮不獲，手刃數百人而反。身被數十創，血透甲出，馬鞍已染成了紅色。兀朮看見漢軍英雄，心裏不勝詫異，暗道："岳飛不易對付。或者是句實話。"

　　看看天色將晚，兩軍仍然不分勝負。到了這時兀朮也有些着急起來，心裏想道："拐子馬不用看來難以得勝。"即刻揮動大旗，號令一聲，拐子馬一齊出戰。只見黑鴉鴉一隊人馬，城牆般擁上前來。各色旗幟隨風翻飛，明亮亮的長鎗大刀映着天邊朱霞，放出一條條嚇人的血光來。宋營兵士見了個個害怕。背嵬遊弈二軍雖然英雄，但因久戰疲乏，寡衆難當，到了這時心裏也着實有些胆怯了。

　　正在這千鈞一髮的時候，忽聽得後面人聲叫喊，大旗翻處隱隱辨出有"精忠岳飛"字樣。前軍人馬知道有了接應，才得稍稍安心。大軍漸行漸近，人面略能辨識。只見來的兵士各持長竿一條，短刀闊斧，綑縶其上，旗甲雖不鮮艷，裝束倒也別致。只是不騎戰馬，徒步而行，心裏未免有些詫疑。大旗一揮，背嵬、遊弈分左右下退。這時兀朮正在陣前指揮，馳馬左右呼責。看見宋軍漸漸後退，心中不勝歡喜。既見馬軍分左右撤下，只有步卒持長竿應戰，心裏更加好笑。眼看城頭在望，恨不得立刻入城，於是喊破喉嚨，督促拐子馬前進。

岳飛勒馬陣旁，心裏早有勝算。看見拐子馬漸漸走近陣地，號砲一聲大隊展開。命兵士一齊跪倒，平伸長竿只砍馬足，不准仰視。到了這時兵士們才個個明白，因爲佩服元帥的勝算，人人奮勇百倍，馬蹄一近刀斧齊下。拐子馬三匹相連，彼此牽掣，一馬仆地二馬俱不能進。前伍墜地，后伍踏上。絆倒的絆倒，壓下的壓下。絆倒的摔落鐵兜，頭顱被斫；壓下的人擠馬砸，自送性命。這時天已昏黑，兀朮瞻望不及，只見後軍不斷前進，還以爲是前軍勝利，待至後軍漸薄，方才稍稍發覺。趁着半明的月色一看，方知鐵軍被毀，大呼一聲"不好"，單身撥馬北奔。大纛一動，金兵齊亂，只聽岳飛陣中一聲砲響，金鼓齊鳴，喊殺之聲振天動地。步兵搜索殘餘，馬軍衝出掩殺，只殺得個個番兒丟盔落甲，狠命北奔。有命的逃回營去，落得個心怦氣喘；没命的喪身刀下，留了團枯骨臭肉。

　　兀朮奔回營中，仰天大哭，頓足説道："咱家自海上起兵，全仗這拐子馬得勝，今爲岳飛所破，有何面目回歸，看來前途是無望了！"説罷只是流淚。各大王奔的喘氣不迭，看了這種景況一言不敢狂發，只有暗暗伴他掉淚。大家欷歔了半天，方才分頭休息。

　　岳飛的兵士自昏黑殺至夜半，殺死金兵不計其數。看看敵人去遠，這才收兵回營。趁着將没的月色，收拾遺棄物品。計獲得良好戰馬數百餘匹，頭盔器甲不計其數。大家槓抬着勝利品，凱歌而歸，心裏自然非常欣快。但是兀朮自遭這次失敗以后，所謂連墻而進的拐子馬，便再也不敢使用了。

　　（四）朱仙鎮之戰——以五百騎破金兵十萬

　　這大概是紹興十年秋七月二十日左右的事。自從七月初八日郾城附郭一戰，大破兀朮常勝軍——拐子馬——以後，兀朮十分震怒。曾調集大兵十二萬住頓臨潁，分遣饒將四出攻戰。不料岳飛用兵神出鬼没，而且士卒個個英勇。郾城五里店之戰，大將阿里朵勃堇，被背嵬部將王剛一鎗刺死於馬下。小商橋之戰，全部兵馬萬人，被楊再興以三百騎殺得七零八落，萬户撒八孛董，與千户百餘人，均作了刀下的冤鬼。潁昌之戰，實指望以避實擊虛的妙策，鼓殺退王貴，那知最可怕的岳雲，早又率領背嵬八百趕到，以步卒十萬健騎三萬之眾，攻不下一個小小的潁昌城，督戰的大鼓不知擂破了多少，結果仍是大軍敗退，而且可愛的門婿夏金吾被岳雲一錘打死，連尸首也不能再見，副統軍粘汗孛堇，被岳軍刺了一鎗，抬回後方也一命嗚呼了。其他親信部卒，死的死，亡的亡，十去八九。大勢眼看是不能再作勉強的支持，這才丟下一切狼狽的奔回開封去了。

但是一切侵略國家的對外戰爭，向來都是為少數人作犧牲。兀朮的敗盟南下，實在也逃不出這個公例。為求個人勢力在國內的增長與穩固，不知費了多少心血，才得大軍出動。實指望兵一過河，仍和以往一樣，所向無敵，不戰而勝，使得宋朝割地賠款，泥首拜降，然后誇耀於國內。誰知事出意外，這次南朝竟會重用了岳飛，不但不知對金兵退讓，反而出死力抵抗，竟能以少勝多，把自己殺了一個落花流水。思想起來，真是又驚又氣，又恨又惱。一方面憂慮着，戰事如此下來，安全的敗退恐怕也難辦到；一方面擔心着國內的局勢，前方再無轉機，實事上也難保會沒有動搖。如此左思右想，心中不勝憂懼。恐怖的心情直使得他坐臥不安。在這種憂憤恐懼的心理夾攻之下，遂鑄成了兀朮併力再戰岳飛的決心。他為了個人的前途，知道不戰必死，戰或能生。於是先派人送妻子老小過河北歸，盡汴京所有兵力十萬人，開拔赴朱仙鎮，連夜配布，準備作背城借一之戰，以爭得最後的勝利。

朱仙鎮離開封僅僅四十五里，是我們大家所知道的。這個地方陸路可以直達穎昌（現在的許昌），為汴京近畿門戶。朱仙鎮一失，汴京便一刻也不能再保。而且地勢平曠，無險可守。沒有重兵控扼，最易為敵所攻。兀朮深明地理的利害，知道不肯死拼，勢難得勝。於是下令諸軍首領，囑各率隊效死。自己也晝夜計劃，拼命籌措，緊切着牙關，準備一鼓而戰敗岳飛。

各方布置既周，陣容自然整飭。金字大旗高插在朱仙鎮的南城樓上，馬步兒郎佈滿了城裏和關外。自己親率各位重要頭領，巡察城上，指揮一切。待得探馬一報說："岳飛的兵已過尉氏北來。"大家的精神便立刻緊張起來。督戰的大鼓，擂得震天價響；番兒們個個盤髮輪刀，把眼睛睜得銅鈴般，一齊跳躍起來。兀朮聽說岳飛將到，心裏本來有些忐忑不安，但是聽聽戰鼓的響聲，看看番兒們的神氣，倒也轉憂為喜，有些高興起來。心裏想道："兒郎們也深知前途的危險，於是個個奮勇了，有這樣的精神，那怕岳飛不敗。"心機一定，單等岳軍前來。

但是事實却奇怪極了，岳飛行軍向來神速，相隔百餘里的路程，往往不旋踵而至。不知怎的，這次他却慢騰騰的再也來不到了。金兵等來等去，不見岳飛的兵馬到來，於是鼓聲也漸漸擂的輕了，番兒們跳躍呼喊的也漸漸的少氣力了。大家一面疑心着是探報的不實，一面後悔着自己的虛驚。兀朮左右奔馳了半天，不見敵人到來，心裏也覺得好生沒趣。想道："岳飛潁昌大捷以後，難道他就不叫他的兵士們略加休息！探報說已過尉氏前來，大概是假的，恐怕早已在尉氏下營休息了。"想到這裏，自己也覺料敵無術，對不起自己的部下。看看天色已晚，不便再使大家只管緊張，於是下令各部，各就原在陣地用飯休息，待得宋軍到來，再一齊鳴鼓廝殺。大令一下，鼓聲全息，番兒們跳躍了半天，自然也有些饑餓。既然下令休息，想是宋兵尚遠，便放心放意的吃起飯來了。

就在這個當兒，恰好岳軍趕到，忽然一陣喊殺之聲，自耳邊飛來。夜黑不辨人我，但覺硬挺挺的刀鎗，直往身上斫戳。番兒們還手不迭，只是抱頭鼠竄。這時兀朮方在城下休息，猛然聽見喊殺之聲，早知事機不妙。急忙下城眺望，在夜色四垂的景況之下，那能看出是敵是我。只見通南北的一條大道上，幢幢黑影，蟻擁而來。四野人聲鼎沸，哭泣喊殺之聲雜成一片。平地裏騰起一陣塵沙，瀰漫的星斗無光。冷風吹來，血腥刺鼻。雖然身為久經戰陣的大將，到了此刻也不免打了一個冷戰。心裏想道："岳飛用兵向來有深長計劃，汴京為宋朝舊都，我軍本營，此次前來進攻，必然傾全部實力，如此四野喊殺定非吉兆。"正在設想之間，忽見東北城角下火光齊明，遙見一桿異樣的大旗，導着一隊馬兵望城殺來。雖然火光模糊，難辨字跡，但就式樣看來，心裏早已料定是

"精忠岳飛"。看看這隊人馬如入無人之境，但見他們馳騁追殺，不見有一人對他們還擊。漸漸火光逼近，刀影閃閃，不時掠過。一時心悸肉跳，站立不穩，長嘆一聲便下城跨馬望北飛奔去了。

　　主帥一動，十萬大軍頃刻敗退。兀朮一氣不停跑了四十五里，趕進汴京城內天尚未明。待得喘息甫定，探馬又追蹤趕來。兀朮得報以後，不覺頓足大哭，原來岳飛大隊兵馬，昨夜過尉氏二十里便下營休息了。爲防金兵的來襲，僅派背嵬五百先到朱仙鎮試敵。不料金兵十萬一見吃驚，半兵未交，狼狽奔去。這次的大敗直使得金將兀朮幾乎羞死。

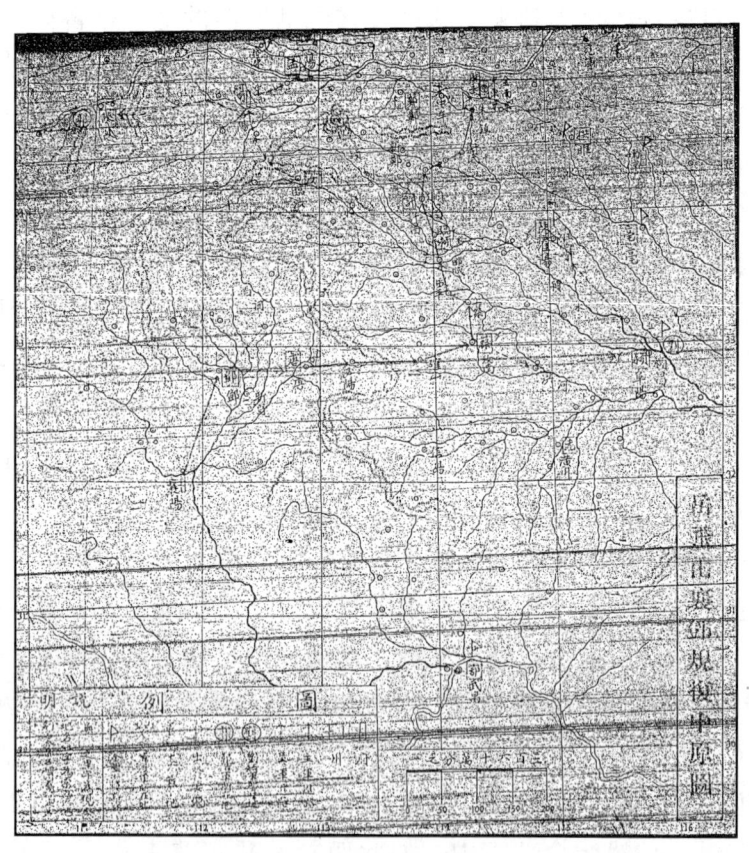

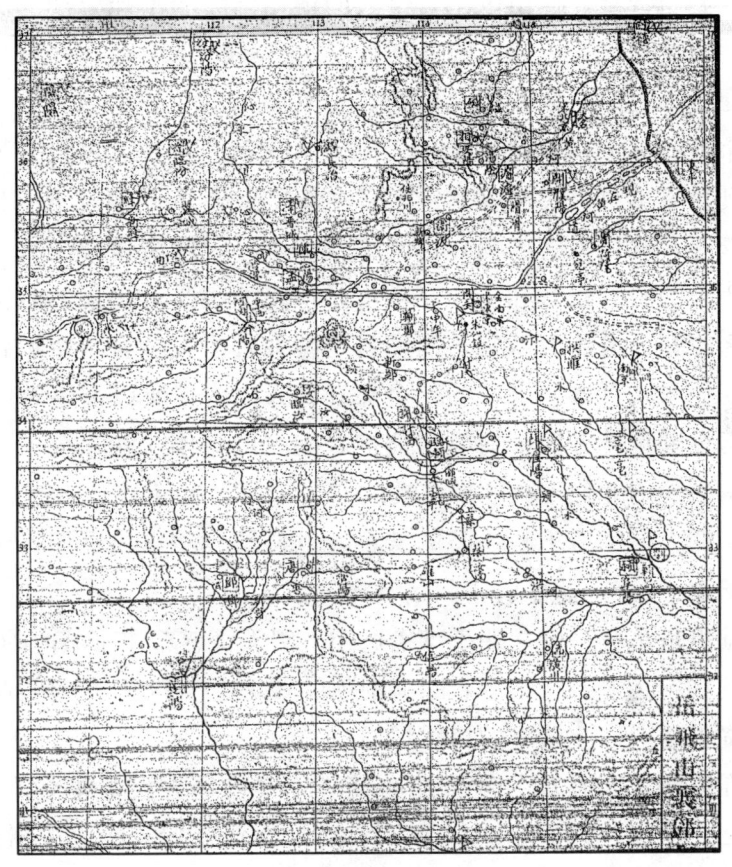

岳飛由襄鄧規復中原圖

四、岳飛朱仙鎮班師和中原再陷

朱仙鎮之戰,是宋金興亡的一個大關鍵。自岳飛一戰勝利后,全國人心震撼,北方局勢之轉變,可說是宋朝南遷以後,十餘年來所未有。河北山寨豪傑,多數已率隊來歸。磁、相、開、德、澤、潞、晉、絳、汾、隰等十州義軍,均已接受了岳飛的旗牓,準備着約日興兵。老百姓們在異族管轄下偷生十有餘年,得了國軍勝利的消息,個個欣喜欲狂,自動的挽車牽牛,載運糧草,以接濟義軍。暗自焚香祝告,盼望國軍速來的人，到處皆是。燕山以南，金人的號令已完全不能行使。所以兀朮下令募兵以抗岳飛，結果不曾見到有一人應募的。

就是金人方面，如大將烏陵思謀，素號桀黠，到了這個時候，也不能再約束他的部下，祇是不斷的安慰着大家說道："請你們千萬不要輕動，等到岳家軍來，我一定率領大家一齊投降他！"統制以下的將官如王鎮、崔慶等，看見大勢已去，早已率領部隊，脫離金籍而南來。禁衛龍虎大王手下的將官忔查和千戶高勇等，也暗地裏受了岳飛的旗號，願自北方秘密來歸。大將軍韓常，因潁昌之戰失去了夏金吾，留軍長葛，不敢回北，更派人百方乞求，願率全部五萬人內附。所以從這時的情形看來，不但愛國百姓方面，對於岳飛抱着絕大的希望，就是金人方面，也人人相信岳飛的北伐不久便要成功的。

岳飛個人得了這千載一時的機會，也自認大功告成爲期不遠，曾笑着對部下說："直抵黃龍府，與諸君痛飲！"

兀朮更是萬分恐慌，連夜準備逃遁。終天疑惑着汴京城內的老百姓，不久便要接應岳飛。時常洒着眼淚對他的親信士卒們說："自我起兵北方以來，從未受過如此嚴重的打擊！"

正在這雙方人心萬分緊張的時期裏，秦檜等大臣，忽然決定計劃，要割棄淮北土地，以與金人講和。因爲怕岳飛反對，所以先激動台臣，籲請朝廷班師。一面又令張俊、楊中等一齊將軍隊撤退。留得岳飛孤軍獨懸，然后聲言不便久留，一日連下御前金書字牌十二道，催促岳飛回軍。所謂千載一時的機會，轉瞬逝去。岳飛接了詔書不禁憤惋泣下，望東叩頭拜過後，揮淚嘆道："十年之力廢於一旦！"

但是東路諸軍已經撤退，岳飛孤軍怎敢久留，只得準備一切，作忍痛舍棄。又恐兀朮乘勢來襲，截斷歸路。於是下令士卒，科布帛，修戰牌，聲言翌日進攻，以作退兵之計。兀朮得了這個消息，連夜引兵北遁，跑了一百餘里，才敢稍稍休息。這時來了一個書生對兀朮說："太子不必逃跑了，岳少保不久就要退兵的。"兀朮聽了這話還以爲絕對是謊，笑着說道："岳少保以五百騎，殺敗了我的精兵十萬，京城內外的百姓，日夜盼望着他來，你説汴京可守有何道理？"書生説："自古權臣在内，大將未有能立功於外的！"一語驚醒了兀朮，於是又回軍重來，追得派人探聽，岳飛的兵馬已離開朱仙鎮四十餘里了。

這件意外事件的發生，兀朮自然是一陣的好樂，但是中原民衆，却未免太苦了。當岳飛起兵班師，要離開朱仙鎮的時候，朱仙鎮一帶的老百姓，因爲親嘗過亡國的痛苦，知道金人的利害。看見岳飛退軍，人人大失所望，一齊攔住岳飛的馬頭，哭着説道："我等戴香盆，運糧草，以迎接官軍的事情，金人一概知道，如今相公的大軍一退，我等便要大小死盡了。"岳飛看見民衆哭的可憐，不由得也淚如泉湧，於是取出詔書，對衆人説："朝廷命令，我不敢擅留！"衆人看了詔書，個個頓足號啕。傾家隨軍南遷的人，沿路擁擠如市。無能的政治措施，對不起愛國百姓，在這時的情況中，可以深深看到了。

岳飛的大軍一退，金兵席捲重來。河南新復各州郡，一一又爲金人所佔有。河北義軍逐漸敗散，兩河豪傑個個灰心。從此以后金人知中原人心的向背，於是改變向來政策：一面屯田中原，長期置戍，以固軍事設備；一面改定制度，崇祀孔孟，以收斂中國的民心。大河南北永遠非宋所有，所謂淮河之界已不能限制金人必守。壽春（現在安徽壽縣），廬（現在安徽合肥縣），濠（現在安徽鳳陽縣）等州，遂又成異族殺人的場所了。

五、岳飛的死

岳飛潁昌大捷，朱仙鎮班師，是紹興十年七月的事。在此一年以後，到紹興十一年八月，岳飛死的事件開始醖釀。未曾過得年關，就在這年十二月二十九日，便被毒死在大理獄中了。張憲、岳雲，一同被殺在臨安府的大街上。幕屬賓客多被誅連。籍没家資，竄遣族於嶺南。一場滅門的大禍，恰恰發生在大功奇奏的一年以後。事實的反常和無理，不但當時的人個個不平，就是後來的人也没有不爲這事而痛恨秦檜的。

原來岳飛的進兵中原，在當時實與兩人發生衝突，一個是秦檜，一個便是張俊。

秦檜方面，自紹興七年，岳飛上疏措劃收復襄陽六郡，以謀進攻中原時，雙方即開始衝突。岳飛審度當時大勢，知道金人所以立劉豫於汴京的意思，決不是有愛於劉豫。乃是藉劉豫作傀儡以敗亂兩河，所謂"以中國攻中國，粘罕因得休兵養馬"的計劃，宋朝若不準備，遲早必受大害。所以上疏高宗，詳陳自己的規復計劃。高宗得了他的奏章，深加獎許，曾親札對岳飛説道："有臣如此，顧復何憂，進止之機，朕不中止。"並且又把岳飛召至寢閣，鄭重叮囑，説道："中興之事，一以委卿。"這些事情，在岳飛看來，自然特別高興；但在秦檜看來，却是萬分可慮。因爲秦檜自從親作俘虜，由北方逃歸后，對於抵抗金人，已完全不敢自信。入相以后，抱定不抵抗主義，極力以和平相號招。主張"南人歸南，北人歸北"，不但不與金人爭土地，同時也絶不必和金人爭民衆。意思説是："使天下百姓各回故鄉，各安舊業，國籍改隸，不過是從權衛身之計，不必重加介意。倘得不使敵人興兵來侵，一切不失帝位的條件，均當爲和平而犧牲。"這樣的和平主張，恰與岳飛相反背。岳飛的成功，便是秦檜的失敗；秦檜要想成功，自然當先使岳飛的主張不能實現，於是二人之間遂片刻不能相容了。

雙方自經這次衝突以後，形勢便一天嚴重一天。岳飛見江南平定，終天計劃着出師北伐。秦檜見大勢可畏，總是百方阻撓。每遇岳飛請求出兵，常命逐條詳列計劃，以民困財乏的問題難爲他。岳飛入過朝廷，也曾面見皇帝説過"相臣謀國不臧，恐遺后世譏"的話頭。雙方針鋒相對，漸漸至於短兵相接。

紹興九年，在金人數次敗盟後，和好又勉強告成。秦檜自以爲一紙空文奪回了國家半壁河山，得意洋洋雄視一世。但是岳飛因深悉金人詭詐，不但不以爲喜，反上表痛言前途危機，列舉歷史事實，亟言"夷虜不情，犬羊無信"之可慮，並且説："謂無事而請和者謀，恐卑辭而益幣者進。"把增歲幣稱姪孫的辱國條約內容，一語道出，直接刺痛了秦檜的心房。秦檜對他痛恨於是更加刺骨。而且對於朝廷因和成所頒爵賞，岳飛也屢辭不受，並上章對皇帝説：「虜情變詐，可憂而不可賀，可訓兵以備不虞，不可論功行賞以取笑夷狄。」道理雖十分正當，無奈過殺秦檜的風光。岳飛始終反對和議的精神，在秦檜的腦海中遂深刻留存着，不可掃去的惡劣印象了。

紹興十年，大勢果然又如岳飛所料而轉變，兀朮統兵南下，破拱、亳，圍順昌（注均見前），九年的和約已完全被金人扯爲碎紙。秦檜於恐慌之餘，方以金人勢力恐嚇皇帝，希圖益堅和議之心。不料岳飛出襄（現在的湖北襄陽）、鄧（現在的鄧縣），下陳、蔡，竟能以少勝多，長驅而抵朱仙鎮。使得金虜喪胆，狼狽奔歸。以往秦檜嚇人的言語，至此完全爲事實所揭穿。和不可恃全國皆知，秦檜黃金般的煊赫權威，眼看就要被岳飛所打破。在此千鈞一髮的時候，秦檜不敢片刻坐視。於是以帝位恐嚇高宗，以權利誘惑同僚，連下十二金牌，促使岳飛回軍，冒犯天下不韙，才得僥倖成功。其戒懼岳飛之心，至此已達極點；其痛恨岳飛之情，至此亦足以謀殺而有餘。

岳飛回軍以後，心灰意冷。知道自己的主張不能使皇帝堅信，於是連表乞退，力還兵柄。秦檜見他知退，心裏也稍稍寬心。但是高宗無能，一面想利用岳飛的忠勇，一面又想利用秦檜的奸謀。金人兵入淮西，不得不再使岳飛出援。而且果然他的大軍一動，金兵又皆聞風而遁。這時全國百姓令譽齊歸，秦檜看了又起疑懼。迨得廬州檢軍，秦檜欲以「反側」之詞謀害韓世忠，岳飛馳書世忠請他自白。一語道破了秦檜的陰謀，幾乎使秦檜不能在朝中存身。至此岳飛的死，在秦檜方面遂鑄成絕難幸免的條件了。

張俊方面，與岳飛衝突的主要原因，在於地位的高出己上。張俊出身盜匪，本以功名富貴爲志願。南遷以後握兵最早，與金人戰，也曾屢立奇功，在高宗面前頗受眷愛。紹興初元岳飛曾隸屬於他的部下。討平李成的時候，他對岳飛非常稱贊，常在皇帝面前，誇說岳飛的忠勇，但是他的心目中，總覺得自己身爲前輩，諸將的地位應當皆在己下。不料紹興二三年間，岳飛盪平江西湖廣劇寇，恢復襄漢六郡，功名出於己上，心裏便開始有些不樂。

及至紹興四年，金虜犯淮西。地屬張俊防綫，朝廷自然要命張俊抵抗。但他因爲怯敵不願出兵，百方設詞捏謊，假意落馬受傷，希圖脫過。宰相趙鼎對他責備的十分嚴苛，使他萬分難過。出兵之后又連戰無功，更加羞愧。但是岳飛却不顧彼此，奉到朝命便立刻出兵。大軍過江以後，連戰皆捷。解廬州（現在安徽合肥）久圍，受朝廷重賞，加鎮寧崇信兩鎮節度，位與己等。相形之下，自覺過於丟臉，因羞成怒，轉而啣恨於岳飛。

紹興七年以後，岳飛上疏論恢復之略，又深得皇帝的贊許，高宗托書面命常有："中興之事，一以委卿"，"非我忠臣，莫雪大恥"，及"卿爲一時智謀之將，非他人所可比"。言外之意，常使張俊感覺自己的地位落後。加之岳飛中原屢獲奇勝，全國令譽齊歸，張俊見大勢所趨，岳飛的威名確已凌駕己上，因嫉生恨，在岳飛毫不知覺之中，他便開始進行他的破壞岳飛的工作了。

岳飛中原班師以後，大功敗於垂成，張俊看來尚稱合意。而紹興十一年淮西之役，岳飛又是聞命即行，張俊便又有些不樂。怕他旗鼓重振再立奇功，所以途中相見，曾恣目動容，甚言前途糧乏不可出兵。誰知岳飛不但不爲所動，反而鼓行而進。師至廬州境界，兀尤聞風先遁，兵不血刃又獲大功。張俊心裏更加惱恨。而且皇帝賜札褒獎，札中有句話是："遵陸勤勞，轉餉艱阻，卿不復問。"張俊見了大加恐慌，以爲岳飛將自己途中所説言語，在皇帝面前洩露。一椿未得成功的奸計，遂轉而加之於岳飛。於是到處宣揚説："岳飛不肯援救淮西，曾以餉乏爲詞，逗留不進，有意貽誤軍機。"數年淤積的忿怨，至此而全部爆發。迨得謀分世忠親軍，岳飛又義不附和，既違秦檜之意，後忿張俊之私，秦檜、張俊互相携手，岳飛遂不能幸免了。

正義雖在人心，然而事實往往爲權利所顛倒。岳飛在精神上得罪了秦檜，在地位上得罪了張俊，二人合力進攻，遂使滿朝宵小，爭相吠攻。加之高宗襲家傳猜防武臣之策，懲苗傅劉正彥之變，軍權旁落，常爲隱憂，群小之言自然易入。而且存心孤榮獨享，怕的是同宗再起，信王榛結寨河北，不但不遣一卒往援，並且還囑人監視，居心之險，早已明示。對於迎還二聖，實亦早有戒心，徽宗不死萬難得歸。故太后韋氏自金歸時，欽宗雖臥車前痛哭，誓言絕無他望，然而太后歸國之後，既見朝議，却不敢將欽宗之言半字轉告。其忌兄之情，可以想知。皇帝以此居心，宰相亦以此相佐，於是岳飛每有進兵之請，終於只能得些空頭的獎譽。秦檜只輕輕説道："淵聖迎還將置陛下於何地。"一切計劃便可因此而打消。秦檜的陰謀，實在就是高宗的陰謀。所以大兵行抵朱仙鎮，在宋金最後勝敗將分的時候，高宗也賜書給岳飛説："卿且稍住近便得地利處……如有機會可乘，即約期並進。"在京西數路皆下，響應之衆遍於河北，大軍距離京師僅餘四十五里的時候，還説："住近便得地利處"，"如有可乘之機"，言外之意不難推知。不准提兵北進，實已爲班師預留地步，十二金牌的一日連發，當然爲高宗所默許。加之全國百姓同聲稱頌，文士咏爲詩歌，里巷播爲歌謠，不但權奸爲之側目，庸主實早已恣疑。迨得謀叛之獄一興，高宗推聾裝啞，坐看秦檜恣肆，岳飛的身家性命在高宗方面也就不能一刻再保了。

由於以上的種種原因，岳飛遂不能片刻見容於宋室。紹興十一年八月二日，張俊秉秦檜之意，偵得岳飛部下有一王貴，曾受過岳飛的責罰；有一王俊素號鵰兒，善於告訐。於是以威嚇利誘促使二人誣張憲接岳飛密函，準備叛亂，以謀還岳飛兵權。先將張憲捕械樞密行府，十月十三日解往杭州下入棘獄。秦檜見大勢已定，當日即奏請皇上，傳岳飛父子同證其事，一場無名冤獄從此便正式開始了。

但是岳飛自從淮西一戰過後，卸去兩鎮節符，交還兵權，官充萬壽觀使，無異賦閑家居，終日儒服文巾，不問國事。張憲事發生兩月，自己尚且不知。在張憲下獄的前一天，有人往告岳飛，請他自己剖白，他還自信不疑的説："使天有目，必不使忠臣陷於不義。"但是事實已向前演進，那能因心理的自信而解脱。就在張憲下獄的一天，果然有宣傳官二人，到岳飛的家來。岳飛不必問話早已明白，只笑着説道："皇天厚土可表飛心！"便坦然不疑的隨二宣傳官去了。

這天岳飛出門之後，尚以爲是入朝召對，不意走來走去却進了大理寺中。岳飛抬頭一看，不覺大加驚疑，回頭向宣傳官道："吾到此則甚？"他們笑而不答，從一種異樣的舉動上，已暗示了此來的危機。及入廳下轎又見四面垂簾，寂然無聲，悽涼悲慘的景色，更使得岳飛陣陣心酸。略坐片刻，便有獄吏數人，向前走來，一人正顏説道："這裏不是相公坐處，后面有中丞，請相公略來照對數事！"岳飛聽了這話即起身入内。不料走至一處，忽見張憲、岳雲，露頭赤脚，各帶刑具，渾身血漬斑斑，垂頭呻吟。原來岳雲已先他而至。岳飛到此方大爲驚駭，於是輕聲向獄吏問道："吾爲國家宣力，到此則甚？"這時中丞數人，早已拿着王貴、王俊的告發文件，前來詢問，只見他們作色説道："國家對你們有何虧負，你們三人却要反背？"岳飛聽他們如此發問，心裏不勝憤懣，即將自身經過事迹，一一叙述一遍。所有誣告各點，均經詳細剖白。並厲聲咜道："對天盟誓，吾無負於國家，汝等既掌正法，且不可損害忠臣。"説罷以手裂裳，只見"盡忠報國"四字刺在背上，深入膚裏，大家一見，個個傷心，一派忠誠言語説得滿室欷歔。中丞何鑄，不忍喪盡天良，便因此而辭職了。

風波既已掀動，秦檜自然不敢拔足。何鑄辭職後，岳飛罪名不成。而且上章保證岳飛的人，不顧自己的死活，一天天的加多起來。縱然以殺戮貶竄的方法嚴加阻止，但是日久多變，終不甚佳，於是秦檜便拿出決心，即將手下一位能幹屬吏万俟卨，擢升大理中丞，密付計劃，專辦岳飛事件。万俟卨就職以後，一反過去方法，立意要以苦刑逼供。首先拷打岳雲、張憲，繼續拷打岳飛。但因他們不肯自壞英名，始終不曾招狀。而且事實可作鐵證，實在無法誣陷，坐繫兩月，事仍不就。万俟卨雖然能幹，到此也自憂慮起來。

一天有人對万俟卨建議説道："岳飛之獄，兩月不成，請即以張宣撫所説，台諫曾經指責過的淮西逗遛的罪來治他吧！"万俟卨聽了這話，認爲有理。於十二月十八日，先將岳飛改下棘獄，即以淮西逗遛不進之罪，勘問岳飛。然而當日岳飛所收御筆書札俱在，道途年月件件可考，要加捏誣，頗不容易。在此萬不得已的時候，又將岳飛當日所得書札，一齊取來收入倉庫。更命大理評事元龜年倒亂年月雜定數事，造成罪名以便欺騙百姓和後人。

然而假事難真，捏造罪名也頗費時日，看看時暮歲除，大獄仍在懸擱，秦檜也大大的焦灼起來。這天是紹興十一年十二月二十九日，秦檜自都堂出，徑入山閣，良久手書小紙一條，即付老吏，送入獄中。過了片刻，就從獄中傳出消息說岳飛被皇帝賜死在獄中了。張憲、岳雲由張俊、楊存中監視，斬首於市，聽說的人個個流涕。這時岳飛才三十九歲，爲國奮鬥一生，竟在此不明不白中結局了。

岳飛死后，獄卒傀順負屍出踰城墻，暗葬於九曲叢寺中（或謂葬於臨安叢園內）。岳張兩家遺族，也由張俊、楊存中督押，竄徙嶺南。一場無名冤誣，朝野上下，均抱不平。但是秦檜大權在握，羽翼極衆，一切正義之士，均被坐爲附逆，或竄或戮，多遭打擊。韓世忠爲岳飛不平面質秦檜，秦檜公然說："飛子雲與張憲書雖不明，其事體'莫須有'"。韓世忠也只有嘆著說道："莫須有三字何以服天下！"從此知秦檜不可以理爭，便終日騎驢湖上，再也不問朝事了。大理丞李若樸、何彥猷，認岳爲無罪，被劾罷官。大理卿薛仁輔，爲岳飛辨冤，也被免職。宗正卿士儻，請以百口保岳飛，竄死建州。岳飛的賓客和洽字巨源，上書辨岳飛冤，竄死袁州。布衣劉允弁，上書爲岳飛鳴冤，下棘獄死。湖南百姓感德岳飛，而岳州恰同飛姓，秦檜也惡而改爲純州，一時權傾天下，氣焰萬丈，於是全國上下，只得個個緘口了。

獨有金人方面，聽說了這個消息非常高興。當時洪皓因使金不屈，被留朔漠，親見夷虜因岳飛死而飲酒稱賀之情，心中不勝憤惋，曾馳臘書報告朝廷說："虜所大畏服不敢以名呼者惟飛，至號之爲父，諸酋聞飛死，皆酌酒相賀。"高宗見了皓奏也自後悔不止。太后韋氏自金歸，行入國境見迎人也先問岳飛，迎人答以已死，太后深加驚惜。於此可知岳飛之功在當時是如何的使國人振奮，敵人膽懾了。所以岳飛死後人人嘆息，直至十餘年後，尚有殿前司神勇後軍施全，以鍘刀刺檜不中，爲岳飛抱不平而死了。

六、後人對於岳飛的評論

岳飛於宋高宗紹興十一年十二月二十九日死後，家人竄徙，戚友誅連，所有同情於他的人，或貶或殺，多遭打擊。一時公論全泯，是非毫無。朝野宵小爲奉迎秦檜，更故意做作惡言中傷岳飛，捏造故事敗壞岳飛的私德。秦檜的兒子秦熹，掌編國史，更秉承他老子的意旨，凡關岳飛奏捷獻俘疏請受獎的事績，一一加以刪改或簡削。其他私人著作，則藉黨羽的力量偵毀鉗制，極力對岳飛的功績設法掩沒。百方措施對他作永久的壓抑。這樣繼續了十有餘年，直至紹興二十五年秦檜死後，形勢仍不稍減，當時高宗曾因虜欲敗盟思念岳飛，擬予追復原官，而秦檜的黨羽万俟卨等，尚極力反對，使終於不得成爲事實。在這個時期裏，除一部份正直之士，和許多無勢利觀念存於心中的老百姓們，在私下裏追念岳飛，爲岳飛傳播德行佳言的遺聞外，宮廳方面，不論史書雜記，沒有不是對岳飛作壞批評的。

紹興三十二年，孝宗受禪入承大統，勵精圖治，有意恢復。罷秦檜餘黨，追復岳飛原官，訪求岳飛的後世子孫特予錄用。改正湖南純州，仍爲岳州。在朝議上，岳飛的死後地位雖然稍稍抬頭，但是主和餘黨仍未全滅，秦檜的力量，潛存甚厚。所以當時著作，仍不敢直對岳飛加以獎譽，因此使《三朝北盟會編》對於岳飛的戰功不敢在正文下詳述，而只在附傳中略加引提。宋中興十多處戰功錄，更完全不列岳飛，遂使後人對於朱仙鎮之捷加以懷疑，於此可知秦檜的力量，在這個時期裏，仍不稍減於生時。

乾道六年因鄂人的請求，建祠武昌，賜額忠烈。淳熙中建祠杭州，賜諡武穆。嘉泰四年追封鄂王。嘉定中更建祠朱仙鎮，聲譽漸復。至岳飛之孫岳珂（岳霖的兒子，字亦齋）的《籲天辨誣錄》成，岳飛的冤誣才得大白於天下。及珂又繼成《金佗粹編續編》《桯史》諸書後，岳飛的事績才得公著史冊。屈抑的論調，漸漸得伸，於是崇拜的人，逐漸加多，壓抑者的勢力，方始消失。至宋理宗寶慶元年改謚"忠武"。景定年間又改謚"忠文"，崇祀的典禮日益加隆，盡忠報國的故事，也就逐漸傳遍閭里巷間。

從此以後，歷元明清各代均有崇典。明爲力抗夷族，褒崇更隆。洪武年間復謚"武穆"。隆慶中又改謚"忠武"。景泰五年建祠湯陰。萬歷四十三年更加封帝號，祀典的隆盛，可以說是達於極點。清室雖然忌恨岳飛，然而也時常致祭。乾隆的時候，彰德知府黃邦寧，又集岳飛的奏疏狀牘及詩文題記等編爲《岳忠武文集》，刊行於世。唯對原文字句多加私改，如《謝講和表》中，"夷虜不情，犬羊無信"改爲"強敵不情，虛詞無信"。《御書屯田三事跋》中，"若夫鞭打四夷，尊強中國"改爲"若夫光復舊物，尊強中國"。《移僞齊檄》中，"率中華禮義之俗，甘事猩羶"，改爲"昧臣子忠義之忱，尊事沙漠"。事雖乖謬，而岳飛的不得不加推崇，於此益見其苦心。民國以來中華光復，滿清貴族推翻，復崇祀岳飛，仍稱"武穆"。杭州重修新祠，曹錕、吳佩孚等，重印《岳忠武文集》。自南宋至今，前後歷七百餘年，時代雖屢有改移，而崇拜者的心情，卻絲毫不衰。皇帝獎勵他的忠勇，百姓崇拜他武穆，"鞭打四夷，尊強中國"的民族精神，更使現在的人每於外患憑凌之時，同聲對他贊仰着。岳飛雖然蒙冤而死，然而他的精神可算是永生了。

茲將南宋至今，各家對於岳飛的評論，擇要分錄於後，以便研究時之參考。

宋

章茂獻（穎）

古之所謂豪傑之士，必非奸雄變詐可比……上眷飛厚，而飛明君臣之義，進退之機，夷夏信服之者，以其心也。戰和之權制於人主，飛詎有不聽者。兀朮遺檜書曰"必殺飛而後和可成"者，敵人自爲計也，猛虎在山藜藿爲之不采，飛雖不掌兵亦足以強國。況是時虜上下相疑,其勢已弱,子玉猶在,晉文反席之時也。檜與飛不兩立,飛嫉檜之奸,檜嫉飛之智。汴京之士上書兀朮其言料之審矣。是時如訛里朵,如撻辣,如粘罕,相繼而死,獨兀朮在耳,而諸將皆不齊足以當之,此一大機會也。而檜敗之。嗚呼!檜之貪功以自專,忌賢害能隳中興大計,其罪上通於天,而世之傾邪之士猶立說以附檜,如孫覿者多矣。非使此說掃滅於天地之間,何以佐公論之行哉?

(見金作績編《百氏昭忠錄》章穎經進《岳傳》)

又論:時政記書事,數年之後記載豈無闕遺,紹興諸將之力,夏官賞功之籍猶可考也。飛之初,當時史官所書用檜風旨,削而小之者有矣。是時典領秘書圖籍者熹也,實錄秉史筆者塤也,史官之吏則鄭時中,檜之館客也,丁婁明塤之婦翁也,林機其子婿也,楊迥、董德元、王楊英,數十人皆其黨也。上以檜朋比罷政(紹興二年事),翰苑之臣綦崇禮當草制,上出秦檜二策,其以親札付崇禮,據以草制,其後復用,乞詔於崇禮家,既至則已付秘書省,實收之也。以致宰相拜罷錄令,悉上送官,有存藁者坐以違制之罪。檜之慮亦深矣,人之功則欲掩之,己之功則欲大之,人之過則欲增之,己之過則欲蓋之,行之一時可也,其如天下後世何!

(見《湯陰精忠廟志》卷二)

呂東萊(祖謙)

飛之死甚不厭衆心。飛忠孝出於天性,自結髮從戎,凡歷數百戰。內平劇盜,外抗強胡。其用兵也,尤善以寡勝衆。其從杜充也,以八百人破群盜五十萬衆於南薰門外。其破曹成也,以八千人破其十萬衆於桂嶺。其戰兀朮也,於穎昌,則以背嵬八百;於朱仙鎮,則以背嵬五百,皆破其衆十餘萬。虜人所畏服,不敢以名稱,至以父呼之。自兀朮有必殺而後可和之言,檜之心與虜合,而張俊之心又與檜合。媒孽橫生,不置之死地不止,而莫須有三字強以附會,欲加之罪豈無辭乎，千載而下，每念武穆王冤，直欲籲天而無從也。

（轉見《王鳳洲綱鑑會纂》十三卷）

元

《宋史》本傳論

西漢而下，若韓、彭、絳、灌之爲將，代不乏人，求其文武全器，仁智並施如宋岳飛者，一代豈多見哉。史稱關雲長通《春秋》左氏學，然未嘗見其文章。飛北伐至汴梁之朱仙鎮，有詔班師。飛自爲表答詔，忠義之言流出肺腑，真有諸葛孔明之風。而卒死於秦檜之手。蓋飛於檜不兩立，飛得志則讎復，宋恥可雪。檜得志則飛有死而已。昔劉宋殺檀道濟。道濟下獄瞋目曰："自壞汝萬里長城！"高宗忍自棄其中原，故忍殺飛，嗚呼冤哉，嗚呼冤哉。

（見《宋史》卷三百六十五）

趙松雪（孟頫）

爲忠臣見忌于奸臣賊臣權臣，不免於殺其身者，自古有之。若宰嚭之殺伍員，靳尚之殺屈原，奸臣也。張巡死於祿山，顏真卿死於希烈，賊臣也。近世秦檜之殺岳鄂忠武王，韓侂冑之殺趙忠定公，權臣也，亦奸臣也。然而聞忠臣之名未嘗不仰之敬之，聞賊臣權臣之名則唾之罵之，此天理人心之公論，世之所同也……愚觀岳武穆王奮身行伍，位至將相，其英雄謀略，雖古名將鮮有及之。而高宗昏暗，竟爲秦檜謀害。孝宗即位，詔求其後，子孫襁褓以上皆官之，立廟於鄂，號顯忠之廟。其在錢塘之祠尤盛。王之父子六人，及其父母諸孫，名位通顯者，皆有像祀之。王之部曲諸將，元朝皆贈爲侯，塑繪其像於左右。每歲春秋郡守致祭。縉紳名賢詣其祠者，無不肅容瞻拜，頌咏稱嘆。蓋其忠孝之德，雖千古萬人而曠世同此心也。

（轉見《湯陰精忠廟志》卷九，見《王鳳洲綱鑑會纂》卷十三）

明

蔡虛齋（清）

嗚呼岳公報國之志所以終不酬者，果天耶人耶？彼高宗秦檜無復論矣，愚獨恨公之未知權也。孝子之於親也，從治命不從亂命，公向者親受高宗肺腑之囑曰："中興之事，一以委卿。"乃今無故一日十二金牌班師，非檜之爲而誰爲？檜爲之而高宗聽之，則亦亂命之類耳。將在軍君命有所不受，正爲此也，苟利社稷專之可矣。公素好《左氏》，獨不知斷以此義耶？況其時萬世之悲憤既積吾胸中，不世之機會又在吾眼前。朝廷乃無故入奸臣之言，使我十年之功廢於一旦，不復以宗社爲意，父兄爲念，果何說耶？……使吾自揆吾力必克無疑，一舉而克之以還報吾君。……上表自劾違命進兵之罪……吾赤心報國事畢矣……此乃所謂權也。

（轉見《王鳳洲綱鑑會纂》卷十二）

胡靜庵（世寧）

武穆之冤，史以爲秦檜專殺，而高宗不知也。然高宗豈不知哉？……蓋高宗寧偏安事虜，而不願父兄之返者，乃其素志也。故其初立，家族盡遷。而止一親弟信王榛起於河北，尚不肯援之爲助。而竟令馬擴譏察之以坐視其敗滅，豈樂使武穆復中原而奉迎欽宗以南還哉？武穆初起偏裨，歷著忠勇之迹，高宗故所深契也。及其密疏請建宗室，即以苗劉之事見疑而深忌之矣。故後中興之事累有奏請踐約，而莫之許。想當秦檜留身奏事之時，探知此意，建議迎合："以爲祖宗家法素抑武臣，爲社稷計也。況才勇如飛，天下無敵也。使其縱兵滅金後，奉淵聖而歸，將置陛下於何地哉。其或遂爲劉裕滅秦歸篡之事，陛下亦焉得而制之也。且金人得中原必不能有，故始以封楚，繼以封齊，而不以遂歸我國者，恐我得中原而遂令飛得長驅也。若飛戮彼無所忌，必孚我大事之誠，而中原母后必皆歸矣。就使中原終不可得，而偏安江左亦不失爲帝王宗廟血食也。使飛而得志，陛下可得安枕而帝江南哉？"飛不可留乃帝心之所深合也。故今殺飛，而檜以爲上意，及後檜死，而帝任和議之事以爲己意，檜特贊之者，蓋皆道其實也。言者乃獨罪檜，而諉高宗於不知何耶？

（轉見《湯陰精忠廟志》卷九）

李空同（夢陽）

岳武穆全人乎？得其正而斃矣。或曰："將在军君命有所不受。"曰惡何言也！不受命者身猶將也，周亞夫是也，非召之使還也。召之還者奪之也，奪之而不受命者是叛也，以叛伐叛夫誰與之。曰："閒以外將軍不制之乎？"制之者其身猶將也，言有位也，汲黯發倉粟之類也，非召而奪之也。召之而不赴，則騎劫代毅矣。代之而不赴，則陽周之鐲鏤下矣。嗚呼！岳也得其正而斃矣，《春秋》之義也。

（轉見《湯陰精忠廟志》卷九）

張溥

蜀漢之諸葛亮，唐之郭子儀，宋之岳飛，三人皆間世而一出者也。亮志慕管樂，學問過之，君臣誼深，三分遂定。後主闇弱，委任無改。子儀廓清兩京，再造唐室，遭逢肅代，厄於宦豎，幾危而安。飛平群盜，破僞齊，屢敗金兵，唾手中原，而賊檜內奸，片紙獄死。三人齊烈，名在姬旦、呂望之間。而飛獨不幸，傷哉。高宗構手書"精忠"字，製旗賜飛。又召入內，委以中興，御札數篋，好語無實。惑於賊檜，不顧墜淵。以人間之至愚，天性之至賤，而飾以浮謅，御以忮忌，亦何所不爲也。韓信挈天下以與漢高，身族菹滅。世莫不恨高帝之忍。猶有曲原者曰："彼爲子孫計也，不得不殺人以利己也。"飛之利構大矣，返其父兄，還其故疆，庸人皆喜，而構反爲仇，非仇飛也，直仇親爾。檜逆構，構逆二聖，兩逆比而飛死，痛哉！

（見《宋史紀事本末》卷七十）

周静轩（禮）

位極者勢危，功高者不賞。岳飛處危疑之勢，立不賞之功。張俊忌之於前，秦檜忌之於後，金人忌之於外，群小忌之於中。……不能見機而退，自是而罷官，而繫獄，父子遭刑，一門略無噍類，其禍豈不慘哉。一念不謹而貽後憂，岳公亦昧於進退之機矣。君子始爲秦檜罪而終爲岳侯惜也。

（見《通鑑綱目續集》卷十四發明）

張時泰

武穆爲將，主之以信義，輔之以籌略，加之以勇敢。又況忠孝素根於天性，故所向無前，成功取捷動輒可必，雖古名將不能過焉。君子論南渡中興之將，當以武穆爲首稱。

（見《通鑑綱目續集》卷十四廣義）

王鳳洲（世貞）

昔人有以岳武穆朱仙鎮之役，奉金牌十二班師爲恨者。且謂武穆用大夫出疆之法，不奉詔而進兵，可以報讎而復中原則非也。凡可以用出疆之命，不奉詔而進兵者，其勢足以制內者也。勢不足以制內而爲之必敗。設武穆不奉詔而進兵，秦檜以尺一削武穆官，使一部將代將之而歸，何以自處乎？強敵乘於前，而嚴僇迫於後，是非徒敗身也且敗國。武穆雖強，兩河之兵雖響應，勢亦不能獨舉，必用韓世忠、張俊之軍爲左右掎角，劉錡、王德之卒後勁，吳璘以秦蜀重兵出劫其西援，而後金之膽奪，而中原可復。今諸帥一時奉詔歸，而武穆以孤軍深入，立見氣懾。若虜悉其全師以萃我，勝負之機固未有所必也。夫武穆可以復中原，而不使之復，又使之必不復，是故志士仁人所以深恨於高宗也。

（見《王鳳洲綱鑑會纂》卷十二）

王船山（夫之）

……帥臣之得令譽也有三：嚴軍令以禁掠奪，爲頓語以慰編氓，則民之譽歸之。修謙讓以謹交際，習文詞以相酬和，則士之譽歸之。與廷議而持公論，屏姦邪以交君子，則公卿百寮之譽歸之。岳侯之死，天下後世胥爲扼腕而稱道之弗絕者，良由是也。唯然君子惜之。惜其處功名之際，進無以效成勞於國，而退不自保其身，遇秦檜之姦而不免，即不遇秦檜之姦而亦難乎其免矣。……君非大有爲之君，則才不足以相勝。不足以相勝，則恒疑其不足以相統。當時才勇之衆歸其握，歷數戰不折之威又爲敵憚。則天下且忘臨其上者之有天子，而唯震於其名。其勢既如此矣，而在廷在野，又以恤民下士之大美，競相推詡。猶不審而修儒者之容，以藝文抒其悲壯。於是浮華之士聞聲而附，詩歌咏嘆洋溢中外。風流所被，里巷亦競起而播爲歌謠。且爲庸主宵人之所側目矣。乃君之有得失也，人之有賢姦也，廟算之有進止也，廷臣無匡救之力，引己爲援，己復以身任之。主忌益深，姦人之媢疾益亟，如是而能使身安以效成於國者未之有也。……進退無恒而後善其用。岳侯受禍之時，身猶未老，使其斂光歛采，力謝衆美之名。知難勇退，不争旦夕之功。秦檜之死固可待也，完顏亮之背盟猶可及也。高宗君臣固將舉社稷以唯我是聽，則壯志伸矣。……故君子深惜岳侯失安身定交之道，而致恨於譽岳侯者之適以殺岳侯也。悠悠之歌誦，毒於謗訕，可畏矣夫。

（見《船山遺書·宋論》卷十）

清

乾隆（愛新覺羅弘曆）

夫北宋之亡，河北之失，宋祚之不復振，中原之不恢復，人皆曰由徽欽而致，然高宗實難逭其責焉。……岳武穆以忠智出群之才，率師北驅，所戰皆克，而以金牌十二召之班師。淮北之民遮馬痛哭，曰相公去我輩無噍類矣,然而武穆不得以自留也。夫如武穆之用兵馭將,勇敢無敵,若韓信、彭越輩類皆能之。乃加之以文武兼備,仁智並施,精忠無二,則雖古名將亦有所未逮焉。……

(見《岳忠武文集》卷首)

何焜

……當靖康建炎之難,金人以汴畀張邦昌,以齊畀劉豫,強師數十萬,震動中原,宋之亡岌岌矣。而王以忠憤應募,屢擒劇賊,所向必克。戰新鄉則有侯兆川、太行山之捷。戰胙城則有黑龍潭、汜水關、竹盧渡、南薰門及清河、鐵路步、六合、烏江之捷。與兀朮戰,則敗之於鄢城,於臨潁,於潁昌,於朱仙鎮。皆王之功表表在人耳目者。而廣德之戰,奏捷於宜興,而鎮江,而東清亭,而牛首山,而新城、靜安。獨提孤軍以制兀朮,不得犯杭入常,而宋得乘時以復建康。及王恢復漢上六州,屯軍於鄂,雄據上流,控京洛襟吳蜀,得建瓴之勢,扼東南之衝。使逆賊劉豫,不敢輕兵南嚮,而越州之根本固矣。夫金之所以不得逞志於宋者,獨以王在爾。苟無王,則宋之君臣,將奔走固圉之不暇,其能一日安於小朝廷耶。十年之力廢於一旦,未成之功人咸能為王惜,而啟南宋百五十餘年之業,其功甚鉅,而人且不知。乾道二年,定中興戰功,計十三處,而又不及王。此焜所以讀王集而不禁長太息也。

(見《岳忠武王集序》)

第二章　岳飛所在的時代

一、宋朝南渡前之國勢

(一) 徽宗之弊政

徽宗即位後,蔡京為相。京秉政後,以沿用安石新法相標榜,紛更法制，貶斥群賢；對於徽宗則一味逢迎，凡前朝節用之舉，皆以爲陋，窮奢極慾，不理朝政。建寶籙諸宮，起壽山艮岳，復置奉迎局於平江，廣搜花石。凡士庶之家，有一花一石稍堪玩弄者，即率健卒直入其家，以黃帕遮覆，指爲御前物。雖江湖不測之淵，深山危崖之地，亦必迫脅往取，故顛踣陷溺而殞其身者，時有所聞。及運行，所過之處，則撤屋決牆，掘墳屠墓，鑿河斷橋。石之大者，則載以巨舟，挽以千夫。自蘇杭至京師，一花費數千貫，一石費數萬緡，兩河岸邊役夫百千萬，尾尾相含，人民苦勞相枕而亡。如此搜索，人民不堪其擾，而內亂因以起矣。

（二）北宋之內亂

時方臘家有漆園，常爲造作局多所科須，諸縣民亦受其苦，兩浙兼爲花石綱之擾，臘乘機以妖術誘之。數日之間，嘯聚數萬人，以誅朱勔爲名，驅其黨徒四出，縱火劫掠，官兵遇之輒敗。自方臘反叛以來，陷州劫縣殺平民廿餘萬，人民財產之損失更不勝計。先是宋江等卅六寇，亦以不忍苛政之壓迫，揭竿而起，山東一帶頗受其擾，但旋爲官軍收撫，未成大患，而人民所受驚擾已不淺矣。

（三）北宋之外患

1、約金攻遼之失敗

五代契丹，南侵中國。清泰三年九月晉石敬瑭割燕雲十六州地，稱臣契丹，藉竊帝號，自是中國北部要塞盡失。宋自太祖以後，契丹因據地利，累代爲患，使宋窮於應付，歲納幣絹，稱兄稱弟。徽宗時女真方崛起於黑龍江上游，屢攻遼，均獲勝利。時蔡京、童貫正欲立功邊疆，以爲有隙可乘。乃以約金攻遼收復失地之意具奏，徽宗可之。政和元年遣童貫出使契丹。藉查其隱，以爲夾攻之備。及歸遇遼人馬植於路，痛陳契丹敗亡之勢，貫允其請，約其來歸，植數上書奏陳遼勢危急，徽宗嘉納。賜姓趙名良嗣，童貫、蔡京復具奏以市馬爲名，出使女真，訪其虛實，因遣馬政、高藥師使金通好，議決相應夾攻契丹，成功後當如約給宋以燕雲之地。夾攻之約既定，而多數朝臣均視戰爭爲畏途。因有鄧洵武、安堯臣、鄭居中"守信罷兵，保境安民"之奏請，致使徽宗和戰两可，莫衷一是。迨宣和二年金兵已出師攻下上京，而宋猶和戰不決，對於軍實毫無準備。

宣和二年，金派使來以"顧全盟誓，如約夾攻"之言相催，方命童貫勒兵十萬巡邊，臨行御授二策："燕人悅而服之，策之上也。耶律淳能納款稱藩，策之中也。燕人未即悅服，按兵巡邊，全師而還，策之下也。"因此，童貫洎臨戰地，竟下"專重招撫，不准妄殺遼人"之令。及一旦接觸，種師道、楊可世便在白溝敗績，軍氣大挫。至是童貫乃陳兵邊境，待機而動。會遼新主耶律淳以宋金夾攻，抑鬱而死。乃決定再度攻遼，兵出，遼將郭藥師舉涿易二州來降，乃以藥師爲先鋒，直取燕京。藥師曾一度攻入燕京。終以劉延慶未能外應，旋又敗出。是時金人陳兵居庸關外，聞宋攻燕失利，遂入關，攻下燕京後，久據不去，及派良嗣前往交涉，則強索燕地賦稅，幾費唇舌，宋除照許與契丹舊歲幣五十萬外，每歲更納代稅錢一百萬貫。金則許以燕京及六州（涿州、易州、順州、景州、檀州、薊州）來歸。山後諸州，及西北一帶接連山川不在許與之限。迨命童貫、蔡攸入燕交割時，燕之職官、富民、金帛子女已爲金人盡掠而去。朝廷費歲幣百萬，惟獲空城而已。然宋仍不之悟，既得六州之后，不思邊患日亟，積極準備，惟日以凱旋勝利，加禄厚賜爲事，一時士大夫虛驕自大，初不覺大難將至也。

2. 金人之準備南侵

（1）藉端尋釁。初遼天祚帝西奔，平州軍亂，節度使蕭迪里被殺，州民推副使張轂領州事。及金兵入燕，佯降於金，一面盡籍壯丁五萬人密地教練兵卒爲備。宣和五年金新主吳乞買立，遣左企弓等歸，監燕人來徙。燕人怕遠徙，私訴於張轂曰："請殺企弓，縱燕人歸，南朝必納。如金人復來，內用平州之兵，外籍南朝之援，又何懼哉？"轂可之，乃執企弓殺之，舉平州歸宋。趙良嗣諫曰："國家新與金盟，如此必失其歡，後不可悔。"不聽。是年十一月，金將斡離不襲平州，轂兵敗奔燕山，金人以納叛來責，朝廷怯懦，乃縛張轂斬之，并以其首畀金。於是燕地降將及郭藥師統率之常勝軍士鑑於張轂先例，無不泣下，郭藥師曰："金人欲毀即與毀，若求藥師，亦將與藥師乎？"降將恨，遂圖叛離。又是年兩河燕山路宣撫使譚稹以招納北方降人，金人不悅。乃遣使詣宣撫司，來索趙良嗣所許之糧二十萬石，稹以良嗣空口無憑，不與。金人怒，因之南侵，益有口實。

(2) 故施烟幕。金人南圖之志既決，凡百設法以孤宋勢，橫施烟幕陷宋於迷罔狀況下，使其無所措手。先金宋圖遼，惟夏旁觀，及遼挫敗，金漸欲南圖，一方藉故尋釁，謂宋背信渝盟。一方聯夏以孤宋勢。宣和六年八月，金人以拓拔地二千里遺夏，以武朔二州地歸宋，武朔緊與金遺夏地毗連。夏人欲併武朔，乃舉兵侵武朔地界，譚稹遣兵禦之，兵數交夏人不即退。"以夷制夷"，本中國傳統之外交方策，今竟被金人利用，陷宋外交於孤立。是時童貫謀聯天祚以制金，但天祚以宋不可恃，惟虛與委蛇而已。及宣和七年正月二十四日天祚被粘罕在雲中俘獲，遼遂被滅於金。童貫聯遼之事因為金所悉，乃執宋何以渝盟聯遼，宋之國勢至是遂更瀕於絕境矣。

(四) 金人第一次南侵

遼既被滅於金，金無後顧之憂。宣和七年冬十月，斡離不在平州遣人來索叛亡戶，朝議不允。乃分兩路南侵，一路由粘罕率軍自雲中趨太原，一路則由斡離不統軍自平州趨燕山。粘罕未抵太原，童貫聞訊便藉口稟議敵情，遁還京師。斡離不破檀，薊二州。郭藥師不戰降金。斡離不乃利用藥師為嚮導，長驅直進。朝廷聞訊大震。急詔各路勤王之師入援，未至，斡離不已破相濬二州。河北守軍梁方平與金兵相遇，潰敗而還。京師震動，乃內禪於欽宗，避往金陵。童貫、蔡京等皆倉皇隨去，因使民心搖動，逃亡之民，絡繹不絕。

1. 李綱之城守。靖康元年，徽宗既去，百官率多潛逃，金人所向無敵，遂渡河陷滑州。李邦彥、白時中，均謂都城不可守，請帝出幸襄鄧以避敵鋒。李綱曰："天下城池豈有如都城者，且宗廟社稷百官所在，捨此欲何之？今日之計，當整飭軍馬，固結人心，相與堅守以待勤王之師。"帝問誰可將者？綱謂："李邦彥、白時中，雖未必知兵，然藉其位號撫將士以抗敵鋒乃其職也。"時中勃然曰:"李綱莫能將兵出戰否?"綱曰:"陛下不以臣庸懦,倘使治兵,願以死報。"乃命綱爲東京留守。綱又向帝力陳不可去之意。帝默然。會內侍奏中宮已行,帝色變,倉卒降御榻曰:"朕不能留矣。卿等勿執。朕將往陝西起兵,以復都城。"綱泣拜俯伏以死邀之,帝意稍定。顧綱曰:"朕今爲卿留。治兵禦敵之事,專責之卿。勿致疏虞。"綱惶恐受命。是夜宰臣猶請出幸不已。天明,綱趨朝,則禁衛擐甲,乘輿已駕矣。綱急呼禁衛曰:"爾等願守宗社乎?願從幸乎?"皆曰:"願死守。"綱入見曰:"陛下已許臣留,復戒行何也?今六軍父母妻子皆在都城,願以死守,萬一中道散歸,陛下孰與爲衛?況敵兵已逼,知乘輿未遠,以健馬疾追,何以禦之?"帝感悟。乃招中宮還,以綱兼親征行營使,治守戰之具,粗備。而金兵已至城下矣。金兵攻宣澤門,綱力戰拒却之。

2、城下之盟。金人攻城不下,知京城有備,且以勤王師漸至。乃遣使入城議和以便急退。帝召群臣議應付之策。李邦彥力請割地求和。議遣使詣金營,綱請自行,帝不許。乃派李梲出任交涉。梲至,斡離不盛兵南向坐,梲北面再拜,膝行而前。斡離不痛喝曰:"汝家京城,破在旦夕。所以斂兵不攻者,徒以少帝之故,欲存趙氏宗社,我恩大矣。今若欲議和,當輸金五百萬兩,銀五千萬兩,牛馬萬頭,帛緞百萬匹,尊金帝爲伯父,歸燕山之人在漢者,割中山、太原、河間三鎮之地。而以宰相親王爲質,送大軍過河,乃退耳。"遂出事目一紙,付梲,梲唯唯不敢措一詞而歸。李邦彥力勸帝從金意。李綱言:"金人所須金幣,竭天下且不足,況都城乎?中山、太原、河間三鎮之地,國之屏蔽。割之何以立國!"邦彥等言:"都城破在旦夕,尚何有於三鎮。金幣之數猶不足較。"帝默然。綱不能奪。綱退則誓書已成,稱伯大金皇帝,姪大宋皇帝。金幣,遣質,割地,一依其言。乃括借京城士民金帛以與金。遣弟康王宰相張邦昌爲質。

(五) 人民對和議之憤慨

和議既成,朝廷日輸金幣於金,而金人需求不已,日肆屠掠,人民苦之。李綱言："金人貪婪無厭，其勢非用師不可。且敵兵號六萬，四方勤王之師集城下者二十餘萬。彼以孤軍入重地，猶虎豹自投陷阱中，當以計取之，不必與角一旦之力。若扼河津，絕餉道，分兵復京北諸邑，而以重兵臨敵營，堅壁勿戰，俟其食盡，力疲，縱其北歸，半渡而擊之。此必勝之計也。"帝然之。姚平仲請速戰。是年二月朔，平仲引兵襲金營，不勝，懼誅亡去。綱援平仲以神臂弓射退金兵。斡離不遣使詰責違誓用兵之故，李邦彥語之曰："用兵乃李綱、姚平仲耳，非朝廷意也。"因罷綱以謝金人。

大學生陳東等千餘人，聞訊憤慨，乃上書請復用綱。書奏不期而集者數萬人。擁壞登聞鼓，喧呼動天地。罵李邦彥，殺內侍數十人。請復用李綱。直至宣用李綱旨下始散。

（六）金人第二次南侵

斡離不雖退，而太原之圍未解。有識朝臣，多引以爲憂。時呂好問盡言於帝曰："金人得志益輕中國，秋冬必傾國復來，禦敵之備，當速講求。"朝廷不從，惟儌倖苟安。且欽宗以戎馬已退，一面籌迎徽宗回鑾，一面遍蒞京師寺院祀神降香幸於無事。

五月以後，邊患日感，種師中以援太原戰死榆次，復有姚古盤陀之敗績，因是軍心搖動，河北官民亡命京師者日多。延至九月援太原之軍陸續潰敗，久被圍困之太原，遂被粘罕攻陷。太原既陷，斡離不復下真定。宋軍望風潰退，邊險盡失。是年十月三十日，粘罕與斡離不遂會師於汴京城下。

（七）汴京陷落徽欽北狩

金人兵臨城下，一面倡議黃河爲界，爲和議之條件。一面則用炮火雲梯猛攻城垣。是時連日大雪，守城官兵拚死防禦。欽宗每擐甲登城，撫慰守城兵士，藉振軍氣。惟金賊頑抗攻城不已，城內守軍盼外援不至，日久漸生怠心。會欽宗誤信郭京妖術，組織六甲軍出而應戰。金人乘郭京潰敗，攀城而上。城既陷，守城將士多主巷戰。金人甚狡，謂："但求割地，和議可成。"宋信之。金人久據京城，逐漸擄掠。京師二百餘年之储藏，尽被其根括。复拘留钦宗，藉括金银。京城金银既尽，仍不释钦宗归回。待徽宗亲往祈请，则同被拘留。临行挟其北去。兹引京城陷落情形之一段，藉悉当时情形之一般。

靖康元年十一月二十五日大雪，金人乘雪势围城甚急。乃请郭京统率之六甲军出战。京登城树旗，绘天王像曰天王旗。每壁三面，按五方指示众曰："是可令虏落胆矣。"人亦莫测，大启宣化门出战。城中士庶延颈企踵于门，立俟捷报者几千万人。从行旁观鼓噪以助勇者亦达数万人。俄报云："前军已得大寨，树大旗于贼营矣。"又报云："前军夺贼马千匹矣。"其实皆妄言。初贼攻陈州门外，京自内出正当其锋，乃遣使臣传令："楼上除守楼子使臣军兵外，余并不得上，盖郭京六甲法能使观者隐形。"言未脱口，贼兵分四翼鼓噪而进。我军方踰壕，虏二百余骑突之。冲断前军，一扫而进。居后者尽堕护龙河。吊桥已为积尸所压，不可拽矣。贼急趋城门。京见事去，即下城引余兵南遁。及守御者闭城门，然铁衣已沿城而上，用云梯一只攀五十人，初登堞者仅十余人。官军互相观望，各不抵抗。已而云梯辐辏，来者不绝，守御官军尽散。金人势益锐。居民闻军声已乱，有言："郭京败走，城门里突入番人来者。"有言："郭京是细作者。"有言："郭京放入番人来者。"或言："守得不济事者。"已而金人数人登城，官军虽排布如织，无一人死敌，于是皆下城遁走。且走且呼曰："百姓上城，待我辈往内前救驾。"官吏相继亦走，金人登城者踵至，……守城官兵妄相鼓噪。弃甲倒戈，狼藉道路，民人奔走莫知所向，金人乃纵火焚诸楼橹，及陈州门、东水门，火光亘天。照城中尽赤。钦宗闻城破，恸哭曰："宰相误我，悔不用种师道言，以至如此。"（师道春初曾建半渡击金人之议，不然异日必为患也）何㮚孙傅叩头请死，钦宗止之，兵士乘时劫掠，横尸满道。是夜火光达旦，雪深数尺，哭泣之声震动天地。

(八) 張邦昌之僭逆

靖康二年二月，金人以京師精華搜括已盡，將去，廢欽宗，另謀以宋人制宋之計。乃授意吳开、莫儔入城，商諸百官，"推立異姓爲人主者。"二人承命入城後，召集百官轉達金人意旨，衆莫敢出聲。王時雍微言問二人曰："金人意立何人？"二人微言："意在邦昌。"適尚書員外郎宋齊愈歸自金營，百官相問，齊愈取片紙書"邦昌"二字示之。乃以邦昌姓名入議狀。張叔夜堅不署狀。金人執叔夜置軍中，當時朝官之與叔夜表同情者，張浚、趙鼎、胡寅等，皆逃入太學避不署名。唐恪雖書名，旋仰藥而死。其不甘附逆之志令人起敬。是日王時雍又召集百官議立邦昌，外擁以兵，如臨大敵。當由范瓊喻衆立張邦昌意，衆唯唯從命。馬伸、秦檜持異議，乃共爲議狀曰："願復嗣君，以安四方。"金人怒執檜去，藉戒朝官之抗立邦昌者。

三日金人命邦昌入城，居尚書省。令百官班直迎立勸進，以促成其傀儡之出場。時有閣門宣贊舍人吳革者，見邦昌將附逆恨甚，乃糾衆定日起事，誅范瓊，劫遷二帝，以討邦昌。事洩，金人執而殺之，急立邦昌爲楚帝。

二、岳飛北伐時宋朝之國勢

(一) 南宋之內政

1、高宗正位。靖康元年，金人第二次入寇，兵臨大河，朝廷惶恐，命康王奉使赴金營。至磁州，守臣宗澤勸王勿行。時金兵前鋒已渡河，遊兵日至磁城下。知相州汪伯彥，以帛書請王入相，康王從之，是爲伯彥受知康王之始。會京城陷落，詔以康王爲天下兵馬大元帥，伯彥宗澤副之，使盡起河北兵入援。澤領先鋒，屢勝金兵，勸王乘勝渡河。伯彥勸遣宗澤先行，澤進敗金人於衛州。王聞京城陷落，金勢方張，不敢輕進，乃移軍東平（今山東臨道東平縣）藉避敵鋒。時高陽關路安撫使，黃潛善以兵來援，康王以潛善爲副元帥，迎王次於濟州，金人謀遣兵劫王不果，靖康二年四月金人擄二帝北去。宗澤移兵近畿，擬討邦昌。吏部侍郎吕好問，以利害説邦昌，勸其奉迎康王。邦昌不得已乃廢帝號，舉汴京歸宋。康王即位南京（建炎元年五月），號曰建炎，是爲高宗。以黄潛善爲中書侍郎，汪伯彦同知樞密院事，並招李綱還朝爲相。時汪黄自爲有攀附之勢，意必爲相，及任李綱，二人遂大不悦。

　　2. 李綱之防守策。李綱既相，乃倡議修戰備，重邊守，以謀中興。是年六月上疏陳十事，皆爲要圖。一曰議國事："中國之禦四夷，能守而後可戰，能戰而後可和，而靖康之末皆失之。今莫若先自治，專以守爲策。俟吾政事修，士氣振，然後可議大舉。"二曰議巡幸："車駕不可不一至京師，見宗廟以慰都人之心。度未可居，則爲巡幸之計。天下形勢長安爲上，襄陽次之，建康又次之，皆當詔有司預爲之備。"……六曰議戰："軍政久廢，士氣怯惰，宜一新紀律，信賞必罰，以振其氣。"七曰議守："敵情狡獪，勢必復來，宜於沿河江淮，措置控禦以扼其衝。"……帝以李綱之言皆能針對時政，嘉納之。綱以河北河東雖經金人蹂躪，而州郡多爲朝廷守，乃又上言於帝曰："所當急而先者，則在於料理河北河東。河東國之屏蔽也，料理稍就，然後中原可保，而東南可安。今河東所失者恒、代、太原、澤、潞、汾、晉。餘郡猶存也。河北所失者，不過真定、懷、衛、濬，四州而已，其餘三十餘郡皆爲朝廷守。兩路士民兵將所以戴宋者，其心甚堅，皆推豪傑以爲首領，多者數萬，少者亦不下萬人。朝廷不因此時置司遣使以大慰撫之，分兵以援其危急，臣恐糧盡力疲，坐受金人之困。雖懷忠義之心，援兵不至，危迫無告，必且憤怨朝廷，金人因得撫而用之。皆精兵也，莫若於河北置招撫司，河東置經制司，擇有才略者爲之，使宣諭天子恩德，所以不忍棄兩河於敵國之意。有能全一州復一郡者，以爲節度、防禦、團練使，如唐方鎮之制，使自爲守。非惟絕其從敵之心，又可資其禦敵之力，使朝廷永無北顧之憂，是今日之先務也。"帝善其言，謂誰可任者，綱奏以張所爲河北招撫使，王瓊爲河東經制使，傅亮副之，立沿河沿江帥府，江淮諸州製舟以練水師。陝西河北京東西路，買馬募兵，以練陸軍。復命宗澤留守東京招徠豪傑，分屯近畿。一時國勢稍定，人心漸固，儼然有中興之象也。

3、汪伯彥黃潛善之阻撓。李綱爲相後，以修政攘夷爲己任。修軍政變士氣，定經制，改弊法，招兵買馬，分布要害，且將益據形便，以爲必守中原之計。而潛善伯彥陰主和議，百般阻撓之。——建炎元年岳飛爲宗澤部下統制，屢破金之偏師，聞潛善伯彥陰謀和議，奉駕幸南，乃亟上書言："勤王之師日集，宜乘敵怠擊之。黃潛善，汪伯彥輩不能承聖意恢服，奉車駕日益南，恐不足繫中原之望，願陛下乘敵穴未固，親率六軍北渡，則將士作氣中原可復。"坐越職言事奪官。飛乃赴河北投張所部下。所甚器重之，以飛爲中軍統領，屢破金兵。而潛善伯彥，以陰主和議，嗾右諫議大夫宋齊愈上書論李綱募兵、買馬、括財三事之非，不報。齊愈旋以黨附張邦昌罪伏誅。潛善伯彥之計未即售，復勸帝幸揚州以避敵。綱諫曰："巡幸之所，關中爲上，襄陽次之，建康爲下，陛下縱未能行上策，猶當且適襄鄧，示不忘故都以繫天下之心，不然中原非我有，車駕還闕無期矣。"帝感悟，乃諭兩京以還闕之意。已而帝意復變。綱又極言其不可曰："自古中興之主，起於西北，則足以據中原而有東南。起於東南，則不能復中原而有西北。蓋天下精兵健馬皆在西北，若委中原而棄之，豈惟金人將乘間以擾內地，盜賊亦將蠭起爲亂，跨州連邑，陛下雖欲還闕，不可得矣。況欲治兵勝敵以歸二聖哉。"帝乃許幸南陽，以范致虛知鄧州，修城池，繕宮室，輸錢穀以實之，而汪伯彥、黃潛善堅主揚州之議，綱以去就爭之。是年八月，罷綱提舉洞霄宮，廢招撫經制二司，召傅亮還行在，安置張所於嶺南。凡綱所規劃軍民之政澈，一切廢罷。太學生陳東、布衣歐陽澈上書請留綱，帝從黃潛善、汪伯彥之議，斬陳東、歐陽澈於市。

4、高宗之南渡。李綱既去，帝一意信任汪黃。建炎元年冬十月，帝入揚州，臨行詔曰："暫駐淮甸，捍禦稍定，即還京闕，有敢妄議惑衆沮巡幸者，許告而罪之，不告者斬。"宗澤屢上言陳黃潛善、汪伯彥贊南幸之非，不報。是年十一月，帝抵揚州，時兩河雖多陷於金，而其民懷朝廷舊恩，所在結爲紅巾，出攻城邑，皆用建炎年號。金人稍稍引去。及聞帝南幸，無不解體。自是金兵日益南侵，兩河繼陷，渡江窮追，江南之大，竟使高宗無有立足之地而渡於海。

是天下第一豪富之都市，已一窮如洗。及高宗南渡，盜賊蠭起，金人益肆猖獗，窮劫華北，致使華北人民，室無終歲之計，甕無隔宿之糧，所賴以爲生者，惟相率劫掠耳。金人再度南侵，則跨越大江，掠遍江南，所到之處，廬舍一空。是時之江南，農無土可耕，市未壟以居。民生之顛連，不言而喻。及兀朮提兵北還，高宗由海而陸，屢苛求於民，益使民不聊生。紹興二年，朝官汪藻因感民生之顛連，朝廷之暴歛，乃上書求解民之倒懸，今節錄於下，藉下當時民生之一般。

今日民窮至骨矣，四方舉爲盜區，國家所有數路，亦不過數十州而已。所謂生者，必生於此數十州之民。古者以暴賦橫歛爲非，尚有賦歛之名也，今則直奪而已耳。古者以收大半之賦爲非，尚有其半也，今則直盡而已耳。南畝之民，寒耕暑耘，蠶面塗足，終歲勞苦而不厭糟糠者，陛下不得而見也。胥吏坐門，朝暮不得休息，愁歎之聲日與死比者，陛下不得而聞也。鬻妻賣子，至無地可容其身者，陛下不得而知也。尚何以生財爲哉？

由上所述，南宋民生之困難，確至民窮財盡之路矣。

（二）南宋之外患

1、粘罕入寇。邦昌既廢帝號，金人以宋制宋之計不售，粘罕大怒。於建炎元年七月十六日，遣使約夏同寇陝西。一面則盡起燕山、雲中、中京，上京……等八路之兵入寇兩河。兩河州郡自京城失守，二帝北狩，河北州郡官，盡爲兵士所殺，河東州郡官多棄城而走。故一旦粘罕南下，兩河州郡，外無應援，內復自亂，於是兩河州郡爲賊乘而取之，如俯拾遺。金兵復於是年冬佔據河南之大部。朝廷聞金兵南下日急，乃巡幸淮甸，命淮浙諸州增修城堡。冬十月帝入揚州，聞金人將犯江浙，乃命苗傅、劉正彥奉皇太后及六宮入杭州以防萬一。時盜賊蠭起，金兵日南，黃潛善汪伯彥既無謀略，又復專權自恣，言事者不納其說，請兵者不以上聞。張浚極言："金兵必來，請預爲備。"而黃汪則以爲過計而笑之。建炎三年元月，粘罕陷徐州，御營統制韓世忠、江淮制置使劉光世將兵，阻淮拒敵，相繼不戰而潰。粘罕遂渡淮，連陷淮東諸郡直取揚州，高宗聞訊潛逃，僅以身免。庫藏，又爲金人囊括而去。帝奔鎭江，繼入杭州暫得喘息。是時人民咸恨黃潛善汪伯彦之誤國。乃罷潛善知江寧府，伯彦知洪州，下罪己詔求直言，放還士大夫被竄斥者。惟李綱不赦，更不放還，蓋沿用黃潛善計罪綱以謝金也。

2、兀朮南侵。粘罕既退，兀朮因羨江南之富麗，復請於金主大起燕雲、河朔兵再度南侵。建炎二年七月，杜充以糧盡棄京奔行在，詔以充與韓世忠、劉光世，分屯江東以備金。是年十月兀朮分兵兩路渡江，劉光世敗退南康。杜充以建康叛降於金，兀朮連破江東西州郡，進寇浙西，高宗奔越州，尋奔明州，韓世忠自鎭江退江陰，兀朮遂破臨安，遣兵追帝，連破越州明州等郡，帝航海走溫州始免於難。建炎四年二月兀朮大略臨安而北，韓世忠以舟師八千人邀擊之於黃天蕩。兀朮走建康，岳飛復以步兵三千人邀擊之於新城，兀朮狼狽過江，始免於難。

3、高宗之逃亡。建炎元年冬，高宗聞粘罕來寇，即幸淮甸，入揚州，未得喘息而金兵縱至，倉皇出逃，僅以身免。抵杭州聞粘罕將攻建康，乃致書於粘罕求和曰："古之有國家而迫於危亡者，不過守與奔而已。今以守則無人，奔則無地，所以諰諰然惟冀閣下之見哀而已。故前者連奉書，願削去舊號，是天地間皆大金之國，而尊無二上；亦何必勞師遠涉而後爲快。"粘罕雖提兵北還，未幾而兀朮又來。建炎三年七月佔領東京，乘勝南進，兩路渡江。沿江守者，劉光世、韓世忠，相繼敗退，杜充復以建康叛降於金，是時高宗召諸將議駐蹕之地，呂頤浩曰："金人之謀以陛下所至爲邊面，今當且戰且避，奉陛下於萬全之地。"三年十一月高宗逃亡至越州城下，以金兵之追逼，郞官以下或留越，或徑歸。高宗自是乃從呂頤浩且戰且避之計，命韓世忠、岳飛諸將一面抵抗，彼則偕從臣向東逃避，由越州而明州，由明州而溫州，直至金人鐵騎莫可追逐之海上而後已。建炎四年二月兀朮滿載北還，不意大挫於韓世忠、岳飛之邀擊，高宗聞訊，乃復由海登陸，至越州，升越州爲紹興，是謂紹興元年。

(三) 南宋之内患

1、盜賊蠭起。高宗南去後，人民無所繋望，且爲饑寒所迫，不忍坐以待斃，故揭竿而起，嘯聚爲盜。建炎三年，虜勢方張，高宗因被窮迫，不暇北顧，豪強者因聚衆而起，攻州劫縣，民不聊生。時流寇李成率衆數千，東掠宿遷，□進復寇淮西；邵青乘火打劫，嘯聚水賊，竄擾泗楚；張用更攻陷西京，久據不去。是時人民既被金人之蹂躪，復遭盜匪之劫掠，求生不得，欲死不能，因是率多鋌而走險，聊以逃生。

2、苗劉之變。建炎三年三月，護從統制苗傅、劉正彥，擬攬大權，乃謀作亂，劫帝傳位於皇子魏國公旉，請元祐太后臨朝聽政。后曰："今強敵在前，吾以一婦人抱三歲兒決事，何以令天下？敵國聞之，豈不轉加輕侮。"傅等不從，乃逼高宗作詔禪位於皇太子，請太后同聽政，宣詔畢，傅等始麾其軍退，於是皇子旉即位。太后垂簾決事，實則傅與正彥決事也。吕頤浩、張浚、韓世忠等聞變震怒，乃會兵討賊，誅傅與正彥，奉帝復位，變亂始平。帝命吕頤浩爲中書侍郎，升杭州爲臨安，將定都焉，聞兀朮南來遂又作罷。

3、劉豫稱帝。初粘罕南寇，金主諭之曰："俟宋平，當援立藩輔，如張邦昌者。"及河南已平，粘罕乃建議，立宋降臣前知濟南府事劉豫爲齊帝，世修子禮，奉金正朔，以河南陝西地與之。是金人第二幕以宋人制宋人，藉以荼毒中原之計又復開始排演。劉豫甘爲傀儡，欣然受之。建炎四年九月，豫僭帝號，都大名。紹興二年從金人議徙居汴垣，招降群盜李成等爲將，使攻陷襄鄧等州，荼毒中原。四年五月，高宗以岳飛爲荊南制置使，討成等大破之於長廬。九月豫求援於金，金主遣鄂爾多、兀朮等援之，豫亦遣子麟，姪貎，會金兵南下。時高宗舟次平江，韓世忠大敗金軍於大儀，兀朮等不得志，又聞金太宗疾篤引還。麟貎聞金軍退盡，棄輜重而遁。紹興五年二月帝還臨安，遂定都焉。紹興六年十月，豫復舉鄉兵三十萬使子麟，姪貎，及部將孔彦舟等分道寇淮西，被宋將楊沂中等大敗之於藕塘，麟等潰還。紹興七年豫更欲南侵求援於金，兀朮以其連戰敗北，不足有爲，佯允援之，及兵抵汴京，乃執劉豫廢之。

（四）南宋諸將之抵抗

1、韓世忠、岳飛之沿江邀擊。建炎三年兀朮窮追高宗於海隅，鐵蹄所至，焚掠一空。四年三月兀朮滿載北還，至鎮江，韓世忠以前軍駐青龍鎮，中軍駐江灣，後軍駐海口，欲俟兀朮師至擊之。旋聞兀朮由秀州趨平江，世忠遂移師鎮江以待之，先以八千人屯焦山寺，會兀朮將濟，遣使來約戰期，世忠許之。因謂諸將曰："是間形勢，無如金山龍王廟者，敵必登之以觀我虛實。"乃遣蘇德將百人伏廟中岸側。戒之曰："聞江中鼓聲則岸兵先入，廟兵繼出以擊之。"及敵至，果有五騎趨廟，廟兵先鼓而出，獲其兩騎，其三騎急奔馳，一人紅袍玉帶，既墜復跳，而免。詰諸俘虜，則兀朮也。既而接戰江中，凡數十合，世忠力戰，妻梁氏親執桴鼓，敵終不得濟，俘獲甚衆，擒兀朮之壻龍虎大王。兀朮懼，請盡歸所掠以假道，世忠不許；復益以名馬，世忠又不許，遂自鎮江溯流西上，兀朮循南岸，世忠循北岸，且戰且行。世忠艨艟大艦，出金師前後數里，擊柝之聲夜以達旦。將至黃天蕩，兀朮窘甚，或曰老鸛河故道，今雖湮塞，若鑿之可通秦淮，兀朮從之，一夕渠成凡五十里，遂趨建康。岳飛設伏牛頭山待之，夜令百人黑衣混金營中擾之，金兵自相攻擊，兀朮次龍灣，飛以騎兵二百，步兵三千邀擊於新城大破之，兀朮奔竄，會金兵來援，兀朮乃復引還欲北渡，世忠以海艦潛繫之，敵舟沉不敢，兀朮窘甚，祈請甚哀。世忠曰："還我二帝，復我疆土，則可以相全。"兀朮不從，乃募人獻破舟之法，會有閩人獻策，兀朮用以擊敗世忠。是役也，世忠以八千人拒兀朮十萬之衆，凡四十八日而敗，金人自是不敢復渡江矣。

2、削平群盜。高宗紹興元年，金人方退，群盜蜂起，大者數十萬，小者數萬人，江、淮、楚、粵，率爲盜藪。諸將分討，隨勤隨起，朝廷憂之。紹興元年，以岳飛爲江淮招討副使，韓世忠爲福建江西荆湖宣撫副使，張俊、孟庾爲帥，討群盜大破之。諸路漸平。時洞庭賊楊么最盛，詔飛移兵討之。紹興五年，飛降其驍將楊欽，約裏應外合急攻水寨。么窮蹙投水死，自是荊湖告平。會劉豫以李成攻襄鄧，謀南侵，飛大破之，恢復失地。自李成敗，襄漢平，楊么破，荊湖靖，盜賊遂斂迹矣。

（3）其他諸將之抗敵。南宋諸將爲民族而戰者甚夥，今表列於左，藉悉當時掙扎之一般。

年代	月・日	戰況
建炎元年	五・七	薛廣、張瓊以兵出河北收復磁相二州地。
建炎二年	二	烏珠侵東京，宗澤力戰，屢破其兵，金人引去。
	三・七	翟興、翟進敗金人於龍門收復西京。
建炎二年	三・二六	金將婁室至秦州，被宋將劉惟輔襲擊，殺其帥黑峰大王。
建炎二年	九・二一	王彥渡河破金人於新鄉衛州（是時岳飛隸彥部下）。
建炎三年	二・一	金人犯楚州，朱琳戰不勝，叛降。
	七	杜充守東京，兀朮來攻，充以糧盡棄城南逃。
建炎三年	八・二六	薛廣及金人戰於相州被殺。
建炎三年	十	兀朮分兩路渡江，劉光世引兵遁南康，杜充戰而不勝，舉建康降金。
建炎四年	正	金人犯明州，張俊及守將劉洪道擊却之。
建炎四年	二	兀朮大略臨安而北，韓世忠以舟師八千人邀擊之於黃天蕩。
建炎四年	三	岳飛以步兵二千騎兵三百邀擊之於新城。
建炎四年	四	金人犯江西省，聞兀朮北還，亦自荊門引去，宋將牛皋潛軍邀擊之於寶豐大敗之。
建炎四年	四	撻懶圍楚州，趙立死守，卒以援兵不至戰死。
紹興元年	十一	金兀朮寇和尚原，蜀將吳玠及其弟璘大破之，自是蜀安。
紹興二年	十二	李橫敗劉豫於陽石乘勝下汝州，陷長葛，佔潁昌，劉豫驚，求援於金，金遣兀朮，豫遣李成合戰李橫，橫敗績。
紹興三年	四	劉豫陷虢州，獲守城官謝皋，皋不降，自剖心以死。
紹興四年	四	熙河路總管關師古與劉豫兵戰於左要嶺，敗績。
紹興四年	九	劉豫使其子麟侄貌合金兵南侵，韓世忠屢敗之，時撻懶兀朮擁兵十萬，會劉豫兵南侵，高宗親征，韓世忠、岳飛諸將大破之。

續表

年代	月·日	戰況
紹興五年		岳飛掃平洞庭巨寇楊么。
紹興六年	九	岳飛遣將敗劉豫兵於唐州。
紹興六年	十	劉麟、劉猊分道寇淮西，張俊遣楊沂中大破之於藕塘。
紹興十年	五	金人攻拱亳，劉錡告急，命飛馳援，飛敗金人於京西。
紹興十年	閏五	岳飛遣張憲擊敗金將韓常於潁昌。
紹興十年	七	岳飛軍在潁昌分道與金人戰，自以輕騎駐郾城。
紹興十年	七·七	兀朮合龍虎大王、蓋天大王及韓常之兵進逼郾城，飛破其拐子馬大敗之。
紹興十年	七	飛追兀朮至朱仙鎮，擬擇日大舉渡河收復燕雲，爲秦檜和議阻，乃於是年
紹興十年	七·廿一	班師回京。
紹興十一年	三	金兀朮韓常與龍虎大王合兵逼廬州，詔令岳飛援之，飛師至廬州，金兵望風而遁。時兀朮破濠州，楊沂中遇伏而敗，飛援之，金人聞飛至又敗。

（五）秦檜主和

1、和議之動機。高宗建炎元年，即位於南京後，黃潛善自遣傅雩爲祈請使，以迎還二帝爲辭。時李綱爲相，方謀中興，知其不可能，乃上言於帝曰："今日之事，正當枕戈嘗膽，內修外攘，使刑政修而中國強，則二帝不俟迎請而自歸。不然，雖冠蓋相望，卑詞厚禮亦無益，今所遣使但當奉表通問二帝，致思慕之意可也。"帝從之，遂命綱草表付雩以往，且致書於粘罕。

是年秋七月，舍人曹勛挾徽宗手書自金歸，徽宗在燕山取出御衣絹半臂親書其領中曰："便了即真來救父母。"又諭勛曰："如見康王第言有清中原之策，悉舉行之，毋以我爲念。"是時康王夫人邢氏，聞勛南還，亦脫所御金環，使內侍持付勛曰："幸爲我白大王，願如此環，得早相見也。"勛間行至南京，以御衣進，帝覽生父愛妻之囑言，不覺悲從中來。

冬十月命王倫爲通問使，建炎二年以宇文虚中爲祈請使，三年四月復以洪皓爲通問使，藉謀且守且和以迎還二帝。時秦檜從二帝至燕，金主以檜賜撻懶，檜爲其任用，屢聞高宗遣使請還父母，有傾向和議之意，此爲檜後日以孝悌之言脅帝以促成其和議成功之動機也。

2、和議經過

（1）秦檜歸來。建炎三年冬十月，撻懶南侵，時檜爲其隨軍參謀。撻懶攻楚州，檜與妻王氏自軍中趨宋陣地，謂其殺金人監己者，奪舟而來，欲赴行在，遂航海至越州，先見宰執。檜首言："如欲天下無事，須南自南，北自北。"朝官多疑其與何㮚孫傅同被拘而檜獨歸，惟范宗尹及李回二人素與檜善，力排群疑，且荐其忠。及見高宗，高宗因得二帝消息，喜甚。謂群臣曰："檜樸忠過人，朕得之喜而不寐，既聞二帝母后消息，又得一佳士也。"檜於受寵之餘，惟思如何逢迎帝意，期以達到其和議之企圖。故自檜歸後，無日不以與敵解仇息兵之言相進。

（2）秦檜和議主張的打擊。紹興元年八月，范宗尹罷相，檜欲得其位，因揚言曰："我有二策可以聳動天下。"或問何以不言？檜曰："今無相不可行也。"高宗聞之，乃命檜爲右相，呂頤浩爲左相。檜既爲相，乃以二策進："一以河北人還金，一以中原人還劉豫。"是時高宗尚未審其意之所在，怫然曰："朕北人將安歸？"檜語乃塞。紹興二年六月，桑仲上疏願以所部收復京師，乞朝廷舉兵爲聲援。頤浩屢請出師，檜以與其和議之主張不合，每欲傾頤浩。頤浩覺之，輒欲去檜。適是時有起居郎王居正者，先與檜善，檜常與居正論天下事，居正殊敬服之。及檜既相，所言皆不應。居正疾其詭，言於帝曰："秦檜嘗語臣中國之人惟當着衣唉飯，共圖中興。"臣時心服其言，又謂："爲相數月，必聳動天下。今其爲相，設施止是。願陛下以臣所言問檜所行。"時檜上不見悅於君，又復見責於同僚，遂不得不隱忍以求去。呂頤浩乃乘機諷侍御史黃萬年上書劾罷檜，章凡三上乃褫檜職。

（3）和議的進展與成功。高宗即位以來，屢遣使入金多被拘留，而金未嘗遣使報聘。紹興三年十二月粘罕突遣李永壽等來請還劉豫之俘，及西北士民之在南者，且欲劃江以北益劉豫，是與秦檜"北人歸北，中原人歸劉豫"之主張相合。高宗本傾心和議，適五年夏四月，徽宗崩於五國城，遺言："欲歸葬內地。"至是高宗遣何蘚入金，祈請求和，迎還梓宮與太后，未果。乃稍復秦檜之官，復以張浚之荐，授醴泉觀使，兼侍讀，檜始漸用事。

七年三月帝謂輔臣曰："宣和皇后，春秋高，朕朝夕思念，不遑寧處，屈己講和，正爲此耳。"檜洞悉帝意，因每藉孝悌之說，聳動和議，是與岳飛諸將"剪除醜虜還二駕"之主張針鋒相對。是年十二月，王倫自金歸，臨行撻懶送倫曰："好報江南，自今塗無壅，和議可成。"倫歸入對，言："金人許還梓宮及太后，且許歸河南地。"高宗喜曰："若金人能從朕所求，其餘一切非所較也。"八年三月乃升秦檜爲尚書右僕射，同平章事，兼樞密使。五月王倫歸自金，言金願歸河南陝西之地。群臣均謂敵情不可信。檜獨命吳表等探上意旨。高宗曰："先帝梓宮果有還期，雖待二三年尚庶幾，惟皇太后春秋高。朕旦夕思念，欲早相見，此所以屈己冀和議之速成也。"檜得帝意，主和益堅，秋七月秦檜遣王倫入金定和議，一時朝議沸騰，左正言辛次膺持反對和議之議曰："宣和海上之約，靖康城下之盟，口血未乾，兵隨其後。今日之事當識其詐，國恥未雪，義難講好。"凡七上疏不報，時劉大中、趙鼎等均以不主和議，爲秦檜所忌，一一罷之。當時宰職入見高宗議事，事罷檜獨留不去，謂高宗曰："臣僚畏首畏尾，多持兩端，此不足與論大事，若陛下決欲講和，乞專與臣議，勿許群臣預。"帝曰："朕獨委卿。"檜恐高宗中變，乃曰："望陛下更思三日。"檜復留身奏事，復進前說。又一日，檜復留奏事如初。知帝意不移，乃始出文字乞決和議。會金人叛盟，大舉南來，十年七月，岳飛大破之於偃城，兵至朱仙鎮，秦檜銜之，力謀和議成功，乃召還岳飛。紹興十一年十一月金使蕭毅等來見，議以淮水爲界，求割唐、鄧二州，及陝西餘地，歲幣銀絹各二十五萬，仍許歸梓宮、太后，帝悉從其請。

3、秦檜岳飛和戰的衝突。秦檜自秉政以來，朝官之異己者非竄即誅，惟岳飛屢立戰功，且與檜和議主張不合。蓋檜之主張惟以"和議方式迎還梓宮與太后"，而飛則主張以"武力收復失地迎還二聖"。故秦檜之與岳飛不惟不能相謀,且時常抵觸。紹興九年,春正月,岳飛在鄂州聞金將歸河南地,上言:"金人不可信,和好不可恃,相臣謀國不臧,恐貽後世譏。"秦檜銜之,及赦書至鄂,飛表謝寓和議不便之意,有"願定謀於全勝,期收地於兩河,唾手燕雲,終欲復仇而報國,矢心天地尚令稽首以稱藩"之語,檜益怒,自是仇隙更深。和議成加爵賞飛,飛力辭之。謂:"今日之事可危而不可安,可憂而不可賀,可訓兵餙士,僅備不虞,而不可論功行賞取笑敵人。"益使秦檜銜之。會金人叛盟,岳飛大破之於偃城,進兵至朱仙鎮,飛擬乘勝邁進,直搗黃龍,收回燕雲。而檜深恐岳飛之成功於己不利,乃進言於帝曰:"淵聖還則陛下安歸?"飛北伐之終於被阻,而且不免於死,於此可以見其故矣。

4、岳飛朱仙鎮之班師。當岳飛之兵臨朱仙鎮也,兀朮大怒,欲棄汴京北還。而河北漢民皆結社蠭起,響應王師,岳飛方擬指日渡河,而秦檜正欲割淮河以北棄之,諷台臣請班師。飛奏:"金人銳氣沮喪,盡棄輜重疾走渡河,而我豪傑向風,士卒用命,時不再來,機難輕失。"檜覽奏知飛志銳不可回,乃先請張俊、楊沂中等歸,而後言飛孤軍不可久留,令班師。飛一日奉十二金字牌,飛憤惋泣下,東向再拜曰:"十年之力廢於一旦。"遂班師還。

三、岳飛班師後南宋之國勢

紹興十年七月,岳飛自朱仙鎮班師。十一年三月金人叛盟,兀朮合龍虎大王、蓋天大王及韓常之兵,捲土重來,進逼廬州。高宗大驚,詔令岳飛平之。兀朮聞飛師至廬州,望風而遁。檜恐岳飛再起,益忌之,乃積極進行和議,及金人敗退,和議已成。然檜患飛異己,乃密奏詔三大將論功行賞,藉奪飛之兵權。既至,授樞密副使。是年十二月二十九日誣以"莫須有"之罪殺之。

高宗在位三十六年,傳至孝宗,頗有恢服中原之志。適值金世宗中興,宋金國力不相上下,乃各守界域,南北休息者三十餘年。光宗在位五年,卒。趙汝愚、韓侂冑擁立寧宗,侂冑秉政藉排秦檜之非以自固,因此飛亦得追贈諡號，卒以侁冑不自量力，兵敗而身亦被戮。理宗時蒙古興起，金室漸衰，乃聯元制金收復蔡州，復以貪一京而開釁蒙古。自是兵連禍結，境土日蹙。前也聯金以攻遼，遼亡而宋亦蹙。今也連蒙古以滅金，金滅而宋隨亡。總宋朝敗亡之勢，實以不求自強專憑外力之故也。

附：宋金和約表

年代	兩國關係	歲幣數目	兩國境界	附記
徽宗時	平等	銀：二十萬兩 絹：二十萬匹	河北東北歸金，燕京以南歸宋	加燕京稅收錢百萬緡
欽宗時	伯姪	同上	割太原、中山、河間三鎮與金	金人索金五百萬兩，銀五千萬兩，牛馬萬頭，表緞百萬匹
高宗時	君臣	銀：二十五萬兩 絹：二十五萬匹	以淮水及大散關為界	
孝宗時	叔姪	銀：二十萬兩 絹：二十萬匹	同前	
寧宗時	伯姪	銀：三十萬兩 絹：三十萬匹	同前	金索犒師銀三百萬兩

附：宋金交涉表

年代	月	交涉事由
徽宗政和元年	九	遣馬政使金通好約夾攻遼，次年金人報聘，又次年遣趙良嗣使金約條件
宣和五年	四	金人以燕京及山前六州來歸
宣和五年	六	金降將南京留守張殼以平州來降十一月斡離不襲平州殼奔燕山，金人索之，詔斬其首畀金
宣和五年	六	金人來歸武朔州
宣和六年	三	金人來索趙良嗣所許之糧，譚稹以空口無憑不與
宣和六年	三	斡離不平州遣人來索叛亡戶口，朝議弗遣

續表

年代	月	交涉事由
欽宗靖康元年	正	斡離不圍京城，遣使入城議和，詔出内幣及括借士民金帛與之，遣康王構及少宰張邦昌往爲質，二月詔割太原、河間、中山三鎮地界，金斡離不引兵北還
	十一	金粘罕、斡離不會攻京城，要帝出盟京城陷，帝入金營請降
高宗健炎元年	十一	遣朝奉郎王倫使金祈請迎還二帝
紹興三年	四	遣韓肖冑使金通好
紹興四年	八	遣魏良臣使金通好
紹興五年	五	遣何蘚使金祈請和好
紹興七年	十二	遣王倫使金，八年五月王倫偕金使來，七月王倫復入金，十月金遣張通古爲江南詔諭使來，言歸河南陝西地。九年三月以王倫爲東京留守，三月金人歸河南陝西地，七月金人叛盟執王倫。十年五月金兀尤、撒離喝分道入寇復陷河南陝西
紹興十一年	十	以魏良臣爲金國稟議使，十一月和議成，劃淮水及秦嶺山脈爲界，歲貢銀絹各二十五萬，奉表稱臣於金
孝宗隆興二年	八	遣魏杞使金，定爲叔姪之國，得稱皇帝，改詔表爲國書，易歲貢爲歲幣減銀絹各五萬
寧宗開禧三年	九	遣王枏使金，定爲伯姪之國，增歲幣爲銀絹各三十萬，以韓侂胄首畀金，易淮陝侵地

第二編　朱仙鎮

朱仙鎮在開封城西南四十五里，自宋以來，地居南北要衝，爲水陸之會，鎮中百貨山集，爲我國四大鎮之一。清朝乾嘉後，賈魯河迭經淤塞，水運漸失所資；及於清末，平漢隴海兩路先後完成，陸運情勢又爲之變。故今鎮中商業衰敝，前此繁華市場，大半爲荒田隙地。人事變遷，良可慨矣。

朱仙鎮不僅在商業上佔重要位置，且有驚人事實，爲讀史者所不能忘。宋紹興十年七月，岳飛大破金人於郾城，進軍朱仙鎮。時金虜心驚膽落，汴京指日可復。惜趙構、秦檜甘心禍國，以金牌十二道，嚴限班師，大河南北，遂非宋有。明崇禎十五年秋，闖賊圍汴益急。時左良玉屯兵朱仙鎮，始則遲不赴援，繼則稍挫即退，以致開封淪陷，兩河大震，明社亦因之而屋。此皆屬於亡國痛史，爲河南人民所尤當觀鑑者也。

朱仙鎮因朱亥而名。《祥符縣志》："朱仙鎮相傳戰國時朱亥故里，亥舊居仙人莊，故名。"《通鑑輯覽》："朱仙鎮在開封府祥符縣西南，以朱亥舊里，故名。"因亥爲鎮人，曾佐信陵却秦救趙存魏，而以其名名其鎮。不曰朱亥而曰朱仙，紀載不得其故。或者亥曾業屠，其後屠者皆奉祀亥，因奉祀而遂稱爲仙人，亦如呂祖曰呂仙，葛洪曰葛仙之例。故今稱亥所居之莊曰仙人莊，鎮曰朱仙鎮，未識然否。

明李濂《朱仙鎮集》，曾於《汴京遺迹志》凡例誌其書目，明萬曆刊行之《湯陰精忠廟志》歷引其記載。今原本已佚，特搜輯史志，並以觀覽采訪所得，彙成此編。疏漏知所不免，後有作者，或有取焉。

第一章　現在概況

一、面積

朱仙鎮爲往昔有名的商業市鎮，所佔面積，較今所見者大。鎮之最盛時期，爲明末清初。是時鎮之市街，北至今離鎮四里許之小店王，南至八里許之腰鋪，東至三里許之宋寨，西至二里許之豆腐店，全鎮面積約一百二十餘方里，大於今之寨所圍繞者十倍有奇。

朱仙鎮之寨，創建於清同治元年。原爲土寨，係當地民商所共修。寨周長約十里數十步，南北約四里，東西約二里。自大體視之，爲一長方四邊形。寨中面積，約六千七百五十畝。其後改建磚寨，由武解元楊啓元之子書堂總其事，四門各推一人以勸贊之。所用材料，類多籌之於廟宇。西門有路德純者，於拆廟修寨事，主持尤力。故時人爲之辭曰："西門有個路德純，先拆廟宇後埋神。"又曰："路德純進廟，神鬼嚇一跳，不是來埋神，就是來拆廟。"經此次修築之後，光緒三十二年復有增補。其後商業益衰，居民日少，近數十年來，已無力及此。日曝夜露，雨打風吹。或逐段傾圮，闕者重載可越。或飛沙沈積，高者常與寨齊。完整無暇者，殊不易覯也。

朱仙鎮有寨門四，出北門爲赴開封之大道，門外有居民十餘家，小飯店五六處，營業情形，尚稱不惡。出南門爲赴尉氏、許昌之大道，近年因汽車路改經其西，故行旅商販，較前銳減。門外有小飯店三家，終日鮮有業務可營。東門及西門，不通官道，門外既無商店，亦無居民。

鎮內面積，強半爲耕田或廢院，而民商所居者，僅爲鎮之中部，尚不足鎮面積三分之一。鎮中市街，南北者寬約四公尺，東西者寬約三公尺，屋多平房式，樓房亦有。惟斷壁殘垣，觸目皆是，蓋以鎮中商業日就衰落，遂難保有舊日繁華矣。

二、户口

朱仙鎮當繁盛時，有民商四萬餘户，人口二十餘萬人。迄清光緒三十二年，尚有三千餘户，人口一萬五千餘人。今者民商一千七百餘户，男約五千七百餘人，女約三千四百餘人，合計八千五百餘人而已。以之與往昔繁盛時期較，相差約二十四倍，人事變遷，於此可見。

就類別言之，現此八千五百餘人中，殘廢軍人教養院約壹千伍百餘人，商民三千餘人，農民二千餘人，無業者一千餘人。就籍貫言之，殘廢軍人教養院全爲客籍，商民多山西陝西安徽福建人，農民多當地土人，無業者籍貫更雜。就宗教言之，回民約二千餘人，其他或信佛，或信耶穌，數目迄無統計。近年有所謂安清幫者，雖非宗教事，要爲鎮中新流入的私人組織，現有入幫者八百餘人，在鎮中頗佔勢力。

三、商業

朱仙鎮夙以商業著名，與廣東之佛山，江西之景德，湖北之漢口，同爲中國巨鎮。惟近百年來因商業情勢之轉變，黃河之決溢，賈魯河之淤塞，陸路交通之改觀，其商業已遠不昔若，竟不及一普通市鎮也。

朱仙鎮因賈魯河之縱貫，分爲東西二部。在河東者曰東鎮，在河西者曰西鎮。往昔東鎮繁盛，遠過西鎮。乾嘉以後，因黃河決溢，鎮中屢遭水患，以東鎮地勢較低，商店多西移，故今日西鎮較勝於東鎮。當繁盛時，東鎮之重要市街，曰順河街，曰雜貨街，曰曲米街，曰油簍街，街俱南北行；曰曉先街，曰炮坊街，街俱東西行。雜貨街多南北雜貨，曲米街多米麥商舖，炮坊街多爆竹作坊，油簍街多油業行店，順河街、曉先街則爲普通商號，其中尤以雜貨街最爲繁盛。西鎮之重要街市，南北行者，曰順河街，曰西大街，曰保元街；東西行者，曰估衣街，曰京貨街。京貨街多蘇廣時貨，估衣街多估衣店及當舖，順河街西大街保元街則爲普通商店。乾嘉而後，商業漸衰。迄今商舖所在，不過西大街、估衣街、京貨街、炮坊諸處而已，其他或爲荒地，或爲耕田，或爲普通住戶，縱有三五商鋪，亦多小本經營，無足道也。

鎮中現今較大之商店及較著名之商品，如西大街玉堂號之豆腐乾，天義德之門神，西雙泰及乾泰號之竹竿青酒，松盛長之甜黃酒及南式糕點，中和堂之膏丹丸散，殘廢軍人教養院之消費合作社，雙羊雙麟之高香，羅家之燒餅油饃，估衣街二合號之醬菜及豆腐乾，祥盛豫之大頭菜，臨記鎮泰西號之雜貨，福源盛之絲綢，葆鎮堂、濟生堂之藥材，第一樓冠中華之小吃，炮坊街協泰昇之染坊，立興號之雜貨，牛旺順之鞭炮，其他如京貨街玉堂號豆腐乾作坊，大日德興號之芋頭蘇，東街太豐號之花生行，曉先街禮記田記之雜貨店，亦爲鎮中之較大商店與著名商品。

鎮中最著名之商品，爲西雙泰之竹竿青酒及玉堂號之豆腐乾，而紅紙門神，尤爲鎮中特產。西雙泰現改晉泰湧，開設已□百餘年。其所製之酒，質純色青，味甘而醇，飲之清香可口，往時盛銷於鄰近各州縣及安徽等地，近以種種關係，銷售量遠不如前，所有製造，僅供當地飲用及間爲鄰近各處采購而已。玉堂號創設於明季，迄今亦三百餘年。其所製之豆腐乾，質細而靭，用茶浸成，佐餐啖食，均極相宜。該號在百年前，年出三百餘萬，近減至百餘萬，僅當前出產量三分之一。此種商品，行銷於外者達十之九，當地所食者僅十之一，其最大銷售市場，則爲開封及鄭州。惟本年該號在汽車站附近，設分銷處，往來旅客，常行購食，其銷售量復見增高矣。紅紙門神係舊習過新年之消用物，爲鎮中最著名之特產。往昔盛時，業此者三百餘家，出品盛銷於鄰近各省，大有獨佔市場之勢。後以營業漸衰，逐漸歇業，迄今僅紅紙商店二十餘家，門神商店四十餘家而已。且多秋後開作，出品甚少。而從事此種業務之技師及製板者，因生活壓迫，又多改就他業。故鎮中之紅紙門神業，不僅難於恢復昔日之榮譽，即現今營業情形，亦難長此保持矣。

鎮中商店，以類別計之，約有雜貨店二十餘家，時貨莊十餘家，醬菜店十餘家，首飾樓十餘家，大小飯店二十餘家，紅紙業作坊二十餘家，門神商店四十餘家，中藥店十餘家，紙煙店及煙絲作坊數家，糧坊數家，酒館數家，茶館數家，客棧數家，理髮店數家，照相館一家。他如毒品售賣處，經售鴉片紅丸海洛英者，合計約十餘家，惟常不具商店形式。又鎮中當繁盛時，有妓院數百戶，清末尚有數十家，分設於炮坊街東衙後附近。近今已無妓院，惟暗娼數家而已。

鎮中商會，於民國十年取消後，至今無商業上的整個組織，而所謂門神業、紅紙業同業工會者，亦係有名無實。鎮之戶籍組織，則集家為甲，集甲成保，鎮有十保，內設聯保主任二，而以鎮公所總之。苟有所役，則商鋪與居民均擔之。鎮中商鋪，合計約二百家，然多小本經營，較大者不過三十餘家而已。鎮中營業稅，月收三十餘元，商業蕭條，可想知矣。

商店房舍，多為往年舊屋，絕少新建者。其一因商號歇業者多，無建築新屋之必要；其二因營業情形不佳，現有商號僅可維持現狀，當無力建築新屋。然舊屋牆堅基固，院整式宏，或平房比鱗，或樓房高聳，觀其建築規模，足窺昔日繁盛。惟鎮中商業既衰，居民銳減，店鋪住舍，供過於求。普通住室三間，租金月當不及一元。居民困於生計，年須拆屋若干，將其磚瓦，售於他鄉。近二十年來，已拆去全鎮五分之四，故今鎮內耕田面積，已當全鎮二分之一，荒宅廢院，亦耕田半之。然房屋拆售，至今猶無時或已，鎮公所為維持市面，曾有禁止拆賣臨街房舍之議，惟以生活逼迫，是議亦不能完全有效耳。

朱仙鎮今日衰落與昔日之繁盛，姑舉一事明之。本年八月，京貨街某姓售出房舍一處，計屋十八間，宏大堅固，在他處最少價須四千元；而賣主僅以八百元售之。及拆房之時，買主除磚瓦木料外，復拆得碎銀八十餘兩，金鼠三個，價約三四千元。今日衰落與昔日之繁盛，即此見一斑矣。

四、交通

朱仙鎮之繁盛，以交通便利為主因，其衰落也，亦以交通情勢之轉變為之。當其盛時，水運則有賈魯河，上抵京水鎮，北與黃河聯貫，下達周家口，注淮水以入安徽。故西北山產，則由此南輸，東南雜貨，則由此北達。陸運則有官道，南則歷尉氏、洧川、長葛、許昌以達漢口，北上歷開封、衛輝、彰德以達北平。故商旅所經，以此爲水陸會集之所，南舟北車，從此分歧，商業繁盛，遂甲於天下矣。

乾嘉以後，賈魯河源弱流微，水運漸失所資；清末京漢、隴海先後告成，陸運情勢又爲之變；交通既失憑藉，商業遂日就衰落，近雖有長途汽車之行駛，然所裨於鎮者亦有限也。

五、賈魯河

賈魯河發源滎陽，經朱仙鎮下達於淮。在昔暢流之時，河道深廣，舟楫如林，東南各省之絲茶米粟紙糖雜貨，沿賈魯河源源而來，銷散於鄭州、開封及華北各地。後以黃河漫決，河道日壞，在今三十年前，流經於朱仙鎮者，已完全不通舟楫矣。

鎮內現有賈魯河道，幾多淤爲平陸，僅有遺跡可辨。自北而南，長約三里，河寬五丈八尺，鎮北門西數十步有偉大石橋一座，跨臨城牆，有洞門五，俗稱大石橋，即鎮中最北之賈魯河橋也。大石橋之南爲二板橋，二板橋之南爲大板橋，大板橋之南即南閘，爲賈魯河出鎮處。該處前置閘門，可司啓閉，自光緒十三年被黃流沖塌後，未加修治，現僅有磚石若干，稍加堆砌，略具形式而已。又大板橋與南閘之間，原有一橋，名三橋口，後以年久失修，今已無迹可尋。

賈魯河之決溢，恒由黃河爲之因；賈魯河之淤塞，亦多由黃河爲之。雍正元年六月，河決中牟縣之十里店婁家莊二處，衝開大隄，由賈魯河南下。時以朱仙鎮人煙稠集，河身淺狹，遂致漫溢鎮上，房屋多被慘毀，田禾全受淹沒。是年九月，河決中牟楊橋，朱仙鎮復被水患。乾隆二十六年七月，河潰楊橋隄，奪溜賈魯河，朱仙鎮再遭水災。經此數度決口之後，賈魯河河身淺淤，源弱流微，故朱仙鎮向爲商販輻輳之區，至是已大減於昔。道光二十三年七月，大河在中牟漫決，河乃改經鎮西，而河之流經鎮內者，因之益病，鎮中損失，亦爲最鉅。朱仙鎮之商業，東鎮原勝於西鎮，惟東鎮地勢較低，故此次決口，東鎮水深丈餘，居民避難屋頂，一切食物，均盡舟散發。迨水退之後，淤沙深七八尺，甚者或至逾丈。房舍既遭淤沒，商品全被浸毀，朱仙鎮之精華，至此損毀殆盡。東鎮既難再居，因之多移西鎮，現今西鎮之較盛東鎮者以此。光緒十三年九月，黃河再決，大溜趨向朱仙鎮南之闒店，及西南之趙店，正南之腰鋪，東南之西市等堡，朱仙鎮之商業經此益衰，賈魯河因之益病。光緒二十六年春，天天黃風，塵埃障天，咫尺不辨人面，白晝屋中燃燈，經數次大風之後，岸被水毀，河由沙填，朱仙鎮而上之賈魯河，自此不通舟楫矣。

賈魯河屢塞屢濬，河道之變遷亦多。其流經朱仙鎮者，原自東北入鎮，惟河道今已難辨。其後由西北入鎮，清乾隆二十六年，黃水漫溢，賈魯河故道淤淺，水遂改由中牟縣南經朱仙鎮西南八里之王堂東南下至白潭與舊河合。後官商協力，在鎮之西南隅將河截斷，築石壩二以障之。引水東北流，經鎮之西門外約四十步再北流以達鎮內；並於西門外建橋一座，以便行人。道光二十三年，黃河決口，石壩被水沖壞，水仍由鎮西東南下，嗣後復治之。同治朝，賈魯河復淤，光緒八年，軍門蔣東才再治之。新河既成，撫豫使者李鶴年撰《朱仙鎮新河記》以紀其事，碑建於鎮北門內路東，今存。

經光緒八年挑濬之後，至十三年八月，黃河漫溢，水由中牟之西北而下，經朱仙鎮西八里之新莊下達白潭，朱仙鎮西門外之河橋，亦於是年被水沖毀。自是之後，鎮中河淺流微，舟楫行駛困難。至光緒二十六年，黃風時起，河被沙填，舟楫完全不通。民國十七年，馮玉祥主豫時曾加挑濬，自鄭州至朱仙鎮西南之王堂一律復通，後以事變，旋即中止。如能相形度勢，由王堂至白潭之數十里加以濬疏，則不僅朱仙鎮之繁榮可漸恢復，而鄭中開尉扶之水患亦可少殺矣，負水利之責者曷亟圖之。

六、農業

朱仙鎮為商業市鎮，在昔商業繁盛時，其農業固無足道；惟今商業既衰，農業乃漸見重要。其周圍之地，原為黏質壤土，累因河決，逐漸成沙。鎮北及鎮西爲黃流易經之地，故積沙亦特多。鎮東積沙，少於鎮北鎮西，而多於鎮南。鎮南地勢較高，在道光二十三年中牟九堡未決之前，尚爲良田美疇，迨決口後，遂亦成沙。然近年農家從事翻耕，將砂土翻下而以下層之佳土覆之，播種之後，生長良好，收穫倍加，故農事日有起色矣。

　　鎮中業農者三百餘戶，强半爲自耕農，佃戶則甚少。自耕農爲自耕其田之農人，勞動力不足時，則雇工以代之。雇工有二種，一爲夥計，工期全以年計，不計工資，但分食糧，分配方法，以三與七之比行之，其所得多寡，恒依歲收豐歉爲斷。一爲長工，工期多以年計，工資年約十元，所有飲食及耕田用具，均由僱主供給之。佃戶亦有二種，一爲租人之田，年納每畝農產什物若干；此種佃戶，在收成良好時，獲利頗豐，一遇歉年，則賠累不堪。一爲耕人之地，所納當無定額，惟於年中田畝所得者，與地主均分之。至所用勞力農具及種子肥料等，則均歸佃戶自理，此種有效時期，最短則爲三年。就一般情形言，僱工則多願做夥計不願做長工，佃戶則多願分產物不願納食糧。

　　鎮之可耕地約一千三百餘畝，鎮南爲高度砂質壤土，爲鎮中農作品主要出產地，舉凡所習見之農作物，概可種之。鎮之東西北三面，則純爲砂土，土壤瘠薄，風沙爲災，除落花生外，其他作物，生長均難良好；故鎮所需食糧，常運購於尉氏鄢陵扶溝等地，以資挹注。鎮之主要農產品爲落花生，年種面積達農田三分之二，故收穫量甚有可觀。此種農產品，强半先運至中牟，然後散消各地，鎮中且有小規模榨油者數家，用以榨製白油，供當地之食用。

　　農家之重要副作物爲種柳，以其能生長於低溼多砂之地，鎮之東西北三面皆產之。此種植物，種植甚易，生長亦速，幹可供材，條可編物，故種植頗廣，年以所得運售鄰近各地，爲農家重要副業焉。

第二章　過去事迹

一、古迹

鎮中古迹，如朱亥故里仙人街、仙人橋、九龍口等，或係源淵有自，或係當地盛稱，茲據考詢所得述之：

朱亥故里《祥符縣志》："朱仙鎮相傳戰國朱亥故里，亥舊居仙人莊故名。"今開封城西南二十里，有仙人莊，距朱仙鎮二十五里。鎮之北門內西偏一百四十餘步，其緊接鎮寨之處，舊有土地廟一座，其旁立碑題曰"朱亥故里"。今廟與碑皆不存，僅碎磚若干而已。

仙人街 仙人街爲鎮中通東門之大街，街之東口距東門約二百餘步。街之建築及形式，與其他街並無差異。據云：此街在往昔常有神仙經過，惟事起何代，神仙爲誰，則不能確指。

仙人橋 仙人橋在仙人街東口外路南，距東門約一百二十餘步。橋由四小石方所成，其大不及一步。下爲流水道，上爲行人便道。其命名取義，與仙人街同。

僧王下馬處 鎮之東門外十數步，爲路之分歧處；路有九歧，俗稱九龍口。清咸豐朝僧格林沁平洪楊亂時曾率師道經於此。口旁有碑，題曰"僧王下馬處"，今已毀去。

二、寺觀

朱仙鎮當繁盛時，廟宇甚多，合計之，約百餘處；其建築宏大者，亦六十餘處。惟修寨之時，廟宇多被拆毀，今所存者不過關岳廟山西會館救苦廟九仙廟清真寺朗神廟等處，分述如下：

(一) 關岳廟

關岳廟位於鎮之西北部，二廟相與毗連，東曰關廟，西曰岳廟，今其地已改爲軍政部駐汴殘廢軍人教養院，而附近之三皇廟、土地廟、呂祖閣、財神殿等廟，亦均併入其內。該院初爲九一七工廠，係民國十六年馮玉祥督豫時所創辦，當時購置機器，每日作工數小時。十九年，由河南綏靖公署接辦，旋歸軍政部管理，始改今名，薪餉亦向軍政部直接領取。院中有殘廢軍人一千餘人，內分總務、訓育、治療、工藝四股。惟工廠機器現已封存，每日由職員上講堂兩次而已。此種軍人，兵士十足發餉，官長及職員則發八成。且每年例有郵金，故伊等生活，尚稱優裕。其薪餉錢額，日用於鎮者約三百餘元，故鎮中商號頗受其賜。

關廟爲前山西商幫所建，廟宇宏大，建築雄偉，爲全鎮冠。廟之前門高聳，綠瓦紅牆，俱爲琉璃質所造。門前石獅蹲於兩旁，復有蟠龍鐵旗杆豎立其上。杆上對聯，左曰"鳳眼觀旗思兩蜀"，右曰"蠶眉望杆想閬中"。杆重二萬餘觔，高約五丈，爲陝西同州府天平會於乾隆四十五年所獻。門外有戲樓，與廟對峙，題曰"懸鑑樓"。建於嘉慶六年，建築宏麗，幾於廟並。

進大門，有亭對峙，左曰鼓樓，右曰鐘樓，惟鐘鼓久廢。再進乃一木牌坊，有字曰"明假萬方"。牌坊係一巨柱雕成，雕工精麗，全鎮罕有其匹。再進有東西廂房八間，耳室四間，爲現住軍人之講堂及主任室。中爲關廟正殿，今改大禮堂；高約五丈，縱十二步，橫十四步，殿內面積，約一百二十八方步，計地三分之二畝強。正殿後復有東西廂房八間，耳房四間，現亦改用如前。最後爲春秋樓，今改講堂。高塢正殿，聳立雲霄，簷下有石柱四，高逾二丈，大可尺許，柱基爲石刻物，外二者爲石獅，內二者爲鱗馬，雕刻工整，狀貌奇特，故正殿及春秋樓，皆爲鎮中之巨大工程。

岳廟祀宋鄂王忠武王岳飛，明成化十四年布政使吳節知府張岫建，正德四年拓新，又四年布政使司右布政使楊公子器至，爲買旁鎮腴田七十畝，出帖給廟。何孟春又量費致祭，備用鑿井，並作亭於廟門，俾廟神有禮享，祀有業守。隆慶四年及萬曆四年與三十三年屢有修建，及清順治十七年復新之。

岳廟前門，於民國十七年不通，現須繞道關帝廟始達。廟內前院正殿五楹，内祀岳飛及其部屬四人之像；殿前東西屋六間，則爲民國十七年增添。後院大殿内，祀岳飛夫婦及其女，東西廂房六間，分祀其子及其媳。民國十七年，馮玉祥督豫，設九一七工廠於關岳廟中，所有神像，全被毀去，岳廟前門外所跪之秦檜、張俊王俊、万俟卨及檜妻王氏五人之鐵像，亦於同年不存。

  岳廟前院有碑四，其二在月台兩側，其二在月台下。在月台兩側者，東爲朱仙鎮岳廟記，中憲大夫巡撫河南地方都察院右都御史吳郡章撰，明嘉靖戊午冬立。西爲呈請官祀岳廟記，明正德十六年立。在月台下者，東爲朱仙鎮岳鄂武穆王廟記，何夢春撰，李充嗣書，明正德十五年立。西爲岳鄂王廟重修記，肥城李邦珍撰，明隆慶四年立。碑陰爲岳飛親書送紫崖張先生北伐文，書於宋紹興五年秋，後人雙鈎刻石。其文曰："號令風霆迅，天聲動北陬，長驅渡河洛，直擣向燕幽。馬踏閼氏血，旗梟可漢頭。歸來報明主，恢復舊神州。"讀此寥寥數語，足見其義胆忠肝。據當地人談，廟中碑碣原甚多，惟在民國十七年時，均被馮玉祥燒爲石灰，故所存僅此。又岳廟中正殿及廂房，現分別爲殘廢軍人教養院教室或住室，神像既毀，廟宇改觀，已非復昔日規模矣。

  考岳廟之建，始建於鄂，再建於杭，三建於湯陰，四建於朱仙鎮。在鄂者王開國地，王冤白時已建；在杭者王墓在焉；在湯陰者王父母之邦；而朱仙鎮者王功於是爲極，王之忠憤所不能忘者也。其廟皆著祀典，年以二月十五、八月十五兩日爲祀期；每屆祀期，則舉行官祭。鎮中習慣，有所謂燒秦檜者，年於陰曆正月十四、五、六三日及六月六日行之。法用磚石砌以秦檜，雇畫工以泥塑之，然後用桑柴烤燒，烟火四溢，觀者狂呼，且有以麵餅在噴煙烤食之，云可去災，雖事涉不經，然崇善嫉惡之意，則已深矣。今者祀典風習，均經廢除，德功不崇，識者惜之。

（二）山西會館

  山西會館俗稱小關帝廟，今爲區公所及鎮立小學所在地。區公所在廟之正院，以廟之正殿爲禮堂，辦公室及宿舍乃在後院。所中有長槍七八枝，用以自衛。又鎮之保長主任辦公處，亦各有長槍數枝，合計之，共十餘枝，用以防匪，殊覺單薄；惟鎮中尚駐保安處兵士一營，故市面尚稱穩靜。區公所設區長一人，區員護員各二人，每月經費一百七十一元，由鎮中及四鄉均攤之。鎮立小學在廟之西院，乃前住持所居地，有學生兩級，約八十餘人；教職員二人，年共薪工洋二百四十元。學生則完全男性，教學則採用複式。

救苦廟及九仙廟　救苦廟、九仙廟係在一處，今爲開封縣立第七小學所在地。該校共四班六級，男女學生約一百八十餘人。經費每月一百二十二元，由開封縣教育局領取。校長月薪二十四元；教員六人，薪金高級十六元，初級十二元，科任十四元。惟常欠薪，生活甚清苦。

（三）清真寺

清真寺有二，其一在賈魯河西岸，緊接鎮寨，俗稱南大寺。寺內建築，原甚宏大，惟今已陳舊。其一在南大街之東，俗稱北大寺。寺之前門，高大寬敞，雕刻甚工。寺內之二大殿，屋簷相接，綠色琉璃瓦，輝耀相映，富極壯麗，其工程之雄偉，堪與關廟並。

（四）郎神廟

郎神廟在鎮北門外，內祀郎神，爲伶優人所敬。廟建於清光緒初年，今其地爲殘廢軍人教養院眷屬所佔。據當地人言：朱仙鎮之衰落，修築郎神廟亦爲一因；蓋朱者豬也，郎者狼也，豬遇狼，能不敗乎。此種附會之說，亦甚趣矣。

（五）土地廟

鎮之土地廟，在關岳廟東偏，即今殘廢軍人教養院澡塘所在地。廟中原有土地像，穿黃馬褂戴王帽並乘馬。據云該廟中土地以王莽趕劉秀時有救駕之功，故塑像與別處異。

（六）瘟神廟

瘟神廟在鎮之西門外，內祀主掌瘟皇昊天大帝呂岳及瘟部六位正神之像。每屆陰曆五月五日，則演戲侑神，四方善男信女，蟻然歸之，香火之盛，甲於各廟，惟今已廢去。

三、陵墓

下列陵墓爲在鎮内或其附近，此次赴鎮調查，沿途觀察采訪，竟無聞見，但據史志録入。

朱亥墓　《開封府志》："朱亥墓在府城西南朱仙鎮，俗稱屠兒塚。"《方輿彙編》："朱亥墓在府西南朱仙鎮，俗稱屠兒墳。"《汴京遺迹志》："朱亥墓在城西南朱仙鎮保，俗呼爲屠兒墓。"各書所載俗名雖不相同，然其謂朱亥墓在朱仙鎮則一。惟各書均未確指墓在鎮之若何方位，今蒞鎮考察，無遺迹可尋，即各種俗名，鎮人亦皆不知。據《老學庵筆記》，宋鄭毅夫爲内相，一日送客出郊，過朱亥冢俗稱之屠兒原，因有題咏。據此則朱亥墓在宋都郊外，不在朱仙鎮矣。《宋東京考》："朱亥墓在城西南，俗呼爲屠兒原。"《麈史》記："朱亥墓在都城南過，所謂四里橋之道左旁，有祠，垣宇甚全，木亦茂，呼爲屠兒墓園，清明則衆屠具酒肴祀之。"案四里橋在戴樓門外，戴樓門爲宋城南面西來第一門，宋時引蔡河或名琵琶溝之水自戴樓門入城，四里橋當爲距宋都城四里之蔡河橋或琵琶溝橋。宋東京考及麈史所記，墓在宋都城郊外，與鄭毅夫送客出郊過朱亥冢事合，以今地理揆之，《當在王屯》楊四莊之間，不在朱仙鎮。

李衛公墓　在鎮西南閙店，唐李靖葬此，墓旁有祠，今俱不存。又靖墓一説在關中，未知孰確。

段志賢墓　在鎮西南之王家村，今不存。

呼延贊墓　在朱仙鎮之東北原上，宋咸寧三年，贊掌護元德皇后園陵儀衛，還卒葬此，今不存。

曹仙姑墓　在鎮西南閙店，古之新里鄉也，今不存。

遊平章墓　在朱仙鎮，元江淮行省平章事遊顯葬此，今不存。

周令公墓　在鎮西南閙店，今不存。

陶令公墓　在鎮西南閙店，今不存。

梁國公墓　在鎮北棗林莊，元梁國公楊澤葬此，今不存。

周憲王墓　在鎮北棗林莊，明周憲王葬此，今不存。

傅安墓　在朱仙鎮岳廟後，安太康人，永樂年，奉使絕域，十三年始歸，卒葬此，今不存。

張射光墓　在朱仙鎮，射光清人，封榮祿大夫，卒葬此，今不存。

四、人物

鎮中人物，最著於世者爲朱亥，餘如楊書堂，楊永安，李桂朋，許世信等，或急公好義，或篤性孝友，茲依據史志，分述如下：

朱亥　朱仙鎮人，在鎮之寨墻內西北附近有一空場，據云乃其故里。亥賢而隱於屠，魏安釐王二十年秦昭王破趙，又進兵攻邯鄲，時趙王求救於魏，魏王不應，信陵君以與趙有姻戚關係，故決心赴救。當時有把守夷門之老人侯嬴者，與信陵君謀竊晉鄙兵符救邯鄲，恐鄙不從，因將朱亥介紹與公子，公子親往勸駕多次，遂同登車而去。晉鄙合符果疑之。朱亥袖四十斤鐵椎椎殺晉鄙。信陵君握符對諸將云："魏王有令使吾代晉鄙將軍救趙，有不從者如晉鄙。"於是營中肅然。公子遂敗秦救邯鄲存趙。魏王怒信陵君盜兵符，矯殺晉鄙，公子亦自知之，故遂遣諸將歸魏，彼獨與朱亥留趙。

趙王携牛酒勞軍，向信陵君拜謝曰："趙國亡而復存，皆公子之力，自古賢人未有如公子者。"平原君負弩矢爲信陵君前驅，於是公子有驕色，朱亥見而責之曰："人有德於公子，公子不可忘，公子有德於人，公子不可不忘。公子矯王命，奪晉鄙軍以救趙，雖有功於趙，而於魏未爲無罪，公子何自得耶？"公子聞之慚然曰："無忌謹受教。"自此公子謙恭相讓。嘗云："有負於魏，無功於趙。"由此觀之，信陵君之所以名垂不朽，多得力於亥也。後公子使亥奉璧謝秦，秦王怒使置之虎圈，亥髮上衝冠，瞋目視虎。虎不敢動，遂以禮遣之。

楊書堂　邑武庠生武解元啟元之子，樂善好義，嚴於修省，有日記功過錄。咸豐間太平軍猖獗，書堂倡眾修寨，爲公忘私，朱仙鎮賴以保全。

楊永安　邑監生，仗義疏財。道光辛丑黃河泛溢，癸卯又決口兩次，死以千計，大府勸捐，慨輸銀八百兩議叙鹽大使。咸豐卅，太平軍踩躪朱鎮，永安率僕罵之，主僕俱遇難。妻吳氏，事姑以孝聞，守節終。

李桂朋　邑庠生，性篤孝好義，承祧伯父。道光癸卯伯母死，未及葬，河決衝朱仙鎮，桂朋用繩繫母柩於腰，守之不去。本生父病，嘗糞以驗其瘥否。家貧，舌耕，時典質以助親友。次子書元字春臺，領光緒乙亥鄉荐官睢州學正，虞城教諭。

許世信　字仲孚，清人，世居邑之朱仙鎮，築屋數楹於南園以課子，一時名士如李仲遠、徐小亭、高仲新輩與其子貞元結爲文字交，每來督課，輒談及天下形勢，聚米畫沙，瞭如指掌。又喜購書，堆牀插架，萬卷琳瑯。教子天文地理之外，一以小學爲歸。貞元以名解元成進士，論者謂其淵源有自云，著有《皇輿指掌》《家訓編》若干卷。

五、設置

鎮中各種設置，如公署兵防莊村田賦市集交通等，大多爲清時舊制，今已失效。茲逐條列出，以爲研究該鎮歷史者之一助。

（一）公署：

巡檢：《祥符縣志》卷九建置宮室：朱仙鎮巡檢司署在朱仙鎮，門一楹，廳事二楹，内廂八楹。

《河南通志》卷四公署：朱仙鎮巡檢，新設在朱仙鎮。案《河南通志》始纂於雍正六年，故朱仙鎮之設巡檢，亦當在雍正年間。

同知：《續河南通志》卷十二公署：清軍同知，雍正十一年同知吳振詳請於存公銀内買朱仙鎮大板地方民房一座，設建衙署，未及修葺，漸就傾圮，歷任仍未移駐。乾隆十一年同知陳錫輅，詳請將大板橋舊址變價並稍資創建，治在本鎮太平橋東。

（二）兵防：

守備：《祥符縣志》卷九《兵防》：本縣城守——開封營都司僉書一員，守備一員，經制千總二員，外委千總一員，經制把總三員，外委把總四員，内經制把總一員，駐防朱仙鎮，餘千總把總各分防協防他縣。

兵丁八百七名，內馬兵一百四十八名，馬一百十八匹，守兵六百五十九名。歲共支俸餉馬乾等項銀一萬三千八百一十二兩五錢，共支米二千九百五石二斗，官馬一十八匹。共支乾銀二百五兩二錢。

《續河南通志》卷四十一《兵制》：管轄開封城守營都司僉書一員，駐劄開封府守備一員，經制千總二員——駐防封邱一員，杞縣一員。外員千總一員——舊防河陰今防儀封。經制把總三員——分防滎澤一員，朱仙鎮一員，滎陽一員。……其他經制兵丁若干，歲共支俸餉馬乾等銀一萬七千七十九兩六錢七分六釐。

巡防：《祥符縣志》卷九《兵防》：本縣分防城外巡防，凡十二處，曰赤倉集，曰高廟，曰埽頭集，曰曹家寨，曰唐李口，曰陳橋，曰清河集，曰榆里集，曰黃陵集，曰大村集，曰太平崗，曰朱仙鎮，每一處守兵二名。

墩台：《祥符縣志》卷九《兵防》：本縣墩台凡十八座，曰宋門關，曰屠府壋，曰太平崗，曰南關，曰蘆花崗，曰仙人莊，早老範店，曰王官壋，曰朱仙鎮，曰閙店，曰西關，曰毛家寨……

（三）莊村

祥符縣志卷九建置莊村：朱仙鎮所管街巷自大板橋至草堂，共三十八處。

（四）田賦

《祥符縣志》卷八《田賦》：本縣祥陳朱仙鎮兩巡檢各原額銀三十一兩五錢二分，除荒實徵銀一十九兩九錢九分八釐三毫。雍正五八兩年新設。

本縣祥陳朱仙鎮兩巡檢各皂隸二名，弓兵四名，總鋪鋪司兵十三名伍門六路，鋪肆兵六十名共工食原額銀四百八十六兩，除荒實徵銀三百八十兩三錢五分八毫。閏月加原額銀四十兩五錢，除荒實徵銀二十六兩二錢二分四釐四毫。

里甲凡七十九社，雍正四年割去山東曹縣新安社，實存七十八社，每里置經催一名以督賦課。

曰陳橋一社，曰陳橋二社……曰朱仙一社，曰朱仙二社……

倉社共六處，僅寄貯寺觀，一在相國寺大道宮，一在繁台寺，一在南神崗清德寺，一在朱仙鎮關帝廟，一在曹家寨甘泉庵，一在陳橋東嶽廟，現共貯穀八千三百三十五石六斗六升二合二勺。

（五）市集

《祥符縣志》卷九建置市集：朱仙鎮天下四大鎮之一也。食貨富於南而輸於北，由廣東佛山鎮至湖廣漢口鎮，則不止廣東一路矣。由湖廣漢口鎮至河南朱仙鎮，則又不止湖廣一路矣。朱仙鎮最為繁夥。江西景德鎮則窰器居多耳……

（六）交通

《河南通志》卷二十七《郵傳》：襄陽縣四十五里入南陽府新野縣境，新野縣湍陽驛至林水驛六十里。林水驛至南陽縣宛城驛六十里，宛城驛至博望驛六十里，博望驛至裕州赭陽驛六十里，赭陽驛至保安驛六十里，保安驛至葉縣灃水驛六十里，灃水驛至許州襄城縣新城驛六十里。新城驛至許州驛九十里，許州驛至開封府洧川縣驛六十里，洧川縣驛至尉氏縣驛四十里，尉氏縣驛至省城祥符縣大梁驛九十里。——案是為西南通湖北之路。

應山縣九十里入汝寧府信陽境，信陽州驛至明港驛九十里，明港驛至確山縣驛九十里，確山縣驛至遂平縣驛九十里，遂平縣驛至西平縣驛六十里。西平縣驛至許州郾城驛六十里，郾城驛至臨潁驛五十五里，臨潁驛至許州驛六十里，許州驛至開封府洧川縣驛七十里，洧川縣驛至尉氏驛四十里，尉氏縣驛至省城祥符縣大梁驛九十里。——案此為南通湖北之路。

第三章　金石及藝文

一、金石

鎮中金石，原甚衆多，惟歷年既久，存没各別。茲將其重要者，列爲左表，並記其碑名撰者建立年代及存没。又碑記之載入他書者，則注出所載書名；其未載入他書者，則特爲錄出，以資考證。

朱仙鎮碑記存没表

碑名	撰者	時代	存没	書名
朱仙鎮岳鄂武穆王廟記	彬陽何孟春	明正德十五年	存岳廟內	《湯陰精忠廟志》
呈請官祠岳廟記		明正德十六年	存岳廟內	
朱仙鎮岳廟碑	吳郡章焕	明嘉靖卅七年	存岳廟內	《湯陰精忠廟志》
岳鄂王廟重修記	肥城李邦珍	明隆慶四年	存岳廟內	《湯陰精忠廟志》
贈鄂王岳飛謚忠武	宋理宗	宋寶慶元年	没	《祥符縣志》
岳武穆王廟復建記	會稽胡謐	明成化廿二年	没	《湯陰精忠廟志》
朱仙鎮重修岳鄂王廟碑記	洪同韓景暨	明萬曆四年	没	《湯陰精忠廟志》
岳忠武王廟記	張同德	未詳	没	《祥符縣志》
朱仙鎮岳廟鐘鼓樓碑記	魏縣鄭國仕	未詳	没	《湯陰精忠廟志》
朱仙鎮新河記	義州李鶴年	清光緒八年	存鎮北門內路東	

說明：

（1）岳鄂王廟重修記，碑陰爲岳飛送紫巖張先生北伐文，事在宋紹興五年，字爲岳飛真迹，後人雙鈎刻石。文載《湯陰精忠廟志》。

（2）何孟春撰《朱仙鎮岳武穆王廟記》，《祥符縣志》《湯陰精忠廟志》均載入，惟前者誤爲正德四年。

（3）呈請官祠岳廟記，係鎮人石杲等，此記各書均未見載。

附錄：

1. 呈請官祀岳廟記

河南等處提刑按察司爲正祀典以激忠義事，准本司按察使陳鳳梧關據祥符縣朱仙鎮鄉民石杲等呈稱：

宋忠臣岳武穆王祠廟一所在於本鎮，原有祭田七十二畝，道士掌看，供香火之費，以該分巡大梁道副使王鏜將何中丞重建祠宇，記文立碑在廟，但春秋祭祀止是鄉民行禮，無官主祭，反成褻瀆，呈乞定奪等因到職，查議得

岳武穆王忠誠貫於日月，勳烈勒於鼎彝。在宋南渡時，曾提兵是鎮，以阻遏虜寇，以保障地方，而阨於權奸，不獲成功，人心感仰，至今未忘。湯陰縣乃父母之邦，固有專祠，朱仙鎮實保障之地，尤宜崇祀。合應俯從民願，明正祀典，每遇春二月秋八月各十五日，行令祥符縣支給無礙官錢，買辦豬羊酒醴幣帛果品各項祭物，至期開封府委佐貳官一員，率同禮生，親詣

岳武穆王祠內行三獻禮，務在誠敬豐潔，毋致苟簡褻慢。本司仍行提學副使王韋撰祭文一通，及開封府儒學定擬儀注，永爲遵守，庶忠烈得以崇報，而人心有所激勸矣。緣係舉正祀典事，理合關本司煩爲轉達，等因備關到司呈蒙。

欽差巡撫河南地方都察院右副都御史沈 批：鄉民追報捍禦之功，有司激勸忠烈之意，茲舉兩得，俱依擬施行。呈繳

欽差巡按河南監察御史汪 批：崇禮忠臣，事關大典，即便如擬施行。呈繳

欽差巡按河南都察御史喻 批：此舉足見忠義者萬古不磨，權奸者千載遺臭，名教不小，俱依擬行。繳蒙此批，擬合就行。爲此案仰開封府着落當該官吏照依案驗備。蒙批呈內事理轉行儒學並祥符縣查照，至期致祭施行，毋得違錯，不便抄案，依准呈來。

計開

豬　一口　羊　一控　酒　一罇　饅頭　三分　紙　一百張

燭　一對　香　一炷　粉　三碗　果　五品　每品重一斤

大明正德十六年歲在辛巳三月既望立石

2. 朱仙鎮新河記

自滎陽西南諸山谿，合京須索鄭之水，東流至祥符，經朱仙鎮，達周家口，復合穎沙諸水，委輸於淮，以元臣賈魯實治之，遂名賈魯河。往時舟楫暢行，上可以抵京水鎮，是故朱仙鎮百貨充斥，會城因之，號繁富焉。自道光二十三年，河決流淤，屢濬屢塞。予初任豫巡，即有意修復之，既以遷擢去。光緒七年秋，復撫豫，縉紳耆老為予言水利，宜莫先於治賈魯河，且請自王堂改疏新河達鎮，循舊河淤道，入鎮南行，而建閘以資蓄洩。為經久計；予察其工鉅，民夫不任勞役，費且不貲，躊躇未即決。既思予於五年任河督，堵築黑崗險工，嘗檄北東二鎮練軍暨毅軍健卒，合力並作；諸君故予舊部，踴躍勝民夫數倍，以是知兵力之足用，迺謀之統帶豫銳營蔣東才軍門。蔣君夙具幹濟才，且勇於任事，毅然請行。予復進而語之曰，事莫難於經始，茲河之役，非一再矣。道光間發帑大治之，功卒不就，當事者且獲咎。同治十二年，工甫竣，不接種而淤淺如故，進銳退速，將徒勞而無功，子其慎之。於是蔣君躬挈所部駐河上，咨謀相度，率作興事。明年春三月，予奉上命閱伍，道經朱仙鎮，蔣君逆為予言挑濬狀。自李牧岡至張市數十里，皆疏通無阻患，且規畫王堂新河，功效利弊，瞭如指掌；予樂其可與圖成也，以書告之司道諸君，益大治修具，增犒賚，以期集事，而蔣君督勵將士，以兵法部勒署，兩無所避，晝夜兼作，凡四閱月而新河成。水泉暢流，舟行無礙，商賈驟集，居民謳呼相和，向之壅遏煩滯，一滌而新之，縉紳父老，舉欣欣然，知有以樂其樂而利其利也，相率請為文以紀其盛。予曰：豈直唯是而已，後之踵而有事於斯者，若建閘，若歲修，周之復之，方綢繆未艾也。乃敘其顛末，勒石於鎮，俾來者知有考焉。是役也，以八年二月二十五日開工，七月二十八日工竣，凡用銀七千五百兩。董其事者記名：提督蔣東才；與其事者：布政使覺羅成孚，按察使豫山糧台候補道黃振，河署開封同知英惠，沈息通判沈宣昭，皆例得修書。光緒壬午八月撫豫使者義州李鶴年記。

二、藝文

鎮人著述，如楊書堂之《日記功過録》，許世信之《皇輿指掌》《家訓編》，因無刊本，俱不論列。茲將有關朱亥朱仙鎮及鎮中岳廟之題咏，依據時代先後録出，以資參證。

1. 題咏朱亥

《朱亥墓銘》　宋　蘇軾

崔嵬高邱，其下為誰，惟魏烈士，朱亥是依。時惟布衣，不震不驚，晉鄙在師，孔嚴不孤，進承其頤，視如豚豭。昔其在途，誰養其威，鼓刀市人，誰者畏之。世之勇夫，殺人如蒿，及其所難，或失其刀，惟是貧賤，無以自豪，是謂真勇。士之布衣，其亦在養，有或不養，臨事而恐，惟是屠者，其養可取。

《過朱亥墓》　前人

犯霜出國門，送客客已去。猶意行未遲，策馬過寒戍。川長不見人，沙没前岡路。
始聞雲木深，忽逢朱亥墓。金鎚一報恩，義烈垂竹素。何須文學為，寄語長沙傅。

《朱亥墓》　前人

昔日朱公子，雄豪不可追，今來遊故園，大塚稱屠兒。平日輕公相，千金棄若遺，
梁人不好事，名字寄當時。魯史盜齊豹，求名誰復知，慎無怨

世俗，猶不遭仲尼。

《送客出郊過朱亥冢》　宋　鄭毅夫

　　高論唐虞儒者事，賣交負國豈勝言，憑君莫笑金椎陋，却是屠兒解報恩。

《過朱亥墓》　宋　黃庶

　　枯林寒草墓邱墟，等是當年一丈夫。地下若知應笑死，衣冠今日有屠沽。

《汴中咏史雜詩》　清　穆繭

　　一奮高椎遂却秦，市井不見鼓刀人。後來滄海君名重，疑是朱仙隱去身。

2. 題咏朱仙鎮及鎮中岳廟
《朱仙鎮》　元　陳孚

　　城郭重來事已非，南薰不掩柳依依。當時大慶蒼虬礎，留與田家夜搗衣。

《朱仙鎮》　明　張同德

　　荒林殘壘舊屯營，鐵騎烟銷咽水聲。九臘傳來真誤國，黃龍未至已休兵。
　　枕戈空歎十年力，投幘誰憐萬里城。漢上夷民零落盡，閒田草色喚愁生。

《朱仙鎮二首》　明　李夢陽

其一：水店回岡抱，春湍滾白沙。戰場猶傍柳，遺廟只棲鴉。萬古關河淚，孤村日暮笳。向來戎馬志，心苦為中華。

其二：宋墓莽岑寂，岳宮今在斯。霜風流檜柏，陰雨見旌旗。百戰回戈地，中原左袵時。土人嚴伏臘，偏護向南枝。

《過朱仙鎮》　前人

水廟飛沙白日陰，古墩殘樹濁河深。金牌痛哭班師地，鐵馬驅馳報主心。

入夜松杉雙鷺宿，有時風雨一龍吟。經行墨客還詞賦，南北凄涼自古今。

《朱仙鎮責高宗殺武穆，調沁園春》　明　丘濬

為國除忠，為敵報仇，可恨堪哀，顧當時乾坤是誰境界？君親何處，幾許人才，萬死間關，十年血戰，端的孜孜為甚來，何須苦把長城自壞，柱石潛摧。雖然天道恢恢，奈人眾將天拘轉回，歎黃龍府裏未行賀酒，朱仙鎮上先奉追牌，戴仇天甘投死地，天理人心安在哉，英雄恨向萬年千載，永不沉埋。

《朱仙鎮行》　清　李瑱

君不見，郾城大捷奏皇都，背嵬挑戰擒金吾。金人老少盡北走，兩河黃白稱來蘇，牽牛裹糧遮道途。南人強，北人孤，朱仙鎮上血

模糊,烏陵束手胡爲乎。五百精兵敵百萬,岳家之軍天下無。鵰旗一震落旄頭,百萬貔貅俱欲死。金人自言來即降,昔之桀驁今已矣,是時直欲擣燕薊。恢復神州還兩宮,云何少保果不免,竟落書生叩馬中。故將一片紙,陷彼三字獄。裂裳示背竟何爲,痛哉父子受屠戮,嗚呼忠臣身死,國事非,徒令哀詞滿青竹。

《朱仙鎮曉行》　清　閔派魯

客夢何曾穩,鳴聲報曉霜。寒鐘敲旅月,凍網掛漁梁。處事微名累,論年短髮蒼。獨憐南北計,未敢定行藏。

《朱仙鎮題岳廟》　黃雲

百戰收功指顧間,岳家軍令重如山。班師似出高宗意,逢惡徒成秦相奸。往事不成空浩嘆,黃鸝無緒自間關。金戈鐵馬縱橫地,古廟猶存落照間。

第三編　賈魯河

吾人所稱之賈魯河，即水道提綱所謂之滎陽水。其經流變遷，影響於豫省人文者，至重且大。其與豫境諸水，如汴水、蔡水、黃河、洛河等，亦均有深切關係。茲爲研究之便，分述如下：

一、賈魯河之自然地理

河南地勢，豫西爲伏牛熊耳外方山脈所踞，故多崇山峻嶺。豫東爲一大平原，自滎陽而下，常作斜坡狀。是以豫境之水，大多發源於豫西，流經於豫東。益以豫西一帶，其在外方山脈以北者，西南較高於東北，故河流之源，多西南來而東北注。豫東地既平坦，乏自然山嶺爲之障，故水之流經豫東者，時向東注，時東南流。明乎此則賈魯河之源流地理不難意想，而下遊之變遷情勢，亦易有所以探索矣。

賈魯河爲元賈魯所開。元時黃河南遷，氾濫爲患。至正四年夏五月，大雨二十餘日，黃河暴溢，平地水深丈餘，先決白茅隄，再決金隄，並河郡邑數十區，皆罹水患，省臣以聞，朝廷患之。九年冬，托克托復爲丞相，慨然有志於事功。論及河決，即言於帝，請躬任其事；帝嘉納之。乃命集群臣議庭中，而言人人殊，惟都漕運使賈魯昌言河必當治。後治河議定，托克托乃薦魯於帝，大稱旨。十一年四月初四日，下詔中外，命魯以工部尚書爲總治河防使，進秩二品，授以銀印；發汴梁、大名十有三路，民十有萬人，廬州等戍十有八翼，軍二萬人，供役一切；從事大小軍民，咸稟節度，便宜興繕。是月二十二日鳩工，七月疏鑿成，八月決水故河，九月舟楫通行，十一月水土工畢，諸埽諸隄成，河復故道，南匯於淮，又東入於海；奏功神速，前所未有。帝遣貴臣召魯還京師，遷賞有加，特命翰林學士歐陽玄製河平碑文，以旌勞績。

黄河氾濫時，汴蔡二水，多爲所淤。賈魯治河後，河雖東復竹故道，汴蔡猶難暢流。至正二十一年，黄河決儀塘灣，汴蔡二水，淤塞益甚。下遊既難宣洩，上遊氾濫爲患。魯乃因鴻溝之迹，導京索須鄭之水，使之歷鄭州、中牟經祥符西南境之朱仙鎮南達於淮，復以其微流以注於汴。疏治既成，河復暢流，民無水患，公私運輸，咸資利賴，後人戴魯之功，遂以其名命河。

賈魯河源出滎陽縣東南諸山。山脈自鞏縣汜水南界相連而東，有無數小水，北流合而爲一。東北流經滎陽縣東，又北流十餘里，折而東，曰索河。東經廣武縣南境①，有京河西南自反碻泉來會。又東流，有須河南自山中數源合而來會。折東南流，經鄭縣北，有東京河及鄭河自山中數源合而來會，再東南，會東來之欒何，又東經中牟縣北，南受龍鬚河丈八溝及圃田澤之水。又東南，經開封西南境之朱仙鎮西，受自中牟來之小清河水。折南流，經尉氏東境之張市白潭，扶溝縣東北境之岳橋吕潭，折西南流，至扶溝城東北三里之韓橋，有雙洎河即溱洧二水合流自西北來注，水勢始盛。又東南八十里，折而西南數十里，經西華縣城之西北東三面，又南流九十里，至商水縣北之周家口，有汝潁二水自西南來會。三水既會之後，水勢益盛。折東南流，受清水及柳莊水爲白馬溝，至陳州府南界潁歧口，分爲二派。一支南流爲項城北沈邱南之過河。一支東南流爲沈邱北之沙河。過河自商水東南境南流，有支渠西達縣南境，與西來之汾河合。其正流東南經沈邱縣西北境，潸水自西北來，經項城北而東會焉；又東南經沈邱城西南，又東南至潁州城北，其北支自北來會。沙河東南流，至沈邱北境槐坊店南，受枯河水。折東北流，入安徽太和縣西北境。折東南流，經界首鎮稅子鋪南磚橋集北舊縣集西。又東南流，經縣城東南境，至潁州北境之茨河埠，有茨河自北來會。又東南至潁州城北，與過河會。沙過復合之後，又東折而南流，至八里垜西，又東南經潁上縣城北，又東南至正陽關東北之潁口，合注於淮。再

---

① 廣武縣係前河陰滎澤二縣合併後之改稱。——原注

東南流，注洪澤湖。

賈魯河之流經地域，既若是其遠，所會他水，既若是其多，故逐段名稱，因之有別。其在鄭縣及中牟境內者，或曰賈魯河，或曰小黃河。中牟而下，直至周家口，或曰賈魯河，或曰運糧河。周家口而下，直抵正陽關，則概名沙河。正陽關之潁口，爲豫省黃河南部各水之總匯地，俗所謂七十二水會正陽者也。就中以淮水爲大，故自正陽以至洪澤湖，均得以淮河名之。今者賈魯河自滎陽至尉氏之張市，長數百里，淤沙填積，河流斷絶，水至白潭，始可行十數石小舟。上遊既逐段淤塞，則京索須鄭諸水之宣洩，自感困難。每遇多雨之季，鄭中開尉扶各縣，陂水轉注爲災，田禾輒被淹没。此賈魯河經流及中間斷流之大略也。

二、賈魯河之源流考異

吾人所稱之賈魯河源流，係流經滎陽、廣武、鄭縣、中牟等縣而注於賈魯河之各水，如滎陽之索河，廣武之京河、須河，鄭縣之東京河、鄭河、欒河，及中牟之龍鬚河丈八溝小清河諸水，其在朱仙鎮以下者，概不及之。

《清一統志》曰："索河源出滎陽縣南，北流經縣東，屈曲而東經河陰縣南，又東合京水，東流經滎澤縣南，匯於賈魯河。"《元和郡縣志》："索水出滎陽縣南三十五里小陘山。"《方輿彙編》："索水源出滎陽南小陘山清水嶺之聖水池，北注入京水合汴。"《水經注》："索水出京縣西南嵩渚山，與東關水同源分流，即古旃然水也。其水東北流，器難之水注之。其水亂流，北逕小索亭西，又爲索水。又北經大柵城東，又曲而西流，與梧桐澗水合。又北曲逕大索城南，又東北流，須水右入焉。又東逕滎陽縣故城南，又東逕周苛冢北。又東流北曲西轉，逕滎陽城東，而北流注濟水。"《太平寰宇記》："索水在滎陽縣南三十五里，五代唐同光二年，詔蔡州刺史朱勍濬索河以通漕。宋建隆二年，導索水自旃然與須水合，入於汴，其後復導於金水河。"《鄭州志》："汴河今名賈魯河，又名小黄河，以元臣賈魯曾濬之，而北與黃河相表裏者也。受西南諸山谿之水，爲中州一巨川。源發於郡之坤隅，離郡城五十餘里。其源不一，有峪有泉有池。峪曰聖水峪，其水出黑龍廟前石窟中，深不可測，遇旱則雩，於其地屬密縣。泉曰暖泉冰泉，屬滎陽。王壋里水泉盛夏難親，暖泉隆冬可浴；俱在黃帝嶺下，相去不數武，而冷暖不同。池曰胡家池田家池申家池，皆湧水如翻花。其外諸岩泉，或從高崖瀉下，或從深峪流出，不可悉舉。南隔駱駝嶺另一派，其源有二。一出界牌岩，東北流爲周家河。一出梅山西坡仙母洞下，流爲李家河。二派合流，經石磴成瀑布。北流爲九仙廟河，又北爲鄧通岩河，亦汴源之別支也。其出自聖水峪與泉水合流者，多在深谷石上，其石骨鎖處，如水磨河之瀑布，時家岩之瀑布，皆自石級傾下，聲可遠聞。而其聲又或沸或息，高下不常，可占風雨，亦一異也。東北流至高龜砦，與鄧通河會，土人謂之合河口。自是北流，經馮家灣、鄭家灣至京水岩，京水西來與之合，爲官路東西渡口。又東北流至雙橋，受索須已合之水，邊州西北境，流至東北，折而南漸，轉貫中牟，達祥符朱仙鎮。"

《方輿紀要》曰："京水源出滎陽嵩渚山，經鄭州西南十五里，東北入鄭水。"《鄭州志》："賈魯河有三源。西二源出滎陽界，東源出梅山北麓，合流於張家村，下流至京水鎮，爲京水河。又北受須索二水，爲雙橋河。"《水經注》曰："黃水發源京縣黃堆山，東南流名祝龍泉。泉勢沸湧，狀若巨鼎，湯湯西南流，謂之龍項口，世謂之京水也。又曲而北，注於濟，魚水入焉。又北逕高陽亭東，又北至故市縣，重泉水注之。又東北經故市縣故城南，又東北至滎澤南，分爲二水。一水北入滎澤，下爲船塘，俗謂之郊城坡。東西四十里，南北二十里。一水東北流，即黃雀溝矣。又東北與靖水枝津合，二水之合爲黃泉，北流注於濟水。"《宋史·河渠志》："金水河一名天源，本京水導自滎陽黃堆山，其源曰祝龍泉。太祖建隆二年，命陳承昭鑿渠引水過中牟，名曰金水河。凡百餘里抵都城西，架其水橫絕於汴，設斗門入浚溝通城濠東會於五丈河，公私利焉。乾德三年，又引灌皇城。大中祥符三年，復引東由城下水竇入於濠。元豐五年，金水河由副隄入於蔡。以源流深遠，與永安青龍河相合，故賜名天源。"

《元一統志》曰："須水發源滎陽，在縣東南三十里，流經須水鎮之西，正德八年，嘗濬此以分決河之流。"《明一統志》曰："須水源出滎陽縣萬山，北流入汴河。"《方輿彙編》："須水源出滎陽南萬山，東流經縣北境，合案水，達於汴。"《清一統志》曰："須河在滎陽縣東四十里，鄭州西二十里，源出縣南萬石山，東北流合京索二水，入賈魯河。"《水經注》："須水近出京城東北二里榆子溝，亦曰奈榆溝也，又或謂之爲小索水。東北流，木蓼溝水注之，又東北流於滎陽城西南，北注索。"

東京河爲流經鄭州境內注入賈魯河之小水，《清一統志》曰："東京河在鄭州西南二十五里，源出梅山，東北流入賈魯河。"

鄭水爲金水河及磨河之總稱，《薈蕞》云："鄭州在開封西少南一百四十里，北爲黃河，東有鄭水，出梅山，東北入賈魯河。"《明一統志》："鄭水源出鄭州城東二十五里，東北至中牟縣，溉田千餘頃，其餘水下入於汴"。《隋書·地理志》："管城有鄭水。"《太平寰宇記》曰："鄭水一名汴家水。"《水經注》："汴家溝出京縣東南梅山北谿。其水自谿水東北流，逕管城西，俗又謂之管水。東北分爲二水：一水東北流，注黃雀溝，謂之黃淵。淵周一百步。其一水東越長城，東北流，水積爲淵，南北二里，東西百步，謂之百尺水。北入圃田澤，分爲二水。一水東北逕東武強城北，又東北流，左注於渠，爲汴家水口也。一水東流，又曲而南，轉東南，注白溝也。"《鄭州志》："金水河俗名泥河，在城西關外一里，鄭水之西派也。源出梅山北黃龍池，東北流經黃岡寺耿家河，漸至郡西，如金帶，以其來自金方，故名金水。舊渠自回回墓東北，遶舊城與祭城水合，總名鄭河。今水自西關至北關朱家郭村等莊，抵姚家橋合河口，入賈魯河。"

《清一統志》曰："承水在鄭州南，今俗亦名磨河。"《山海經》："承水出太山之陰，東北流注於役。"《水經注》："白溝水有二源。北水出密之梅山東南，而東逕靖城南，與南水合。南水出太山西北，流至靖城南，左注北水，即承水也，世謂之靖澗水。又東北流，太水注之。又東北入黃甕澗，北逕中陽城西，又東曲逕其城北，東北流爲白溝。又東北逕伯禽城，屈而南流，东注於清水。"《元一統志》："鄭州有二十里河，源出管城縣西南太山，東北流經縣南二十里，又東北至縣西南七里，與十八里河合。其十八里河，源出縣西南三十里，東流經縣南十八里，又東北與二十里河合，蓋即承水南北二流也。"《鄭州志》："七里河在州南七里，有北源南源中源，凡三處。北源二：一出梅山前，一出太山西。南源二：一出太山前，一出郭店西。中源一，出站馬屯，流僅一綫，至縣南十里鋪始成渠。其出自梅山前太山西者，至司家屯合流，東北爲十八里河，又北爲武家河、安家河，至此與站馬屯水會。其出自太山前郭店西者，至卓錫臺合流，東北爲二十里鋪河，又東北爲魏家河、郎家河，轉向西北逆流，至州東南與西來七里河水合，土名岔河，總謂之七里河。下經水磨，逾官路而北注祭城，與金水會於藪澤中，名曰鄭河。今水自東十里鋪祭城西胡家莊抵合河口，與金水會，入賈魯河。"

《元一統志》曰："鄭州有圃田店河，一名欒巴河，源出新鄭縣東北五十里韓村。金時於圃田店修堤堰入金水河，散爲陂塘。"《清一統志》："華水在鄭州東，今輿圖作欒巴河，自新鄭縣流入鄭州，至中牟縣蔣家莊入賈魯河。"《水經注》曰："七虎澗水出華城南岡，一源兩派，川津趣別，西入黃崖溝，東爲七虎谿，亦謂之華水。又東北流，紫光溝水注之。又東逕裴城北，又東北逕鹿台南岡，北出爲七虎澗。東流期水注之，謂之虎谿水。亂流東注，逕期城北，東會清口水。"《鄭州志》："潮河在州東南三十里，亦名欒河。源有二：一出郭店東南欒相公廟前，一出毛家砦。二派合流，東北經席村南曹，達州東三十里鋪列子觀前，入中牟界。其水在南曹可以灌稻，每日二潮，故名。"案潮河水帶沙流，每遇夏秋漲發，勢甚汹猛，沙積漸高，水復轉經他處。南曹稻田及圃田集、陰家莊、燕家莊等十餘村，均受其害。附近田畝，竟成淤沙，風颷一起，沙飛蔽天，居民深以爲患。乾隆八年，知州張鉞奉府憲朱勘議，由楊家墳圃田集東入中牟縣界，一律開通，注賈魯河。

龍鬚河經流於鄭州之東部及中牟之西境，分洩磨河及圃田澤之水以注賈魯河。《鄭州志》："圃田澤在州東三十里鋪，水草叢生，潮河流至此曰龍鬚河。"《中牟縣志》曰："龍鬚溝渠源出新鄭欒河，自蔣家莊西鄭州交界起，至白沙東入賈魯河。流沙易壅，歲歲疏瀹，案故道已淤，改由白沙鎮西，仍入賈魯河。"考圃田澤跨鄭中二境，地勢低窪，常易積水。《爾雅》："九藪，鄭有圃田。"《漢書·地理志》："中牟縣圃田澤，在西豫州藪。"《水經注》："圃田澤多麻黃草，詩所謂東有甫草也。西極長城，東極官渡，北佩渠水。東西四十餘里，南北二十餘里。中有沙岡上下二十四浦津，津流逕通，淵潭相接，各有名焉。有大漸、小漸、大灰、小灰、義魯、練秋、大白楊、小白楊、散嚇、禺中、羊圃、大鵠、小鵠、龍澤、密羅、大哀、小哀、大長、小長、大縮、小縮、伯邱、大蓋、羊眠等浦，水盛則北注，渠溢則南播，故《竹書紀年》梁惠成王十年入河水於甫田，又爲大溝而引甫水者也。斯國乃水澤之所鍾，爲鄭濕之淵藪。"《元和郡縣志》："圃田澤在中牟縣西北七里，上承鄭州管城縣界曹家坡，又溢西北流爲二十四陂，大鵠小鵠之類是也。"

《中牟縣志》："丈八溝源出新鄭出佛潭，並洩老營陂湛家陂呂家陂之水以入賈魯：自張莊南新鄭交界起，至縣西二十里鋪北入賈魯河。"

《中牟縣志》："小清河在縣北五十里，源從鄭州來，下與黃河相通，凡縣東西南三異等十二里之水皆歸之。明萬曆間淤塞，賈魯河水漲灌入，淹沒民田，知縣喬璧星陳幼學屢加疏導。"前志："宋建隆三年春，鑿渠引水過中牟，以其來自金方，故曰金水河；以其澄清，故又曰小清河。今縣北小清河從東北環繞二十里，達店李口，河東即祥符界，再三十里達朱仙鎮之西，入賈魯河。"

三、賈魯河與汴水之關係

《開封縣志》云："賈魯河本汴河，以元臣賈魯治之而名。"《水經注》："汳水出陰溝於浚儀縣北，又東至梁郡蒙縣爲獲水，餘波南入睢陽城中。獲水出汳水於梁郡蒙城北，又東過蕭縣北，睢水北流注之。又東至彭城縣北，東入於泗。"《方輿彙編》："汴水一名汳水，又名浚儀渠，又名浪蕩渠，源出今河南開封府滎陽縣大周山，受府西南諸山溪水及京索須鄭諸水。東流至中牟縣北，合沙水。東過歸德府城南，又東逕江南徐州城東北，合泗水。東流逕宿州城東。又逕虹縣城南，至泗洲入於淮。"

汴水即《禹貢》之灉水，所謂水出爲灉也。春秋時謂之邲水，宣十二年，晉楚之戰，楚軍於邲，即是水也。邲音汳，即汴字，後避反字，改爲下。秦漢間曰鴻溝，《史記》滎陽下引河東南爲鴻溝，以通宋鄭陳蔡曹魏，與濟汝淮泗會於楚。《漢志》謂之浪蕩渠，前漢平帝時汴河決壞，至明帝永平中，浸淫益甚，遣樂浪人王景謁者王吳修汴堤渠。自滎陽東分疏河汴二水，令黃河東北流入海，汴河東南流入泗。歲久湮廢，晉末劉裕滅秦，發長安自洛入河，開汴渠而歸，其後復塞。隋大業元年，開通濟渠自板渚引河歷滎澤入汴，又自大梁之東，引汴水入泗，達於淮。渠廣四十步，渠傍皆築御道，樹以柳，名曰隋堤，一曰汴堤。唐自天寶以後，汴水湮廢。廣德二年，時漕運者皆自江漢抵梁洋，迂險勞費，乃命劉晏爲河南江淮以東轉運使，開汴水以通運，自是歲運米數十萬石給關中。唐末汴水潰決，埇橋東南，悉爲污澤。周顯德二年，方謀伐唐，命武寧帥武行德發民夫因故堤疏導之，東至泗上。四年四月，詔疏汴水一派，北入於五丈河，又東北達於濟，齊魯舟楫，亦達京師。五年，濬汴口，導河流達於淮，江淮舟楫始通。宋都大梁，以孟州河陰縣爲汴首受黃河之口，屬於泗淮，每歲自春及冬，常於河口調均水勢。深六尺，以通行重載爲準，歲漕江淮湖浙米數百萬，及至東南之産百物重寶不可勝計。又下西山之薪炭，以輸京師之粟，振河北之急，內外仰給焉。然大河向背不常，故河口歲易易地，易則度地形相水勢爲口以逆之，遇春首輒調數州之民，勞費不貲，役者多溺死，吏又侵漁爲奸，而京師常有決溢之虞。太祖建隆二年春，導索水自旃然與須水合，入於汴。三年十月，詔緣汴河州縣長吏，常以春首課民夾岸植榆柳以固隄防。太宗淳化二年六月，汴水決浚儀，帝乘步輦出乾元門，宰相樞密迎謁，帝曰：東京養甲兵數十萬，民人百萬家，天下轉漕仰給，在此一渠，朕安得不顧。車駕入泥淖中，行百餘步。從臣震恐，殿前都指揮使戴興叩頭懇請迴馭，遂捧轡出泥淖中，詔興督步卒數千塞之，日未旰水勢遂定。宋張方平論汴河曰：

  臣竊惟今之京師，古謂陳留，天下四衝八達之地者也。非如函秦天府百二之固，洛宅九州之中，表裏山河，形勝足恃。自唐末朱溫受封於梁，因而建都，至於石晉割幽薊之地以入契丹，遂與强敵共平原之利。故五代爭奪，禍亂相仍，其患出乎畿甸，無藩籬之限，本根無所庇也。祖宗受命，規模卑狹，不還周漢之舊，而梁氏是因，豈樂是而處之，勢有不獲已者。大抵利漕運而贍師依，依重而爲國也。則是今日之勢，國依兵而立，兵以食爲命，食以漕運爲本，漕運以河渠爲主。國初浚河渠三道，通京城漕運，自後立定上供年額，汴河斛斗六百萬石，廣濟河六十二萬石，惠民河六十萬石。廣濟河所運，多是雜色粟豆，但充口食馬料。惠民河所運，止給太康咸平尉氏等縣軍糧而已。惟汴河所運，一色粳米兼小麥，此乃太倉蓄積之實。今仰食於官廩者，不惟三軍，至於京師士庶以億萬計，大半待飽於軍餉之餘，故國家於漕事，至急且重。夫京，大也；師，眾也。大眾所聚，故謂之京師。有食則京師可立，汴河廢則大眾不可聚，汴河之於京城，乃是建國之本，非可與區區溝洫水利同言也。近歲已罷廣濟河，而惠民河斛斗不入太倉，大眾之命，惟汴河是賴。近歲陳說利害，以汴河爲議者多矣，臣恐議者不已，屢作數更，必致汴水日失其舊，國家大計，殊非小事。惟陛下特回聖鑑，深賜省察，留神遠慮，以固基本。

  方平之言，蓋爲王安石發，然據此亦知汴河之重要矣。

  宋室南遷以後，故都離黍，江淮漕運，不資於汴，於是汴河日就湮廢。金人雖嘗都汴，而周章匆遽，亦欲經理漕渠，自泗通汴，卒未遑也。元定鼎燕京，漕由海運，於是汴水所係益輕。元至正二十一年，黃河決祥符之儀唐灣。汴河及隄，皆爲所淤，而汴水入蔡河。蔡河流亦塞，不能東達淮泗。嗣丞相脫克脫舉賈魯治之，魯因鴻溝之迹，導京索之水，自鄭州疏汴歷中牟抵祥符西南境之朱仙鎮，經呂家潭遞至周家口會沙渦汝潁之水以達於淮，僅以其餘水以注於汴。源流既弱，湮廢自易。及於明初，雖曾開之而中格。自是河流橫決，陵谷倒置，汴水之流，不絕如綫，自中牟以東，斷續幾不可問矣。

　　綜上所述，吾人可得賈魯河與汴水之關係如下：汴水湮廢之後，賈魯河乃代之而起；賈魯河代起之後，而汴水乃更就湮廢。蓋汴水不湮，而京索須鄭之水各有所歸，迨賈魯河開後，而汴河上遊乃被所佔，汴源亦幾全被所奪，乃不能不更就湮廢矣。然賈魯開河之後，汴流離弱，固尚未全廢也。《明史·河渠志》曰："正統十三年，河決滎澤，由鄭州中牟、祥符、陳留東入渦口，汴口以塞。"《豫河續志》曰："終明之世，汴渦兩河，時爲黃河所奪。"清李鶴年《惠濟河輯說》序云："元臣賈魯，因鴻溝之迹，導京索之水南流，惟以其餘支入汴，汴流益弱。自明迄我朝，黃河屢決，汴水在東行之道，逐漸淤高，其流遂斷。"是可知賈魯開河之後，汴流尚未盡絕，第以上源水既不京，嗣復受黃流之淤塞，遂致其日就湮廢耳。

　　《方輿紀要》曰："汴河故道，自河陰縣東北十里廣武澗中，東南流過陽武、中牟縣界，至開封府城南東流，過陳留、杞縣北，又東過睢州北、考城縣南、寧陵縣北，而東經歸德府城南。自隋以前，自歸德府界東北流，達虞城、夏邑縣北，而入江南徐州界，過碭縣北、想蕭縣南，至徐州北合於泗。自隋而後，則由歸德府境東南流，達夏邑、永城縣南，而入鳳陽府宿州界，東南流經靈璧縣及虹縣南，至泗洲兩城間而合於淮。"《明史·河渠志》："弘治中，黃河自原武滎陽分而爲二。一自窪泥河過黃陵岡抵徐州小浮橋，即賈魯河也。嘉靖五年御史戴金奏曰：'黃河入淮之道有三：一自開封府小壩丁家道口、馬牧集鴛鴦口徐州出小浮橋，曰汴河。'三十七年，曹縣新集淤。新集地集梁靖口，歷夏邑丁家道口、馬牧集韓家道口、司家道口，至蕭縣薊門，出小浮橋，此賈魯河故道也。"據此則不僅黃河奪汴之流，而所謂汴河故道者，經賈魯疏濬之後，亦得以賈魯名之矣。《清一統志》云：賈魯開河在浚儀縣黃陵岡南，故道湮没。今所云賈魯河，蓋即宋時蔡河故道。此種變遷之迹，容於下文申論之。

四、賈魯河與蔡河之關係

《開封府志》曰："沙河一名賈魯河，又名小黄河，受京索須鄭諸水，經朱仙鎮吕家潭至扶溝者是也。"《水經注》："浪蕩渠自牟東流，至浚儀分爲二水。南流曰沙水，東注曰汴水。"《方輿紀要》："沙即蔡也，潁水合蔡，亦兼有沙河之稱。"《皇朝輿地通考》："蔡河上流即汴河。"《豫乘識小録》："賈魯河，汴河之南支也。汴河有二支，東注一支爲汴，南注一支爲沙。"《地形志》："汴水在大梁城東，分爲蔡渠。"《清一統志》："賈魯開河在浚儀縣黄陵岡南，故道湮没，今所云賈魯，蓋即宋時蔡河故道。"此蔡河與賈魯河及汴水之相互關係也。

《清一統志》曰："蔡河上流即汴河。自中牟縣流經祥符縣南分流，又東南流逕通許縣北，又'西'① 南經尉氏縣東，入陳州府扶溝縣界，即古鴻溝，亦名河溝，又名沙水。"又曰："蔡河舊自祥符流入通許縣北，分爲二道，名雙溝河，至縣西復合爲一，下入扶溝，明初混入黄河，今縣西十里有西水窩，其東二里有東水窩，又縣北有七里灣；皆蔡河潴流之處也。"又曰："蔡水一名小黄河，亦名惠民河，自開封府尉氏縣流入，經扶溝縣東，又東南流經西華縣界，又東流經府城② 南，合於潁，即沙水也。"又曰："蔡水元時爲河水所奪，賈魯治之，故自朱仙鎮以上，通名賈魯河。自朱仙鎮以下，昔由通許流入扶溝，今則近尉氏而遠於通許。"《方輿紀要》："蔡河首受汴，自祥符東南通許縣西尉氏扶溝縣之東境太康縣之西境，至鹿邑縣南而合於潁河，謂之蔡河口。"又云："今由朱仙而東南，有水道經西華南頓沈邱以達於潁壽，蓋即蔡河故迹。"《水經注・渠水》出滎陽北河東南，過中牟縣之北，又東南而注大梁，又東

---

① "……又西南經尉氏縣東……"原書誤西南爲東南，尉氏在通許縣西，如東南則流經太康不經尉氏矣，故正之。——原注

② 本段所引爲《清一統志》陳州府部之文，故府城爲陳州之府城。——原注

至浚儀縣，東南逕赤城北，左則故瀆出焉，又東逕大梁城南，又北曲分爲二水。《續述征記》曰，汴沙至浚儀而分也，汴東注，沙南流，東南流逕梁王吹台東，渠水於此有陰溝鴻溝之稱焉。渠水又東南流逕開封縣，睢渙二水出焉。渠即沙水也。許慎正作沙音，言水散石也；從水少，水少沙見矣。楚東有沙水，謂此水也。又東南逕牛首鄉東南，魯溝水出焉。又南逕斗城西，又東南逕牛首亭東，又東南八里溝出焉。又東南逕陳留縣裘氏亭，又逕澹台子羽冢東，與八里溝合。又南逕扶溝縣故城東，又東南於康溝水合，又南與蔡澤陂水合。又南逕小扶城西，又南逕大扶城西，渦水於是分焉。又東南有沙水枝瀆西南達洧。又東南逕東華城西，又東南與廣漕渠合。又東逕長平縣故城北，又東南逕陳城北，又東而南曲逕陳城東，謂之百尺溝。又南分爲二水，新水出焉。又東西谷水注之，又東南注於潁，謂之交口。"據《水經注》則所謂蔡河者，於後魏時本甚在東①，則清顧祖禹所稱之蔡河故迹，蓋爲後魏以降蔡河流經之道。蔡河何爲而經於此，容再言之。

《九域志》曰："浚儀縣之琵琶溝，即蔡河也。"《開封縣志》："琵琶溝在祥符西南五里，以形如琵琶故名。"胡氏曰："琵琶溝自東京載樓門入，京城宣化水門出，東南下經陳州過鹿邑縣界蔡河口而入潁。"《通鑑》："周顯德六年，命馬軍督指揮使韓令坤自大梁城東導汴水入於蔡，以通陳潁之漕。"宋建隆二年，浚蔡渠，導閔水自新鄭與蔡水合，貫京師南歷陳淮達壽春，以通淮右之漕。舟楫畢至，都人利之。於是以西南爲閔河，東南爲蔡河。乾德二年，又鑿渠自長社②，引溴水至京師合閔水，渠成，民無水患，閔河之漕益通。三年，詔發畿甸許陳丁夫數萬，浚蔡

---

① 《水經注》所稱蔡河之流經地域，如扶溝故城大扶城等，據《清一統志》云：扶溝故城在扶溝縣東北五十里，康溝水在太康縣西北，大扶城在太康縣東北二十里。又今扶溝縣城東北五十五里之閘上，西北七十里之崔橋，分別爲前蔡河置閘或築橋之地，是則後魏時之蔡河，流經於今開封縣南之赤倉，通許縣北之七里灣，扶溝縣東北之閘上，太康縣西北之崔橋，固甚在朱仙鎮之東矣。——原注

② 長社即今許昌縣。——原注

河南入潁州。其自尉氏北流至汴京戴樓門東廣利水門入城，名西蔡河，接閔水繚繞城内；其從陳州門西普濟水門出城，流經通許復接舊蔡河，名東蔡河。開寶六年，改閔河爲惠民河，爲漕運四河之一，又至陳州東南蔡河口入於沙河，以通陳蔡汝潁諸州之運漕。是則貫朱仙鎮之蔡河，本爲閔水及惠民河之河道，宋乾德朝始以西蔡河名之。於今賈魯河之所流經者，當爲西蔡河之故道矣。

元至正二十一年，河決祥符義塘灣，蔡河之上源絶。明洪武八年，大河南決，挾潁入淮，蔡河之下遊亦絶。正統以後，大河決塞不一，而蔡河故道不可復辨。黄河不決，則汴河不淤；汴河不淤，則蔡河不塞；蔡河不塞；則京索須鄭諸水有所歸，漕運有所資，因無待於賈魯河之開也。汴蔡既塞，賈魯乃起而代之，是汴蔡者，賈魯河之前身也。朱仙鎮而下之賈魯河，雖非蔡水最先之河道，然其爲西蔡河之故迹，固不容吾人懷疑者也。

五、賈魯河與黄河之關係

黄河爲流經豫境之唯一巨川，經隴陜諸省，始入豫境。豫之西山脈宛延，東水就範，起伏有常，數千年來，迄無河患；豫省地居腹心，三門而下，水勢驟闊，土薄沙散，臨河城郭或低於河，一經潰決，爲患甚鉅。且黄水挾沙流，水過則沙淤，每於潰決之後，凡黄流經行地域，地形上常發生顯著變動。豫東黄河南部之各水，其淤塞移徙，則恒由黄河之決溢爲之因也。

吾人研究賈魯河與黄河之關係，首應明瞭者有二事：即前此賈魯河之所以開，與今賈魯河之所以塞，皆黄河決溢爲之因也。元至正二十一年，黄河決祥符之義唐灣，汴河及堤皆爲所淤，而汴水入蔡，蔡河流亦塞，不能東達淮泗。後以其水淺不能行舟，乃立閘積水以行之。嗣後賈魯浚治，自鄭州疏汴達中牟抵祥符西南境之朱仙鎮，經吕家潭遞至周家口會沙渦汝潁之水以達於淮。是知黄河不決，則汴河不淤，汴河不淤，則蔡河不塞。蓋黄河奪汴之流，汴河復奪蔡之流也。汴蔡既塞，舟運乃不可通，而京索須鄭諸水，氾濫亦且隨之，固不能不有待於賈魯之浚疏也。

《續文獻通考》云："河南開封府汴河，源出滎陽縣大周山，合京索須鄭四水，東南至中牟縣北，入黃河。"《中牟縣志》曰："賈魯河即汴梁分派也。以元臣賈魯疏濬，故名。西自鄭州交界灰池口入中牟，東至店李口入祥符。在中牟境順長八十里，縣東西南三異等十二里之水皆歸之。以下流舊與黃河通，故名小黃河。"據此則京索須鄭之水，亦曾以黃河爲歸宿地。惟黃河水勢湍急，漲泛無定，京索須鄭之流注黃河，時或受壓迫，時或不能注。且黃流挾沙甚富，河身逐年增高，歷代既無根本治黃之策，祇有增築堤壩以資防範。經年既久，河身自高，至此而欲京索須鄭注黃，殆爲不可望之事實。加以唐宋之時，於治黃之法，多於河隄之外，另開支河，以分殺水勢。如唐劉晏開汴水以通運，宋真宗大中祥符八年八月，於滎澤中牟縣各開減水河是也。故京索須鄭各水之注黃，無論由地形方面觀察，或治河方法方面觀察，均有所不可能，而不得不濬疏下遊以資宣洩矣。

《明史·河渠志》記："弘治中，黃河自原武滎陽分而爲三：一自窪泥河過黃陵岡抵徐州小浮橋，即賈魯河也。正德四年，河決黃陵岡，溢入賈魯河，直抵豐沛。嘉靖三十七年，曹縣新集淤，新集地接梁靖口，歷夏邑丁家道口、馬牧集、韓家道口、司家道口，至蕭縣薊門，出小浮橋，此賈魯河故道也。"凡此爲賈魯河東支因黃流淤塞之證。其南支即吾人所謂由鄭州中牟、開封、尉氏、扶溝、西華，以達於潁淮者，亦因黃河之潰決，其上流被淤塞殆盡，明洪武二十四年，河由開封城北五里，又東南由陳州、項城、大和、潁上東至壽州鎮，以入於淮，而賈魯河故道遂淤。清雍正元年六月，河決中牟縣之十里店、婁家莊二處。水由十里店西南入賈魯河，流至朱仙鎮，下入洪澤湖。九月，楊橋水漫決，鄭州亦決來童寨，楊橋在十里店上流，其漫水俱從賈魯河南下。乾隆二十六年七月，河潰楊橋隄，奪溜賈魯河。挾沙奔流，歷潁壽注洪澤湖。道光二十三年七月，中牟九堡漫溢，由祥符縣之朱仙鎮，陳州府之周家口，下注於安徽之潁州府，浸淫於鳳陽府。光緒十三年九月，黃河漫溢，水由鄭州東北入中牟，由中牟而入祥符縣境，大溜趨向朱仙鎮南之闖店，及西南之趙店，正南之腰鋪，東南之西市等堡。經此數度決溢之後，而賈魯河之淤塞，遂已不堪復問，其間雖有疏鑿，然浮沙遍地，遇風障天，河岸既不易卓立，河身又易受填塞。《中牟縣志》曰：賈魯河道光二十三年黃河決口，一律全淤。其實賈魯河所被淤者不僅中牟，由中牟至朱仙鎮直至尉氏之十八里，殆全為黃河所淤塞也。

賈魯河與黃河之關係，吾人應行注意者尚有二事，即一為引黃河之水入賈魯以殺河勢，一為導賈魯通黃河以利漕運是也。宋真宗太宗祥符八年八月，於滎澤、中牟各開減水河。明孝宗弘治二年，刑部尚書白昂於滎澤開渠，導河由陳潁至壽州達於淮。七年，劉大夏濬滎澤縣北孫家渡口，別開新河一道，導水南行，由中牟、潁州東入於淮。武宗正德四年，工部侍朗崔巖復濬孫家渡口故道十餘里，由朱仙鎮至壽州入於淮。嘉靖六年十二月，總理河道章拯濬孫家渡口，以殺上流水勢，沛運復通。七年閏十月，河道侍郎潘希曾濬孫家渡口，《豫河志》：「乾隆四十九年，蘭第錫等覆奏：勘得豫省堤工，滎澤鄭州境內，土性尚堅。該處距廣武山甚近，隄頭至山脚一千四百餘尺，其無隄之處，遇黃河水勢長至一丈以外，即由山脚漫灘歸入賈魯河，下注於淮。」此皆引黃河之水入賈魯以殺河勢之經過事實也。

導賈魯通黃河以利漕運，最著名之地為汴口，《元和郡縣志》記：「汴口去汜水縣五十里，今屬河陰。」《宋史·河渠志》：「汴河自隋大業初，疏通濟渠，引黃河入淮，至唐改名廣濟。宋都大梁，以孟州河陰縣南為汴水首受黃河之口，屬於淮泗，每歲自春及冬，常於河口均調水勢，止深六尺，以通行重載為準。歲漕江淮湖浙米數百萬，及至東南之產百物衆寶不可勝計。又下西山之薪炭，以輸京師之粟，以振河北之急，內外仰給焉。」《豫河續志》：「清康熙四十五年六月，部覆撫臣疏稱：賈魯河自舊河身至黃河岸口，南北共長十里，其緊接賈魯河之地，名曰東趙。由舊河身行七里有大隄一道，名曰大隄頭。自此而北三里至黃河岸口，其東南名爲新莊。應於新莊之黃河涯口築草壩一座。至舊河既開，勢必將大隄挑斷，通水入黃，應於隄根設石牐一座，既資防患，兼備疏蓄。至引賈魯河入舊河身，則東趙爲受水之口，亦應於東趙地方建石牐一座，引河水東之入黃。二閘一壩，以時啓閉，可使賈魯河舟楫，由黃入洛矣。奉旨依奏。"惟黃河向背不常，故河口歲易易地，在黃河未經根本爲救之先，復無強有力之機械爲之控制，則所謂導賈魯入黃河以利交通者，殊未易言也。

吾人得而言曰：賈魯河之所以開者，黃河也；賈魯河之所以塞者，亦黃河也。引黃河之水入賈魯以殺河勢，與夫導賈魯通黃河以利漕運，古人亦有事實昭示矣。有清一代，黃河決者三十九次，豫境乃二十四次，而漫溢尚不在內。每次河決，凡被災區域，財產付於洪流，生命葬於淘濤，蓋不僅豫人之厄，亦國家之災也。

六、賈魯河與洛水之關係

《禹貢》曰："伊洛瀍澗，既入於河。"又曰："導河自熊耳，東北會於澗瀍，又東會於伊，又東北入於河。"《方輿紀要》："洛水出陝西西安府商州南六十里之冢嶺山，經雒南縣東北流入河南盧氏縣西南境。又東北經永寧縣①、宜陽縣南而入洛陽西南境。又東則澗水流入焉。澗水之上源曰瀔水，出澠池縣南山瀔，東北流經縣南，又東北經新安縣南，又東北而澗水合焉。澗水出澠池縣東北二十三里之白石山，東流合瀔水，遂兼有瀔水之稱。引而東又折而南，俱至府城西故宛中入於洛。洛水又東經故洛陽城南，而瀍水入焉。瀍水出洛陽縣西北五十里之瀔城山，東流經府城北至洛陽故城西而南流入洛。東漢以後，則經洛陽故城東，又東南經偃師縣南，又東而復入於洛也。洛水自洛陽故城南，又東至偃師縣西，而伊水入焉。伊水出盧氏縣東南百六十里巒山，東北經歷嵩縣南，經汝州伊陽縣西，又東北至府城東南，又東自偃師縣西而入洛。洛水又

---

① 永寧今改洛甯。——原注

東北流至鞏縣北，入於大河。"粗視之，洛水發源於陝西，歷雒南、盧氏、洛寧、宜陽、洛陽、偃師、鞏等縣而入黃河，其經流區域，與賈魯河既不相同，則其間利害，自風馬牛不相及；然吾人不能不詳加討論者，即導洛以濟賈魯是也。

　　就地理方面言之，伊洛二水在洛陽以上，以熊耳方山二脈為分水嶺。河床陂度陡急，二山之水，建瓴而下，出龍門，流勢奔放。偃師則地勢平坦，兩岸多為原野，流勢漸緩。入鞏縣則河流邙山中，兩岸夾山，水流有範，不至氾濫。惟黃河在鞏縣一帶，於明嘉靖後南徙，其後黃河河岸，沙積漸高，洛口淤塞，尾閭不暢，是以洛水受病，每至洪漲，洛陽以下，常致氾濫。考洛水入豫，至洛陽，會澗水，東過偃師、鞏縣，伊水自南來注之，分水休水北流注之，又東北訾城北羅水自東南東北流注之，又東泉水北水注之，又東北黃水自東南來西流注之，又東北康水東流注之，又東北石子河西北流注之，又東北過鞏縣治北，洄水自南北流注之，又東魏氏河北流注之，又東飲馬溝水自南來北流注之，又東任村水自南來北流注之。據此則匯歸洛河之水，並不在小。加以鞏縣兩岸皆山，水流有範，而黃河久經失治，河床昏墊，洛水之尾閭不暢，流速減低，挾沙停滯，河床漸淤，一遇洪水，上游自龍門建瓴而下，至偃師地勢平坦，又無池沼支渠可資調節，氾濫漫溢，勢在必然。查偃師城市，因堤外原野歷年沖積增高，愈行低窪，堤內外相差，約一丈左右，已有趨成湖沼之勢，若不早為設法，將為鞏縣之續。且洛水在中水時期，鞏縣一帶以迄洛口，已停滯如湖沼，絕無流連之可言。蓋因洛口沙灘淤積，中水期已露水面，而口內洛水之底，現尚較黃河之底為低，故水瀦而不流也。又按鞏縣沿洛河兩岸之田原，近三十年來已因洪水挾沙沖至一公尺以上，則河底之增，當甚於此，是以治導洛河，固以暢其尾閭為主，而仍應疏導並行也。

　　治導洛河，固以暢其尾閭為主，唯在黃河未經根本為治之先，而欲以黃河為洛水之歸，決非可能。蓋河水挾沙，漲積無定，黃強洛弱，以清刷黃，力有不逮，則不得不謀趨避另覓出路也。且黃河沿鞏縣汜水一帶，南北遷徙無定，南遷則洛害更烈，蓋黃河進逼洛口，堵水不暢也。考洛鞏縣志，洛水爲災，明末清中時爲最，實黃河南徙之故也。《水經》："洛水北入於河，又東流入於河。"注云："洛水自鞏縣西來，而北流注河，清濁異流，皦焉殊別。"《施府志》："水經於洛水兩言入河，似重；及舟下洛口，見大河於上遊，分一枝與洛爲迎，合流東下，乃入大河，知古人記載不虛也。"按府治以水經兩言入河，謂舟下洛口，見大河分一枝與洛爲迎，合流東下，乃入大河，知古人記載不虛。但分枝或不常有，謂洛入河清濁異流，皦焉殊別，若登什谷南山望洛入河處，循河東流，一綫清瑩，至洛口東，始於黃河相交，然則《水經》所謂北入河者，洛水始入河之口，清濁未交，雖入猶未入也，又北流入河者，洛水循河東流至洛口東與黃水相交處也。是以現今在中水期內，尚可見洛口沙洲，另有河槽東北流，清濁自異。於此可見於中水時黃強洛弱，洛水被逼，不得不於黃河淤種內衝覓去路也。遇解凍兩河並漲，則洛水被堵不宣，洛陽以下，滙爲巨浸，在低水時則黃河河床高於洛水，已少有宣洩之可言。洛河之流速低減，河床因之淤積，洛陽以下，偃師、鞏縣一帶之河床，此種事實，表露甚明。故治洛者，固可疏導並行，以暢其尾閭，而尤以引洛水他流爲最善也。

就歷史方面言之，引洛河之水以濟汴流者，蓋亦數見不鮮。汴者，賈魯河之北派也。前既可引洛以濟汴，今當亦可引洛以濟賈魯。東漢定都洛陽，引洛水通漕。隋更開疏通濟渠，北通河濟，南達江淮。唐劉晏開汴水以通運，歲漕江淮數十萬石給關中。宋都大梁，元豐元年，西頭供奉官張從惠言：往時數有建議引洛水入汴，患黃河囓廣武山，須鑿山嶺十數丈以通汴渠，功大不可爲。去年七月，黃河暴漲，水落而稍北，距廣武山麓七里，退灘高闊，可鑿爲渠，引洛入汴。范子淵知都水監，承畫十利以進。又言汜水出王仙山，索水出嵩山，合洛水稍大，其廣深得二千一百三十六尺，視今汴流尚贏九百七十四尺。以河洛湍急不同，得其贏餘，可以相補。猶慮不足，則旁堤爲塘，滲取河水，每百里置木牌一，以限水勢，兩旁溝湖波瀿，皆可引以爲助，禁伊洛上源私引水者。

大約汴舟重載，水不過四尺，今深五尺，可濟漕運。起鞏縣神尾山至士家堤築大堤四十七里，以捍大河，起沙谷至河陰縣十里店穿渠五十二里，引洛水屬於汴渠。疏奏，上重其事，遣使行視。一年正月，使還，以為工費浩大，不可為。上復遣入內供奉宋用臣，還奏可為。請自任村沙谷口至汴口開河五十里，引伊洛水入汴河。每二十里置束水一，以芻楗為之，以節湍急之勢。取水深一丈，以通漕運。引古索河為源，注房家黃家孟家三陂及三十六陂，高仰處瀦水為塘，以備洛水不足，則決以入河。又自汜水關北開河五百五十步，屬於黃河。上下置牐啓閉，以通黃洛二河船筏，即洛河舊口置水㳿通黃河，以洩伊洛暴漲。古索河等暴漲，即以魏樓滎澤孔固三斗門洩之。計工九十萬七千有餘，仍乞修護黃河南堤埽以防侵奪新河，從之。三月，以用臣都大提舉，導洛濟汴。四月甲子興工，六月清汴成。自是汴洛通流，江淮舟楫，可達於伊洛矣。惟開導有心，統馭乏術，且隨群議為之變，而不能有一貫主張。故迭事紛更，民病國亦隨之。然係時代為之，非導洛之過也。

　　明清之季，黃河未經南徙，洛河在汜水入黃，鑿溝開渠，是屬較易。今者洛河在鞏縣入黃，地多峻嶺，嶺多石質，開鑿匪易。惟鞏縣水峪溝自東徂西，長約四里，係屬天然形勢。今宜將洛水由此引導，經鐵路橋自龍王廟溝等處，至核桃溝而入汜水縣之穆家溝。此溝長約十二里，與水峪溝同。由此向東，北越鐵路至汜水東關，與汜河會。再東由汜赴滎，至尚街等處與索河會。再東至廣武岔河，與須河會。再東至鄭州大雙橋，從前賈魯河即由此經過，其後南移，索河遂佔其故道。現此地距賈魯河之新河道僅有七里，由此引入，事半功倍。以下淺則濬之，塞則通之，如此一則可恢復賈魯河之交通，一則可減洛河之氾濫，誠一舉兩得之計也。惟審慎以籌之，果敢以赴之，是有待於負水利之責者耳。

七、賈魯河變遷之大勢

　　賈魯河之湮塞，恒由黃河決溢為之因，而河道變遷，豫東地勢，實有以促其成。嘗考舊開封府治各縣，地勢備極平坦，斜度無甚相差，故河迄難固定。宋都大梁，爲河四以通漕。汴河則來自西之滎陽，惠民河則導自西南許州，蔡河則使之下達潁淮，水之流向既異，河之巨細亦別，雖云宋重漕事，要以地勢使然。賈魯河承汴蔡之後，以水之東下者南流，以水之東北瀉者東南注，河床雖可濬疏，斜度勢難大差，因之水速過小，不能沖刷使深，而扶沙沉積，河床反致漸高，縱無黃河決溢，亦難歷百年而不病。此吾人於討論賈魯河變遷時，首應瞭解之一端也。

惟黃河遷徙無常，決溢代有，賈魯河之淤塞與徙移，恒依黃河爲之變，而所謂自身中毒者，反因之蓋而不彰。明洪武八年，大河南決，挾潁入淮，賈魯河下遊，因以湮廢。二十四年，大河改道，賈魯河自西華以下，混入黃河。而時京索須鄭諸水，則自中牟縣之北，流入黃河，此爲賈魯河變遷史上一大記事。正統以後，大河決塞不一，賈魯河之湮廢，愈益不可復問，自朱仙鎮下至項城縣南，所餘者涓涓之流而已。嗣後歷經濬疏，迄於清初，無大變化。雍正元年，中牟決口，水由十里店入賈魯河，流經朱仙鎮，下入洪澤湖。同年又決楊橋，決來童寨，其水俱從賈魯河南下，自是賈魯河逐漸淤塞矣。再後歷乾隆二十六年之楊橋決口，道光二十三之中牟決口，賈魯河之淤塞益甚。至光緒十三年，黃河漫溢，大溜趨向朱仙鎮南之閘店，西南之趙店，正南之西市等堡，水至河潰，水退沙留，益以光緒二十六年之大風，河被沙積，岸由水蝕，由中牟迄朱仙鎮直至夾河十八里，幾盡淤爲平陸，冬春之季，自白潭至呂家潭，亦鮮見帆影桅梢矣。

賈魯河既因黃河之迭次決溢而淤塞，其河道亦因黃河之決溢而改徙。其在鄭縣境內者，大雙橋本爲賈魯河流經之地，後因地勢趨高，新河道遂南移七里，今其地爲索河所佔。又賈魯河之流經於王家樓、姚店隄、祿家坡、花家坡、姚家坡一帶者，於雍正九年使之改流於于家莊、申家莊、張家橋、乾柴李、牛家岡至琵琶陳、夏家莊等處以達中牟。其在中牟者，變化更爲複雜。考賈魯河原流經於中牟縣城之北，清乾隆二十六年，因黃河漫溢，地勢變高，水遂改趨城南，沖刷成河。至道光二十三年，黃河決口，一律全淤。至二十七年，改濬由中牟東環繞東南三十里，流經辛莊寨入祥符縣境從毛井，後改由五里堡、東南大李莊迤東。二十八年，又改由十里鋪以南約三里。同治七年，黃河漫溢，故道淤塞，至同治九年，勘濬通暢，復故道焉。

中牟而下，原流經於朱仙鎮內，自偏西北之水北門入，至偏東南之水南門出。沿岸多豪商大賈，舟楫往來不絕。東南食貨，西北山產，湖廣米粟，江南竹瓷，率以朱仙鎮爲會集地，再散銷於華北各省。故蔚爲華北各省經濟中心，與廣東之佛山，江西之景德，湖北之漢口，同爲天下巨鎮。惟人烟稠集，河身狹窄。雍正元年，黃河在中牟決口，水由賈魯河南下，河槽不能容納，遂致泛溢鎮上。房舍遂多頹圮，商業因之大敝。乾隆二十六年，大河決溢，故道淤淺，水遂自中牟縣城南下，經朱仙鎮西至白潭與舊河合，後又使之改經鎮內。道光二十三年，大河在中牟漫決，河復改經鎮西，再後歷光緒十三年之河決，二十六年之大風，河道益壞，舟楫難通，故朱仙鎮向爲商販輻輳之區，今已大減於昔云。

朱仙鎮而下，據《清一統志》所載：昔由通許流入扶溝，今則近尉氏而遠於通許。惟年湮代遠，其故迹已難復辨，問之故老，亦鮮有知之。其在扶溝者，於清乾隆二十二年，奉旨發帑，修築隄岸。二十六年，黃河決溢，河渠毀潰。奏准勸用民力，修補完固。因年久河身淤淺，五十年奏請挑濬。嘉慶十八年，復請挑濬，自鄭州徐莊起下及縣境，一律通暢。二十四年，黃河由上南廳漫溢，境內隄埝，多被沖決。嗣經修補，至光緒十三年，黃河決口，河身又淤，雖經奉旨發帑修築，今自扶溝城東北之韓橋以上，猶多不能暢流也。

賈魯河之流經於西華者，明季爲黃河所奪，京索須鄭諸水則自中牟縣之北，直入於河。迄今數百載，大河屢經決塞，當亦非復故流。西華而下，無甚變異，姑從略焉。

在上述變遷中，吾人應注意者有二事：即賈魯河之流經地域，一爲向源，一爲遠河。向源者乃河道之逐漸西遷，如前者蔡河之流經於開封之東境，歷通許過扶溝東北境以至太康，嗣後流經於開封之南境，歷通許縣西以至尉氏縣東，及賈魯河之昔由通許入扶溝，今則近尉氏而遠於通許，與復朱仙鎮西之改道是也。此種事實之形成，則由賈魯河之源弱流微爲之。遠河者乃河道之漸遠於黃河，如鄭州大雙橋賈魯河之改道南移，中牟縣南之冲刷成河，此種事實之形成，則由黃河之迭次決溢，河隄附近之逐漸增高爲之也。而賈魯河下遊之淤塞，河道之改徙，固由黃河決溢爲之因，亦豫東地勢有以促成之也。吾故曰：賈魯河有自身受病之可能，縱無黃河決溢，亦難歷百年而不病也。

　　賈魯河迭經淤塞之後，河道梗塞，水流不暢，亢旱則見涸竭，陰雨則致氾濫，因之惠濟河乃代之而起。惠濟河者，源出於中牟縣西十五里堡賈魯河北岸，下間導引於汴蔡故道。即自滎陽，達中牟、歷祥符，貫邐開封城内，東經陳留縣之西北東三面，又東過杞縣之北，又經睢州南之桃河、柘城南之水利溝、淮寧、鹿邑之老黃河，入江南亳州安家溜，以入渦而歸於淮者也。先是清乾隆四年，夏秋大雨，開歸陳許六十餘州縣，渾爲巨浸，平地深數尺，汴城中水積月不退。巡撫伊會一奏聞，上命巡撫會同總河白鍾山，布政司朱定元，管河道胡紹芬，合議浚乾河涯①，以洩開封城中積水，復於中牟縣西賈魯河北岸別疏一道，導入祥符之淺兒河②，接浚至高家樓，則城中所洩乾河涯之水入焉。又東會於沙河，循古汴蔡河入渦故道。功成賜名惠濟河。乾隆十四年，鄂中永復濬城外之乾河涯，導城中積水入於渦，其後二十二年復浚之。二十六年，爲黃水溢淤。二十七年，西十堡改建滾水壩。二十九年，因壩底高出水面，不能分洩賈魯河之水，改建石閘。五十年，巡撫畢沅復浚。嘉道間，睢州以西爲黃淤，其東猶洪流也。道光二十一年，河決張灣，經城之西北隅而東，氾濫於陳杞睢柘之境，惠濟故河遂湮。其後水退沙留，傅城之地較城内街衢高七尺餘，積水不能出。閱三十年，塘濼皆滿，壞官民廬舍無數。同治五年，李子和中丞大議修築，察視惟杞睢百餘里及省東二十五里之地爲高，遂起至汴城東之水門，經祥符縣東界之太平岡，由

---

① 乾河涯在開封城南，自城濠起至太平岡高家樓入惠濟河。——原注
② 淺兒河起中牟縣賈魯河北岸，東流入開封縣界，今河道爲惠濟河所佔。——原注

陳留、杞縣、睢州、柘城迄鹿邑入渦而匯於淮。嗣以年久失修，河道漸淤。民國十年，夏秋大雨，豫東數十縣，積潦為害。巡閱使吳佩孚，省長張鳳臺，督軍趙倜，共倡浚河之議，復得籌賑會及華洋救濟會，各撥工賑洋四萬元為之助。十一年春，聚災黎為工役，自開陳交界之太平岡入手浚治，至八月全工告成。民國二十三年，於黃河南岸置汲水器，引河水自開封城西北隅水門洞入，流經城內，下入惠濟河，自此水有所宣，流日益暢矣。

嘗考賈魯河經黃水迭次決溢之後，自鄭州而下三百餘里，積沙過深，施工艱鉅。所謂導洛以濟賈魯河者，在民國三年及十年經內務部咨由河南長官一再履勘，逐段估計，非八千數百萬元不辦。估款過鉅，事遂中止。今惠濟河既已開濬，即導洛計劃能見實現，亦將自中牟以下不流注於賈魯而流注於惠濟，是則賈魯河繼汴蔡之後，惠濟河復起而繼賈魯河之後矣。茲為明瞭賈魯河變遷大勢起見，特附圖及說明如下：

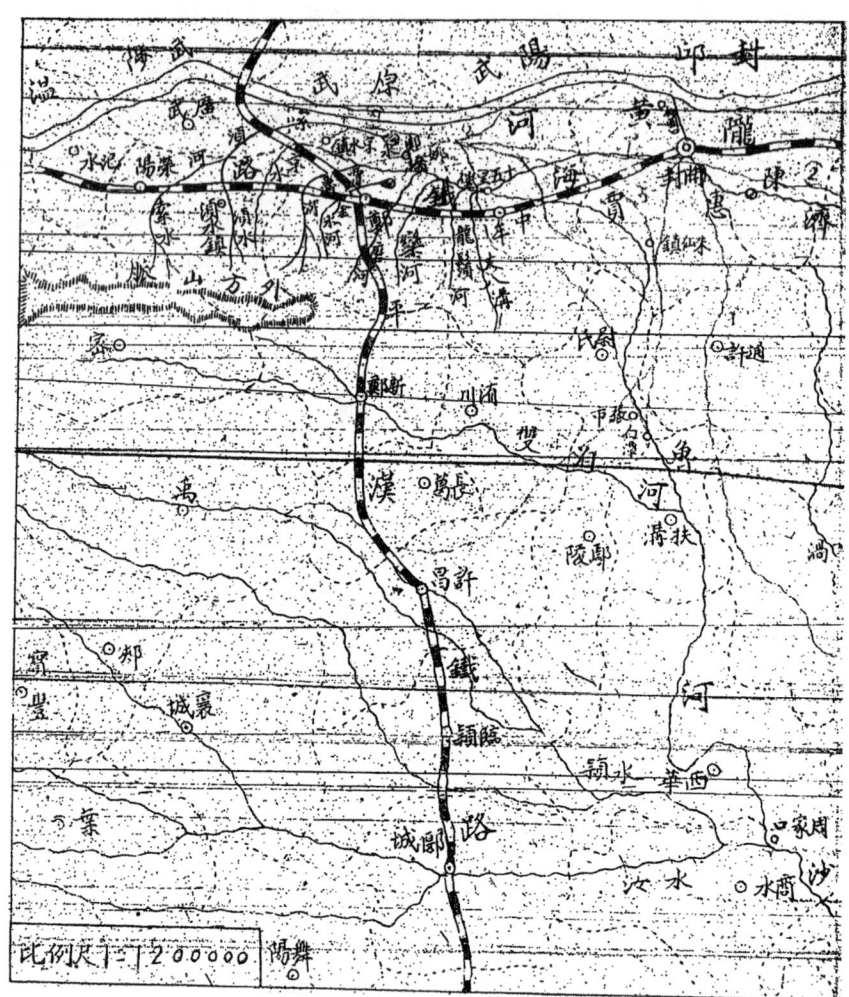

賈魯河變遷形勢圖

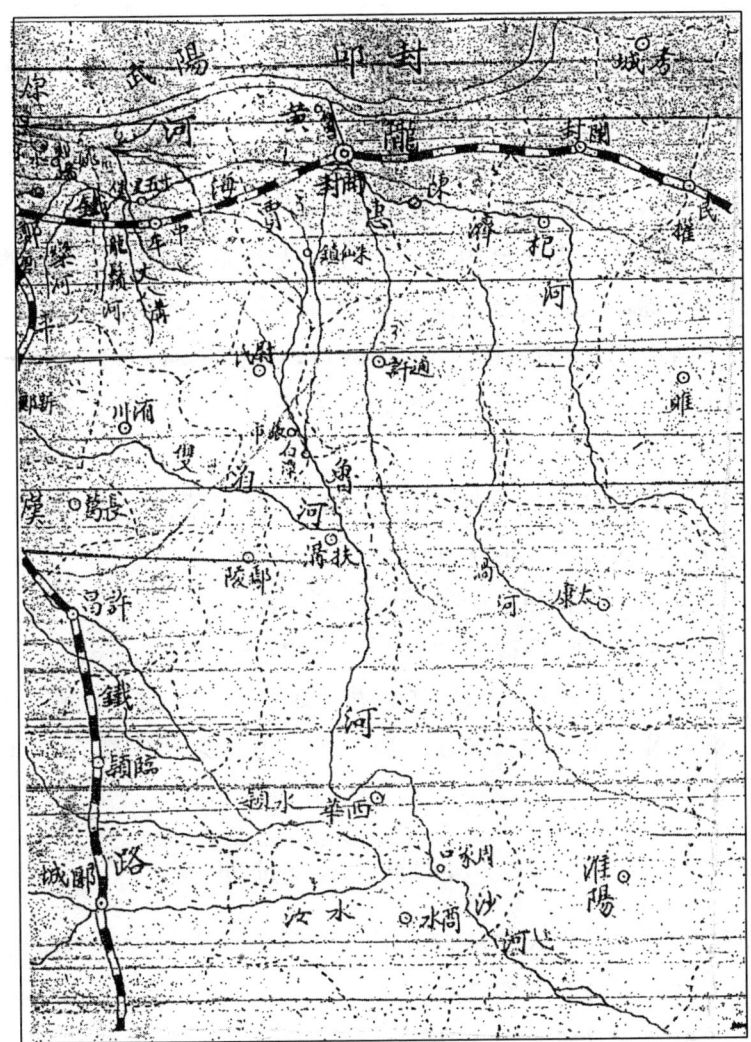

賈魯河變遷形勢圖

説明

　　一、漢魏時滎陽水東南流，經中牟北境，開封境西，稱爲渠水；如（1）。

　　二、宋前渠水至汴城東而分，其東注一支爲汴水。經開封南境，陳留杞縣睢縣北境，再東南合於淮泗；如（2）。

　　三、渠水至汴城東分流後，其南注一支爲蔡水。經開封南境，通許西境，扶溝東境，太康西境，淮陽北境，再東南合於潁淮；如（3）。

　　四、宋時引潩水自長社合閔水至開封，爲西蔡河；如（4）。

　　五、元賈魯開河自鄭縣迄朱仙鎮，下注潁淮，即今賈魯河之最先河道；如（5）。

　　六、明初黃河改道，賈魯河自中牟縣北流入黃河；如（6）。其下遊之在西華者，爲河所奪，但未列入。

　　七、清乾隆朝賈魯河在中牟城南沖刷成河；如（7）。

　　八、清道光朝賈魯河改經中牟縣東，開封縣西；如（8）。

　　九、賈魯河原流經鄭縣大雙橋，後因地勢趨高，遂行南移；如（9）。

　　十、磨河及金水河總稱鄭水，原至鄭縣北境之姚家橋合流北入賈魯河，嗣因河道南移，其流遂分；如（10）。

八、賈魯河之人文地理

　　吾人研究賈魯河之人文地理，係以客觀事實說明賈魯河所形成之利害。此種利害，可分兩方面言之。

　　在公的方面，賈魯河最大功用爲漕運。宋時四河，惠民河歲漕六十萬石，惠民河即今之賈魯河也。元明清定都燕京，多行海運，賈魯河浸失其重要。然元亦分道涉江入淮，溯賈魯由黃河逆水至中灤，陸運至淇門，入御河以達京師。明永樂中，亦運至陳州載入黃河，至新鄉八柳樹等處，令河南車夫，運赴衛河。及後會通河成，賈魯河之重要益失。《鄭州志》曰："元季因漕運不便，命賈魯疏治，起鄭州下至朱仙鎮，皆名賈魯河。"《尉氏縣志》曰："賈魯河一名小黃河，又名運糧河。"觀此即知賈魯河之所以開矣。後雖失其漕運上之重要，然非賈魯河之過也。

　　在私的方面，賈魯河利於商而不利於農，於農則利小而害大。《鄭州志》：「賈魯河在鄭河渠窄小，不能容水，且河身高出地面，故夏秋水漲，屢肆湮沒。在黃河大堤未築之前，雖有泛濫，猶可洩入黃河，自清乾隆八年修築大河月堤，將此水開渠南徙，水無所洩，為害滋甚，遂致兩岸旱田，隻禾不穫，計惟開桶種稻，稍望西成耳。」《中牟縣志》：「惠濟河源出賈魯，因賈魯河每逢伏秋，大雨山泉，偶或並盛，宣洩不及，恆有泛濫旁溢之患。」又云：「廣惠河源出賈魯，因賈魯河上遊水高，每至冲決沿河村落，歲歲抱憂。」案鄭縣尚可開桶種稻，中牟則歲以泛溢為憂。下而開封、尉氏、扶溝、西華等縣，亢旱則河常竭，不能決之灌田，陰雨則河水暴漲，常難使之就範。陂水轉注為災，決口年有所聞，故曰於農則利小而害大也。

　　賈魯河之最大功用，要為具有交通利益而利於商。稽其上源，如京水鎮、須水鎮，皆為賈魯河所流經而形成之小市鎮。中牟而下之朱仙鎮，則更無論矣。該鎮縱夾賈魯河，為水陸集會之所，南舟北車，從此分歧，在清乾嘉年間以前，朱仙鎮河流深廣，舟楫如林，由省垣至朱仙鎮四十五里，行旅商賈，晝夜不絕，鎮中貨物山集，為中國四大鎮之一。迨至中牟決口，而賈魯河一塞，同治滎澤決口，而賈魯河再塞，光緒鄭州石橋決口，而賈魯河三塞，今者河流沙淤，商業凋零，高屋巨廈，逐漸傾頹，已遠非昔時舊觀矣。朱仙鎮而下，如白潭，如呂潭，夏秋時勉可通舟，尚不失為一小市鎮。再東南，經西華，至周家口，有潁河、沙河先後自西來注，為賈魯潁沙交匯之處。河道深通，帆檣如織，江淮商販，輻輳殷闐，百貨如山，為豫省東南著名商埠。凡江浙贛皖糖紙米鹽磁竹絲茶皆集於此，陳屬各縣及開封全境皆仰給焉。惟自京漢隴海兩鐵路完成以後，周家口漸失其重要，民元以後，屢遭匪禍，繁華盡毀，現雖有汽車道以廣交通，亦驟難恢復舊觀也。

　　往者陸路交通，需時費力，故水運極佔重要；今者科學發達，陸路交通，日臻便利。湘鄂川贛江浙皖魯之絲茶米粟，則沿津浦順隴海或溯長江轉平漢以達華北各省，秦隴豫晉燕冀之山產豆麥，則又沿平漢津浦隴海而下之，是則賈魯河之交通勢力，僅及豫東十餘縣及安徽西部而已。即不淤塞，亦難保持昔日威權也。此又吾人所當知之。

第四編　附錄

一、附傳

（一）少年英勇的岳雲

岳雲，飛之養子也，少有大力，年十二即從軍，隸張憲部，憲每戰多得其力，軍中呼曰："贏官人。"飛歷經征伐，無役不從，每戰手握重八十斤之兩鐵錘，身先士卒，直衝敵陣。討李成，雲先諸軍登城，佔領隨州，繼破鄧州，平襄漢，雲均率軍殺敵。紹興五年岳飛回兵削平楊么，雲數次秉承父命，往賊寨窺探虛實，招徠降衆內應，么遂被擒。飛避嫌不上其功，張浚得其實，乃曰："岳侯廉則廉矣，未得爲公也。"浚乃奏乞擢官，旨降，特遷三資，飛力辭不受。

紹興十年兀朮合龍虎大王、蓋天大王與韓嘗之兵，進逼鄖城。飛命雲領騎兵直貫其陣，戒之曰："不勝先殺汝。"雲躍馬揮錘直衝敵陣，鏖戰數十合，賊敗退，更乘勝追之，遇兀朮兵於潁昌之西，雲以步軍張左右翼，以騎兵八百挺前決戰，出入行陣，殺傷無數，雖身被數十創，甲裳爲赤，猶奮戰不已，殺兀朮壻夏今吾，副統軍粘罕字葷，兀朮懼遁去，兵進朱仙鎮，方期指日渡河直搗黃龍。會秦檜主和，雲隨飛班師還，翌年飛被誣死，雲亦連坐棄市，時年僅二十三歲。

（二）驍勇善戰的牛皋

河南魯山人。靖康二年，金兵再入寇，攻破汴京，蹂躪中原，皋嘯聚鄉里義士，憑險自衛。建炎初領衆與金人戰累勝，西道總管翟興表補保義郎，屢建奇功。紹興五年岳飛制置江西湖北，將由襄漢規復中原，隸飛軍籍，號召中原義士，自是常隨岳飛轉戰抗敵。會劉豫僭逆，遣李成合兵入寇，攻破襄陽六郡，將順江南下與楊么會師謀宋，飛急命皋挾三日糧進攻隨州，糧未盡而城已拔，斬其部將王嵩，降衆五千餘人，遂復隨州。乘勝又復襄陽，李成胆寒。一日李成餘寇又合金兵五千餘來薄盧州，皋躍馬陣前應戰，執鞭遥謂金將曰："牛皋在此，爾輩胡爲。"犯衆皆愕然不戰而潰，飛謂皋曰："必窮追之，去而復來無益也。"皋追擊三十里，敵兵相踐及殺死者相半，並斬其副都統及千户五人，百户數十人，軍聲大振。盧州之敵既破，楊么猶盤據荆湘，官兵累討無功，高宗乃命飛破之。皋亦與焉。飛以計離其部下，直搗其巢穴，么計窮乃躍身入水，圖脱逃。皋見狀急投水擒么斬其首。函送都督行府，功擢湖北京西宣撫司。紹興十年金人渝盟，飛命皋出師，戰汴許間，京西義士，相繼響應者甚衆，中原之戰因以大勝，會秦檜主和，奉詔班師，飛死獄中，皋悲憤填膺欷歔者再。紹興十七年都統制田師中大宴諸將，皋中毒歸，語所親曰："皋年六十一，官至侍從，頗知自足，所恨南北通和，未以馬革裹屍，顧死牖下耳！"明日卒，時人咸謂檜使師中毒皋云。

（三）捨生取義的張叔夜

張叔夜號嵇仲，開封人，少通經史，善爲文，習兵法，初爲武職，內侍馮浩高其材，每荐之，累遷中書舍人，禮部侍郎。宣和初，浩以諫賜死，有人言叔夜乃其親黨，因降官，命知海州。叔夜蒞該縣後，親政愛民，人皆感德。時朝廷因信"豐亨裕大"之説，廣建宮室，遍搜花石，對民多所苛求，因是山東盜賊蠭起，民不聊生。宣和二年宋江等三十六寇，轉略十郡，官軍莫能挫其鋒，聲言將攻海州。叔夜聞訊，命間者出探，窺賊所向，賊徑趨海，屢劫鉅舟。叔夜募死士千人，設伏近城，隱匿海旁，先以輕兵誘敵，且戰且退，待敵近城，埋伏四起，壯卒乘隙焚其舟，并擒其副賊，賊皆無鬥志。江乃舉衆降。朝廷以叔夜平盜有功，乃擢加直學士，遷濟南府。一日盜賊猝至城下，叔夜度力不敵，謂僚吏曰："若束手以俟援兵，則民無噍類矣。當以計緩之，使延三日，吾事濟矣。"乃取赦賊文命郵卒傳至盜，盜聞之，懈戰。叔夜復會飲譙門，示以閒暇。盜益狐疑不決，至暮叔夜遣健卒五十人，乘其惰擊之，盜倉皇奔潰，官兵乘勝追斬數千，盜焰方息。靖康初金人南下，叔夜再上章乞假騎兵，與諸將并力斷其歸路，不報。召赴闕，除南道總管知鄧州。是年十月金兵再入寇，欽宗詔起四方援兵，叔夜偕其二子，舉兵勤王，路遇金兵，鏖戰凡十八陣，方至京城。帝見其軍容整肅，甚喜，命移軍入城，總管內外兵馬。叔夜言："請因金人營壘未立，率諸軍擊之，其敗可必。"帝不從，及金兵圍攻益急，有郭京者，謂其可以六甲法破敵，帝信之。叔夜乃急進言於帝曰："郭京狂率敗事，陛下幸勿信之。"時十一月初旬大雪不已，叔夜晝夜立雪中，指揮應戰，殺傷頗多。雪霽，帝再幸京城，見南壁護龍河將被敵填平，深憂之。叔夜復進言於帝曰："願率部衆出城以計却之。徒守空城則天下事去矣。"帝不允，卒為郭京六甲法所誤，致城被陷。叔夜聞金兵登城，乃同何？領兵八百與金人戰南薰門下，欲奪城，不能上，叔夜繼復準備巷戰，金人乃以和議之説誘帝。靖康二年金人拘欽宗於青城廢之，擬別立異姓，叔夜與孫傅等累上書金酋，乞復立帝為藩輔，不許。又乞立皇太子及燕越王，又不許。叔夜與孫傅乃率百官軍民詣南薰門下，請存趙氏。金酋怒，執叔夜、孫傅於軍中曰："孫傅不立異姓，已為我殺，公年老家族繁盛，豈可與傅同死耶，可供狀立異姓。"叔夜抗辯曰："累世荷國厚恩，誓與國家俱存亡，實不願立異姓。"逼之數四，叔夜惟請死而已。是年四月金人虜二帝北去，乃引叔夜同去，叔夜道中不食粒粟。既次白溝，或謂之曰"過界河矣"，叔夜乃仰天大號遂不復語，翌日而卒，時年六十三歲。

二、關於岳飛的傳説

（一）岳飛招狀的傳説

　　岳飛在大理寺未肯招狀，先是飛自鄂城回軍也，在一村寺中，與王貴、張憲、董先、王俊夜坐，移時不語，忽作聲曰："天下事竟如何！"衆皆不敢應，惟憲徐言曰："在相公處置耳。"既退俊握先及貴手曰："太尉，太尉，聞適來相公之言，及張太尉之對否？"先與貴曰："然。"及俊告飛使子雲通書軍中事，因言鄂陵路中之語，追先赴行在。時雲與憲已伏誅矣。秦檜語先曰："止是有一句言語，要爾爲證，證了只今日便可出。"仍差大理官二人送先赴大理寺，并命證畢就今日摘出。由是先下大理寺，對吏即伏。吏問飛，飛猶不伏。有獄子事飛甚謹，至是獄子倚門斜立無恭謹之狀。飛疑之。獄子忽然而言曰："我生平以岳飛爲忠臣，故伏侍甚謹，不敢少慢，今乃逆臣耳。"飛聞之，請問其故，獄子曰："君臣不可疑。疑則爲亂，故君疑臣則誅，臣疑君則反。若臣疑於君而不反，復爲君疑而誅之。若君疑臣而不誅，則復疑於君而必反。君今疑臣矣，故送下棘寺，豈有復出之理，死固無疑矣。少保若不死，出獄則復疑於君，安得不反。反即明甚，此所以逆臣也。"飛感動，仰天者移時，索筆著押，獄子復事之恭謹如初。

（《三朝北盟會編》卷二百〇七，第一頁）

（二）獄卒隗順的傳説

　　孝廟追復岳飛官爵，收召其子孫，使給還元賞幣，主具。當時所得止九千緡物耳。其斃於獄也，實請具浴拉脅而殂。獄卒隗順負其屍，出踰城，至九曲叢寺中。故至今九曲五顯尚靈。順葬之北山之漘。身素有一玉環，順亦葬之腰下，樹雙橘於上誌焉。及其死也，謂其子曰："異時朝家必求。求而不獲，必懸官賞，子以是告矣？"後果購瘞不得，以一班行爲賞。隗子以告,時無他珠玉殯,而屍卒如生。尚可更斂禮服也。

(《朝野遺記》,轉見《湯陰精忠廟志》卷八)

(三) 岳飛被召赴獄的傳說

近有士夫得楊武恭王之孫伯壘者言曰:武恭一日蒙首相呼。召至則不出見,但直省官持一堂牒來去,委逮岳飛赴大理。又傳旨要活的岳飛來。武恭袖牒往見公,公呵呵大聲而出,曰:"十哥汝來何爲?"武恭曰:"無事,叫哥哥。"蓋時諸將結爲兄弟,行自一至楊十也。公曰:"我看汝今日來意思不好。"即抽身入,武恭亦以牒傳進。頃之有小環出捧盃酒勸。武恭意公必於内引決,要我同死,遂飲。飲竟。公出笑而言曰:"此酒無藥,吾今日方見汝是真兄弟,我爲汝往。"遂肩輿赴對。嗚呼公不肯爲兒女之死久矣,大義明於天地,大忠著於無窮,則公之志也,死生豈足爲公道哉。

(見《金佗續編》卷二十八《鄂武穆王岳公真讚》)

(四) 風波亭的傳說

我們看戲常常看到"風波亭"這齣戲,連小説上也都是這樣記載,所以我們都以爲盡忠報國的岳飛,終於死在風波亭了!

宋朝的時候,屢次窺視中原的就是金邦第四太子兀朮,恰好那時中原就有他的一位對頭,姓岳名飛,這位岳元帥與金兀朮打仗,戰無不勝,他一直把金兵追到朱仙鎮,眼看中原就要恢復,但是忠良終被奸臣陷害,結果皇帝以十二個金牌把他召回了。

戰爭正當劇烈的時候,岳飛連接了十二道金牌,調他進京論賞,這時候他明知道是朝中奸相的陰謀,但在那君權高於一切的時代,忠臣怎肯違反聖旨,所以只好棄功而回了!及他走到瓜州的驛館,天色已晚,於是就在此安息,次日再趕路程。

孤燭熒熒,院中寂寂,祇有陣陣的微風,送到岳飛的身邊,他想起朝中的奸權，和自己的事業，不免傷心起來，在床上翻來覆去，總難入睡。一霎時，身體飄然，見有二人赤膊而立，又有兩個狗兒相對談話；岳飛正在猜疑，又只見揚子江中狂風大作，出了一個似龍無角，似魚無鰓的怪物，把岳飛撲倒。岳飛躲閃不及，大聲叫喊，因此驚醒，遍身汗珠淋漓，及定睛一看，原來是場大夢。岳飛不知道是何原故，聽聽樵樓，正打三鼓，正是應夢之時。岳飛不知道這夢主何吉凶，想到這裏，忽然記起他的朋友韓世忠曾經說過，金山寺有個和尚，法名道悅，能知過去未來之事，不妨去到那裏訪一訪他，於是就決定前往。到了寺中和這位和尚相見之後，道了寒暄，岳飛就把來意說明，並把夢中所遇以及當時的情形，詳述一遍。和尚聽了岳飛的話，不慌不忙的說道："這夢還有甚麼不解？想這兩犬對言，乃是監獄的'獄'字。江中風浪，出怪物者，明明有風波之險。二人赤膊而立，必有同受禍者，這當然是遭奸相的預兆。元帥此行，須要謹慎。"岳飛想一生南征北討，立了不少的大功，朝廷只有封賞，怎麼能有牢獄之災呢？和尚又勸他隱身山林，寄迹江湖，但這位岳元帥秉着愛國忠君的熱誠，那裏肯聽，於是謝過僧人，復趕路去了！岳飛還在途中，就被秦檜差人拿問進京，交大理寺審問。岳飛的忠良，早已傳遍京中，無人不知，無人不曉，所以秦檜費了許多陰謀毒計，才把這位忠肝義膽的岳飛問成死罪，但是又恐怕他的兒子岳雲與他部下將軍張憲和他報仇，所以也把他兩個一同交大理寺獄中。

時光如馳的向前奔跑，權奸的毒計也遂着時光的流轉而增烈，結果應了道悅長老的話，被秦檜陷害，竟於是歲臘月二十九，就在風波亭三絞畢命，當然岳雲張憲也在其中，這岳飛想"那道悅長老，謹防風波，我道揚子江中，有甚麼風波之險，不料這監牢中，也有甚麼風波亭！"

事情是這樣的經過，夢和道悅和尚的話，據說是完全應驗了。究竟岳飛做這樣的夢沒有？岳飛是否死於風波亭？這種證明只有留給看傳說的小朋友們吧！

（見《精忠岳傳》）

三、關於岳飛的戲劇

關於岳飛的戲劇，多從《精忠岳傳》所説排演。茲將在開封所流行者列出，並説明其劇中大意，疏漏之處，幸戲曲家指正焉。

（一）別母刺背

別母刺背一名岳母刺字，又名精忠報國，本出《精忠記》傳奇。事爲金兵南下，二帝蒙塵，元帥宗澤，憂憤成病。時岳飛隸澤部下，澤死時以軍權託飛，並以恢復河山迎還二帝爲囑。飛家有老母，雖欲率師勤王，惟恐有失孝道。飛母探知其隱，遂於飛歸家省視之時，責以大義，並刺"精忠報國"四字於岳飛背以爲訓（《宋史》及《精忠岳傳》作"盡忠報國"，以"盡忠報國"爲是）。飛乃別母北伐，誓復河山，其後所有戰功，固飛之忠勇有以致之，亦飛母深明大義有以成之。此劇開封梆簧各戲院均常演唱，劇情亦大致相同。案刺背之事，不僅見《岳傳》説部中，《宋史·岳飛列傳》亦載此事。《飛傳》云：秦檜以飛終梗和議，力謀殺之。又遣使捕岳飛父子令正張憲事。使者至，飛笑曰：皇天后土，可表此心。初命何鑄鞫之，飛裂裳以背示鑄，有"盡忠報國"四大字深入膚理云云。

（二）鎮檀州

鎮檀州一名九龍山，又名收楊再興，本出《精忠岳傳》，事爲楊業（一作楊景）之玄孫楊再興據九龍山造反，欲攻檀州，岳飛率師往剿之。兩軍既遇，飛部下先行官牛皋出戰不利，飛臨陣亦不取勝，適飛子岳雲解糧至，聞其父戰再興不下，遂出而助陣以敗之。惟雙方在戰前訂有規約，即傳令衆將，只許觀陣，不許助戰。岳雲雖戰勝有功，然實違犯軍令。飛欲將雲斬首以正軍法，經衆將討饒，始從輕責軍棍四十，並着差官押雲至再興處以憑驗證。後飛於夢中得楊業點化，始將再興收復。案《宋史·楊再興列傳》，載飛釋楊再興事，惟情節與劇中有別，此劇梆簧各戲院均常演唱，劇情亦無大異云。

（三）岳家莊

岳飛率師北伐後，節節勝利，金四太子兀朮以飛不可敵，乃用計密遣薛禮花豹及張兆奴二將率兵赴湯陰偷捕岳飛家屬，擬以此脅飛歸降，蓋知飛天性純孝也。時飛長子岳雲，年甫十二，膂力過人，慣使一對八十二斤重之銀鎚，坐守家園，二將均爲所殺；益以劉都帥聞訊，急派兵數千援助，是以番兵數千，亦均被虜俘。案此事不載於《宋史》，蓋自《精忠岳傳》第四十四回"殺番兵岳雲保家屬脱"化而出，開封梆簧各戲院，均間有演唱云。

（四）八大鎚

八大鎚，一名朱仙鎮，又名王佐斷臂。事爲金兀朮進寇中原，岳飛率師禦之於朱仙鎮。始頗得手，既而被兀朮養子陸文龍所困，遂失利，岳甚焦急。先是兀朮初寇中原攻破山西潞安州時，擄陸登之子文龍及其乳母，携歸撫養，以爲己子，及長善使雙槍，膂力過人，至是南下助兀朮，岳軍遂爲所阻。幸統制王佐用苦肉計，斷臂僞降金，乘機往説陸文龍。先以鄉誼感動其乳母，旋得間，爲陸演講平話，以越鳥歸南，驊騮向北故事陳説，陸頗愛聽之。王見其可動，至第三次往講故事時，遂以潞安州失守之圖懸諸壁間，依圖歷歷演説，説至陸點頭頓足義形於色時，遂乘機一語道破。陸登時髮指眦裂，倒身拜謝，且問計於王；王囑其伺隙立功，歸宋效力。未幾探得金兵將以鐵浮柁攻宋。陸乃以劍書報知岳軍，届期身爲内應，與岳併力夾擊，大敗金兵，乃歸宋。案此事《宋史》無記載，蓋出自《精忠岳傳》，開封梆簧各戲院均常演唱，惟多不演全本耳。

（五）請宋靈

劇中情節，初述二帝蒙塵，被禁五國城，備極青衣行酒之苦；繼及岳飛大破金兵，兀朮畏懼請和，並願歸二帝還中原，飛始允與和。不意先一夕徽宗忽夢太祖責己，徽欽父子遂相繼憤鬱死，僅留太后未殉。兀朮乃乘間設計，令大丞相往報二聖凶耗，並先送太后至宋以解飛怒。復謂二聖既崩，梓宮較乘輿尤宜敬奉，當請岳飛親往金營中招魂迎靈，方克盡君臣之禮。飛灼知其奸，因許其請。一面使其傳語兀朮，須穿麻戴孝捧靈牌號哭作孝子狀，以贖虜辱二聖之罪。一面使牛皋等率精兵在後接應，己則與張憲、岳雲裹甲而往，雖似輕車簡騎，而實備之甚嚴。故至靈堂哭臨後，兀朮雖突出伏兵襲劫，而一陣廝殺，飛仍安然奉靈回，且反折金兵無算。案《宋史》岳飛於紹興十一年冬死於獄，而徽宗道君皇帝之梓宮，則於十二年八月始歸中原；太后亦於十二年始得生還，欽宗至紹興三十一年始崩，是則宋靈不僅非飛所能請，而劇中事實，亦多與史相剌謬。惟岳飛一生，矢志北伐，誓復河山，雖無請宋靈事，實有還二帝心，雖有乖於事實，正不必以事實求之也。

（六）風波亭

風波亭一名精忠傳。事爲岳飛統師北伐後，金兵望風披靡，武穆又會集韓世忠、張浚、劉琦三帥，追金兵至朱仙鎮，又大敗之於金牛嶺。山石兀突，金兵無處逃脫，幸爲天雷擊碎，方得渡嶺。兀朮懼甚，思欲棄汴返國。忽一書生揖於馬前曰：太子毋走，自古權臣在內，而大將未有能立功於外者，岳少保身且不保，何以能立功爲？兀朮悟，乃留焉。即遣軍師哈迷蚩假扮賣藥者，暗入臨安，在西湖中遇奸相秦檜，遞蠟丸密書，約以傾陷武穆。其時武穆駐師朱仙鎮，正欲指日渡河，直搗黃龍府，詎奸檜假稱朝命議和，於一日之中，連發金牌十二道，召武穆回。武穆雖知奸檜弄權，必遭不測，然既以身許國，遂不聽衆將之勸阻，百姓之攀留，慨然挈帶馬後將王橫而行。過揚子江，謁金山寺高僧道悦禪師，僧力勸武穆潛身避禍，武穆不以爲然，臨別贈偈言八句。及至平江路，錦衣衛指揮馮忠馮孝帶校尉二十名，將武穆鎖拿。王橫忿甚，與二馮爲難，武穆喝阻，橫不敢動手，猝被二馮砍死，遂解武穆至臨安，送入獄中。奸檜假傳諭旨,命大理卿周三畏勘問,三畏不肯俯阿,掛冠而遁。奸檜改命万俟卨羅汝楫嚴刑鞫訊,以"莫須有"三字定讞,且誘至岳雲、張憲,并鋼之。武穆馬前將張保爲濠梁總兵,棄官至臨安,入獄探望,不忍見武穆受屈,撞死階前。奸檜與長舌婦王氏定計於偎月堂東窗下,手書小紙付獄,而獄中風波亭,遂爲武穆及雲憲歸神之所,時紹興十一年十二月二十九日也。案此劇脫胎於《精忠岳傳》,其事與正史亦多相合,開封梆簧各戲院均常演唱,梆戲時或演其後部,名爲"絞岳飛"云。

(七) 胡迪罵閻

劇中情節,爲湖廣漢陽(《精忠岳傳》作臨安)秀才郭胡迪進京赴試,寓天齊廟內,因聞岳飛父子凶耗,氣極成瘋,遂先將東嶽大帝神像打毀,復至閻君殿題詩。閻君見詩後,即遣鬼卒勾取胡迪陰魂,詳加詢問。胡迪以武穆赤心爲國慘死,秦檜作惡長壽爲詰,並罵閻君不能彰善殫惡。閻君乃使鬼卒引胡迪至十八層地獄,遍看善惡報應及武穆父子登仙,檜及其妻受罪等事,郭乃返生。案劇中事全爲虛構,然藉冥報以扶正抑奸,亦足激勵俗人也。開封梆簧各戲院均常演唱,梆劇所演者更爲動人云。

四、岳飛詩文選輯

(一) 奏乞出師劄子(紹興七年)

臣自國家變故以來,起於白屋,從陛下於戎伍,實有致身報國復讎雪恥之心。幸憑社稷威靈,前後粗力薄劾。陛下錄臣微勞,擢自布衣,曾未十年,官至太尉,品秩比三公,恩數視二府。又增重使名,宣撫諸路。臣一介賤微,寵榮超躐,有踰涯分。今者又蒙益臣軍馬,使濟恢圖。臣實何能,誤荷神聖之知。如此敢不晝度夜思,以圖報稱。臣竊揣敵情，所以立劉豫於河南，而付之齊秦之地。蓋欲荼毒中原，以中國而攻中國，粘罕（《忠武文集》作：在彼）因得休兵養馬，觀釁乘隙，包藏不淺。臣謂不以此時稟陛下睿算妙略，以伐其謀，使劉豫父子隔絕，五路叛將還歸，兩河故地漸復，則金人之詭（《忠武文集》作：秘）計日生，浸益難圖。然臣愚欲望陛下假臣日月，勿拘其淹速，使敵莫測臣之舉措。萬一得便可入，則提兵直趨京洛，據河陽陝府潼關，以號召五路之叛將。叛將既還，王師前進，彼必捨汴都而走河北，京畿陝右可以盡復。至於京東諸郡，陛下付之韓世忠張浚亦可便下。臣然後分兵濬滑，經略兩河。如此劉豫父子斷必成擒。大遼有可立之形，金人有破滅之理，為陛下社稷長久無窮之計，實在此舉。假令汝、潁、陳、蔡，堅壁清野；商於、虢、洛，分屯要害。進或無糧可因，攻或難於饋運。臣須歛兵還保上流，賊（《忠武文集》作：彼）必追襲而南。臣俟其來，當率諸將，或挫其銳，或待其疲。賊（《忠武文集》作：敵）利速戰，不得所欲，勢必復還，臣當設伏邀其歸路。小入則小勝，大入則大勝。然後徐圖再舉。設若賊（《忠武文集》作：敵）見上流進兵，併力以侵淮上；或分兵犯四川，臣即長驅擣其巢穴（《忠武文集》作：根本）。賊（《忠武文集》作：敵）困於奔命，勢窮力殫，縱今年未終平殄，來歲必得所欲。陛下歸舊京，或進都襄陽、關中，唯陛下所擇也。臣聞興師十萬，日費千金，內外騷動七十萬家，此豈細事。然古者命將出師，民不再役，糧不再籍，蓋慮周而用足也。今臣部曲遠在上流，去朝廷數千里，平時每有糧食不足之憂。是以去秋，臣兵深入陝洛，而在寨卒伍，有飢餓而死者。臣故亟還，前功不遂。致使戰地陷偽，忠義之人，旋被屠殺，皆臣之罪。今日唯賴陛下，戒勅有司，廣為儲備，俾臣得一意靜慮，不以兵食亂其方寸，則謀定計審，方能濟此大事。異時迎還太上皇帝、寧德皇后梓宮，幸邀天眷，以歸故國。使宗廟再安，萬姓同歡，陛下高枕萬年，無北顧之憂，臣之志願畢矣。然後乞身歸田里，此臣夙夜所自許也。臣不勝拳拳孤忠，昧死一言。取進止。

(全文載《金佗稡編》卷十一，《岳忠武文集》卷二)

（二）奏乞本軍進討劉豫劄子（紹興七年）

賊豫逋誅，尚穴中土，陵寢乏祀，皇圖偏安。陛下六飛時巡，越在海際。天下之愚夫愚婦，莫不疾首痛心，願得伸鋤奮挺，以致死於敵。而陛下審重此舉，累年于茲，雖嘗分命將臣，鼎峙江漢，而皆僅令自守以待敵，不敢遠攻而求勝。是以天下忠憤之氣，日以沮喪；中原來蘇之望，日以衰息。歲月益久，污染漸深，趨向一背，不復可以轉移，此其利害，誠為易見。臣待罪閫外，不能宣國威靈，克平小醜（《忠武文集》作：禍亂），致神州隔於王化，虜僭穴（《忠武文集》作：強敵逼）於宮闕，死有餘罪，敢逃司敗之誅。陛下比者寢閣之命，咸謂聖斷已堅，恢復之功，指日可冀。何至今日，尚未決策北向。臣願因此上稟成算，不煩濟師，祇以本軍進討，庶少塞鰥官之咎，以成陛下寤寐中興之志。順天之道，因民之情，以曲直為壯老，以順逆為強弱。萬全之效，茲焉可必。惟陛下力斷而行之，不勝大願。

(全文載《金佗稡編》卷十二，《岳忠武文集》卷二)

（三）謝講和赦表

觀時制變，仰聖哲之宏規，善勝不爭，實帝王之妙算。念此艱難之久，姑從和好之宜，睿澤誕敷，輿情胥悅。臣飛誠歡誠抃，頓首頓首。竊以婁敬獻言於漢帝，魏絳發策於晉公，皆盟墨未乾，顧口血猶在，俄驅南牧之馬，旋興北伐之師。蓋夷虜（《忠武文集》作：強敵）不情，犬羊（《忠武文集》作：虛詞）無信，莫守金石之約，難充谿壑之求。圖暫安而解倒垂猶之可也，顧長慮而尊中國，岂其然乎。恭惟皇上陛下，天德有容，神武不殺。體乾之健，行巽之權，務處衆以安民，乃講信而修睦。已漸還於境土，想喜見於威儀。臣幸遇明時，獲觀盛事。身居將間，功無補於涓埃；口誦詔書，而有慚於軍旅。尚作聰明而過慮，徒懷猶豫而致疑。謂無事請和者謀，恐卑辭而益弊者進。臣願定謀於全勝，期收地於兩河。唾手燕雲，終欲復讎而報國；誓心天地，當令稽顙以稱藩。臣無任瞻天望聖，激切屏營之至，謹奉表稱賀，以聞。

（全文載《金佗稡編》卷十，《岳忠武文集》卷八）

是篇《三朝北盟會編》亦載原文，并稱："遺史氏曰：表詞，飛幕屬張節夫之文也，節夫字子亨，河朔（指黃河北岸在宋即衛、相等地）人，豪邁尚氣節，秦檜讀之切齒。"

（四）奉詔移僞齊檄

僞齊僭號，竊據汴京。舊忝台臣，累蒙任使，是宜執節效死，圖報國恩。乃敢背棄君父，無天而行。以祖宗涵養之澤，翻爲仇怨；率中華禮義之俗（《忠武文集》作：昧臣子忠義之忱）甘事羶羯（《忠武文集》作：沙漠）。紫色餘分，擬亂正統，想其面目，何以臨人。方且妄圖襄漢之行，欲窺川蜀之路，專犯不韙，自速誅夷。我國家厄運已消，中興在即，天時既順，人意悉諧；所在皆貫勇之夫，思共快不平之忿。今王師已盡壓淮泗，東過海沂，驛騎交馳，羽檄疊至。故我得兼收南陽智謀之士，提大河忠孝之人。仗義以行，乘時而動。金洋之兵出其西，荊湖之師繼其後。雖同心一德，足以吞彼國之梟群，然三令五申，豈忍殘我宋之赤子。爾前陷沒州縣官吏兵民等，原非本意，諒皆脅從，屈於賊威，歸逃無路。我今奉辭伐罪，拯溺蘇枯，惟務安集，秋毫無犯。倘能開誠納款，肉袒迎降；或願倒戈以前驅，或列壺漿而在道；自應悉仍舊貫，不改職業。盡除戎（《忠武文集》作：敵）索，咸用漢條。如或執迷不悟，甘爲叛人，嗾桀犬以吠堯，詈獵師而哭虎。議當躬行天罰，玉石俱焚，禍並宗親，辱及父祖。挂今日之逆黨，連千載之惡名。順逆二途，盍宜擇處。兵戈既畢，雖悔何追。謹具黃牓在前，各令知悉。

（全文載《金佗稡編》卷十九，《岳忠武文集》卷八）

（五）兩河燕雲利害論

昔人有言：河北視天下如珠璣，天下視河北猶四肢。言人之一身珠璣可無，而四肢不可暫失也。本朝之都汴非有秦關百二之險也，平川曠野，長河千里，首尾綿亘，不相應援，獨持河北以爲固。苟以精甲健馬，憑據要衝；深溝高塹，峙列重鎮。使敵入吾境一城之後復困一城。一城受圍，諸城或撓或救，卒不可犯。如此則虜（《忠武文集》作：敵）人不敢窺河南，而京師根本之地固矣。大率河南之有河北，猶燕雲之有金坡諸關。河北不歸則河南未可守，諸關不獲則燕雲未可有。嘗思及童貫撫（撫字《忠武文集》無）取燕雲事爲失策。國家用兵爭境土，有其尺寸之地，則得其尺寸之用。因糧以養其兵，因民以實其地；因其素習之人，以爲鄉導，然後擇其要害而守之。今貫不務以兵勝而以賄求。虜（《忠武文集》作：敵）人既得重賄，陽諾其請，收其糧食，徙其人民，與其素習之士席卷而東（《忠武文集》作：去），付之以虛空無用之地。國家以爲燕雲真我有矣，則竭天下之財力以實之。不知要害之地，實彼所據。彼視吾安養之後，一呼而入。復陷猩羶（四字《忠武文集》並無）。故取燕雲，而不得諸關，是以虛名受實禍，以中國資夷狄也（七字《忠武文集》並無）。河南河北正亦類此。今朝廷命河北之使，而以招撫名，越河以往，半爲胡虜之（三字《忠武文集》作：敵）區，何以爲招撫之地。爲招撫職事計，直有盡取河北之地，以爲京師援耳。不然天下之四肢絶，根本危矣。異時醜虜（二字《忠武文集》作：敵）既得河北，又侵河南，險要既失，莫可保守。駸駸未已（四字

《忠武文集》並無），幸江幸淮，皆未可知也。招撫誠能許國以忠，稟命天子，提兵壓境。飛以偏師從麾下，所向惟招撫命耳，一死烏足道哉。

（全文見《金佗稡編》卷四，《岳忠武文集》卷末）

（六）良馬對

帝問岳飛曰："卿得良馬否？"對曰："臣有二馬，日啗芻豆數斗，飲泉一斛，然非精潔即不受。介而馳，初不甚疾，比行百里始奮迅。自午至酉，猶可二百里。褫鞍甲而不息不汗，若無事然。此其受大而不苟，取力裕而不求逞，致遠之材也。不幸相繼以死。今所乘者，日不過數升，而秣不擇粟，飲不擇泉。攬轡未安，踴躍疾驅，甫百里，力竭汗喘，殆欲斃然。此其寡取易盈，好逞易窮，駑鈍之材也。"帝稱："善。"

（原文載金佗稡編卷七，本文見《岳忠武文集》卷八）

（七）五嶽祠盟記

自中原板蕩，夷狄交侵。余發憤河朔，起自相台。總髮從戎，歷二百餘戰，雖未能遠入夷荒，洗蕩巢穴，亦且快國仇之萬一。今又提一旅孤軍，奮其宜興。建康之戰，一鼓敗虜，恨未能使匹馬不回耳。故且養兵休卒，蓄銳待敵。嗣當激厲士卒，功期再戰。北踰沙漠，蹀血虜廷，盡屠夷種。迎二聖，歸京闕，取故土，上版圖。朝廷無虞，主上奠枕，余之願也。河朔岳飛題。

（載《金佗稡編》卷十九，《岳忠武文集》卷八）

（八）送紫巖張先生北伐　紹興五年秋

號令風霆迅，天聲動北陬。長驅渡河洛，直擣向燕幽。馬蹀閼氏血，旗梟克汗頭。歸來報明主，恢復舊神州。

（載《岳忠武文集》卷八）

（九）題翠巖寺 _{寺在南昌府之西山去府五十里}

秋風江上駐王師，暫向雲山躡翠微。忠義必期清塞水，功名直欲鎮邊圻。山林嘯聚何勞取，沙漠群兇定破機。行復三關迎二聖，金酋席卷盡擒歸。

（載《金佗稡編》卷十九，《岳忠武文集》卷八）

（十）寶刀歌書贈吳將軍南行

我有一寶刀，深藏未出韜。今朝持贈南征使，紫蜺萬丈干青霄。指海海騰沸，指山山動搖。蛟鼉潛形百怪伏，虎豹戰服萬鬼號。時作龍吟似懷恨，未得盡剿諸天驕。蠢爾蠻蜑弄竿挺，倏聚忽散如群猱。使君拜命仗此往，紅鑪熾炭燎氄毛。奏凱歸來報天子，雲台麟閣高嶕嶢。噫嘻！平蠻易，自治勞。卒犯市肆，馬蹢禾苗；將耽驕侈，士狃貪饕；虛張囚馘，妄邀金貂。使君一一試此刀，能令四海烽塵消，萬姓鼓舞歌唐堯。

（載《岳忠武文集》卷八）

（十一）滿江紅 _{本意}

怒髮衝冠，憑欄處，瀟瀟雨歇。抬望眼，仰天長嘯，壯懷激烈。三十功名塵與土，八千里路雲和月。莫等閒白了少年頭，空悲切。

靖康恥，猶未雪，臣子恨，何時滅。駕長車踏破賀蘭山缺，壯志飢餐胡虜肉，笑談渴飲匈奴血。待從頭，收拾舊山河，朝天闕。

（載《岳忠武文集》卷八）

（十二）滿江紅　登黄鶴樓有感

　　遥望中原，煙外許多城郭，想當年花遮柳護，鳳樓龍閣。萬歲山前珠翠繞，蓬壺殿裏笙歌作。到而今鐵騎滿郊畿，風塵惡。

　　兵安在，膏鋒鍔。民安生，填溝壑。歎江山如故，千村寥落。何日請纓提鋭旅，一鞭直渡清河洛。却歸來再續漢陽遊，騎黃鶴。

（見《廬山訓練集》製版）

　　以上共詩文十二篇，乃選武穆作中最能感動人心，針砭時事者而錄之。全部多載在《岳忠武文集》，而間見於《金佗稡編》及其他書中。

　　《論兩河燕雲利害》一篇，以往未被列為武穆作品。惟該段議論乃亦齋先生於撰《武穆行實編年》時，采掇事實，依據傳說而成之作，與《良馬對》有同樣性質。茲因所論各點，頗切時要，故仿《良馬對》前例，節錄采入以饗讀者。

　　《五嶽寺盟記》一篇，民國十年鉛印本《岳忠武文集》中不載。而舊開封南書店街喬文耀齋刊本則有之，惟文中"巢穴""虜廷""夷種"等詞未加改易。

　　最後《滿江紅（登黃鶴樓有感）》一闋，《金佗稡編》及《岳忠武文集》中皆不載，茲從中國文化學會所印《廬山訓練集》中發現，因亦刊入。惟原書僅將拓品影印，不詳出處。

　　其他各篇，凡字句經清人竄改者，具一一參考他書，加以改正，並於文中夾注。一以明竄改者之過惡，一以著岳武穆之精神，使讀者吟哦比昧，以想見民族盛衰之關係，用知武穆之為敵憚也，即在數百年後，亦不少減於生時。

民國二十三年十覺庵識

雲南起義紀念
（小學教學活動綱領及參考資料）

《雲南起義紀念》（小學教學活動綱領及參考資料），開封教育實驗區教材部 1934 年 12 月。

目　　錄

教學活動綱領 ·· 2133
第一章　雲南省的紹介 ·· 2142
　一、雲南省的名稱與位置 ···································· 2142
　二、雲南省之邊患 ·· 2142
　　（一）片馬問題 ·· 2142
　　（二）江心坡問題 ·· 2145
　　（三）越滇鐵路 ·· 2152
　三、雲南省的山脈河流與河南省的比較 ···················· 2153
　四、雲南省的氣候物產和河南省的比較 ···················· 2155
　五、雲南省居民言語風俗和河南省的比較 ················· 2157
　六、雲南省離開河南的遠近和交通道路 ···················· 2158
　　附錄：最近《大公報》載雲南省之經濟地理 ············ 2159
第二章　雲南起義的事實經過 ······························ 2165
　一、袁氏稱帝 ·· 2165
　二、天津密議 ·· 2166
　三、唐繼堯通電討袁 ·· 2166
　四、護國軍之陣容與戰略 ···································· 2168
　五、戰地情況 ·· 2169
　六、各省響應 ·· 2171
　七、帝制取消與南京和議 ···································· 2176
　八、袁氏逝世與國會復活 ···································· 2176
第三章　雲南起義時中國的內政和外交 ·················· 2178
　一、五國借款與袁氏擴軍 ···································· 2178

二、二次革命與袁氏暴政……………………………………………… 2179
三、解散國會與帝制初議……………………………………………… 2181
四、山東交涉簽訂國恥條約…………………………………………… 2182
五、國防會議…………………………………………………………… 2183
六、五國聯合警告……………………………………………………… 2184
附一：雲南起義時之河南情形………………………………………… 2186
附二：雲南最近事變——"班洪事件"………………………………… 2187

教學活動綱領

導言：紀念雲南起義，實不當僅注意雲南省過去之光榮歷史，更當注意雲南省當前之邊患，蓋雲南省逼處強鄰環伺之下，其形勢久已不亞於東北，九一八後空氣曾一度緊張，有識者多慮其將爲東北之續，幸時機未熟，隱而不發。然防患未然，此實其時。故本教學活動綱領之內容，歷史與地理並重。藉光榮歷史之研究，而使學生對於雲南地理發生愛感，即以此愛感以引導學生注意雲南省之邊患。教學進行高年級重研究，中年級重閱讀，低年級重觀察。高中級以壁報畫刊演講等爲行動的目標，低年級以模仿爲觀察的實用。紀念儀式，以講演爲主幹，至題目先後之排列，教師須於事前作縝密之注意；務使時間經濟，弛張調和，在不致過長的時間內，使多數聽講學生，不純爲少數講演學生而犧牲。其他各點與本部前出之總理逝世紀念，國慶紀念等教學活動綱領，大致相同。教者可參照而活用之。

高年級

一、開始活動

1. 教師於適宜時機，提出雲南起義紀念日，使大家注意。
2. 追談去年雲南起義紀念日紀念經過。
3. 尋閱去年雲南起義紀念日各自所作日記、繪畫，或他種記載，以及本級所存文件。
4. 討論紀念辦法，決定本級意見。
5. 召集相當班級，發起籌備。

二、籌備會議

1. 計劃發起。
2. 推舉代表。
3. 招集開會。
4. 決定紀念辦法。
5. 分派各級工作。
6. 推舉重要職員。
7. 通知各級開始準備。

（詳細步驟參看本部前出"總理逝世紀念"教學活動綱領）

三、準備活動

（一）宣傳工作之準備：

1. 準備講演（教師斟酌情形提出下列題目使學生選擇擔任準備講演）：

①雲南省之人民及物產。
②雲南省之交通與邊患。
③雲南起義時我國的內政和外交。
④雲南起義的事實經過。

2. 準備宣傳文字（教師斟酌情形，提出下列問題，使學生擬為宣傳文字）：

①紀念雲南起義，當注意雲南之邊患。
②紀念雲南起義，當注意雲南交通，開發雲南利源。
③雲南起義的重要原因。
④雲南起義時的有趣故事。

3. 搜集參考書籍，陳列閱讀。
4. 分擔題目，開始研究，撰作及練習。
5. 發刊壁報畫刊，開始宣傳。

6. 依據籌備會之決議，籌備本級所應擔之其他工作。

（二）紀念活動之準備：

1. 布置自己的教室（推舉專人籌備，全體製作）：

①搜集雲南起義時之名人照片，陳設室內。

②搜集雲南省之風景照片，陳設室內。

③繪作雲南起義時之想像圖畫，裝飾教室。

④繪製雲南省圖明示其邊患部位，張掛室內。

⑤整理本級研究所用之參考書籍，陳設展覽。

⑥整理各自所作之研究紀錄，陳列展覽。

⑦編制標語，張掛室內。

⑧室內特別掃除。

2. 布置禮堂（依籌備會之決議，被推班級擔任布置。推舉專人計劃布置，全體製作）：

①懸掛黨國旗及總理遺像。

②排列秩序單。

③張貼標語。

④張貼名人照片或繪畫。

⑤其他經大家所決議之事項。

3. 佈置其他場所（依籌備會之決議，被推班級擔任布置。推舉專人計劃布置，全體製作）：

①張貼標語或繪畫。

②校內適當地方設置提醒同學注意雲南邊患之圖表或他種製品。

③其他經大家所決議之事項。

4. 推舉職員分擔工作（依籌備之決議，被推班級各就應擔工作推舉人員）：

①推舉主席。

②推舉司儀。

③推舉本級講演員。

④推舉其他應有職員。

5. 準備紀念歌詞。

四、開會紀念

1. 室外列隊。
2. 肅靜入禮室。
3. 如儀行禮。
4. 唱黨歌。
5. 挺胸靜默。
6. 唱紀念歌。
7. 同學講演。
8. 教師講演。
9. 呼口號散會。

五、結束活動

（一）共同方面

1. 批語禮堂講演、攝要紀錄最佳講演之大意，收藏保存。
2. 整理壁報畫刊分別記載收藏。
3. 整理標語樣張或稿件收藏保存。
4. 整理參考書籍分別送還或收存。
5. 撤除室內陳設分別送還或保存。
6. 撤除其他場所之陳設分別送還或保存。
7. 結束報告本級或本級代表爲公共所擔職務之應有報告。

（二）個人方面

1. 整理個人之講演稿件收藏保存。
2. 整理個人之宣傳文字稿件收藏保存。
3. 整理收藏個人之繪畫或他種作品。
4. 記錄自己爲公共所擔事務之經過情形。

5. 記載自己所聽到之有趣故事或講演大要。

中年級

一、開始活動

1. 閱讀高級同學之發起函件。
2. 追談去年雲南起義紀念日自己參加之經過。
3. 尋閱去年雲南起義紀念日自己所作之日記及本級所存之繪畫或文字稿件。
4. 討論紀念辦法，決定本級意見。
5. 推舉代表參加籌備會議。

二、參加籌備會議

1. 被推代表履行參加會議之應有手續。
2. 個人或團體依一定手續旁聽。
3. 代表報告參加經過及決議事項。
4. 旁聽人述自己的見聞。
5. 依據籌備會之決議開始準備。

三、準備活動

（閱讀籌備會通知，依決議範圍開始計劃準備。）

（一）宣傳工作之準備：

1. 準備講演或述說故事（教師斟酌情形提出下列題目使學生選擇研究準備講演或述說）：

①雲南省的最大富源。
②雲南省和內地的交通。
③雲南省所受外人的侵擾。

④袁世凱和雲南起義。

五蔡松坡和雲南起義。

六其他關於雲南起義之故事。

2. 準備宣傳文字（教師斟酌情形領導學生研究下列題目，試作宣傳文字）：

①紀念雲南起義，應不忘雲南邊患。

②雲南省特種人民的愛國心。

③雲南起義的重要原因。

④雲南起義時的有趣故事。

3. 搜集參考書籍陳列閱讀。

4. 分擔研究題目開始研究撰作或練習。

5. 發刊壁報畫刊開始宣傳。

6. 依據籌備會之決議，籌備本級所應擔任之其他工作。

（二）紀念活動之準備：

1. 布置自己的教室（推舉專人籌備，全體擔任製作）：

①搜集雲南起義時之名人照片，陳設室內。

②搜集雲南省之風景照片，陳設室內。

③繪製雲南起義時之想像圖畫裝飾教室。

④填畫雲南省簡單暗射圖，明示雲南省邊患之部位。

⑤整理本級研究所用之參考書，陳設室內。

⑥整理各自所作研究記錄，陳設展覽。

⑦編制標語張掛室內。

⑧室內特別掃除。

2. 布置其他場所（依籌備會之決議，籌備布置本級所應擔任之場所）：

①教室外張貼標語或繪畫。

②教室外特別打掃。

③其他特殊場所之打掃和布置。

3. 推舉職員：

①推演講員（全體試講，選擇推舉）。

②推舉其他職員（依籌備之決議，推舉本級應有職員）。

4. 準備紀念歌詞。

四、開會紀念（同高年級）

五、結束活動

（一）共同方面

①追談批評參加紀念儀式之經過。

②整理本級所出壁報畫刊，分別收藏保存。

③整理本級所製標語繪畫之樣張或稿件收藏保存。

④整理參考書籍，分別送還或收存。

⑤撤除室內陳設，分別送還或保存。

⑥撤除其他場所之陳設或布置，分別送還或保存。

（二）個人方面

①整理保存個人所作之宣傳文字或故事講演稿件。

②記錄自己為公共所擔任務之經過情形。

③擇要記載自己所聽到之有趣故事或演講大意。

④整理收藏自己所作之標語繪畫，或他種作品。

低年級

一、開始運動

1. 閱讀或聽述大同學之發起函件。

2. 研究信內意見。

3. 推舉代表答覆參加活動。

4. 追談去年雲南起義紀念日自己參加之經過。
5. 訪問大同學或先生為甚麼紀念雲南起義。
6. 探訪大同學怎樣紀念雲南起義。
7. 各自尋閱故事畫刊中有關雲南起義的故事或繪畫。
8. 決定本級紀念辦法，推舉代表列席籌備。

二、參加籌備會議

1. 被推代表報到出席。
2. 推舉代表或全體列席旁聽。
3. 代表報告出席經過。
4. 旁聽人述自己的所見。
5. 依據決議開始準備。

三、準備活動

1. 準備雲南起義的故事，推舉代表準備參加大會。
①搜集閱讀雲南起義的故事。
②請求先生或大同學教給自己雲南起義的故事。
2. 探訪搜集大同學所製之標語，臨寫仿製布置室內。
3. 依據故事中所說情形，繪製紀念圖畫裝飾室內。
4. 室內特別打掃。
5. 準備紀念歌詞。

四、開會慶祝

1. 參加紀念儀式（同高中級）。
2. 參觀各級教室。

五、結束活動

1. 報告各人所見，或聽到的故事。

2. 批評大同學之紀念活動。
3. 相互批評本級自製之標語和圖畫。
4. 整理保存所得函件及他種文件。
5. 撤除室內標語和繪畫整理保存。
6. 整理搜得之書籍或繪畫，分到送還或保存。
7. 整理自己的教室使一切恢復原狀。

第一章　雲南省的紹介

一、雲南省的名稱與位置

　　雲南爲古代滇國，故又稱滇省。至雲南省之稱，殆因古代雲南郡之古名。雲南郡之名，解説亦紛紛不一，或謂以在雲夢澤之南，或謂在雲嶺之南，或謂四川省南方，雲霧濛濛，本省即在其南，古人始來此地者，稱爲雲南云。要之，以在雲嶺之南而名者近是。東界貴州，廣西，南界越南，西界緬甸，北界川康，面積共一四六、七一四方英里，人口一一、○二○、五九一，每方里僅七五人。面積雖廣，而人口之稀疏，僅在廣西甘肅之上，是亦全國人口最稀省分之一。

　　雲南僻處邊隅，緬甸屏衛於西，越南屏衛於南，原係天險之地。惜自緬亡於英，越併於法，藩籬盡撤，强鄰逼處，所謂界務問題，接踵發生。滇緬犬牙相錯，壤地緊接，故糾紛特多，片馬問題即其一也！

二、雲南省之邊患

（一）片馬問題

　　查片馬問題係發端於光緒二十年之滇緬條約。約中第四款，有："今議定北緯二十五度三十五分之北一段邊界，後將來查明該處情形稍詳，兩國再定界綫。"而片馬則正在北緯二十六度，定約後雖屢經勘界，而未能畫定，英人遂不待勘定，積極侵略；於光緒二十六年派兵燒毀茨竹、派賴各寨，殺害土守備，於宣統二年實行佔領片馬矣！茲將片馬之史地，及英人侵佔事實，列舉於後：

1. 片馬史地一瞥

（1）位置　片馬原為一寨，係雲南保山縣屬登埂土司所轄地，在北緯二十六度，北平四經十七度五十分，其四境廣袤約百裏。

（2）境界　北以板廠山界於麗江維西所屬之土司，西界派賴土司，西南界茨竹土司，東以卯賴魯掌兩土司界於雲龍縣之六庫土司，東南接本管登埂土司地，距永昌二百八十裏。

（3）地勢　片馬地方界於四山之中而一水貫穿之；所謂四山者，北為板廠山，南為姊妹山，西為高良工山，東為黎貢山是也。一水者，即小江是也。

（4）形勢　片馬為雲南西北部之要隘，稱滇者之門戶，其形勢當滇西之肩背，扼緬藏之咽喉。宣統二年雲南咨議局上滇督片馬書有云："夫英人今日可以據片馬，異日何不可以據蘭山，倘片馬之交涉失，則彼援據成案，接續北進，正恐損失更十倍於今日。永昌失地不已，又進而大理，麗江。滇緬劃界不已，又進而蜀緬藏滇；英人乘機得勢，背抄衛藏，俯瞰巴蜀，長江上遊，操於掌握矣！"

（5）民族　片馬人髮赤而性懦，其種族亦中國人，惟已與緬甸人相混合，言語用藏語緬語。

（6）沿革　片馬自元併大理後，屬於雲南甸；明時屬茶山土司，清高宗平定雲南，使屬騰越，訴訟由保山受理，其後併入保山縣登埂土司，納登埂門戶稅，每戶稅銀三錢，皆有登埂土司印章可憑。又經查得片馬崗房高良工地方均有木刻，① 存於迤東道署，（即滇中道道署在今昆明縣）此外尚有多處亦有木刻為證，可見片馬歷來確屬中國矣！

2. 英人侵佔片馬之經過

（1）第一次侵略　光緒二十年及二十三年中英兩次訂立滇緬界約，

---

① 木刻，即用薄木片所刻之物，土人不識文字，常用木刻以記事，對政府表示尊服，故進木刻以為信誓。——原注

於北緯二十五度三十五分以北，迄未劃定。以後雖屢次勘界，而均未能畫定，英人遂不俟勘定，決計'寧我負人，勿人負我'。而實行侵略，因先於光緒二十四年六月初十日由英使竇納樂照會我總理衙門聲稱："上年十二月間有官帶兵二百名，進入恩買卡河北境内，請轉飭該處地方官於恩買卡河與薩爾溫江中間之分水嶺西境，不得有干預地方官治理之舉。"當時我總署未知恩買卡河之所在，因此英使照會中所指之分水嶺究屬何山，亦不明瞭，華官有無帶兵入恩買卡河北境一節，亦未辯明。同年十月十二日，英使復致函總署，再聲明前次照會中所言各節，并問曾否轉詢滇督查照。總署即含糊覆以："已於六月間據情咨行滇督"，英國視爲中國已經承認所稱各節。於是爲證實分水嶺爲界起見，進一步於光緒二十六年正月初四日實行侵略，英兵數百率同蒲夷人千數越界入我茨竹、派賴各寨。土守備左孝臣以理阻之，不聽，并肆索供應；且巧言安慰，使其無備，入夜則竟驟然發槍爲號，將茨竹、派賴等寨燒殺一空，除槍斃左孝臣外，又焚殺我土弁士兵一百一十四名，此爲英人以武力侵略我片馬之始。

（2）中英交涉片馬案　自英國以武力侵略片馬後，我總理衙門即向英使提出抗議，聲明："茨竹各寨後中國世襲土弁管轄之地，英兵不應過界燒殺，請飭仍守現管小江邊爲界。"乃英使竟覆文聲稱："光緒二十四年兩次照會，以分水嶺爲界，中國并無異議，是以印度政府視此分水嶺爲中國已經允定之界。英兵舉動在分水嶺以西，并未過界。"總署因又照覆聲明："光緒二十四年英使請以分水嶺爲界而未即行駁斥者，一因彼時兩國正在照約商議應勘界綫，其約內原未議勘之界自然無暇顧及；二因分水嶺地勢與中國原管邊界，有無出入，尚未查明，以故不能遽行答覆。"其持論亦頗近情理；無如言者諄諄，而聽者藐藐，此案終無結果。迄光緒三十年九月英使忽照會我外部請彼此派員由華境前往分水嶺，會查情形，以便和平商結。查勘結果，英使堅執分水嶺原案，謂已經烈領查明，用意所在，無非欲強佔小江以南之片馬耳！

（3）進兵強佔之經過　宣統二年冬，英國竟派兵二千，馬二千五百，前鋒直抵片馬，遍挖地營，爲久住計；并脅派賴各寨降附，宣言高黎貢山以西爲該國領土。時滇督李經羲欲以武力解決，政府止之。駐英公使劉玉麟與英外部交涉，英人答以并不佔地，亦不撤兵。宣統三年正月，滇督又電稱："英兵於高黎山嶺，最高險處，分築礮臺，電光遠射，照及怒江渡口，又茶山五寨，已降其三，幾入麗江。"十五日政府照會英使，請撤兵協商。英使朱爾典堅執確定高黎貢山爲界後，方可撤兵協商。其後政府即擬内部派員往勘，與英重訂界地，但使無大虧損，即可和平了結，電商滇督李經羲，李督頗不謂然，時則滇省京官於二月十五日會議呈請外部力争；而滇省咨議局且發起組織保安會，要求英人退兵，民氣沸騰，勢不可遏。李督電請親自會同英員查勘，而英人置之不理，後復退却，忽又進據，截至九月間竟於茨竹丫口等處，私豎界石，添駐兵數，強收戶稅；清庭見交涉棘手，竟存退議，欲將片馬許英人永租，而滇人與李督一致抗争，主張勘界，盛設兵備以爲後盾，未幾武漢起義，事遂中止。顧英人之陰謀，則迄未稍殺。入民國後，英人又於元年八月間，於片馬遍布警岡，雖經外部向英抗議，而英國一味藉端延宕。民國二年十二月雲南都督唐繼堯電報言："片馬頃來英兵五六千名，分路進兵：一由怕鐵河過卯照，老窩之稱戞；一由上片馬過古炭河，魯掌、登埂、方庫；一由明尖出騰越，是更欲窺及騰越矣！尋以歐戰發生，英國無暇東顧，始將駐劄片馬之軍隊自行撤回，我國苟能乘此時機，整理内政，充實軍備，則未始不可以固我邊圍而復我藩封也，乃國事蜩螗，内訌時起，卒至歐戰終後，英國又狡焉思啓，逞其東封，民十一年時緬甸政府竟將片馬劃爲縣治，改名庫陶，則意欲夷片馬爲其内地而實行設官治理矣！届至近年江心坡問題發生，英見我國民情激昂，態度強硬，始聲言願將片馬交還中國。然而江心坡亦中國之故土也，英人欲交還片馬者，實即和緩吾人江心坡之争執，因而攫取較片馬爲更大之權利也。我不急起嚴與交涉，則滇省之邊患亦將不堪設想矣！

（二）江心坡問題

江心坡乃雲南西部，片馬西臨之一段地，位居北緯二十四度至二十七度一帶，自光緒二十年之《中英緬甸條約》中載有"北緯二十五度三十五分之北一段邊界，俟將來查明該處情形稍詳，兩國再定界綫"後，此地遂亦與片馬地方同被劃入中英未定界綫之範圍。宣統二年英人侵佔片馬得逞後，復於民國十五年進而侵佔江心坡。得寸進尺侵瓷不厭，雲南省之邊患，從此遂更加嚴重矣。茲將江心坡之地理沿革，及英人侵佔之經過叙列於後。

1. 江心坡位地一瞥

（1）位置：江心坡位於雲南省之西北隅，地居片馬西臨，處恩梅開江，邁立開江東西環繞中。四面皆江因而得名。（土人稱爲卡若戛，又名里麻，又名江土地，漢人稱之曰江心坡）原爲野人山之一部，屬於里麻長官轄地。位於北緯二十四度至二十七度間，北京西經十九度至二十三度有奇。面積以土人行人計之，縱約二千里左右，橫亦不下四五百里。）一說橫約七八百里，一說全坡面積縱橫約二千餘里）

（2）境界：東南界滇邊片馬，西北與西康相接，西南與緬甸毗連。由距騰越縣城二日路程之古永練出發，少則九日多則十一日可達。由距騰越縣城七日路程之英屬密只那（即我舊孟養宣慰司地，俗名三鴉礁，今英人設密只那府）出發，則六七日即可抵江心坡之邊境。

（3）地勢：江心坡純爲大山脈所結，層巒叠嶂，似無平原；山勢則險峻崢嶸，蒼翠秀拔，河流縱橫不可勝數。其最者著有康沛河，直涕沛河，橫貫全境，流源甚長，沿流盛產木材。

（4）形勢：江心坡亦爲滇省西北隅之要隘，爲滇省外户，較片馬爲尤爲重要。《續瀛寰志略》論野人山之形勢曰："鉗緬甸之北門，樹川藏之外翰，戢滇疆之右翼，弭強敵之東封，土滿人滿之時，天下無争可以資開墾，盡地力。一或有争，據此者坐收形勢，因利乘便，縱兵四出，惟意所向，此野人山地謀國者所注重也。"《雲南通志》論野人山之形勢曰："當滇蜀藏三省之凹，其三面皆與諸邊毗連，爲藩籬鎖鑰之要地。豈可委諸他人乎？"

（5）民族：以濮曼及浪速二種爲主，間有獨標，多自茶山小江遷往。

濮曼居下遊與滇緬毗連，浪速居西北，按近川藏邊地。濮曼浪速雖各操一種語言，但因貿遷往還之故，兩族頗能融洽，習俗亦大致相同，根據祖先傳言，濮曼原係漢朝種，乃隨諸葛孔明征蠻來此者，故大家都是漢姓云。

（6）沿革：江心坡為舊里麻長官司地，詳載《明史》及《雲南通志》《永昌府志》《騰越州志》。明永樂七年設置，尚有明印照信物等，存坡內山官處，可資憑證。姚文棟曾於光緒十七年四月間親臨野人山，時聞者或疑為險途可畏，而豈知壺漿載道，婦孺爭迎！野官負弩執鞭，咸有求庇之意，即遠處樹漿廠（在西康之南，滇省西北。跨大金沙江、龍川江、潞江、直至瀾滄江，凡諸江上流皆屬之）之頭目，亦遣使奉書，譯其辭意，自稱本是漢民，仍願隸漢等語。又據江心坡能里多寨屬官董卡諾及克蒙崩寨山官張藻札所言，則坡內存有印票憑據多張，係明朝王驥，清朝傅恒及十餘年前李根源所給與，其印照一存蒙木羅札山官家，一存儂空拉山官家，又有漢官所賜槍矛及礮臺，及漢人所贈衣服袍甲等，足見江心坡之確實屬我中國矣。

2. 英人侵略江心坡之經過

（1）野人山問題糾葛　在未述英人侵略江心坡以前，吾人當先敘中英野人山問題之糾葛；蓋江心坡固亦屬野人山之一部也。關於中英交涉野人山事，則薛福成於光緒十七年至二十年在駐英使臣任內，曾與英外部迭提交涉，詳載《滇緬劃界圖說》之奏疏咨文書函照會中，茲即提要鈎元，敘次於左：

英國自光緒十二年訂立條約取我緬甸以後，未嘗催我勘界，而暗中則屢次密派幹員馳往滇緬交界查看形勢，竟侵及野人山地。

1. 英人兵臨野人山："英人積年經理（指光緒十二年緬甸條約簽訂後），萃其兵力餉力，戡定土寇，復於緬境外之野人山地，稍用兵脅服，收其全土；磐石之形已成，藩籬之衛亦固……）前歲（光緒十七年）以後，英兵遊弋滇邊，常有數百人以查界為名，闖入界內，去來猋忽，野番土目驚聳異常。英兵常駐之地，則有神護關外之昔董，暨鐵壁關外之

漢董。"（奏疏）

昔董漢董之佔據，開中英交涉野人山之先河。

2. 中英交涉野人山："英兵到滇邊土司所屬之漢董燒燬房屋，佔據地方一案，業經本大臣辦文照會英外部，詰以不得藉查察地理爲辭，進佔邊界，責令飭駐緬英員速即撤退、旋接英外部照復，稱英兵已早回八募。"（咨文）"並請英兵速退昔董以便商議分界（即分野人山地）之事。"（咨文）

薛福成蓋以爲野人山地不在緬甸轄境之内，應由中英兩國均分其地者也。

3. 均分野人山案："臣（薛自稱）查野人山地，絲互數千里，不在緬甸轄境之内，若照萬國公法，應由中英兩國均分其地。"（奏疏）

豈知英國竟不允均分，且立言中國之不能管理野人山地方。

4. 英國反對均分案："英外部果堅拒不應，印督至進兵盞達邊外之昔馬，攻擊野人，以示不願分地之意。"（奏疏）"英人動以野人兇悍，中國兵力不能管理爲辭，且謂中國徒爭此地而不知管理，必致野人愈橫，擾累英人，所以有萬難分割之勢。"（派營彈壓野人山説片）

外人之侵我邊地，動以中國不能管理爲辭，是誠中國之恥也！

5. 薛使答辯："臣明告英人，如野人山地歸中國，則撫綏彈壓中國任之，自係責無旁貸。"（同前）

然英外部之反對分割野人山如故，僅允中國稍展其他邊界，及割昔馬一地爲報。

6. 英國以昔馬爲交換："彼既重視野人山地，不願分割，於是有就滇境東南讓我稍展邊界之説；至滇西老界與野人山地毗連之處，亦允我酌量展出；其駐兵之昔董大寨，雖未肯讓歸中國，願以穆雷江北現駐英兵之昔馬歸我；南起坪隴峰，北抵薩伯坪峰，西通南嶂而至新陌，計三百英方里，又自穆雷江以南，即陽江以東，有一地約計七八十英里。"（催駐緬英員進方物片）

顧英外部雖允讓野人山内昔馬等地，而印度總督則猶力持反對。

7. 印督之反對："印度總督以外部允讓野人山內昔馬等地，意甚不平；聽信武員邪說，屢思翻異。"（奏疏）"印度總督輒謂中國雖得此地（指昔馬）不過交盞達土司管理；土司力量豈能制服野人；仍恐出而爲患，擾累英人，不如歸英控轄。"（酌定虎踞關以東界綫片）

經薛使竭力陳明，此案始無異言。

8. 薛使答辯："臣告以俟換約後，派撥得力精兵數百名，填紮昔馬，任撫綏彈壓之事；必不僅交土司管理；因又責以信義，彼族（指英人）始無異言。"（同前）

至此野人山問題始告解決，由薛使與英外部在光緒二十年訂立條約（見第二章第三節），將昔馬歸我，而野人山一地則以"北緯二十五度三十五分之北一段邊界俟查明再定"一語，延擱不提。卒予英國以此項界址未定，漫無限制，仍可伺機進佔機會，果也，民國十五年間，又以侵略江心坡聞矣。

（2）江心坡問題之糾紛 光緒十九年中，薛福成爲展界讓地辦法，磋商滇緬北段界務時，曾要求以大金沙江爲界（據薛使云：野人山在大金沙江以西者四分之三，以東者四分之一，即前次平分野人山之意）。而英廷則欲以潞江及恩梅開江中間之山水流分界處爲界；薛使未能答允，於五月初六日照會英外部聲明"若照公平辦法，以邁立開江及恩梅開江中間之地分一界綫，較爲公允"等語。查邁立開江及恩梅開江中間，即係江心坡地方，此爲中英交涉江心坡之始，顧英國則重視其地，迄未應允，故二十年約中卒未規定此項界綫，英國即利用此機，於民國十五年秋間侵略其地，至此次糾紛之內容，民國十八年四月十五日滬報所載滇緬界務研究會呈外交部一文，敘述頗詳，爰轉錄於左：

"滇緬界務研究會代表謝焜，周從康，劉紹和呈爲呈報英人進兵江心坡懇請嚴重抗議，以重國防而固邊圉事：竊查江心坡位於邁立開江與恩梅開江之間，即舊里麻長官司地也，詳載《明史》《雲南通志》《永昌府志》《騰越州志》。地廣千里，上通衛藏；明永樂六年設置，尚有明印照信物，及清傅恒等所給票據衣甲槍礮，並清末李根源所給札令等，存該地山官處，可資憑證。該地各人，設有專祠，崇奉諸葛武侯及明兵部尚書王驥。土人常至騰邊各塞貿易，與漢人接洽，自承爲漢人子孫；姓氏風俗，民情信仰，均與漢人相同；據此則江心坡實中國之國土也。英人既覬覦其富有，更醉心其形勢，久欲鯨吞該地，使緬印連爲一氣，用爲侵略川滇之根據。始則侵入邊土，繼則深入腹心，以肆其蠶食之謀。民國十五年秋，乘我不備，實行進兵侵略，其後每屆秋季，輒復進兵；用威脅利誘之手段，以懾服土人，收買山官，希圖實現其侵略之計劃；其用心之陰狠，可謂極矣。幸土人深明大義，不甘屈從，多有不惜死力與之抗拒者。英人既被抵制，乃焚燒山寨，並擄去不屈服之山官十一員。土人受此壓迫，莫不痛恨切齒，憤不欲生，派人至騰衝，請求騰越道尹聲援。職會籍隸騰衝，壤土相接，見聞較切。英人竟敢任意進兵，侵入境內，苟不及時奮起，共謀抵制，則恐滇川藏各省，將依次淪爲英之殖民地，步緬甸之後塵，亡羊補牢，噬臍何及。故特組織滇緬界務研究會，入會者千餘人，藉考察英人侵略真象，並籌抵制之策。乃於十六年秋派熟習該地民情之職會會員前清附生曩映川，及隴川山官張藻坎，張藻辯入內調查英人侵略情形，并慰問土人所受焚殺苦狀。江心坡各寨山官集議，公派全權代表董卡諾、張藻札二人，來騰請願，携來木刻及信物，①偕曩映川來。不幸曩映川因勞苦過度，病歿於途，由張藻坎、張藻辯帶之同來，向騰越道尹趙鍾奇呼籲，懇請提出交涉，制止英人進兵，並向職會啼泣陳辭，縷述英人進兵情形。辭語迫切，凡有血氣，莫不義憤填膺，痛切髮膚。竊查江心坡既自昔即爲成國領土，其人民亦我民族之支分，我以護全領土計，自應出爲保障。且英人隨意進兵，蔑視我主權已

---

① 江心坡携來信物二件：一爲本刻，係薄木片，上有十一刻。土人不識文字，記大事全用木刻。此木刻乃該地較大之十一山官所刻，表示坡內人民誓屬中國不叛之意。一爲龍頭寶：爲石旦賭所進來，表示該地山官人民誓屬中國之心，與石同堅云。石旦賭爲十九寨山官中之大首領。石作扁圓形，大如鴿卵，色紺碧，質潤澤，土人極重視。據云：此寶係七十年前，江內有孽龍作怪於石旦賭寨中，土人聚而殲之。砍開頭部，發現此石，因名"龍頭寶"，謂能避邪除怪，佩之且可避槍彈。此本迷信之談，然土人相傳重視，用爲信物，亦足見其用心矣。——原注

極；若不早行提出嚴重抗議，任其肆行無已，則江心坡旦夕將非我有。惟茲事關國際交涉，非越騰一隅所能解決：職會得騰越道尹同意，公舉焜等爲代表；跋涉萬里，晉京報告英人侵略江心坡事件，懇請政府從速向英政府嚴重抗議，其要點如下：

一、屯駐該地之英國軍隊，不論多寡，須一律退出該地，且須保證不再有任何含有侵略該地性質事件發生。

二、英人擄去坡內之山官等十一人，須早日釋回，以尊重中國主權。

三、以後凡屬中國邊圉，或中緬未定界內，英人不得任意駐兵。

以上諸端，事關國防要務，邊土安全，莫待英人經營到手，始提出交涉；則羊入虎口，不易取出矣。茲幸全國統一、對於邊務領土，尤宜重視：務請抗拒强權，據理力爭，庶幾國土得以保全，國權得以伸張；我西南數省尤利賴之。附呈江心坡人民木刻及信物二件，職會與江心坡代表談話紀要一份。① 理合備文呈請國民政府外交部核准施行，實爲公便。中華民國十八年三月十七日滇緬界務研究會代表謝焜，周從康，劉紹和謹呈。"

自江心坡問題發生以後，政府方面，頗爲注意，民衆方面，亦殊形憤慨，全國一致抗爭，激昂達於極點。英國鑑於我方民氣沸騰，態度始稍和緩，顧事隔多日後，我方熱度逐漸冷落，英國之侵略轉急，聲稱今年將派員入內編列門户，明年將實行徵稅（十八年七月廿七日滬報）。江心坡土人乃續派代表二人蒞騰請願，聲言中國若不急行交涉阻止，恐不久江心坡必肇淪亡慘禍。二人：一爲江心坡大首領石旦賭親子；一爲其部下要人，携來短刀一把，長銃一枝，以爲信物。到騰後，由滇緬界務研究會妥爲招待，並引見騰越道尹，溫言慰藉，贈禮遣回。滇省胡主席對邊防問題，至爲關切，屬騰越道尹認真注意，詳爲調查。英國目擊我如此關心，乃又態度和緩，駐騰英領且向騰越道尹作非正式表示，類以

---

① 滇緬界務研究會與江心坡代表張藻札、董卡諾二人談話記要，參看十二頁"江心坡之沿革"。——原注

片馬易江心坡（已見上章）。然江心坡爲滇省外戶，外戶安，則內戶之片馬亦安。若任英人之取我外戶，則安知他日不再攫我內戶。兩戶一失，則滇省譬之開門揖盜，後患有不勝言者矣！

（三）越滇鐵路

①法人在雲南之勢力

英人雖以緬甸爲根據地，進窺片馬，而雲南省之大患實非英人而爲法人，蓋英人所經營者僅爲片馬之一隅，而法人之所經營者則雲南省之全部也。據最近美記者包威爾般氏之考察，法人在雲南之獨佔的勢力，確已有顯然的擴增，彼利用其特有之滇越鐵路，控扼滇省門戶，凡封固之貨物經過印度支那者，爲法人絕對所不許，故一切運往雲南之貨物，經海防時必由法國海關檢查。一切出入滇省之旅客，亦須取得法國護照，雖此種護照從未被拒給予歐人或東方人，然而一切旅行者却均受其重大之監視也。

商品之運輸則常遭禁止，凡來自非法國的來源之軍器或藥彈，概不能經東京灣運入滇省。軍用品雖來自法國方面者，亦非由法當局給予特許不可。無綫電收音及發音機等，法人均列入於軍用品內，禁止經緬甸運入雲南。是項機件即來自法國來源者亦然，其封鎖雲南之嚴密，於此可以想見。以故現在雲南省，無論官方私人欲得一無綫電收音機均極難。其有由上海購入者，須順長江上行入叙洲再轉陸路入雲南，中間須越四星期之時間始能到達，因此一套機件所需運費，幾等於原機在上海之購價。如此雲南耳目盡被封鎖，國人倘不奮起，則雲南亦直等於法人獨享之禁臠耳。（詳情見本章附錄）

②滇越鐵路建築之經過

法人之經營雲南也，其用以爲進行之利器，厥爲滇越鐵路。光緒二十一年（即一八九五年）六月中法續議商務專條內載有：“越南之鐵路或已成者，或日後添築者，彼此議定，可由兩國商酌訂妥辦法，接至中國界內。”至一八九八年，中國承認其“自東京至雲南府鐵道，由法國築造"之要求，於是由昆明直達海防一千七百餘里之鐵道，遂於清宣統二年，全部告成，其在中國境內者長九百四十餘里。此九百餘里之鐵路，其建築費共一六五・〇〇〇・〇〇〇佛郎。其中七千六百萬佛郎，為法政府擔保所借者。六千三百五十八萬佛郎，為東京政府補助金。其餘二千五百四十二萬郎為擔任建築工程之法國公司所投資。其所訂之合同，大旨如左：

（1）中國除供給土地之外無何種義務。（章程首段）

（2）本綫竣工後，如認為有便益之時，二國間得協商建築與本綫相連絡之友綫。（十一條）

（3）鐵路建築經營所用一切材料免稅。（二十二條）

（4）如與他國發生戰事，本鐵路不能維持中立時，中國得任意管理運輸之。（二十四條）

（5）本鐵路契約自調印之日起，八十年後，中國對於修成之鐵路，得出代價買回。惟此代價可以鐵路八十年間之收入作抵，如足時，可無償收回。（三十四條）

當時訂立此項合同有一節稍可滿意者，即保護之權猶操之我國，無論出何事故，公司方面決不請西兵援助。然終以資本皆出自法人，故經濟管理權，中國概不能過問。鐵路總監工，監工及各項專門人員，均由法人擔任；各種專門問題亦最後取決於總監工，故大權仍在法人之手。當滇越鐵路完成時，法報竟傳語相賀，公然認雲南為其衛生康健之殖民地，法人之用心，於茲可見矣！

三、雲南省的山脈河流與河南省的比較

河南古豫州地，簡稱豫省，又名中州。

山脈自陝西來，西接秦嶺，為熊耳山、伏牛山、嵩山，折南而為桐柏山，更南為豫鄂分別之大別山。北行之崤山，為秦中門戶，乃崑崙山之中支也。其自嵩山北行，渡黃河，循河北、山西境而遠與陰山相連者，

曰太行山，乃崑崙山中支之分脈也！

河流北部以黃河爲大，自陝西潼關來，經閿鄉、靈寶、陝縣、孟津等處，至蘭封縣北，折向東北流，曰新黃河，河自孟津以下，始由山地入平原，懼其泛濫爲災，歷代築隄以防之。南部以淮水爲大，源出桐柏山，合汝潁諸水，東流入安徽境。

雲南地質構造，較河南爲複雜。山脈南北駢列，水流方向亦然。茲將其山脈、河流、湖泊三者之自然形勢，簡略言之：

1. 山脈　雲省山脈皆屬橫斷山系。其在本省者，有高黎共山脈，怒山脈，雲嶺脈三支。

（1）高黎共山脈。屬喜馬拉雅山系，自西康之雪山脈來，蜿蜒南下，走怒江之西，以片馬劃界而著者也！

（2）怒山脈。屬南嶺支脈，自西康之他念他翁山脈南來，爲怒江與瀾滄江之分水嶺。

（3）雲嶺脈。自西康之寧靜脈來，走金沙江與瀾滄江間。形勢巍峨，爲南嶺正幹。山嶺四時積雪，故亦稱大雪山。

2. 河流　雲省主要河流爲長江、西江、紅水、瀾滄江及怒江等。

（1）長江。又名金沙江，以江底產金沙故名。江自西康南來，經雲嶺十二闌干山之間，至鶴慶爲點蒼山所阻，折而北，經麓江，北循玉龍山西麓至山之北麓，納無量河，折而南，復循山之東麓，經麗江縣東境，會漾共江，折而東，流至本省與四川交界處，納鴉礱江，又折而南，爲本省與四川之界，納大姚河與龍川江，又折而東北，至東川縣西南，爲烏蒙山所阻，又折而北，經會澤，巧家西境，更爲川滇界水，至綏江縣北，東流入四川省，長江流行境內，雖僅在北部，而屈折較多，所謂大江一大曲，與黃河一大曲恰相對抱者，即指此而言。

（2）西江。西江係流自南盤江、北盤江兩源會合之後，一名紅泥江，又名都泥江，東南流，遂稱黔江。水勢洶湧，中有險灘十五，皆極高險，大小舟無敢進者，名曰銷魂灘。自此而東，始有航運之便。東流至蒼梧縣，納桂江，始稱西江。

（3）紅水。又曰富良江，上源有三：即盤龍江、元江及李仙江是也。

（4）瀾滄江。自西康南來，至維西縣南，分歧爲二：一南流仍曰瀾滄江。一東南流爲工江；納劍池洱海之水，稱漾濞江；至寧順縣東江，復合於瀾滄江。

（5）怒江。一名潞江，即禹貢之黑水也。

3. 湖泊 雲省高山環繞，中多溪澗，恒蓄爲山間湖，以滇池、洱海最爲著名。

（1）滇池。在昆明縣南，一名滇南澤，又稱昆明湖，周約三百里，水源浚廣，末端更深，有似倒流，故名滇池。中有大卧納小、卧納二島挺立；池水澄清，風景極佳。

（2）洱海。在大理縣東北，一名昆瀰池，水面狹長，形如人耳，故名洱海，周二百餘里，四面皆山，中有三島四洲之勝。

綜上所述，河南與雲南兩省之河流山脈相異之點甚多：

（1）雲南有湖泊，河南則無之。

（2）雲南省之河流，多流於深谷榛莽，崇山峻嶺間，河南省河流則多橫貫平地。

（3）雲南省位於高原，而河南除西、南及西北三面之一部爲高峻山地外，東部則爲淮河、黃河兩大流域之廣漠平野。

（4）雲南山脈多自北而南，河南則多自西而東。

四、雲南省的氣候物產和河南省的比較

河南氣候純係大陸性，冬苦寒，夏苦熱，有時朔風驟起，塵埃蔽天，數丈之外，不辨人物。惟漸南則漸和煦，及至極南部，如信陽一帶，則與揚子江流域氣候略同。

滇省氣候，則屬半熱帶性質。高地空氣清爽，氣候溫和，最適健康；低地則全與相反，夏日炎熱如焚，復因潮濕之故，時有濃霧，瘴癘之氣，窒人欲死。全年可分乾濕兩季，乾季自九月末至翌年三月中旬止，雨澤

稀少，狂飚時起。濕季自三月下旬起至九月中旬止，陰雨綿綿，少見晴天，故俗有"半年陰雨半年風"之諺焉！

滇豫兩省物產，均極豐富。就農產物而言，米、麥、玉蜀黍、棉花等，均爲兩省主要農產物外，此外如滇之茶葉、藥材、果品等，豫之高粱、豆、落花生、粟等，均爲兩省特產。就礦產而言，產量亦極富，煤、鐵、鉛、銀、錫、雲母石，歷年采掘，獲利甚厚。茲將兩省物產量列後，用資比較。

農產品產量（單位：萬擔）

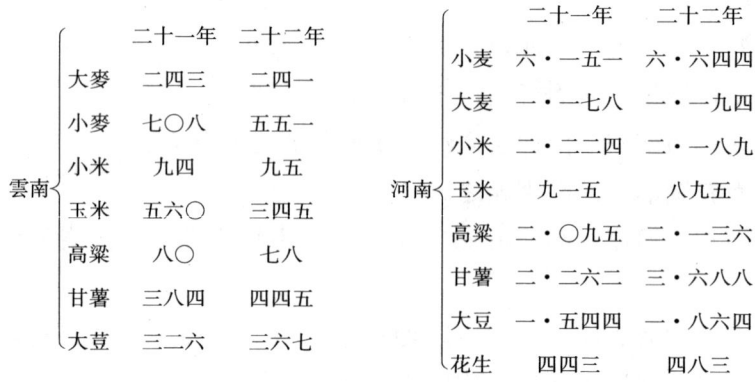

礦產量（單位噸）

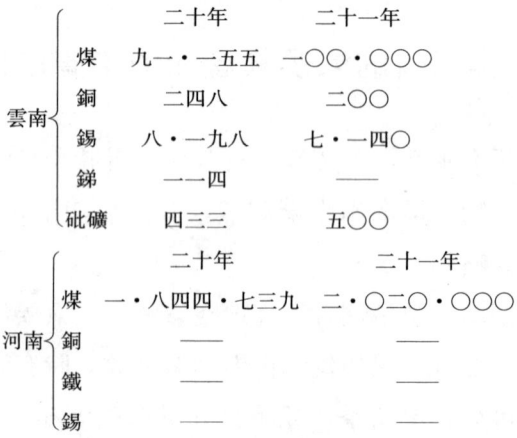

注：河南銅鐵錫產量極少，故無統計數字。

其次，雲南之茶，名馳中國，尤以普洱茶稱爲貴品，咸謂其有療病效力。十五年前之調查，每年出口價額不下二三百萬兩，今則日漸減少，僅銷於内地，出口者不過十分之一二而已。蓋亦由製法不良，裝置不善所致耳！中部廣通、元謀、鹽興一帶，且富井鹽，爲全省所仰給焉。

五、雲南省居民言語風俗和河南省的比較

河南除漢族外，僅有少數猶太遺民，居於開封附近。居民溫厚樸實，勤苦耐勞，多致力於農業；經商一道，不甚措意。猶太人篤守猶太舊教，俗稱挑筋教徒。全省語言概用北方官話。

以豫衡滇，則滇省居民、風俗、言語，均較豫爲複雜。滇省除漢人外，則有苗、玀玀、摩些、力些、猺猓、西蕃等民族。苗與玀玀二族多居於高源。摩些族居於西北部，往時勢力甚強，今則式微。其南則爲未開化之力些族，此族與摩些族同種，但文野之程度，則大相旋隔，其血統與藏族相近。在西北部者則爲猺猓、西蕃等族，在西南部及南部者，種族極多，白夷實佔多數。其餘尚有倭民、阿獨、儂人等。

語言亦極形龐雜，漢人因由四川移住者爲多，故通行四川官話。苗蠻各有其固有之方言，重要者爲名家話、苗話、土老話、儂人話、老蘇及玀夷話數種，土人多能兼操數種語，尤以能操漢語者爲多。

名家話

ㄧㄡ ㄓㄨㄥ　　ㄧㄡ ㄅㄟ　　ㄧㄋ ㄧㄝ ㄉㄤ
油鍾（早飯）　油杯（晚飯）　伊涅蕩（點心）

苗話

ㄧㄥ ㄕㄞ　ㄉㄨ ㄉㄨ　ㄗ ㄜ　ㄒㄧ ㄞ
英則（雷）　虜都（錐）　自惡（富）　喜愛長

土老話

ㄧㄡ　　ㄊㄚ ㄇㄢ ㄑㄧ　　ㄎ ㄉㄧ ㄒㄧ
背（去）　踏滿起（食薯）　可底細（煮狗肉）

玀夷話

召穆（ㄓㄠ一ㄨ）　奧南（ㄠˊㄋㄢˊ）　素（茶）（ㄙㄨˋ）　考（飯）（ㄎㄠˇ）　瓶（鴉片）（ㄆㄧㄥˊ）

老蘇話

秀（子）（ㄙㄨˋ）　阿馬（眼）（ㄚ一ㄚˊ）　格列（河）（ㄍㄜˊㄌㄧㄝˋ）　克利（狗）（ㄎㄜˋㄌㄧ一）　特（火）（ㄊㄜˋ）

儂人話

喜賽喝（五）（ㄒㄧ一ㄙㄞˋㄏㄜ）　贔贔色（十）（ㄅㄧˋㄅㄧˋㄙㄜˋ）　贔色喝（十五）（ㄅㄧˋㄙㄜˋㄏㄜ）

贔賽喝（二十）（ㄅㄧˋㄙㄞˋㄏㄜ）

　　滇省民風尚稱古樸，漢人勤勉力行，多營商業，惟苗、蠻山居野處，各無風氣，多兇悍殘忍，漢人不敢相近，蓋依然未開化之民也！

六、雲南省離開河南的遠近和交通道路

　　河南地處中原，四通八達；雲南則偏僻西南，緊鄰緬越。兩省距離窵遠，計程約五六千里。以河南開封爲起點，路經湖北，四川兩省地界，始可抵滇省内境。

　　往昔滇省交通，諸多不便，惟自滇越鐵路告成後，不但滇越交通，暢行無阻，即中區諸省與滇省之交通，以稱便利。豫與滇之主要交通路綫有二：即一爲海道；二爲陸道是也。

　　（一）海道　以開封爲起點，由隴海路轉津浦車經寧再轉京滬車達滬，由滬改乘海船經港駛入東京灣直達海防，再由海防遵滇越鐵路即可入滇。

　　（二）陸道　由隴海路轉平漢車南下，由漢口溯江西上，經沙市、宜昌、萬縣、重慶、至宜賓，再遵滇蜀路西綫經滇之昭通會澤即可直達昆明（雲南省會）。或由四川瀘縣遵滇蜀東綫，經黔之畢節與滇之霑益亦可直達滇省省會。

附錄：最近《大公報》載雲南省之經濟地理

雲南爲我國西南邊陲重地。自前清末葉，我之藩屬緬甸、安南，相繼爲英法侵略，雲南遂爲邊陲屏障，介乎英法兩大勢力之間。迨前清宣統元年初（西歷一九〇九年），法國經營之滇越鐵路，由安南通車至雲南府，該省門戶大開。商業經濟實權，操於法人之手，致我滇省之工商業以及教育文化，均受束縛，而不能發展。自九一八事變發生後，國人視綫咸集中於東北一隅。庶不知我西南邊陲之雲南，在國防上之重要，實不亞於東北。吳華穠先生執務於雲南有年，頗悉該省情形，承寫此文以供國人關心邊疆問題者之注意。

一、地勢與氣候

雲南面積約十五萬英方里，佔我國土地面積百分之三有零。與法國較，約當法國本邦面積四分之三。北接西康、四川，東連貴州、廣西，西界英屬緬甸，南連法屬安南。喜馬拉亞山山脈由藏邊折而南行，分爲數脈，就中以雲嶺爲主脈。山峰聳入雲際，高達一萬八千尺，四時積雪不化，故又名"大雪山"。雲南省以位於雲嶺之南，故名。全省盡係山地，平原極少。即少有平坦土地，亦係四山縈抱。凡此種地方，土人俗呼爲之"壩子"，即係城鎮所在，人口聚集之處。全省地勢，由南往北，漸次增高。昆明省會在全省中部（略偏東北），高出海面千四百公尺。其北部則更可想而知矣。全省地勢，既由南往北漸次增高，氣候亦因之而異。

（一）南部接壤安南，較熱。如河口、元江、思茅等處，天氣由春間即悶熱。且以地居山窪之內，氣多潮濕。每早雲霧瀰漫，非午後一時或二時，太陽光不能出現。與人之呼吸健康，影響極重，烟瘴區即在南部一帶。瘴癘最甚地方爲元江流域。此等地方，以地係荒涼，人迹罕到。山野毒蛇猛獸，蘊於草木山林間。雨水後太陽熱氣上蒸。據土人言，每遠見山內，發出青紅之氣。行人臭之，即致暈倒。輕則大病，重則立斃。元江縣地方烟瘴最烈。據云上人無過五十歲者，生到四十，即稱爲長壽。且有諺語云："最好元江縣，後任不見前任面。"意謂皆前任故去，後任接篆，不能相見也。可見該處烟瘴之烈矣。河口居元江下遊，且地居山窪，氣候潮濕。飲水食物，偶一不滇，亦最易生病。惟據云自鐵路通車，氣候變更，煙瘴即不如從前之惡劣。是以此等煙瘴地方，如開闢道路，鏟除山野草木，則瘴氣可以漸減。

（二）中部（即昆明一帶）氣候溫和，四時無大冷熱，最熱時，至華氏表八十度。最冷時，祇著棉衣，即能禦寒，可不生火。惟夏秋多雨，氣候無定。人之著衣，亦因體質之不同，隨時而異。他省人初到者，似以著衣稍煖爲宜，否則易感時疫。且昆明有土語："四時無寒暑，一雨變成冬。"於雨後，尤不能不特別謹慎也。

（三）北部麗江一帶，接近康邊，地據高峰，山多積雪。附近地方，自較寒涼，無待贅述。

二、人種及風俗

雲南於漢時，原係苗蠻之地。相傳諸葛武侯討蠻人，火燒籐甲及啞泉等遺迹，即在省之西北部，東昌騰越之間。現今中英交涉未解決之片馬及該處以西野人山地方，尚皆供武侯像（由此證明，片馬地方，確係我國國土，現今未定界限之居民，如有訟事，由中英派官會審，每年春間一次）。迨至明太祖遣大將沐英鎮滇，江南人民，從征之者甚多，漢族移民，因此逐漸增多。及明末清初，吳三桂封王於此，漢人到此安插者益衆。聞省城昆明地方居民，多係原籍四川及蘇皖兩省者。漢人來居者既衆，省會及附近州縣，均爲佔據。故語言服食，衣冠禮俗，大都彷彿江南。土人俗多稱之爲"猓玀"，悉聚山地而居。現今此項苗蠻，以西部及北部爲最多。在邊界地方，尚有土司（即酋長）管理。全省人口約一千三百萬人，平均每方華里僅十一人。即以沿滇越路論之，滿目荒山，無人經營，富源蘊藏地下，而民窮財乏，良可浩歎。苗漢雜處，既如上述，兩族通婚同化，自在意中。故除省會及各大縣城之純漢人外。其餘土人，仍多饒有古風，並未十分開化。且對於衛生，不知注意。至於風俗，滇省既距繁鬧省區較遠，居民漢人及土人並無欺詐奢侈之風，皆純樸敬愛，對長親上司服從有禮。最令人羨佩者，即婦人之能耐勞苦。凡種田荷物擔水及沿街售物等事，婦人悉能爲之，爲他省所不及。早晚饍時間，上午爲十時，下午爲五時。即如學校學生，亦係早七時上班，十時下班用飯，至十一時再上班，至下午四時下班。惟海關、郵政及洋行等處之辦公時間，則仍爲上午九至十二時。下午二至五時，尚未與本地商民同化也。

三、交通——滇越鐵路

雲南全省多山，交通極爲不便。雖有河流，然以行於山谷間、湍急異常，不利舟楫。遇有行路必經之處，或建巨繩，或繫鐵索，以爲渡津。大路則北經東川昭通入川，東經曲靖入黔，東南經廣南入桂，西經大理、騰越，及西南經思茅、車里入緬甸。內地轉運，純以人力及牲畜。旅行人多來"滑桿"，用馬匹以載貨物行李。自滇越鐵路通車後，則除附近鄰省，桂、黔、蜀外，所有旅客及貨物，均賴該路轉運矣。

滇越鐵路爲我國與法國定約，由法國鐵路公司建築。（其辦法與天津之比國電車公司略同，由法出資建築，二十五年後，由我國出資收回）由西歷一千八百九十八年動工，原訂十年竣工，繼以山路險峻，瘴癘橫行，工程困苦。逾期兩年（即共用十二年），始告成功。於前清宣統元年（即西歷一九〇九年）廢歷正月十九日通車至雲南府（即昆明），計由河口（即安南與雲南交界處）至雲南府，共長二百八十九英里（約華里九百五十里），資本爲三千萬佛郎（合安南法幣一千五百萬元），當時用工程司十人，計總工程師一人，副工程師二人，分段工程師七人，路係隨河傍山修築，曲折盤旋，漸次高升。計架橋樑四百二十五座，鑿山洞一百五十八處。路綫經過，多爲人迹罕到之區。工作時，工程師及工人，因感受烟瘴而死者，不知凡幾。聞僅四岔河一處，橋樑建築，即死去工人三千餘名。緣此處係兩岸壁立千仞，猿不可攀，下即絕澗，法工程司某，慘淡經營年餘，旋架旋塌。雖死亡相屬，前仆後繼，終無成功。後攝影登報懸賞，徵求圖案，竟有一法國女子，按圖深究，利用力學支點，創以圖案應徵。司工程者按圖建築，竟獲成功。該橋高架空中，連接兩端洞口，火車出甲洞，飛越過橋，即入乙洞，構造極精巧之能事。

法人具偌大之犧牲，果爲何而必成此路乎？吾人無須加以深思，即不寒而慄矣。蓋此路通車之日，即雲南門戶銷鑰交法人掌握之時也。

雲南鐵路除法人經營之滇越鐵路外，尚有由碧色寨（滇越車站），經蒙自至個舊廠鐵路一段，雞街至建水（臨安）鐵路一段，係華人自辦，然不過爲滇越路之支路而已。（個碧路係爲個舊錫鑛而造）。

四、出產及商業

雲南多山，礦產當極豐富，中央對此亦極爲注意，曾由實業部派員到內地各縣山內，測量調查，將來對於本省開鑛，當有發展。已開之礦，計有個舊之錫，東川之銅。聞錫質極佳，爲滇省最主要之輸出品，年產七千餘噸，價值達一千七百五十萬元，多銷受香港。他如大理之礎石，普洱之茶，宣威之火腿，及各大山內之茯苓，三七，貝母，黃連等藥材，均爲本省重要出產。惜以采取沿用舊法，交通不便，而最重要之一點，即須取道滇越路，經過安南。該處對於所有出入雲南貨物，均須拆驗，課以過境稅。又對於往來客商本身及所帶行李，皆加以嚴密之搜查，有若警察之對竊犯，言之極爲痛心。在此情形之下，雲南之工商業自難如意發展，滇省出產亦難向外暢銷。該省當局，對於路政，深爲籌劃。對於建築汽車路，積極辦理，頗具熱心。現今雖已建築東西兩路，然距接連鄰省之期尚遠，況通海道乎？雲南出產，除如上述之鑛產及藥材外，尚有鴉片一項。按雲南爲貧瘠省分，在前清時，其地方政費即由四川湖北等省協濟。迨至民國，中央接濟缺乏，地方當局，祇得就地籌款，煙稅雖爲大宗。聞雲南行政費，每年約需七百萬元，一半出自煙稅，其出煙量數，每年約二千萬兩。四分之三輸出，行銷他省。其餘四分之一，本省自用。人民之吸煙者，在百分之八十以上。煙價每兩爲滇幣五元或六元（合大洋五六角）。就昆明省會三處而言，大育號之經營棉紗大錫廣貨者，皆爲粵人。其綢緞布疋業，則由浙人及平津人經營。洋商有美孚，亞細亞，英美煙公司及法商洋行數家。

五、金融與物價

雲南向用國幣，與他省無異。有富滇銀行，發行紙幣，準備充足。聞因有前某當局提現款以作軍需，致該行紙幣落價，繼因發行過多，遂至市面紙幣充斥，不見現金。現今省政府規定以紙幣五元抵現銀一元，商民納稅即以此爲根據（郵局售票，亦係紙幣五元購票百分）。其實滇票五元，不能購得國幣一元，需十元方能購得。商家向外往返匯款，即根據此價率。故每滇票一元約合國幣一角。滇票種類有百元，五十元，十元，五元，半元，二角，六種。

雲南幣制，衹有滇票。故購物一切，皆用此項紙幣。在昆明省會地方，計白米每升（十二斤）滇票十元（約合國幣一元下仿此），白麵每斤滇票二元，雞蛋每個滇票二角，豬肉每斤滇票二元五角，鯽魚每斤滇票二元二角，香油每斤滇票八元。由以上觀，即知雲南物價，除白米一項較天津爲賤外，其餘實較天津爲貴。蓋以內地荒旱，又加盜匪日多，由外縣遷移來省城者日衆。昆明地方，衣食住之生活費用，因之漸次增高。

六、昆明市之公用事業

昆明市道路，概以石磚（即以石作成磚形）鋪墊，極爲堅固美觀，有人力車往返行走，無警察管理，不分上下道，車行人群中。無汽車，馬車。載貨者有牛車。於衝要路口，有警察小屋，內設床榻，警察即住於屋內。行人遇有爭執，兩造趨赴警察小屋解決。電燈磨電係用水力，藉城西五十里石龍壩地方之瀑布，以轉動機器。機器時常損壞，且電燈馬力又小，時明時暗，頗爲不便。電話亦係老式，音極不清，且有時不能打通。自來水每挑滇幣三分。放水時間，爲早晨八時至十時。挑自來水者，須在街旁，按次排列。且機器時常損壞，不能將水擠出，祇有用井水矣。新政雖全，然管理均屬幼稚也。

七、外僑

雲南計有西籍僑民二百餘人。在省城昆明者，有八十餘人。其中以法人爲最多，英美人次之。法人皆係經商傳教及在鐵路作事。英人係營商及傳教者。美人則多爲傳教者。昆明地方有英美法三國領事。前有日本商人二家，日本領事一處，九一八變後，日商家爲學生搗毀，日領事遂亦裁撤。

八、結論

雲南鑛產之饒富，天氣之和煦，風景之秀麗，均爲他省所不及。惜以交通不便，民智簡陋，迄今猶多荒蕪，致爲帝國主義者所覬覦。苟不急起直追，以圖挽救，則大好河山，恐將非我所有。救滇之道，首在禁煙。非禁煙則滇民不能轉弱爲强。其次則爲修路政。最低限度，須即時築成公路，由昆明以出廣西，打通海路，以脫滇越鐵路之束縛。然後掘鑛產，興實業，開發富源。管見所及，爰筆書出，尚希關心邊陲者，有以見教也。

第二章　雲南起義的事實經過

一、袁氏稱帝

　　先是武漢起義，清廷遜位。楊度等發起國事共濟會，提議由此會解決國體，以促清庭瀕死壽命。民四之秋，政治會議遞嬗而爲總統府政事堂，約法會議遞嬗而爲立法院，總統制駸駸且進於君權，於是一般希榮攀貴之政客，以爲時機既熟，不得不用急轉直下手段，爲袁氏取得帝位。楊度、孫毓筠、嚴復、劉師培、李燮和、胡瑛等六人，當時號爲六君子，受袁氏秘命，組織籌安會，鼓吹帝制，復賄賂政府顧問美國古德諾博士發表論文，說中國不宜於共和制度。十月參政院議決召集國民代表會議，組織公民請願團。旋籌安會改組爲憲政協進會。梁士詒發起請願聯合會，段芝貴聯合各省長官呈請早日變更國體。十二月十一日國民代表投國體票，結果全國國民代表一千九百九十三人，得君主立憲票一千九百九十三張，並一致頌揚袁氏功德，請參政院推舉之，參政院根據國民會議投票結果，上表勸進，帝制運動，勢不可遏，袁世凱遂於四年十二月十二日下令承認爲帝，十五日册封黎元洪爲武義親王（其餘封爵者不勝枚舉），① 黎堅辭不受。十九日政事堂奏請設大典籌備處，② 廢除太監宮女之制，改用女官侍候内庭。三十一日下令以明年（五年）一月一日爲洪憲元年元旦。

---

① 封黎元洪之詔令："帶礪山河，休戚與共，盤名茂典，王其敬承！"——原注

② 大典籌備處以朱啟鈐爲處長，梁士詒、周自齊、張鎮芳、楊度、孫毓筠、唐在禮、葉恭綽、曹汝霖、江朝宗、吳炳湘、施愚、顧鰲等爲處員，籌備費約達千餘萬元，計御座四十萬元，龍袍八十萬元，其他物件亦多稱是數。——原注

二、天津密議

帝制説興，全國輿論譁然，時蔡將軍鍔，以滇督解職居京師，袁氏知其非凡，以將軍府將軍，參政院參政，經界局督辦等職羈縻之。當籌安會起，袁深慮蔡，或將反對。既衆議一起而蔡氏反在將軍府，領銜贊成帝制。故意沉湎酒色，以疏袁氏之防，暗與其友戴戡，其師梁啓超等，密謀反抗，圖謀舉義西南。案蔡公年十三時即受業於梁啓超門下，戊戌政變，其師亡命日本，蔡偕同學十餘人亦東渡，師生復聚一堂，講學論道，且縱談革命。後蔡復投身士官，研究軍事，歸國後，從事西南軍事教育，扶植滇黔勢力，及辛亥起義，遂據滇宣布獨立，民二來京供職，與任公日夕過從，薦同學唐繼堯督滇，劉顯世護黔，唐承蔡意，整文經武，不遺餘力。當籌安會發生之次日，蔡即訪任公於天津，共商大計。任公曰："余之責任在言論，故余必須立刻作文，堂堂正正以反對之。君則軍界有力之人也，宜深自韜晦，勿爲所忌，乃可以密圖匡復。"蔡公韙其言，故在京兩月，虛與委蛇，使袁氏無復疑忌。一面密電雲貴兩省軍界，共商大義，又招戴戡來京面商。戴於十月到京，乃與蔡公定策於梁任公天津之寓廬，後此種種軍事計劃，皆彼時數次會談之結果也。時決議雲南於袁氏下令稱帝後即獨立，貴州則閱一月後響應，廣西則越兩月後響應，然後以雲貴之力下四川，以廣西之力下廣東，約三四個月後可以會師湖北，底定中原。議既定，蔡戴先後南下，蔡公臨行時，佯言東渡療病，夜間自任公家易裝以行。戴君則逕往香港。任公於兩君行後，亦潛赴上海，任公到上海係十二月十八日事也。

三、唐繼堯通電討袁

蔡鍔於十二月十九日到滇，二十三日即以唐繼堯任可澄名義致電北京，請袁取消帝制，懲辦禍首，① 限於二十五日午前十時答復。袁氏接電後，並無明確表示，唐等乃致袁氏最後通牒，至期，袁又置諸不理。遂於二十五日通電各省，宣布獨立，并檄告全國，同伸義憤，是日省城懸燈結彩，唐於北校場誓師，以祝討逆。其宣告獨立電原文如次："天禍中國，元首謀逆，蔑棄約法，背食誓言，拂逆輿情，自為帝制，卒召外侮，警告迭來，干涉之形既成，保護之局將定。繼堯等連日致電袁氏，勸戢野心，更要求懲治罪魁，以謝天下，所有原電，迭經通告，想承鑑察！何圖彼昏，曾不悔過，狡拒忠告，益煽逆謀。夫總統者民國之總統也，凡百官守，皆民國之官守也。既為背叛民國之罪人，當然喪失總統之資格。繼堯等深受國恩，義不從賊，今已嚴拒偽命，奠定滇黔諸地，為國嬰守，并檄四方，聲罪致討，露布之文，別電塵鑑。更有數言，涕泣以陳麾下者：閱牆之禍，在家庭為大變；革命之舉，在國家為不祥；繼堯等夙愛平和，豈有樂於茲役？徒以袁氏內罔吾民，外欺列國，召茲干涉，既瀕危亡，苟非自今永除帝制，確保共和，則內安外攘，兩窮於術。繼堯等今與軍民守此信仰，舍命不渝。所望凡食民國之祿，事民國之事者，咸激發天良，申茲大義，若猶觀望，或持異同，則事勢所趨，亦略可預測。繼堯等志同填海，仇不戴天，力征經營，固非始願所在；以一敵百，實視眾志何如。麾下若忍於旁觀，繼堯等亦何能相強？然使彼此相持，稍互歲月，則鷸蚌之利，真歸於漁人，而萁豆之煎，空悲於轢釜，言念及此，痛哭何云。而繼堯等則與民國共死生，麾下則猶對歧途而觀望，坐此徘徊，至於亡國，科其罪責，必有所歸矣！今若同申義憤，相應鼓桴，所擁護者為固有之民國也，所驅逐者為叛國之一夫也，匕鬯不驚，天人同慶，造福作孽，在一念之危微，保國覆宗，待舉足之輕重，敢布腹心，唯麾下實利圖之！"（見《民國史料》）

---

① 唐繼堯、任可澄致袁氏電，內有："……全國人民腐心切齒，皆謂變更國體之原動力，實發自京師，其禍首之人，皆大總統之股肱心膂……應請大總統立將揚度、孫毓筠、嚴復、劉師培、李燮和、胡瑛、段芝貴、朱啓鈐、周自齊、梁士詒、張鎮芳、袁乃寬、顧鰲等明正典刑，以謝天下，渙發明誓，擁護共和……"——原注

時各省將軍巡按使都統護軍使及各路統兵大員，因政府電詢對於滇事之意見，先後電請懲辦，政府據之以明令發表褫唐任蔡職，聽候查辦。並任張子貞暫代督雲南軍務，劉祖武代理雲南巡按。張爲雲南第一師師長，劉爲第二師師長，袁氏授二人以軍巡兩職，其用意固甚淺顯，然二人不爲所動，反通電拒絕，袁氏之伎倆遂窮，不得不另謀應付之術也。

四、護國軍之陣容與戰略

滇省宣布獨立後，於五年元旦，成立都督府，廢去將軍巡按使名義，恢復元年都督府制，並召集省議會，推唐繼堯爲都督，任留守。蔡任出征。原議設元帥府，因蔡"欲力事謙抑以待來者"（蔡與梁書中語），故出征部祇設總司令部。出征軍初定名爲共和軍，因李烈鈞反對，謂共和軍與共和黨名稱相混，恐人誤會，故棄而不用。時正在護國寺開會，而此次興師又是以護國爲目的，因改稱爲護國軍。滇省軍隊原有二師一旅，另有警備隊四十營，實行北伐，分配維艱。故軍政府成立後，議決增招軍士，合成七師，分爲二軍，茲將其組織，列表於次：

雲南都督　唐繼堯

左參贊　戴戡　右參贊　任可澄

政務廳長　李日孩　財政廳長　籍忠寅

參謀廳長　張子貞　軍務廳長　唐恩曷

第一軍長　蔡鍔

總參謀　羅佩金　第一師長　劉雲峰

第二師長　趙復祥　第三師長　趙鐘奇

第二軍長　李烈鈞

總參謀　趙鳳楊　第四師長　劉祖武

第五師長　黃毓成　第六師長　方聲濤

第七師留省保護治安，先將原有及已招之軍隊分兩路向川邊、湘邊、桂邊進發。一由昭通入叙州，一取道威寧、畢節、入瀘州，此外復派一支向廣西進發。未幾貴州獨立（五年一月二十七日），乃由戴戡組織滇黔聯軍分兩路進行，統由戴戡指揮，一由桐梓進窺綦江，一由銅仁思州進窺湘省，川桂湘三面分五路進行，均歸蔡鍔節制。初頗注重入川之三路，擬得勝後，即上襲成都，下沿長江，進取武漢。嗣袁軍即以大隊相持，乃改變計劃、轉攻爲守，而注全力於湘邊。其向廣西一路，本非重要，特爲防禦廣東而設。後第二軍成立，由李烈鈞統率，向桂邊進行，適廣西獨立（五年三月十五日），廣東繼之（五年四月五日），均加入護國軍，李軍遂入桂境，共同行動。桂省護國軍北行入湘，由陸榮廷統率，五月杪已抵湖南永州。李軍則擬取道廣東進窺贛省，以便會師武漢，直搗幽燕也！

五、戰地情況

滇黔事變之後，袁氏亦汲汲爲軍事之預備，設臨時軍務處於豐澤園，以曹錕、張敬堯率師入川，馬繼增防堵湘西，龍濟光由粵入滇，對雲南取包圍之勢。故戰況以川湘桂三省，最爲激烈，茲將其經過概況，分述如左：

1. 川省戰況　川中護國軍分三路進兵，以便西取成都，東下武漢，茲將三路戰況，分述之：

（1）敘州　滇省獨立后，即派韓太宗統兵一團，先行出發，由昭通入川，五年一月十八日行抵敘邊之燕子坡橫江一帶，與四川守邊軍數營交戰，相持一晝夜。滇軍援兵趕至，加入作戰，川軍不支，退守安邊鎮。滇軍進攻，連戰皆捷，守敘州之軍隊，出戰不利退，滇軍遂於二十日佔領宜賓縣（舊敘州府城）并佔屏山縣。時袁氏所派之軍，尚未抵川。袁氏懸賞飭將軍陳宧剋期恢復，陳令伍祥禎馮玉祥熊祥生分道進攻，三人先後至敘，均爲滇軍擊敗。滇軍佔敘後，即分兵向自流井進發，志在截斷成都重慶之交通，惟兵數不多，且有川軍扼守，故兩軍時在自流井附近衝突。二月上旬，袁軍馳抵敘州東北，惟大半爲在瀘州滇軍所阻，止於中途，二月杪始陸繼蒞叙，三月一日包圍叙城。滇軍佔叙之初，兵僅三千人，其後添招增至二萬，惟已派若干往援瀘州，叙城兵力不足，乃於二日棄城去，扼守城南一帶山地，叙城遂爲袁軍所有矣。

（2）瀘州　蔡總司令親率軍隊，經畢節以入川之永寧，熊克武亦隨同前往。川軍第二師長劉存厚，本駐瀘州，滇軍既起，紛傳劉通款雲南，川陳乃移劉駐紮永寧，而別調他師守瀘。蔡軍行抵畢節，劉即派員接洽，一月三十一日蔡軍抵永寧，劉退往瀘州，行至納溪，乃據地築壘，以攻瀘城，滇軍隨至，佔領納溪，劉即宣布獨立，截擊叙州敗兵於江安，江安南溪同時爲滇軍佔領，復由納溪渡江與川軍戰於籃田壩。嗣以袁之援軍至，復退江安，時熊克武舊部在富川縣起事，劉欲與結合，爲川軍擊退。二月十一日張敬堯率兵行抵合江，與滇軍接近，先後交戰二十餘日，未曾收兵。二十六七等日，戰情尤烈，後滇軍因子彈缺乏，於三月八日退出納溪，納溪、江安、南溪、江安、南溪遂爲袁軍所據。十七日滇軍復整隊分兩路進攻，十九日佔江安，二十日佔納溪，袁軍死傷甚衆，派員議和，滇軍亦因彈將罄，允其議，其後李長泰率第八師至，未及交綏。帝制取消，此間遂不復發生戰事。

（3）綦江　攻綦者係戴戡所率之滇黔聯軍。戴駐松坎，而令熊其勳率第五六兩團進擊，二月十四日佔領要塞九盤子、青羊寺、趕水、東溪等地。十七日進佔分水嶺，乘勝直抵橋浜河，距綦城僅八里，而袁軍第七師來援，且分兵抄襲熊軍之後，熊軍遂停止進攻，二十六日守綦，袁軍啓城出戰，爲聯軍擊退。時袁軍第六師一部份由涪州上陸至綦，熊軍與戰於劉羅坪山，激戰七八日，兩軍堅守陣地，袁軍逐漸增加，適蔡軍退出納溪，曹錕由納溪調兵援綦，熊軍乃退守黔邊。不久帝制取消，雙方停戰，遂不復以砲火相見也。

2. 湘西戰況　貴州獨立後，即分兵由鎮遠、銅仁、黎平三路進攻湖南。二月二日鎮遠軍攻克湖南晃縣，此軍爲第一團長王文華所率。十六日銅仁軍攻克麻陽。第三團長吳鼐鳴亦率軍經黎平攻佔靖縣及會同縣，進據洪江，復由洪江西上，進取黔陽，與鎮遠、銅仁兩軍會合，包圍芷江。守芷袁軍兩團與黔軍交戰數日，吳團長身先士卒，直撲敵陣，袁軍向谿辰方面退却，吳團長中彈身死，芷江遂爲黔軍佔領。吳軍攻黔陽時，該地有湘軍三營響應，故聲勢較壯，黔軍復別出支隊，由靖縣進攻武岡，前鋒行抵寶慶，附近之新寧、城步、綏寧、通道等縣，均在黔軍勢力之下，時桂省尚未獨立，貴州劉都督恐孤軍深入，黔省兵力大薄，下令停止進攻，並撤軍隊一部份，回紮黎平，此方戰事遂未見發展，袁軍亦以統帥馬繼增暴卒，軍隊無主，中止進攻，兩軍相持於辰沅、寶慶之間，吳嘁鳴陣亡後，繼任者不得其人，士卒大半潰散，三月中旬袁軍增兵進攻，芷江、麻陽復爲袁軍所有。未幾停戰議起，彼此堅守戰地。迨廣西獨立，陸榮廷率師進攻永州，零陵鎮守使望雲亭、湘西鎮守使田應詔，相繼加入護國軍，不久湖南亦宣布獨立。

3. 桂邊戰況　袁氏密令龍覲光督師在廣西，會同桂軍進發，龍軍於一月杪由粵啓行，至二月中抵南寧，所帶祇粵軍三營，餘均到桂後，由陸榮廷爲之編入，是時李烈鈞統率滇軍已行抵邊境，龍軍因道路險阻，進行遲緩，月杪始抵百色，旋進兵攻廣南，三月九日攻佔剝隘。滇軍司令黃毓成，則繞道龍軍北面，由泗城之西隆，節節進攻，七日佔據百色，截斷龍軍後路。并分兵在剝隘、龍潭方面，擊斃龍軍千餘人，龍軍於是兩面受困。先是，龍氏子弟及其鄉人在逢春嶺，招募兵丁，聯絡土匪，欲爲龍軍內應，曾由滇軍第二師長劉祖武函勸龍濟光速行禁阻。至是龍氏子弟遂公然舉兵，旗上大書奉袁政府命令征滇，三月九日圍攻蒙自，并分兵擊個舊、臨安，個舊兵力單薄，爲所佔據，旋由省派兵分頭剿援，擊斃三千餘名，於二十一日將個舊克復。蒙自，臨安匪衆，亦先後被擊散。龍覲光既爲滇軍前后夾攻，且其部下由桂軍編入者，咸倒戈相向，廣西亦於十五日獨立，龍氏遂加入護國軍，此方戰事遂告停止。

六、各省響應

自雲南首義，反對帝制，宣布獨立，至五年四月末爲止，凡四閱月，以完全獨立聞者：有貴州劉顯世，廣西陸榮廷，廣東龍濟光，浙江呂公望；以戰捷聞者：有湖南湯薌銘，四川陳宧；起義而未成功者：有山西、湖北、江西、安徽、江蘇暨內蒙。最後結果，各省一致主張袁氏退位，以謝天下，茲將各省舉義概況，分述如次：

1. 貴州　貴州夙與雲南聯絡，雲南未獨立之前，時與貴州通聲氣，護軍使劉顯世亦已表示贊成。惟以黔省兵力薄弱，逼近湖南，恐北軍由湘進迫，驟難抵禦，故暫持中立態度。同時分電北京、雲南兩方，要求均勿派兵入境，實則滇軍仍秘密來黔，貴州當局亦竭力布置，以便乘機仗儀。及五年一月二十四日戴戡由雲南率步兵一營砲兵一隊行抵貴陽，蔡鍔所率之入川軍隊，亦於二十五行經黔之威寧，於是貴州聲勢，爲之一壯。且內部布置業已就緒，又探聞袁軍已分道，由鎮、銅兩路逼進黔邊，遂於二十七日宣布獨立，舉劉顯世爲都督，推戴戡爲護國第一軍右翼總司令，所有黔省出征部隊，編列成軍，隸諸蔡軍之部下，二月三日由貴陽出發北伐。

2. 廣西　廣西將軍陸榮廷之反對帝制，早已傳說中外，惟陸氏殊爲鎮靜。雖與雲、貴暨其他民黨，潛通消息，而仍委蛇於袁政府之間，廣東龍覲光率師攻滇，道經桂境，陸氏復撥助將弁，爲之計劃進行。蓋以桂、奧毗連，諸多牽制，邊防籌備，尚欠妥善，軍械餉糈，亦未籌足，故不能不遲徊審慎也。迨二月下旬，軍事布置，次第就緒，陸氏乃疊遣代表至滬，請梁啓超來桂，籌商舉義事宜。三月中旬梁氏蒞桂，適岑春萱亦由海外募集軍餉回籍，乃於十五日由陸榮廷、王祖同、梁啓超、陳炳焜、莫榮新、譚浩明、呂鑑熙等，列名致電袁氏，勸其辭職，以謝天下，旋得袁政府來電，勸廣西勿受亂黨煽惑等語，隨即電京聲明，與中央脫離關係。軍民公推陸榮廷爲廣西都督，時陸駐紮柳州，乃立返南寧，布置攻守事宜，分三路從事進攻，其餘則分駐南寧、廣遠、泗城、百色、太平等處，保衛地方，自是護國軍之聲勢，乃益強盛。

3. 廣東　廣東軍隊向有粵軍、濟軍之別。粵軍爲該省原有軍隊，濟軍則爲龍濟光所募練，向歸龍氏統帶，亦稱之爲龍家軍。粵軍第一師長由廣惠鎮守使龍覲光兼任，將弁士卒，亦含有龍家軍性質，全省軍權，實握於龍氏兄弟之手，省城及各要塞，均由龍軍駐守，壓制民軍，無微不至，民黨鑑此，故在外縣分頭運動起事，藉分省城兵力。故自一月以來，疊在增城、新會、香山、寶安、佛山等處，屢謀起義，此外復在省垣城外電燈廠拋擲炸彈，攻擊省垣附近之石湖村，希圖佔據兵工廠，窺襲省城。又圖襲黃浦砲臺，及肇和兵艦。龍軍初猶分兵鎮壓，繼以各處民軍紛起，應接不暇，且龍覲光攻滇之軍，已在桂邊被困，於是龍之地位，日就阽危，濟軍軍心，漸形渙散。乃至三月二十七日，潮州、汕頭等處，先後獨立，加入護國軍。四月五日，龍氏勢孤，不得不宣告獨立，與中央脫離關係。然龍氏所部軍隊，仍有嫉視民軍之意，兩方意見分歧，時生衝突。乃各電廣西邀陸榮廷、梁啟超來粵調和，適陸、梁先時所派勸粵獨立之湯覺頓抵省，遂於十二日開會議於海珠島水上警署，龍氏派統領顏啟漢等往與會，甫開議，顏等衛兵即開槍轟擊，湯代表被擊殞命。由是民軍與龍軍之嫌隙愈深。此後梁啟超至粵，痛陳利害，然粵軍意見至黎總統接任後，仍未蠲除，迨滇軍東來，遂燃起激烈戰禍矣！

4. 浙江　浙江將軍朱瑞，傾向袁氏，贊成帝制。深慮本省軍隊不足恃，特電袁氏請兵。浙軍聞之，甚為憤懣，乃由童葆暄、呂公望、王文慶等主動，於四月十一日晚攻佔軍署，朱瑞聞變出走。天明後宣布獨立，推屈映光為都督，王文慶為議長，屈僅允以巡按使兼總司令名義，維持治安。繼聞屈氏復見好項城，密電陳告苦衷，袁氏覆電嘉獎。旋經旅滬浙人反對，省外軍官亦致電詰責，乃於十七日改稱都督。四月杪屈督接報，謂夏次岩、許鐵岩等在省運動軍隊，希圖起事，即將夏等捕獲，於五月一日槍斃，然謠言仍不少息。五日屈氏宴請軍界要人暨商學警各界領袖，席間宣言辭職，要求另選賢能，辭意甚為堅決，乃公舉呂公望繼任，即於次日就職。嗣復簡練軍實，鞏固邊防。

5. 陝西　陝西民俗強悍，會黨綦多，雲南起義後，各地會黨，即躍躍思動。秦省原有陸軍二旅，混成旅四旅，就中以陳樹藩所統之第三旅兇猛異常，非他軍所能敵，亦非陳不能統御之。陳原任陝南鎮守使駐漢中，陸建章恐陳仗義，將陳調任陝北駐榆林，而以賈耀漢駐陝南。時民黨首領王一山、曹士英、郭堅、楊介、焦子靜等，先後起事，韓城附近之朝邑、宜川、洛川、白水、蒲城等縣，均爲民軍所侵入。陳樹藩率兵前往，其部下多同情民軍，陳本傾向滇黔，遂於五月九日在三原宣布獨立，分三路進攻西安。時民軍聲勢浩大，所向無敵，富平之役，陸承武被擒，省垣兵力單薄，勢成孤城。陸知難抗禦，乃向陳言和。旋陳氏就都督職，任陸承武爲陝西護國軍總司令，將軍隊編成二師，任曹士英爲第一師長，李岐山爲第二師長，并派隊駐守潼關，以防豫軍西犯。

6. 四川　川省自滇軍侵入後，各地軍民紛紛起事；嘉定、雅州、隆昌、大邑、忠縣、酆都、大竹等縣，先後失陷，雖起事者或爲駐守之營防，或爲退伍之軍士，或爲就地之綠林，非盡完全民軍，然反抗袁氏，乘機響應則一也。當滇軍入川時，將軍陳宧曾布置守禦，惟以兵力散處，而第一師長劉存厚又附和滇黔，率其一部加入滇軍，故節節失敗。迨曹錕、張敬堯率師入川，作戰計劃，由曹、張主持，陳氏對於袁政府，雖仍聽受指揮，然對滇軍亦未嘗主張武力解決。時川省人心，異常惶恐，紳民亟謀減免戰禍，紛向陳氏要求獨立，川邊鎮守使亦請陳氏獨立，陳不得已遂於五月三日致電袁總統，勸其退位。袁無切實表示，遂於二十二日通電各省，宣言與袁氏斷絕關係，旋即改稱四川都督，加入護國軍。

7. 湖南　湖南爲民黨淵藪，自第二次革命失敗後，屢有黨人在湘圖謀起事，湯薌銘竭力鎮壓，黨人在湘死難者，不可勝計，雲南起義，湘垣即紛傳黨人將在長沙企圖起事。至五年二月二十一日，挾炸彈，擎手槍，攻擊將軍署者，即黨人之壯舉也！惜勢力較薄，功敗垂成。湯雖得幸殘喘，然對於湖南獨立，未嘗無意，徒以倪嗣冲增兵駐岳，在在足以牽掣省垣。欲獨立，則慮倪軍之襲擊；不獨立，則受南軍之攻擊；於是零陵鎮守使望雲亭於二十七日在永州宣布獨立，蓋非此不足以緩和桂軍之前進也。未幾倪軍撤退，湘西鎮守使田應詔亦在鳳凰宣布獨立。田氏於黔軍侵入時，曾與訂約確守中立，至是乃正式加入護國軍。同時衡陽、耒陽等縣，亦相繼告急。湯薌銘雖欲效死袁氏，重苦三湘，奈大勢已去，挽回無術，遂於五月上旬派人赴桂議和，并電勸袁氏退位，旋於二十九日宣布獨立，并派湘軍二營駐守岳州，拒絕袁軍入湘境。

8. 山東　滇軍起義，山東民黨亦甚活躍，居正電請靳雲鵬退職投誠，讓出濟南，靳置不答。五月三四五等日晚間，省城內外發現炸彈，人心極爲恐慌。旋黨人吳作周進攻周村濰縣，駐濰陸軍第五師長張樹元率隊出城抵禦，大潰，縣城遂歸民軍管領。未幾靳氏召集政界要人暨紳商學界代表會議，議決主張袁氏退位，惟山東因地理關係，不能宣布獨立。黨人認爲靳氏不肯獨立，即係反對民軍，決用武力從事。疊攻省垣，均未得手。濟南居民，深恐地方糜爛，乃組織紳商學界聯合會，居間和解。雙方正各拍電停止軍事行動，而民軍方面忽又進擊垣古，和議遂告決裂。靳雲鵬旋於二十八日入京，袁政府改派張懷芝、段芝貴來濟，以張爲山東將軍，自後雙方衝突，互有勝負，直至九月中旬，始告結束。

9. 湖北　鄂雖袁軍勢力範圍，然大義所在，人非木石，焉能袖手？二月十八日夜駐武昌城外南湖之鄂軍第一師馬隊，受黨人運動，攻撲附近砲隊，因衆寡懸殊，不支而退。五月中復有黨人在南湖設立機關，謀攻袁軍，天門、潛江間又有大股黨人聚集，與省軍對抗。黨人雖一再舉義，迄未告厥成功者，力不敵也！

10. 安徽　安徽大通，亦有民黨運動権運局衛隊警察，並招兵七百餘名，於四月十七日闖入権運局，旋渡江迫令定武軍第三十五營繳械。宣城則於二十二日有黨人迫令縣知事獨立。兩處均不幸遭軍隊解散。惟婺源則以地勢險阻，自聞得浙江加入護國軍後，即由劉錫藩宣言獨立，省軍以該地不易進攻，僅派兵扼守要隘，防其外出而已！

11. 江西　贛省反袁空氣，較爲沉寂，僅玉山、廣豐，經浙江黨人前往運動獨立，并進佔上饒而已！

12. 福建　福建紳民，亦屢謀獨立，因劉冠雄鎮壓甚力，遂不果行，僅連江曾一度爲民軍佔領。

此外，如晉北之蒙人，北蒙之宗社黨，雖宗旨與民黨不同，然亦因帝制乘機起事者也，至於當時河南情形，當於下章述之。

七、帝制取消與南京和議

帝制成立，原擬五年元旦日登極，以護國軍起，展至二月六日，復以外交棘手，各省獨立，已知帝制難成，徒招反對；三月二十一日公府議決，取消帝制，翌日宣布，並廢洪憲年號，以段祺瑞爲參謀總長，用黎、段、徐之名義，通電各省，商議善後辦法，及廢除關於帝制各種事項。四月四日，改政事堂爲國務院，以段祺瑞爲總理，其閣員名單如下：

國務總理　段祺瑞
外交　　　陸徵祥
內務　　　王楫堂
財政　　　孫寶琦
海軍　　　劉冠雄
陸軍　　　段祺瑞（兼）
司法　　　章宗祥
教育　　　張國淦
農商　　　金邦平
交通　　　曹汝霖

段雖爲袁驅使出而組閣，以排大難，惟是時南京馮國璋爲地方將軍領袖，舉足輕重，隱然爲南方中心，與北京之段互相對峙，南馮北段之新形勢，至此告成，異日北洋派分裂者即肇端於此。旋康有爲、張謇、湯化龍、伍廷芳、唐紹儀及南方獨立各省，勸袁下野電，雪片飛來，馮國璋亦勸袁退伍，并於十八日召集西南各省代表到南京和議，聯合倪嗣冲及長江巡閱使張勳，任調停之責。

八、袁氏逝世與國會復活

袁氏自滇黔起義，政務焦勞，軍事外交，尤形繁劇，致釀成神經衰弱症。其後帝制取消，大局依然紛擾，南方堅執退位之說，不稍讓步，以故憂憤成疾，及五月下旬，四川獨立於前，南京會議失敗於後，湘湯復宣言脫離關係，袁氏疊受打擊，六月一日成昏醉狀態，六日上午逝世。段祺瑞親握大總統印，授之黎元洪，黎趨而哭之，七日，本約法以黎副總統繼任。十日裁撤海陸軍大元帥統率辦事處，下令南北雙方停戰。二十三日段總理通電各省長官及民黨要人，徵求對於新舊約法之意見，多贊成元年約法；二十九日，復由大總統公布舊約法，取消新約法。特任段祺瑞爲國務總理，閣員如次：

  陸軍總長段祺瑞（兼） 海軍總長程璧光 外交總長伍廷芳
  司法總長張耀曾 財政總長陳錦濤 內務總長孫洪伊
  教育總長范源濂 農商總長張國淦 交通總長許世英

  七月六日改各省將軍督理軍務爲督軍，巡按使爲省長。十四日下令懲辦帝制禍首楊度、孫毓筠等八人，而先後逃逸，無一獲者。八月一日裁撤參政院。召集舊國會，續開憲法會議，審議天壇草案。十月三十日舉馮國璋爲副總統，民國復活。

第三章　雲南起義時中國的內政和外交

一、五國借款與袁氏擴軍

　　袁氏就總統職后，一切設施，多出己意，而又貪攬大權，剛愎自用，民黨對之，殊爲不滿。宋教仁者，國民黨之有力分子也，首倡政黨内閣之説，及陸徵祥之超然内閣實現遂下野，遊説鄂、湘、贛、皖、蘇各省，道政府之短，宣傳本人政見，二年國會議員北上，宋在滬多與聯絡，結爲知己，亟招反對者之忌恨；三月二十日宋在上海車站被刺，至二十一日而亡。後捕獲凶犯武士英，知爲趙秉均受袁命與内務部秘書洪述祖等所爲。自是暗潮日急，大有"山雨欲來"景象，袁世凱知戰事難於避免，故秘密促成大借款，以爲擴張軍備及賄買各方之資金。宋案證據宣布之時（四月二十六日），正二千五百萬鎊大借款合同簽字之日。

　　大借款之進行，原來始於唐紹儀組閣時。到民元十二月間，關於借款重要條件，大致就緒，財政總長周學熙，曾將其重要條件報告臨時參議院，參議院亦表示大體許可。但政府既未以正式公文提出，該院亦未曾以議決形式出之，依臨時政府時代借款先例，凡政府於立約簽字之先，無不正式提交參議院通過。乃袁於宋案發生後，便秘密與英、法、德、俄、日五國銀行團，積極進行善後大借款，數日之内，即行簽定。簽定後，藉口往年十二月在參議院業已報告通過，現在僅咨請國會備案。民黨議員，聞之大譁。然國會中之進步黨員，擁護政府；僅民黨黨員爭執不稍讓，國會爲之綴議者累日。在政府所以悍然不交國會議決，而竟私借款契約者；徒以民黨議員不與政府合作，倘交議必受激烈之反對也。而且南方數省聯合反抗中央之局已成；大借款若不速成，將來事變發生，不惟無大宗之軍費，且失五國之外援。故政府不避違法之嫌，而出此離奇舉動。及七月初，又發見政府於四月二十日，曾借奧款四百七十萬鎊，不惟未交議，且不令國會與聞；經國會議員，再三質問，始承認有此事。於是進步黨一部份議員，亦不能忍。七月四日，衆議院對於政府，同時提出五彈劾案。雖有彈劾國務員全體，及一部分之區別；然國會集矢於政府則一。趙秉鈞、周學熙因是免官；大借款風潮，遂爲無結果中之結果。而袁世凱向民黨積極備戰之態度，至此已露骨表現矣。

二、二次革命與袁氏暴政

二次革命之原因，其揭櫫者，雖曰宋案及借款，然別有動機在，自武昌起義，未及半載，共和之形勢告成，民國雖稱統一；由軍政時期，一躍而爲憲政時期。但未經訓政階段，流弊所至，遂使梟傑者流，假民治之名，行專制之實，故中山先生有言：「革命政府既無訓練人民之時間，又不予人民以養自治能力之時間；因不經訓政時期，於是發生流弊者三：一、舊污未由蕩滌，新治無從進行；二、由粉飾舊污以爲新治；三、發揚舊污，壓抑新治。更進一步言之即：第一民治不能實現，第二爲假民治之名，行專制之實，第三爲並民治之名而去之也，…………顧袁氏之所爲則無一不與民國爲仇，其不軌之心，日甚一日，袁世凱之出此，天性惡戾，反覆無常，固其一端；然所以敢於爲此者：一由革命方略不行，則緣之而生之弊害絕不能免。」（見《中山全集》）自狙殺宋教仁全國驚駭，繼之五國借款，不經國會通過，遽行簽定，違法之行爲已大暴露，於是二次革命起焉。

民黨中江西都督李烈鈞，安徽都督柏文蔚，廣東都督胡漢民，對於袁政府之措施，反對心力，政府銜之，於民國二年六月間，相繼罷其職，三都督同隸國民黨籍，聲勢素相聯屬；政府慮其不奉命，或竟致聯合反抗；適值兼領江西都督黎副總統，於七月二日接九江、湖口要塞司令陳廷訓電稱：有革命黨來潯運動軍隊，請速派兵鎭懾。政府遂爲先發制人之舉，遣注鄂北軍司令李純，馳兵扼駐九江之沙河鎮，既而三都督遵令解職，寂然無所動。而政府注意江西，赴贛之師，仍連翩而至，蓋自宋案發生以來，反對政府之黨人，欲舉行二次革命，以達推倒政府之目的，在鄂之秘密機關，既屢經破獲，乃轉而趨赴下遊，希圖在贛起事，政府早已偵知其隱，及七月八日前贛督李烈鈞，由滬抵湖口，約會九、十兩團，密謀起事，並招集輜重、工程兩營，分扼要隘；勒令各臺官交出礮臺，歸其佔領。十二日駐德安贛軍旅長林虎所統之軍隊突曁討袁軍白旗向李純軍攻擊，歷戰一晝夜，林軍死傷較多，同時湖口宣布獨立，由省議會推李烈鈞爲江西討袁軍總司令，歐陽武爲江西都督，當時檄告遠近，大旨謂："民國肇造以來，凡我國民，莫不欲達真正共和目的。袁世凱乘時竊柄，帝制自爲；滅絕人道，而暗殺元勳；弁髦約法，而擅借巨款。金錢有靈，即輿論公道可收買，祿位無限，任腹心爪牙之把持。近復盛暑興師，蹂躪贛省；以兵威刦天下，視吾民若寇讎；實屬有負國民之委託，吾國民宜急起自衛，與天下共擊之。"於是黃興即於十四日，由滬抵寧，召集第一第八兩師軍官會議，挾制都督程德全於十五日宣布獨立，居中策馭；並分兵由津浦路專車至徐州，會同駐徐第三師冷遹軍隊，防禦北軍南下，而全陳其美在滬起兵，圍攻上海製造局，安徽則受湖口南京影響，亦於十七日宣布獨立，柏文蔚由寧旋皖組織安徽討袁軍，廣東則於十八日，由都督陳炯明宣布獨立，福建都督孫道仁，從師長許崇智之請，於二十日宣布獨立。湖南則由都督譚延闓於二十五日宣布與政府斷絕關係，二次革命聲勢頗大。

自李烈鈞舉兵湖口，黃興入據南京，袁世凱乃於七月十六日命段芝貴爲第一軍軍長，馮國璋爲第二軍軍長，率師南下，分赴贛寧討之。尋南京革命軍內訌，檄所屬臨淮關之第八師，還寧防守。其於徐州與政府軍對壘之冷遹軍，因後路空虛，退守臨淮關。而江西之湖口，復由段芝貴之第一軍會同湯薌銘之艦隊，於七月二十五日克復，革命軍之勢大衰。二十二日，徐州民軍退浦口，上海陳其美攻製造局數次亦不利，遂退吳淞及寶山路一帶駐紮。自是寧垣聲援盡絕，黃興潛遁。安徽則於八月七日，逐柏文蔚，取消獨立，并促倪嗣冲赴任，十八日，北軍入南昌。是時惟何海鳴在南京繼黃爲討袁軍總司令，與袁軍血戰十餘日，勢孤不支，九月一日失南京。派陳炯明奔香港，龍濟光據廣東，湘譚延闓，閩孫道仁，均撤消獨立。熊克武據重慶，未幾亦潰散，蓋以事起倉猝，策劃未周，各省雖均爲獨立，而各自爲謀，不能一致；故以六七省之地，數十萬之衆，而終歸失敗。

北方各省，雖亦有反袁之意，但爲强權武力所抑，不得逞。而陝西屢有民黨出沒，至三年四月十一日，都督張鳳翽爲黨人所刺；政府令陸建章率所部旅長馮玉祥等入陝，戡定陝局。十月馮於子午谷擊退豫匪白狼，改爲第十六混成旅，駐陝南，陝南亦定。

三、解散國會與帝制初議

初，元年四月，臨時參議院移於北京。二十九日繼續開會，舉吳景濂爲正議長，湯化龍爲副議長，并議決正式國會之組織法及議員之選舉法。十二月二十八日開會，咨政府招集民選議員，二年二月，各省選舉告終，議員先後集於北京，四月八日舉行正式國會開幕典禮，二月六日參議院舉張繼、王正廷爲正副議長，旋衆議院舉湯化龍、陳國祥爲正副議長。國會重要職務即制定憲法，遵舉正式總統，政府派之進步黨議員，主張先舉總統後制憲法；國民黨議員反對之，適二次革命失敗，國民黨大受打擊，又主張速議憲法，以立共和之基礎，而抑袁氏之野心。由兩院議員組織憲法起草委員會於天壇，至十月議決草案十一章一百十二條，提交憲法會議審議，袁世凱恐憲法不利於己，遂爭憲法公布權，謂："所有之法令，均須經大總統公布，始能有效。"十六日總統復提出修正約法案，國會置諸不議，二月二日乃派委員方樞，程樹德等八人，加入憲法會議，國會因其非法拒之，袁世凱於二十五日通電各省軍民長官，反對憲法草案，謂："民黨議員，干犯行政，欲圖國會專制。"各省長官多袁黨，故均主張解散國民黨，并取消國民黨議員資格及憲法草案，十一月四日，藉二次革命爲名，下令解散國民黨，並將國民黨議員資格剥奪，追繳證書徽章。自下午四時至翌日八時，被追繳者共四百三十八人，國會遂無開會之希望，於是全國人民咸謂政府非法，不應摧殘民意機關；即政府派之議員，亦不贊成此種非法命令，且提出質問書，限三日答覆，袁氏置之不理，二月六日令各省選派二人來京，組織中央政治會議，執行國會職務。各省軍民長官，電請袁世凱，解散殘餘之議員。三年一月十日由政治會議議覆，認各省長官所請理由正當；於是袁世凱即以命令停止兩院開會，國會遂完全解散。

二次革命既告失敗，國會復不幸橫遭解散，袁世凱寖集大權於一身，雖無皇帝之名，而已居其實！遂更思逞其奢慾，安冀子孫帝五；於是有"中國適於君主"之邪説，"君憲救國"之謬論，"全國帝制請願"之出現。自美國利杜博士演説帝制復活，有益邦國，一呼之後，國中素想帝制者，群響應之。袁又暗中指揮，以利進行。陽則表示苟有不利共和行動，定依法嚴辦，陰則嗾使帝制運動，着着實現。時有湘人禹幼年者上書勸進，其最令人發噱者有云："前辛亥革命之意，若單推翻滿清可也，并專制亦推翻之則不可也！何則？國民之程度尚低，非行專制，難望統一，寧法陳橋黄袍加身口稱萬歲故事。若不以帝制，而以共和，實破壞中國之根本也！"是時猶有田舍翁裘平治者，亦上書勸進。此數人於堂堂共和政體之下，竟上書勸進，背叛民國，非出於袁之嗾使而何？袁則閱報之下，嚇然震怒，特電該省長官，嚴究二犯，以固國本，而遏亂萌。用苦肉之計，以飾陰謀，其用心不爲不苦。

四、山東交涉簽訂國恥條約

三年六月二十八日，歐洲塞爾維亞人，刺殺奥太子斐迪南，七月二十八日塞奥宣戰，德助奥，俄助塞，法怨德，英以德侵比之中立，相繼加入戰團，日本以與英同盟之故，於八月二十三日亦加入。時我國爲局外中立，已得各作戰國承認，而日本志在侵奪我青島，而入中國内部，遂其野心。九月三日,英日聯軍自我山東之龍口、萊州、勞山登陸,進攻青島,二十一日,德軍集於青島。膠濟路歸中國接管。二十五日,日軍佔濰縣,十月六日進兵至濟南,強佔全路,並奪去沿路鑛產,屢侵犯我國中立,十一月七日,在青島之德當局以兵力單薄,援兵來至,戰敗;日本遂逐德人佔我青島,強奪我國海關,迫驅我人民。

青島戰事停止,中國政府因膠濟路,青島稅關,山東撤退外兵等問題,屢向日本交涉,均爲強權所迫,未得公平結果。四年一月十八日,日本駐華公使日置益更提出無理之二十一條款,總分五號:第一號,要求中國承認日本享受德人在山東之一切權利;第二號,要求南滿東蒙一切特殊權利;第三號,奪取中國漢冶萍公司利權;第四號,要求中國允許所有中國沿岸海港島嶼不准割讓或租於他國,而歸日獨有;第五號,要求在中國之日人有土地所有權。直目中國爲保護國,外長孫寶琦憤而辭職,袁世凱以陸徵祥繼任,曹汝霖副之,至四月十七日,會議共二十四次,我國表示讓步以保東亞和平,承認數項,其有礙主權者尚未允諾,會議稍停,二十六日,日本復提出修正案,略加刪改,更經數次會議,五月一日我國答覆日本,並具說明書,解釋萬難承認之理由。然日本置之不理,竟於七日送來最後通牒,並限四十八小時答覆,須完全應允,否則自由行動。時袁逆謀稱帝,日本已覬得其隱,豈敢相抗。乃竟於日本武力之下,不顧民意,遲至九日答覆,爲中國之大恥!此次交涉相持數月之久,中國所爭者,土地之保全,主權之獨立,與各國條約之衝突數端;理由至爲充足,而終失敗。蓋袁世凱方規劃帝制,專心對內,無力禦外,且欲聯日以爲援;日本則乘列強有事西方,不暇東顧之際,肆其暴戾,逞其野心也!

五、國防會議

袁世凱之皇帝熱,既燒肺腑,左右又煽動不置,彼之耳目盡蔽,利令智昏,除運動帝制,別無所事。自中日交涉了結,帝制運動,有一日千里之勢。惟各省將軍之向背，尚無把握，遂於七月藉名開國防會議，召集各省將巡暨握兵權者來京商議國防事宜，是時到會者，有山東將軍靳雲鵬，奉天將軍張錫鑾，江蘇將軍馮國璋，兼署直隸將軍朱家寶，江西將軍李純，湖北將軍段芝貴，安徽將軍倪嗣冲等三十餘名，連宴數日。擬議結果，嚴守秘密。時袁之機關報，曾為辯明，謂國防之外，別無所議。奈司馬昭之心，路人皆知，自是後帝制之説，日高一日。原袁氏運動帝制最憂慮者，乃軍閥之向背。時各省將軍表面上雖忠於袁氏，其內心如何，不得而知。且各省將軍中大多數受清廷恩顧，武昌起義，清社屋墟，今若倒戈反袁，則袁氏敗北可立而待。是以國防會議之召集，除伺各將軍之向背，別無所事。然各將軍早悉袁意，咸迎合其志，異口同聲，和其默示，以表無他。初袁氏最猜疑者，段祺瑞、馮國璋、張勳三人。段見袁氏態度改變，決然隱退，至於張馮二人，素與宗社黨通款，原於故主，頗為世人側目，袁氏對之，壓迫備至，藉名勦匪，派兵南下，威嚇張馮。時馮頗不自安，特入京覲見，誓語無他。上海新聞曾發表馮氏對於袁之態度，略謂"鄙人目下對於時局，無何等主張，邇來有人離間鄙人與大總統，不外中傷之策。不識鄙人隨從大總統迄今二十餘載，屢受恩誼，誠有知己之感。況受職軍務，除服從長上命令外，別無所知"云云。由此可想像到當時帝制運動之猛烈，握有兵符之地方將軍尚不敢言抗，足見袁氏極盡縱橫捭闔之能事。

六、五國聯合警告

自四年十二月十二日袁氏申令承認為皇帝後，日公使小幡忽於十五日率同英俄法意諸國公使至外交部，提出第二次五國聯合帝制延期之警告："曩者各國對於中國帝制問題，曾向中國政府勸告。其時中國政府聲明不急遽從事，且稱有力擔保國內之治安，勸告諸國，據此以後，對於中國決定執監視之態度。"此警告簡單嚴厲，袁氏接閱之下，狼狽萬分。不得已對於本國稱皇帝稱洪憲元年，對於各國仍稱大總統稱民國五年，袁氏知此種警告，雖由五國聯合，實出於日本之原動力，遂謀挽回日本之感情，冀得外交上之援助。擬犧牲某項權利爲日本承認帝制之交換條件，先與日公使商議，日使電告本國政府，得其承諾，袁氏遂以祝日皇即位大典之名義，派農商總長周自齊爲特使，擬即便啓行，時在五年一月，日公使特於一月十四日晚招請周特使等餞宴，席間表示日本政府十分歡迎之意。周特使定於十七日啓行，隨員皆早日先行。及十六日日使忽至外部，謂奉本國政府訓令，俄國大使將至東京，不便迎接中國特使。且避兩國間各種誤解起見，請中國特使延期啓行。此耗一來，袁氏威望盡喪，無以爲計。越三日日使復訪陸徵祥謂貴國政府前信實行帝制，國內斷無騷擾，今雲貴之事，究竟何時可平？又其他各省是否能保無變動，陸氏無詞以對。日本政府對袁氏運動帝制，先引誘之贊成之，繼反對之抵抗之，非對袁氏有所愛憎也，其目的在利用袁氏稱帝，擾亂中國全局，而乘機以奪中國之權利耳。

附一：雲南起義時之河南情形

民國成立，同盟會改組爲國民黨，河南同志，堅苦卓絶，遵守黨綱，與民賊袁世凱積不相能，民元二張鎮芳督豫，藉袁世凱之力，摧殘民黨，不遺餘力。宋案發生後，豫藉國會議員劉積學、王傑、劉榮棠、凌鉞、劉峰一、段世垣、林英鍾、陳堯初、劉奇瑶等三四十人，提出質問書，嚴責袁氏，甚爲激昂。時黨中要人，密計討袁，委曾昭文擔任北五省軍事，因病逝於天津，未竟厥志，深爲憾事！旋林英鍾、段世垣、賈俠飛、受黄克强先生命，秘密反袁工作，亦不幸先後殉難。其餘因籍民黨，被當局慘殺者近千人，嘗鐵窗風味者，更不可以縷計。

洪憲帝制之發生也，豫中愛國份子，躍躍欲試，圖與西南護國軍響應，分赴各地，密謀起事。張希聖等潛往南陽一帶，收集民軍，高樹討袁旗幟，惜勢孤力薄，未成就義，時趙倜督豫，摧殘民黨，較張鎮芳時尤爲殘酷。故自張希聖等失敗後，革命空氣，甚爲沉寂。幸不久張鈁樹靖國軍於陝西，一綫光明，活躍西北，汴梁志士，從之者甚衆。

附二：雲南最近事變——"班洪事件"①

一、班洪地理一瞥

班洪在雲南西南部，原屬葫蘆王。葫蘆王之屬地，西界英緬，東界雙江，北接孟定、耿馬，南鄰瀾滄、孟連。地廣數千里，人口近百萬，氣候温和，土地肥沃，農產豐饒，銀礦尤多。唯人民知識低落，生活狀態，依然接近原始。

葫蘆王屬地，有上下之分。下葫蘆王所屬，有班況等地，在光緒二十五年訂滇緬界約時，已允割讓予英。而我國所保有者，僅餘上葫蘆王屬地，其他又分爲五部：一，班洪；二，永邦；三，班老；四，鑛別；五，紹興。各部皆有一王統之，内中又以紹興王爲領袖。

二、中國開化班洪的經過

三國，蜀孔明南征，中國威力方始達此地。明王驥戡緬亂，重新平定是區。故土人至今仍崇奉諸葛、王驥弗衰。

清乾隆年間，曾設正副撫吏，治理其他。時有吳尚賢者，曾至班洪開辦茂隆銀廠，開采銀礦，同時，又有宮裏雁者，至班況開辦老銀廠，後以政治不良，均歸失敗停閉，不過，吳尚賢極善於辦事，頗得土人信心。民國十八年時，雲南農礦廳派李景深君前往班洪調查礦產，二十二

---

① 本區編輯雲南參考資料，以班洪事件，尚無結果，可不必加入。後終以不加入爲不完全，故略誌其梗概，附錄於全書之末。——原注

年一月，富滇銀行又派李君前往，當據李君報告："……由省至緬寧二十一站，由緬寧至雙江二站，由雙江至耿馬二站，至猛角董二站，由猛角董至班洪二站，計程二十九站。"

"……該班王云：我本是大朝（指中國）人，大朝政府，我素服從的。要辦此廠（重新開辦茂隆銀廠），本是可以的，但是此廠，不是我一人所有，除我班洪外，尚有班老，鑛別，永邦，紹興四王的地方，要依古時吳尚賢的手續辦理方妥。"

"……該班王云：要先由政府通知各王，說明開辦理由，俟各王贊成後，還要政府衣服銀刀鞍馬等物數十件，頒賜各王及各頭目人等。約至班老會齊，宰牛數十條，款待各頭目人等，立下合同憑據，然後開辦，方可無礙。"

"……由班洪至礦山，山勢巍峨，岩岸險峭，林木陰翳，人迹罕至。攀藤附葛，越危岩峭壁而過，備歷艱辛，始抵鑛洞，洞有數十處之多。其深則有數十丈，有十數丈者，一一入洞視察，洞口滿布蝙蝠之屎，蝙蝠之大，幾如鷹鳶，洞中水聲潺潺，有石凳石橋，電光所至，鑛亮映射，耀眼爭明。該山面積共約九千二三百方里以上，地跨五王之境，兼之氣候和平，無山嵐瘴毒。"

"……折回班洪時，道過南臘村，與各頭目會商先訂合同，各頭目悉皆贊成。嗣到班洪，則洪王已代邀各王代表先余等而至矣！接見之下，咸稱要大漢朝來開辦，方可，否則，則必聯合各王，盡力抵抗，決不輕休，並須照從前吳尚賢之手續辦理云云。"於此可和吳氏在此地之被信任矣！"

並據李君報告，亦可知此地礦產儲藏之富與夫環境之優美暨人民擁護中國之忠實矣！

三、土人之内鬨

雲南邊疆，人種最雜。但漢人歷代皆爲征服者，故在歷史上，漢人皆佔優勢，其他民族，時被壓迫。班老王轄地中之班弄地方，多回人，傳聞，回族曾有一秀才杜文秀，以一秀才之尊，其妻女竟被一漢人奸佔，訟不得直，跋涉至京，呼冤無效。返滇後，乘太平天國之變，率領回徒，雄據大理，南面稱王，一十九年，是以回人多存仇漢思想，自班況淪亡，班弄與英緬接壤，班弄之回人，自易受英籠絡。民七，班弄人謀攻五王，幸爲瀾滄邊防營長彭耀南制止。故土人之中，內閧時起，外力因之，事變自起矣！此次英兵首入班弄，而爲英兵奔走最力者又爲回民馬某，皆非無因由，蓋馬某者，乃杜文秀舊部馬金寶之子孫也。可見怨毒入人之深，而土人間內閧之烈。

四、此次事變之情形

英人自取得班況後，即將舊有之老銀廠用新法繼續開辦。唯班況之銀礦已日就枯竭。若欲繼續經營，勢必另尋原料。民國八年，英緬銀礦公司曾運動商人前往班洪采買礦渣，每百斤願出價十元，足見茂隆礦質之優，但土人拒之，是以英人之欲得班洪者，乃垂涎茂隆之銀礦也。

先是，光緒二十五年，中英會勘英緬界綫時，英方指我薛使之圖之經緯度與約文不符，另出地圖，將葫蘆王土地完全劃入緬甸界內，我方拒絕接受，至今仍爲懸案。然數十年來，英人對於此地，始終未能忘情。

民國二二年，十二月十四日，班弄地方忽然發見英人七八名，召集土人開秘密會議，十九日又發見英兵二千餘名，概携有工作器具，每到之處，即將道路修理完好，以便通行汽車。後來並在班弄江邊建築鐵橋，其用意甚爲明顯，即用武力佔領茂隆銀礦而已。

本年（二三）一月，地方官吏，迭次呈請雲南省政府，請示辦法，並據報端所載，班洪人已實行昔日宣言，聯合五部，共同與英兵抗戰矣，唯以軍械懸殊，雖或有一時之勝，而終則歸於失敗也。並聞班洪王等一再向政府乞援。當時我國政府對之亦似欲加以注意者，但終無若何下文，此事究如何結束，吾人尚在悶葫蘆中，唯我國對外辦交涉，多半是如此，例如法人佔海南九小島事件，朝野亦曾一致倡言反對，並聞有派艦前往測量之議，然結果如何，局外人仍不得而知。

禹王台與繁塔
（小學教學活動綱領及參考資料）

《禹王台與繁塔》(小學教學活動綱領及參考資料),開封教育實驗區出版部 1934 年 7 月印行。

例　言

鄉土教材之《龍亭》既出版，社會頗嘉許，惟於所謂教材者稍有議論。揣其所言，不外兩點，茲爲說以明之。

其一，參考資料非兒童能讀之作品。惟編者之旨，在爲教師深切瞭解其環境之過去與現在，啓示兒童活動，分別爲適當指導，而充分供給其啓示活動之資料。俾其據此制訂各級教材綱要，選輯閱讀文字。不欲以固定之主觀教材，限制其真實活動，此實現代教學開始所應取之途徑，抑學習過程中探求文化之源也。其充分供給關於考訂方面，一一標明出處，加以附注，以便爲進一步研究。

其二，爲一個教學活動之課目，而費如許勞力供給參考資料，似乎不甚經濟。此當知世俗通行之教本，形式上各課相屬，自成統系，實際上每課皆爲斷片知識，此前代類書排比典故之變相，支離破碎，在前代最爲治學者所鄙棄，而今演其式例，幾視爲教學必由之唯一經典，習非成是。以此示教，何由而使兒童瞭解具體生活耶？茲所供給，任何一個課目，皆涉及環境過去與現在之全體，若完成一個教學活動，於其環境之歷史及現狀，具有相當之深切認識。而且每種活動，可以分期序進，此實綜合課程與大單元設計之運用，構成必需之參考資料。假令開封小學，取本區繼續編成小册，作爲主要單元之課目。每課目皆有長時間活動，將零散知識集中於大單元而學習，無單獨授史地與自然、國語之分野，而一一因應情境而收穫，敢斷言兒童所入，必較舊時各科各課分習之知能，爲真切、爲豐富也。並且由直觀之接觸與探求，領略先賢事迹，亦較單授傳記易啓觀感也。

總之，教本程式與科目分項學習，皆爲妨害初級教育之具，改革者仍襲其習弊而不自覺。改弦更張，時不容緩。編者謹持斯旨，發其凡於此，以質知言之君子。

目　錄

教學活動綱領……………………………………………………………… 2197
第一　禹王台之沿革及其解說……………………………………………… 2212
　一、吹台來源………………………………………………………………… 2212
　二、吹台稱繁台之變遷……………………………………………………… 2214
　三、禹王台與繁台對峙之變遷……………………………………………… 2216
　四、禹王台之正名及建置…………………………………………………… 2218
　五、禹王台非吹台之存疑…………………………………………………… 2221
第二　繁台之沿革及其建置………………………………………………… 2223
　一、繁台之來源……………………………………………………………… 2223
　二、繁台之建置及其變遷…………………………………………………… 2223
　三、繁塔寺之建置及其變遷………………………………………………… 2224
　四、大梁書院………………………………………………………………… 2225
　五、繁台之現在概況………………………………………………………… 2226
第三　農林局之歷史及其概況……………………………………………… 2230
第四　農林局附近的動植物………………………………………………… 2233
　一、動物……………………………………………………………………… 2234
　二、植物……………………………………………………………………… 2242
第五　名人軼事……………………………………………………………… 2255
　一、豪放的詩人李白………………………………………………………… 2255
　二、愛國愛民的詩聖杜甫…………………………………………………… 2256
　三、剛毅奮鬥忠正敢言的高適……………………………………………… 2258
　四、繼述孔孟之學的程顥和程頤二先生…………………………………… 2259
　五、倡議復古不畏權貴的李夢陽先生……………………………………… 2262

六、不屈權威不慕榮利的大文學家何景明先生…………………2264
　　七、富有民族思想的桂山和尚……………………………………2265
第六　往禹王台去經過之重要地方……………………………………2267
第七　禹王台附近人民生活情況………………………………………2269
　　一、難民的麕集……………………………………………………2269
　　二、居民生活的四大靠山…………………………………………2269
　　三、依靠農林實驗場形成的一種生活方式………………………2270
第八　橫貫我國中部四省的隴海鐵路…………………………………2272
第九　農林局附近之工商業……………………………………………2274
　　一、火柴……………………………………………………………2274
　　二、煤炭……………………………………………………………2275
　　三、石灰……………………………………………………………2276
　　四、瓦甑……………………………………………………………2276
　　五、汽車……………………………………………………………2277
　　六、自動車…………………………………………………………2278
第十　禹王台與黃河水患………………………………………………2280
　　一、黃河的介紹……………………………………………………2280
　　二、黃河下游水道均有變遷………………………………………2280
　　三、黃河與開封之因緣……………………………………………2281
　　四、黃河之爲患開封………………………………………………2281
　　五、祀禹與黃河決口………………………………………………2282
第十一　龍尾車淺説……………………………………………………2287

教學活動綱領

導　言

　　禹王台及繁塔為開封近郊之著名古迹，附近草木暢茂，風景清幽；動植物之搜羅培養亦極豐富。故本綱領所列教學活動之內容，研究與遊賞並重，於歷史自然之考察研究外，增之以野餐茶話，林間娛樂，藉以使兒童精神因此特殊舉動之激盪，而與自然禽合。研究事項：歷史方面，以指示地方變遷並介紹古人事迹，引起鄉土觀念及其感情為主。自然方面以能說明動植物之普通現象，及其生活特性為主。過重的變遷考據，無用的花卉認識，均為舍去。活動重心，高年級歷史與自然並重，中年級重自然，低年級重普通情況之認識，團體範圍則以一級為原則，即同時數級出發，而活動計劃最好各自獨立，免致彼此牽扯，各無所獲。至於綱領所列各項研究事項，係就通常所有者而列入，如何實施，自當隨季節時機而變化，依年級而作適宜指導。而且事項雖多，注意須有所專重，怎樣措施而後能使學生精神集中於一定之目標，教者亦當隨時令興趣而自由活用之。為使學生觀察精審，記載扼要，附以調查表格之編製。使用時增減損益亦可隨當時計劃而決定。表格內容中高級多相同，填寫詳略深淺，當隨學生程度而不同，此外各點與其他教學綱領無異，如何能使教學活動進行順利，則全在教師之自由運用耳。

甲　高年級

一、開始活動

1. 學校於適宜時期公布禹台遠足消息。

2. 擇適宜時機開談話會，曾遊禹台繁塔者各自發表自己對於禹台繁塔遊覽之印象。

3. 整理談話所得，抽出要點及須觀察考究之問題。

4. 預定考查要項，決定目標。（參考"三"）

5. 暫定出發日期，決定出發。

6. 分配工作開始準備。

二、出發前的準備

（一）共同方面

1. 討論出發辦法，推人負責辦理。（如乘車或步行，車資之收集等。）

2. 擬製路綫圖，決定出發及轉回之路綫。（分別擬製共同討論決定。）

3. 決定午點辦法，推人負責辦理。（準備食品，接洽餐食地點，約定茶水供給處所等。）

4. 準備各種調查表格。（參看附表）

5. 準備采集用具。（視季節情形，準備當時所需要之采集工具。分別製作，或搜集代用品。）

6. 準備信函通知所欲特別參觀考察之場所。（全體擬作，選擇使用）。

7. 準備其他應携器物。（如旗幟，藥物及其他等。）

8. 決定出發時間，劃分小組，指定特殊工作。

（二）個人方面

1. 準備鉛筆速記本等。

2. 準備繪畫工具。

3. 準備清潔衣服及其他適宜用品。

4. 準備個人特有有計劃活動之應用工具。

5. 準備一個有趣故事，或簡易遊戲，以便野外午點後同大家講述或玩耍。

6. 審視考察綱要，選出自己所擬特別留意之事項，預作參考和準備。

三、實行出發

1. 出發前集合，加重考察注意，檢視所帶物品。

2. 沿途經過市街之注意及記載。（表一）

3. 沿途重要場所之注意或參觀與記錄。如演武廳，麵粉公司，煤炭廠，火柴公司等。（表七）

4. 目的地集合休息，進茶水，談話，檢視服裝用品。考察事項之提起注意。

5. 禹王台參觀考察。

①古吹台坊之注意與記錄。（表四）

②台外一週觀察：

a. 碑文石誌之選擇認識與記錄——李國亮《御書功存河洛記》（東壁偏南），李夢陽禹廟碑後面（北壁東端），乾隆碑亭（北面），胡介祉《禹王台記》（西壁北端）等。（表三）

b. 四圍景色之欣賞與記錄。

③內部參觀，派人投刺。

a. 碑文石誌之注意與記載——康有為《登吹台詩》（門內東壁），岣嶁碑（在正廳會議室後壁），李濂五賢祠碑（在偏院局長室西間後壁），李夢陽禹廟碑前面（東偏院局長室東間後壁），閻興邦《重修禹王廟記》（在東偏院局長室中間後壁）等。（表三）

b. 古代遺物之觀察與記載——巨螺旋水龍（前廊下），明正統弘治年遺鍾（前院內）。（表二）

c. 特殊動植物標本圖畫之觀察與記錄（正廳前廊陳列處）。（表五、表六）

6. 樹蔭集合，午點休息。

7. 林間娛樂。（唱歌，説故事，教師講述與附近歷史有關之先賢故事（李白，杜甫，高適，二程，李夢陽，何大浚，高叔嗣，桂山等。）

8. 園内遊覽觀察與采集：

①植物生長情形之觀察采集與記載。如普通林木，菓樹，禾穀，蔬菜，觀賞花卉之比較觀察，采集與記載。（表五）

②動物生活情形之觀察采集與記載。如遊禽涉禽之比較觀察，肉食禽與穀食禽之比較觀察。家畜之比較觀察，普通野獸之認識，普通農業害虫之活動觀察捕捉與記載。（表六）

9. 高阜眺望與休息。城郊高大建築之辨認及四圍田野景色之欣賞與記錄：鐵塔，鼓樓，人民會場，天主堂（西北），麵粉公司，火車站，繁塔（西），鐵路（北），農村及田野（東及南）。

10. 分組分別活動：自由繪畫，捕捉昆虫，或個人有計劃之活動。

11. 集合休息，飲茶，檢視服裝用品，派人投刺赴繁塔。

12. 繁塔附近參觀考察。

①繁塔環境之參觀。如農學院參觀。

②繁碑文石誌之觀察與記載——創復二程書院碑，重修大梁書院碑（農學院中院教室前），般若經（塔南洞門内），開山源流碑（塔南偏院）布袋和尚畫像石刻（塔南偏院）。（表三）

③塔内外情形之觀察與記載——雕磚佛像（塔之周壁），建築形式（塔内上望）。（表四）

13. 河大農場遊覽及田野觀察采集與記錄。

14. 磚瓦窰觀察與記錄。（表七）

15. 車站遊覽與記錄。注意附近工廠貨棧，搜集行車時刻價目表。（表七）

16. 回校。

四、整理研究

1. 關於禹台繁塔的歷史研究：

①整理碑文石誌調查表：分別研究其名稱形狀，建立年代，文字大意，藉以證明禹台繁塔之變遷。

②整理古代遺物調查表：分別研究名稱，形狀，品質，件數，所在地，銘文大意，向來傳說等，藉以推想前代事迹，及文物美術，建築之大概。

③研究與禹台繁塔歷史有關之名人故事：分組記述，或個自選擇記述大概。

2. 關於禹台繁塔之地理研究：

①整理沿途經過記載表：統計由學校至禹台，中間所經市街之名稱，段落，方向，特殊點等，證明禹台對於自己學校所在方向，並約計其遠近。

②整理高阜眺望記載表：從高阜所見開封城郊高大建築所在之方向與地點，證明禹台繁塔居於開封城外之方隅。

3. 禹台附近重要場所及交通機關之研究：分別研究其性質，所在地，成立年代，現在情況，對于社會之關係等，藉以說明開封工商業狀況之大概。

4. 禹台附近動植物名稱，形態，及其生活習性之研究：

①整理個人觀察記錄：報告個人所見，共同討論，抽出疑難問題：記錄因季節關係所未經見到之特殊情況，準備遇機再作考察。

②整理所得標本：視所采得動植物之體質情形，生活習性，分別壓製浸製，乾製，或栽培飼養，標誌陳列。

五、分別結束或深究

1. 分工製一禹台遠足研究報告，排列重要節目，注以簡單說明：紀錄因季節關係所未經見到之重要自然現象，或歷史事迹。相互報告，共同紀錄，各自保存，準備遇機考察，或作更深研究。

2. 午點籌備人，茶水料理人，及其他擔任重要職務之人員，公布賬目，或作文字報告。

3. 陳列所得各項標本，供衆參考。

4. 揭示最佳記載表及觀察紀錄：選擇學生所填調查記載及觀察記

錄，謄清揭示供衆參考。

5. 展覽最佳繪畫及個人特殊製作：選擇學生在考察途中，或事後所作美術作品，及他種成績，揭示展覽或裝飾教室，供衆觀賞。

6. 整理個人成績：各自將個人所用之調查表格，觀察研究紀錄及其他自製工具等，分別裝訂保存，附記經過大概，個人感想，及收存年月等，各自保存以便遇機參考。

7. 各自寫一篇野餐紀事，或林間娛樂大會紀事，以作紀念。

8. 收藏保存自製或搜得之采集用具及代用物品。

乙　中年級

一、開始活動

1. 利用高級同學禹台遠足之活動消息，開始討論。
2. 在談話時間内，領導學生各自發表，對禹台繁塔之傳聞所得，或曾遊禹台者之遊覽印象。
3. 整理談話所得抽出要點及應注意觀察之事項。
4. 預定考察要項決定目標。（參看表三）
5. 決定出發遠足，暫定出發日期。
6. 分配工作開始準備。

二、準備工作

（一）共同方面

1. 討論出發辦法，推人負責辦理。（如乘車，或步行。乘車車資每人多少怎樣收集等。）
2. 擬製路綫圖討論出發及回轉路綫（各自擬製共同討論決定）。
3. 討論午點辦法推人負責辦理（準備食品接洽餐食地點，約定茶水供給處所等）。

4. 準備調查表。（參看附表）

5. 準備采集工具。（視季節情形準備當時采集所需用之工具，分別製作，或搜集代用品。）

6. 準備信函，通知所欲特別參觀考察之場所。（共同擬製，推人謄清）

7. 準備其他應携器物。（如旗幟，藥物，攝影箱等。）

8. 決定出發時間，劃分小組。

（二）個人方面

1. 準備鉛筆速記本。

2. 準備繪畫用具。

3. 準備清潔衣服及適宜用品。

4. 準備個人特殊有計劃活動之應用物品。

5. 準備一個故事或簡易遊戲，以便野外午點後，同大家講述或玩耍。

6. 審視考察綱要，選出自己所擬特殊留意之事項。預作訪問或參考。

三、實行出發

1. 出發前集合。（說明沿途注意，檢視服裝及所帶物品。）

2. 沿途經過市街之注意及記載。（表一）

3. 沿途重要場所之參觀與記錄。（如演武廳，火柴公司，麵粉公司隴海鐵路等。）

4. 目的地集合休息。（進茶，談話，檢視服裝用品。考察事項之提起注意。）

5. 禹王台參觀考察：

①古吹台坊之注意。（表四）

②台上外面一週觀察。

a. 碑文石誌之選擇認辨。如李夢陽禹廟碑後半（在北壁），胡介祉

《禹王台記》（在西壁），清乾隆碑亭（北面）。（表三）

　　b. 四圍景色之欣賞。

　　③內部參觀，派人投刺。

　　a. 碑文石誌之選擇辨識與記載。如李夢陽禹廟碑前面（在局長室裏面），李濂五賢祠碑（在局長室西間後壁）。（表三）

　　b 古代遺物之觀察與記載。如正統及弘治年間所鑄之鐵鍾（在前院），螺旋水龍（前廊下）（表二）

　　6. 林蔭集合，午點休息。

　　7. 林間小娛樂會——唱歌，說故事，教師講述與附近歷史有關之先賢故事（如李白，杜甫，高適，李夢陽，何大復，高叔嗣，桂山和尚等）。

　　8. 園內遊覽觀察與采集：

　　a. 植物生長情形之觀察采集與記載。（如普通林木，菓樹，禾穀蔬菜等之選擇觀察，比較認識與采集記錄）。（表五）

　　b. 動物生活情形之觀察采集與記載。（如遊禽涉禽之比較觀察，肉食禽與穀食禽之比較觀察。家畜之比較觀察，普通野獸之認識，普通農作害虫之活動觀察與捕捉。（表六）

　　9. 高阜眺望與休息，城郊高大建築之辨識與記錄及四圍田野景色之欣賞。如鐵塔，鼓樓，龍亭，人民會場，（西北）麵粉公司，火車站，繁塔（西），鐵路（北），農村及田野（東及南）。

　　10. 各組分別活動。（如自由繪畫，捕捉昆蟲，或作小組或個人有計劃之活動。）

　　11. 集合，飲茶，檢視服裝物品，派人投刺赴繁塔。

　　12. 繁塔附近參觀考察：

　　a. 繁塔環境之參觀及古代遺物之觀察與記載。如農學院參觀，及布袋和尚石刻（在塔南偏院）之觀察。（表二）

　　b. 繁塔內外之觀察與記錄。（如塔周之雕磚佛像，塔內之建築形式等。）（表四）

　　13. 河大農場遊覽及田野觀察采集與記錄。

四、整理研究

1. 關於禹台繁塔之歷史研究：

①整理古代遺物調查表：分別研究其名稱，形狀，品質，件數，所在地，銘文大意，向來傳說等，藉以推想禹台繁塔之變遷聯想前代事迹，從美術建築上推想前代文物。

②整理碑文石誌調查表：研究其建立年代，文字大意，藉以證明禹台繁塔之變遷，比較今古社會信念之不同。

③研究與禹台繁塔歷史有關之名人故事：分組作口述，或各選一人或數人用文字記述。

2. 關於禹台繁塔之地理研究：

①整理沿途經過記載表：統計由學校至禹台，中間所經街道之段落，名稱，方向，特殊點等，證明禹台繁塔對於自己學校所在之方向。

②整理高阜眺望記載表：整理高阜所見開封城郊高大建築之名稱方向，證明禹台繁塔在開封近郊所居之位置。

3. 禹台繁塔附近重要場所之研究：整理沿途重要場所參觀記錄，分別研究其性質，所在地情況大概，對於我們的關係等。

4. 禹台附近動植物名稱，形態，及其生活情形之研究：

①整理觀察記錄，報告個人所見，共同討論，抽出疑難問題，記錄因季節關係所未經見到之特殊情況，準備遇機再作考察。

②整理所得標本：視動植物之體質情形，生活習性，分別壓製，浸製，乾製或栽培飼養，標誌陳列。

五、分別結束或深究

1. 製一禹台遠足研究缺疑表：繪製簡單表格，登記此次考察因季節關係未經見到之各種現象，及未經察明之各種事實，如植物之花或果，動物生活之某一部，或史地研究上之可疑事迹等。注明簡單要點，準備遇機再作考察及研究。

2. 午點籌備人，茶水辦理人，及其他擔任職務人員計算賬目或作文字報告。

3. 陳列保存所得標本。

4. 揭示最佳記載表及觀察研究記錄：選擇學生所填最佳調查表格觀察研究記錄，謄清揭示供衆參考。

5. 揭示最佳繪畫或特殊製作：選擇學生在考察途中，或事後所作之美術及他種作品，揭示展覽或裝飾室內，供衆觀覽。

6. 整理個人成績：各自將個人所用之調查表格，觀察研究記錄，或特殊有計劃活動之作品，整理裝訂，附記年月，以便隨時翻閱。

7. 收藏保存自製，或搜得之采集用具及代用品。

丙　低年級

一、開始活動

1. 利用□□□禹台遠足活動消息，開始活動。
2. 分別訪問下列問題：
①禹王台在甚麼地方？
②禹王台附近有什麼好玩？
③我們如何去玩？
3. 報告各自訪問所得，或個人所知之禹台遊覽情形。
4. 決定出發遊覽，暫定出發日期。
5. 分配工作，開始準備。

二、出發前的準備

（一）共同準備

1. 討論出發辦法，訪問車價大概，準備車資。
2. 決定午點辦法，分組購買準備。

3. 邀請其他老師同往。

4. 準備采集工具（當時需要酌量準備）。

5. 準備其他應帶器物（如旗幟、藥物及其他等）。

6. 決定出發時間，通知家長及被邀老師。

（二）個人方面

1. 準備鉛筆和畫本。

2. 準備清潔衣服，和其他適宜用品。

3. 準備一個有趣故事，或遊戲，預備野外午點後和大家講述或玩耍。

4. 準備自己願作事項之應用工具。

三、實行出發

1. 出發前集合，討論出發途中應有之注意。

2. 劃分小隊，推舉隊長。

3. 沿途經過之注意。

①轉折方向之注意。

②特殊建築之注意。（如城門，演武廳，煤炭廠，鐵路等）。

4. 目的地集合休息，飲茶談話，檢視服裝及所帶用品。

5. 禹王台遊覽：

①古吹台坊之追究（禹王台的另一個名字）。

②螺旋水龍的觀察（一個沒有做成的大機器）。

③碑石之注意（善於寫字的人所寫的字）。

④台外一週眺望（天空和樹木各是甚麼顏色）。

6. 沿小河遊覽觀察。

①鴨鵝活動之觀察。如鴨和鵝是怎樣遊泳，怎樣步行的？

②畜舍參觀牛羊等之活動觀察。（如牛和羊都愛吃那種食物？會做那些工作？）

7. 獸舍禽舍參觀。

①熊，狼，貛等野獸的認識。（牠們愛吃什麼？常作那種動作？）

②鶴，鵜鶘，雁，鷹，鴿之比較觀察。（牠們的嘴有什麼不同，脚有什麼不同？吃的東西有什麼不同？）

8. 林蔭集合，舉行野餐談話——唱歌，説故事，作簡單遊戲，聽先生講故事（禹王的故事，梁王的故事，李杜及其他先賢的故事等）。

9. 園內遊覽觀察與采集：

①普通禾穀的認識與采集。（那是麥子豌豆或高粱玉蜀黍？）

②普通果樹的認識與采集。（那是桃杏或梨棗？）

③普通蔬菜之認識與采集。（那是油菜或蘿蔔？那是黄瓜或茄子？）

④普通林木之認識。（槐和刺槐有什麼不同？楝和榆都是甚麼樣子？）

⑤昆虫的觀察與捕捉。如蝗及瓢虫多藏在哪裏？

10. 高阜眺與休息，繪畫城郊高大建築辨識——鐵塔，鼓樓，龍亭在這裏可以看到麼？（西北）那裏是火車站？這條鐵路向西，向東各通到什麼地方？（西及北）園外的田裏長着些什麼東西，（東及南）從林隙裏望繁塔欣賞自然圖畫（西）。

11. 分組自由活動，作個人所願作之有計劃活動。

12. 集合休息，飲茶，檢視服裝用品準備回校。

13. 回校。

四、整理研究

1. 追述與迴憶（集合談話，依下列問題爲範圍作追述回憶的欣賞談話）。

①禹王台在開封城的那一方面？

②往禹王台去都經過了那些地方？

③在農場的高阜上我們看見了那些高大的房子？

④在禹王台附近我們看見了些什麼，樹木，蔬菜，瓜果？

⑤在禹王台附近我們看見了些什麼野獸和家畜？

⑥在禹王台附近我們看見了些什麼奇異的鳥？

⑦午點會中你覺得那些故事或遊戲最有趣？

2. 標本的觀察與整理。

①觀察：（林木菓木葉片小枝之比較觀察，蔬菜瓜果葉片之比較認識，蝗，蝶，瓢虫之詳細觀察。）

②標本製作：（視所采的動植物之體實情形，用簡單手緒，分別壓製，浸製，乾製，或飼養。）

五、分別結束

1. 派人或用書信，謝謝被邀前往之老師。
2. 結算乘車及野餐費用，多餘退還不足補繳！（依學生程度配製問題，使學生參加較簡易之計算）
3. 收藏自製或搜得之采集用具，及代用品。
4. 整理陳設各自所作繪畫，（裝飾教室）。
5. 陳設保存製成之動植物標本。

丁　附調查應用表格

（表一）　（中高）

沿途經過街名記載表

經過次第	
經過抑看到	
現在名稱	
舊日名稱	
大概情形	
有何特點	
其他	

　年　月　日　　　　　　　　　　　調查人＿＿＿＿

（表二）　（中高）
古代遺物調查記載表

名稱	
品質	
件數	
所在地	
形狀大概	
其他	

　　　年　月　日　　　　　　　　　　　　　　　調查人＿＿＿＿

（表三）　（高）
碑文石誌調查記載表

名稱	
大小	
文字大意	
建立年月	
建立人	
其他	

　　　年　月　日　　　　　　　　　　　　　　　調查人＿＿＿＿

（表四）　（中高）
特別建築物調查記載表

名稱	
形狀	
所在地	
建立年代	
建立意義	
其他	

　　　年　月　日　　　　　　　　　　　　　　　調查人＿＿＿＿

（表五）　（中高）
植物調查記載表

名稱	
形態大概	
生長情形	
多生何處	
有無采得標本	
其他	

　　年　月　日　　　　　　　　　　　　　調查人＿＿＿＿

（表六）　（中高）
動物調查記載表

名稱	
形態大概	
活動情形	
有無采得標本	
其他	

　　年　月　日　　　　　　　　　　　　　調查人＿＿＿＿

（表七）　（高）
禹台附近重要場所參觀記載表

名稱	
性質	
所在地	
成立年代	
出品價格	
活動情形	
其他	

　　年　月　日　　　　　　　　　　　　　調查人＿＿＿＿

第一　禹王台之沿革及其解説

一、吹台來源

　　吾人現所遊覽之禹王台，台前立木牌坊一道，顔曰"古吹台"，清道光二十九年撫豫使者何焻題。兹爲研究之便，先述吹台來源。

　　吹台在今開封城東南三里許，相傳古爲師曠吹律地，故名吹台。漢梁孝王①增築之，一名平台，又有梁台、雪台之稱。

　　開封在春秋爲鄭地，師曠爲晉平公樂師，是否曾至其地，有所修築，無可徵信。《戰國策》梁王魏罃觴諸侯於范台，常茂徕《石田野語》謂范台當是繁台之誤。果爲音讀別字，當爲吹台而非繁台。且據《史記》惠王十五年諸侯來，三十一年徙治大梁，是范台之觴，在安邑不在大梁，常説不攻自破矣。《史記·梁孝王世家》《前漢書·文三王傳》，但言平台，不及增築師曠吹台之事。因吹台爲憑虛攬勝之所，最爲文人所樂遊，於是吹台見於記録，亦惟題詠最多。阮籍《詠懷詩》："駕言發魏都，南望向吹台……歌舞曲未終，秦兵已復來。"唐堯客《大梁行》："版築有陳跡，歌吹無遺聲。雄哉魏公子，疇日好羅英。"梅聖俞詩："在昔梁惠王，築台聚歌吹。"此皆以吹台爲梁惠王築也②。杜甫曾從高適、李白過汴州，酒酣，登吹台，慷慨懷古。其《遣懷詩》有云："昔我遊宋中，惟梁孝王都……氣酣登吹台，懷古視平蕪。"是以吹台即梁孝王所築之平台

---

①　梁孝王，名武，漢文帝子，與景帝同母，封梁。——原注
②　梁惠王，魏武侯之子，名罃。武侯與韓、趙三分晉地，至惠王爲秦所敗，徙治大梁。——原注

也。高適《古大梁行》:"魏王宮闕盡禾黍,信陵賓客隨灰塵……全盛須臾那可論,高臺曲池無復存。"高固登吹臺懷古者,使以吹臺爲梁惠王築,必不如是立辭也。《水經》云:"濟水東經倉垣城。"顧野王《輿地志》云:"倉垣城,南臨汴水,西北有倉頡墳,城有列仙臺。"宋樂史《太平寰宇記》開封縣下引《陳留風俗傳》:"縣有蒼頡、師曠城,其城上有列仙吹臺,梁孝王亦增築焉。"以後志地理者悉從其説而損益之。《祥符縣志》及近人考證,多以上説出《元和郡縣志》《元豐九域志》,今所見原書刻本皆無其文。

　　梁孝王原封大梁,後徙睢陽。其在大梁所修造,不僅增築吹臺也。《寰宇記》:"蓼隄,在開封縣東北六里,梁孝王東徙睢陽,乃築此隄。"酺池在浚儀縣西北六里,古大梁城内,爲梁孝王作。不過吹臺與平臺,本非同屬一臺。唐李吉甫《元和郡縣志·汴州開封縣》:"梁王吹臺在縣東南六里。"《宋州虞城縣》:"平臺在縣西四十里。《左傳》宋皇國父爲宋平公所築臺,梁孝王大治宫室,爲複道自宫連屬於平臺三十里,與鄒枚、相如之徒,並遊其上。"《寰宇記》於吹臺下增梁孝王增築之語,平臺則仍其説。惟遊觀勝地由於修造,往往隨人事爲變遷。如相傳之梁惠王臺,據《汴京遺蹟志》:"靈臺在城南二十里,梁惠王築,一名惠王臺";平臺據《史記索隱》"睢陽城東二十里,臨新河有故臺址,不甚高,俗名平臺",皆早無遺蹟可尋。惟孝王增築之吹臺,巍然獨存,後人憑眺,由此而涉想梁園一切古蹟,與蘇子瞻之遊赤壁同觀可也。

　　謝惠連《雪賦》,爲梁王《菟園》而擬作,中有盻隰瞻山,又曰"臺如重壁"。似此極登眺之樂,稱梁苑爲雪苑,故梁臺亦稱雪臺也。

　　梁孝王與吹臺之關係,以及平臺與吹臺之關係,上已歷舉事實明之。其他争點,實爲枝節問題,兹姑舉以備參考。

　　明劉昌以梁郡在歸德、睢陽、宋城之間,開封在漢爲陳留郡,非孝王封内,因引梅聖俞詩爲證,斷言吹臺爲梁惠王所築,非孝王臺。

　　劉昌《吹臺駐節詩序》:開封爲古蓬池忌澤之藪,梁惠王發以賜民,因名開封。《文獻通考》云,今郡城西古城惠王所築也,城南有吹臺,世乃言梁孝王台何耶？顧謹中輩至指開封爲梁園又何耶？夫孝王國於梁，自是梁郡，在今歸德、睢陽、宋城之間，李白所作《梁園吟》正指此。開封在漢爲陳留郡，非孝王封內，則吹台烏得爲孝王台耶？予纂《中州勝覽》，始據梅聖俞詩而訂證之。

李濂《汴京遺蹟志》《祥符縣志》辨誤，均以梁孝王築東苑三百餘里，包開封在內，吹台即梁孝王平台。

《汴京遺蹟志》：欽謨（劉昌字）此序謂梁園當在睢陽宋城之間，直以吹台爲梁惠王築，而取證於梅聖俞之詩。按《漢書》梁孝王築東苑三百餘里，疑自開封至睢陽，皆其封內也。杜甫詩"昔我遊宋中，惟梁孝王都，氣酣登吹台"云云。而本傳云甫嘗從李白及高適過汴州登吹台，此又何也？

《祥符縣志》辨誤：古之梁苑云在浚儀，即祥符也，吹台即梁孝王台矣。乃宋梅聖俞詩云"在昔梁惠王"。於是元王惲力辨之，以爲吹台非梁孝王台乃梁惠王也。……謂孝王都於睢陽則可，謂大梁非梁之封內，且台非梁孝王之台則不可。《前漢書·文三王傳》云："梁爲大國，居天下膏腴地，北界泰山，西至高陽，四十餘城，多大縣。孝王，太后少子，愛之，賞賜不可勝道。於是孝王築東苑方三百餘里，廣睢陽城七十里。大治宮室，爲複道至宮連屬於平臺三十餘里。"如淳註云："平台在大梁東北，離宮所在也。"是知梁封域甚侈，三百餘里，則固居睢陽而包開封。所謂築東苑三百餘里者，非真苑有三百里之大，乃三百里外猶有苑所及焉。如淳以爲離宮是也，且以爲大梁之離宮尤是也。又考王幼學《綱目集覽》云，大梁今陳留浚儀，古汴州也。漢文封子武於大梁，以其卑溼，後徙睢陽。是梁王封原在大梁，後乃徙都睢陽耳。泥其徙都之城，而遺其始封之地，因至高台曲池悉移而去，則梁園疑案，聚訟不息矣。

二、吹台稱繁台之變遷

中唐以前，遊覽梁王故台者不少題詠，大抵由汴州之吹台而寄其懷思。阮杜之詩，明指吹台，唐詩亦寫吹台者也。李白《梁園吟》，訪古始及平台間，而有"却憶蓬池阮公詠"之句，岑參《梁園歌》"肯料平台狐兔走"，而有"大梁一旦人代改"之句；亦可推想所指平台，即為汴州吹台也。惟李賀《梁台古愁》，不能由詞而知其所在地耳。總之，曰平台，曰梁台，在當時文人心目中，已成為吹台之別名矣。唐大歷以後，武人擁兵召亂，汴州受兵頗甚。讀韓愈《汴州亂》詩"健兒爭誇殺留後，連屋累棟燒成灰"，可知吹台之遭兵燹，自為意中事。因其荒廢而別有增築，始有繁台稱呼，當在汴亂平定以後，然猶不為文人所道及。故《元和郡縣志》曰：俗稱繁台。至五代王仁裕則以會飲繁台題詠矣。其見於史書者，唐中和二年黃巢將尚讓以驍騎五千逼大梁，至於繁台，劉漢初知遠自洛陽入大梁，殺契丹所留幽州卒於繁台之下，《讀史方輿紀要》具引其事。繁台另有專篇論述，茲不詳其緣起。若晉代衰亂，乞活憑居，曾有乞活臺之稱；朱梁閱兵，曾有講武台之改；皆極短時期之變遷，其稱呼即隨勢力而消逝矣。

　　繁台沿吹台而增築，有塔矗立，頗壯觀瞻。宋代君主多佞佛道，土木繁興，都人相習成風。自是寺觀林立①新有建置，與河水淹圮之跡，互相消長。加以民廬相接②，台之四周，迄宋季已無復從前空曠景象矣。又宋代京師所在，窮極遊觀之勝，修築頗多。觀宋人各家詩，惟金明池、玉津園等名勝，常見題詠。《夢華錄》云："都人左近，皆是園圃，百里之地，並無閑地。紅妝按樂於實榭層樓，白麵行歌近畫橋流水。"其記重九登高，明指倉王廟、四里橋、愁台、梁王城、硯台毛駝岡、獨樂岡等處，不及繁台。川父題跋，疑其疏漏。然其記上清寺，則言及婆台寺在陳州門裏，抑又何也？以此知繁台之在當時，供人遊觀，且不能與愁台硯台比矣。及遭金元兵燹，前朝繁華盡歇，此有悠久歷史之繁台，雖荒廢而猶堪憑弔。明初剗王氣而削塔級，寺僧逃散，地盡荒涼③。因之偏

---

① 明李夢陽《重修國相寺碑記》。——原注
② 劉醇《吹台春遊序》。——原注
③ 李夢陽《重修國相寺碑記》。——原注

東距塔百餘步，地勢雖不及繁台高廣，頗便增築，遂漸爲遊人登眺之所，亦可以覘變遷矣。

三、禹王台與繁台對峙之變遷

吹台久經荒廢，沿其地址而增築，自無一定界限可言。繁台增築最早，占地自極高廣。故偏東高地，自宋都人已立二仙姑祠於其上①，雖有二姑台之稱②，與繁台同爲通俗所呼，然以建置不及繁台，其名遂不顯，亦可知吹台故址非專屬於二姑矣。然同在梁苑範圍，與繁台毗連，即非吹台，亦沿吹台而增築者也。惟自繁台荒廢後，此偏東高地，早爲遊人所屬目，明初已然，不自改禹王台始，此於劉醇《吹台春遊序》可以見之。劉爲洪武時人，其時偏東高地，尚未改祀碧霞元君也。序云："自中原用武，兵燹之餘，所存無幾，又河水淹沒，若金明池太師湖之類，亦泯然無跡可覩。惟城東南僅三里，有荒台故基，巍然獨存，挺出風煙之外，高廣數丈，可登可眺，即古之吹台也。台西有寺，民廬相接，竹木蕭然，風景可愛。又東行六七里，臨水有村，漁舟牧笛，野意超絕，比之台西，景物頓殊。"劉序於古蹟變遷，言之甚晰。其曰荒台高廣數丈，證以今日繁塔寺基址，猶不止數丈，則所謂荒台，惟今之禹王台似之。又曰台西有寺，必指繁塔寺，即建於繁台上者，而非指繁台之西也。不過在明以前，仍指繁台爲吹台。元曹伯啓《登梁王吹台題詠》，有"聯鑣沽酒上繁台"之句。證以元完顏璹梁台詩云："行人驚起田間雉，飛上梁王鼓吹台。"與李夢陽《吹台懷古詩》云"地歷金元戰鬥來"，可以思其變遷矣。

---

① 《汴京遺蹟志》卷十一《禹廟》註。《汴京遺蹟志》李濂著，濂號川父，祥符人，明正德九年進士，官至山西按察司僉事，罷官後益肆力於學，以古文名於時。——原註
② 《汴京遺蹟志》卷八《吹台》註。——原註

及明弘治中，改祀碧霞元君，好鬼者翕然趨之①。碧霞元君者，宋真宗所敕封，至明而奉祀尤盛②。據常茂徠所見，台前鐵獅一對，即當時爲碧霞元君捨造者③。宋繼郊並有鐵狻行記其事④。今前院東北牆角置有鐵鐘係弘治五年立，其文字猶可辨識⑤。以此想見改祀元君以後，香火繁盛，士女雲集，殊足以轉移觀瞻，增加建置，前此遊眺繁台者，已無形趨逐於此矣。

其後釐正祀典，改祀禹王。志稱嘉靖二年巡按王溱修禹王廟，其事在改祀之後。李夢陽《修禹王廟碑記》，開首即云遊禹廟之台，可知禹廟早已成立。又毛伯溫《三賢祠記》云，舊有禹宫。三賢祠成立於正德十一年，元君祠係弘治五年前由二姑祠所改，則由元君祠改禹宫，當在弘治五年後正德十一年前，實無疑義。李夢陽《修禹王廟碑記》，左國璣書⑥，今存農林局局長室內後壁中。因廟改祀禹王而台亦改名，於是禹王台之名，爲通俗所呼，猶之前此俗呼吹台爲繁台也。因禹廟爲官民所崇祀，其地偏東，又較繁台空曠，便於登眺，並舉往時吹台遊覽勝蹟，移置其間，亦相因之勢也。其以東台係於禹廟而稱禹王台，西台係於繁姓而稱繁台，皆因增築之事實得名，於吹台位置無關也。專指禹王台爲吹台者固非，必辨禹王台非吹台者，其失亦相等也。

在禹王台未得名以前，代吹台之稱者惟繁台。自禹王台爲遊人所集，遂繼承吹台韻事，與繁台對峙。而繁台與吹台，皆爲過去名詞，僅由文人題詠，隨意綴名，抒其寫懷之思。試檢明人詩集，往往一家所作，繁

---

① 劉醇《吹台齊遊序》。——原注
② 二十三年五月十七《北平晨報·紅緑欄碧露元君考》。——原注
③ 《祥符縣志》卷十三《繁塔寺記》。——原注
④ 《祥符縣志》卷二十《七古詩》。——原注
⑤ 原武王施鐵鑄鐘計重二千五百斤，永爲碧露元君行祠焚香祈禱之用。伏念人有善願，天必從之。道無無顯，神遂感應。吹台靈地久著名於青史，追蠡兔音甚缺鳴於勝境，茲發虔心以施捨，要祈神惠以垂憐。但願家室　（此字不明）平享天禄之無窮，嗣續蕃……（以下字模糊）。——原注
⑥ 左國璣，字舜齋，開封人，正德間舉人，其字遒勁奇古，爲世所稱。——原注

台吹台，不一其題。如李夢陽、李濂二家之詩，李夢陽所詠多題繁台，李濂所詠多題吹台，就此題詠而玩其辭意，分合之跡，稍可推尋。其見爲對峙者，禹王台因祀禹增修廟宇，由其崇德報功之盛舉，兼達憑虛攬勝之宏圖。繁台則以多年建置，自有其特殊歷史性，如矗立寺塔，如生動佛像，如整齊學舍，獨表出其莊嚴氣象，以資觀瞻。故關於風景記述，繁台與吹台通用而不並列，如《汴京遺蹟志》，大梁十蹟惟列吹台，汴城八景其一種惟列繁台，另一種惟列吹台[①]。即不同之題詠，亦多寄其同一感慨。若詠繁台之作，明人已間有專寫特殊事物者，如李夢陽繁台書院之詩，以及《詠繁台寺夏日》有"斷塔崚嶒鎖寂寥，雲雷畫壁丹青壯，神鬼虛堂世代遥"等句，繁台有"一秋今到十賢堂"之句是已。至考證古蹟，凡涉及繁台上所有事蹟者，爲使人確知其現在位置，則不言吹台而言繁台。如《重修國相寺碑記》："國相寺，繁塔前寺也。"《汴京遺跡志》："天清寺在陳州門裏繁台上，大梁書院徙於城東三里許繁台之上是也。"

四、禹王台之正名及建置

禹王台由明代建禹廟得名，雖爲通俗所呼，未定專名。故李夢陽《修禹王廟碑記》，猶云"遊禹廟之台"，詩集亦題詠晚過禹廟之台。其見於輯錄者，如《夢錄》舊祀碧霞元君呼爲二姑台，後改祀禹王爲禹王台。《汴京遺蹟志》吹台注在城東南三里，俗呼二姑台，今改爲禹王台是。清初重視河患，因襲明代祀禹之典，重修禹廟，名禹廟所在之台曰禹王台。康熙年間巡撫閻興邦《重修禹王台碑記》，禹王台昔名吹台，一名繁台，又曰平台，昔人於此建禹王廟焉。又按察使胡介祉《禹王台記》，曰繁，曰吹，曰平，蓋名殊而實一也。今農林局局長室內尚存閻碑及巡撫張自德重修禹王廟，胡碑則嵌於西牆壁。禹王台之志於金石，自清初始有定

[①]《汴京遺志蹟》卷十三。——原注

名。是時正黃河灌城之後，古蹟掃蕩，繁台殿廡俱圮①，僅一塔屹立②，與禹廟之台巋然獨存③，繁台遺蹟，鞠爲茂草。惟禹廟以黃河爲患，爲人心所繫，其台址猶可憑眺，一加修葺，流覽景物，自直接於古昔吹台韻事，無復有繁台在其心目中，固亦人情之常也。

　　祀典既崇，建置亦日新。康熙三十三年頒御書"功存河洛"四字，巡撫顧汧於廟前建御書樓三楹，懸挂匾額④。樓外四圍建廊，隨勢曲折，以供憑眺，遂爲中州絕勝之地⑤。今門内舊樓，即御書樓已毀而復修者也。樓下有石刻癸亥三月康有爲《遊禹王台》詩，張鳳台《遊禹王台記》。後有碑亭，刻乾隆御製五言律一首，今存。

　　沿台環水，係建設廳初成立時所疏濬。初爲蓮池，清道光十八年開歸道麟慶所鑿，廣約數畝，旁置桃柳。二十一年河水淤平，台址没數尺，樹亦無存，旋遭兵毀。同治十一年，按察使紹誠諴仍濬蓮池，台前架木橋，環以雕闌。河督喬松年復於台後築高阜，營水榭二楹，每當春秋佳日，遊人釃飲其中⑥。民十一以前，水榭仍舊部署。今由建設廳租設茶座，樂雖同等，然陳設不具，不入座者任意往來，亦可覘時代風氣之變已。

　　禹廟正殿，《祥符縣志》據常茂徠所見記載，爲道光辛丑河水淤平後重修之狀。據云："禹王台高三丈周百二十步，向南正殿五間，極宏敞，祀禹王。"今爲農林局會議室，會議室東院爲局長室西院爲廚房。正中移置光緒丁酉巡撫劉樹堂摹刻之岣嶁碑，而高八尺之禹王銅像則於民國十六年毀鑄銅元矣。"殿前兩廡前後，俱覆簷遊廊，櫺窗樸素，簷角俱有南北界墙，自正殿角與兩廡簷側連綴，各開方門，東西相望。"

　　"西曰水德祠，祀奏漢宋元明清有功於河者。"今爲農林局主任室技

---

① 《祥符縣志》卷十三，李爲淦《繁塔寺開山紀略》。——原注
② 《祥符縣志》，艾元徵《重建國相禪寺碑記》。——原注
③ 《開封府志》卷三十七，胡介祉《禹王台記》。——原注
④ 《祥符縣志》卷十二，《祠祀》。——原注
⑤ 《開封府志》卷十八，《祠廟禹王廟》。——原注
⑥ 《祥符縣志》卷十四，《古蹟》。——原注

術員室。此在明代，殿之兩廡，皆祀治水有功者。據李濂所見，由秦至明，共二十七人，初設木主，後毀，姓名均載《汴京遺蹟志》。

"東曰五賢祠，即三賢祠。"今爲農林局會計室庶務室。當明改祀禹王時，殿後舊有三龕，移碧霞元君像於其内①。明正德十一年巡按御史毛伯温以高適、李白、杜甫三賢曾嘯歌於吹台之上，乃廢元君像，改塑三賢像，詳毛伯温《三賢祠記》。是明代初立三賢祠在殿後，與兩廡之分祀治水有功者不同一事。至立祠於殿之東廡，清初已然，胡介祉《禹王台記》有云"三賢昔遊此地而詞於台左"，可以證明。

"嘉靖四十一年增祀李夢陽、何景明，改五賢祠"，"《修五賢祠碑記》李濂撰李蓁書"。此碑今存農林局局長室西間後壁。清乾隆十九年，按察使沈廷芳以祠湮圮，捐俸修葺，移建於大梁書院，率僚吏諸生，潔奉牲醴，安栗主於堂，事詳桑調先《大梁書院五賢祠記》②。"繼增高叔嗣爲六賢祠，頗仍名五賢。"據陳浩《六賢祠記》③，開封知府劉標以叔嗣與何李同時，獨爲淳古淡泊之詩，因於修遊梁祠程子祠後增祀之，率諸生潔齋以祭。顔曰六賢祠。常氏所見，係由大梁書院又移置於禹廟東廡，爲開歸道麟慶所重修者也。

廟之大門外置龍尾車一具，係明代用於江河挈水之器，見《農政全書·水利篇·太西水法上》，現所存者僅其全機之一部而已。

四圍牆壁，嵌置碑刻，據今所見，分誌於下：

北面三碑
　　李夢陽修禹王廟碑後而
　　《遊禹王台詩》最近立
　　張鳳台《重修禹王台碑記》
東面四碑

---

① 《汴京遺蹟志》卷十一，"三賢祠祀"。——原注
② 《祥符縣志》卷二十一，"麗藻"。——原注
③ 《祥符縣志》卷二十一，"麗藻"。——原注

西蜀宋子鋭詩，道光庚寅六月立

朱溶《誌別詩》十四首，嘉慶二年九月立

《御書功存河洛記》，河南巡撫李國亮撰，周金然書，康熙三十六年立

顧汧御書匾額頌，康熙甲戌年立

西面五碑

《遊禹王台詩》，三韓宜思恭等作，來正風書，康熙乙亥年立

《遊禹王台記》，三韓宜思恭記

李國亮《御書匾額頌》，康熙甲戌年立

《禹王台記》，胡介祉題並書，康熙乙亥年立

禹王台聯句並序，燕山李言撰，康熙三十七年立

五、禹王台非吹台之存疑

因繁台漸失其遊眺地位，後起之禹王台，代之而繼承吹台韻事，於是有專指禹王台爲吹台者，自稍失實，然非全誤也。如李夢陽《重修國相寺碑記》，謂"汴城以水湮，故諸古蹟茫然蕩然，獨斯台巋然峻峙可遊"。《修禹王廟記》自叙遊於禹廟之台，二文參證，初未專指何台爲吹台。並且九日繁台二首，有"禹廟登高人盡回"之句，更爲不專指禹王台爲吹台之鐵證。周城宋東京考，繁台併入吹台，謂爲一台數名。此其說皆近於存真者也。如閻興邦《修禹王廟記》，胡介祉《禹王台記》，上溯吹台繁台等名，而悉以禹王台承之，雖立言不甚分明，亦未離繁台而專稱禹王台爲吹台也。惟李濂《汴京遺蹟志》既於天清寺大梁書院等註在繁台，而於三賢祠則註在吹台上禹廟之後，梁園則註在城東南三里許孝王築吹台於苑中，復證以吹台，今改禹王台之註，是專以禹王台爲吹台矣。李爲淦《繁塔寺開山記略》："塔之東有吹台亦勝地也，俗呼二姑台，嗣又改禹王台。"同李濂說，《如夢錄》亦然。至何煟逕題禹王台爲古吹

台，置繁塔寺之台於吹台以外，則古所謂吹台俗呼繁台，抑又何也？謂禹王台係屬吹台所在地而增築，猶之繁台可也，專指禹王台即吹台不可也。常茂徠辨禹王非吹台，誠不爲無見，亦未可爲定論也。茲摘録其説，俾資參考。

  夫以吹台謂即繁台則可，以禹王台謂即吹台則不可。蓋汴之東南有兩台焉，中去百餘步，其東台則禹王台也，其西台則國相寺，即周宋時之天清寺，俗所謂繁塔寺也。禹王台祀禹王，左側曰三賢祠，右側曰水德祠，其規制皆出近代，無古蹟可考，惟明李夢陽《禹廟記》、李濂《五賢祠記》及陳珂《彭公時雨亭記》、鄧公《撫安亭記》數種而已。度台之高，約二丈餘，周回約百二十步，地不幾三畝，汴居天下之中，兵燹河患，無代無之。以艮嶽方廣兼數十里，迄今訪其故址，欲求其廢邱如培塿不可得，烏有以三畝之土台，自古及今，而能常存者乎，其爲禹王台而非吹台也明矣。然則吹台何屬乎？曰即繁台也。繁台何屬乎？曰即繁塔寺之台也。……自宋及明皆以繁塔之寺爲繁台，《九域志》所謂吹台即繁台蓋指此也，是禹王台之不得爲吹台也明矣。……國相寺之創建，肇於周顯德元年，名天清寺。塔之創建，肇於宋太平興國二年，名興慈塔。距今已幾千年，屢遭河患，而其基址猶高丈餘，廣數十畝，東西南北袤延各百餘步，以此度之，其爲師曠及梁孝王增築之台無疑也。……或曰禹王台非吹台，而三賢祠在焉。而不知古無三賢祠也，三賢祠之創始於明正德丙子，巡按御史毛公伯溫所肇修也。惜乎道光二十一年黃河圍汴，兩台皆已淤墊，非復舊日之崇高，而繁塔寺之台，其前又復淤爲平地，古蹟淪没，良可慨也。

第二　繁台之沿革及其建置

一、繁台之來源

繁台係以梁孝王吹台廢址增築之台。《元和郡縣志》：梁王吹台在縣城東南六里，俗號繁台。是唐代即有繁台之名。《太平寰宇記》：朱梁開平二年改繁台爲講武台。此即吹台也。其後《太平寰宇記》：有繁氏居其側，里人乃以姓呼之。《分廿餘話》：漢有繁延壽，魏有繁欽，唐又有繁，唐知一，以繁姓爲名，當作蒲禾，切音婆。據清常茂徠謂台以繁名，或因其土建立佛宇，爲僧所居，遂名婆台，兼稱梵言華言名之，後人誤以婆字不雅馴，致改婆爲繁耳①。又關百益《繁塔石刻記序》引常茂徠《繁塔辨》云：按《左傳》祝鮀云：分康叔以殷民七族，陶氏、施氏、繁氏、錡氏、樊氏、飢氏、終葵氏。汴梁故屬衛地，台若以姓得名，或因殷民之氏舊居於此，造台之始不欲没其姓歟②。

二、繁塔之建置及其變遷

繁塔即宋之興慈塔，後借繁台之名以爲名。《汴京遺蹟志》：天清寺內磚塔曰興慈塔，俗名繁塔。常茂徠《繁塔寺記》：正殿後爲繁台，即宋之興慈塔也。關百益謂此塔以刻經及陳洪進《修塔記》攷之，其始建在仁宗時，稍後於周顯德之天清寺。塔初本九級，明太祖以王氣太盛拆去

---

①　《祥符縣志》卷二十，麗藻常茂徠《繁台考》。——原注
②　關百益《繁塔石刻序》。——原注

六級。李空同《重修國相寺碑》云：七級剗去其四者非是①。常《繁塔寺記》云：塔前低後高；前高二三尺許，後高約二丈餘，東西南北衺延各百餘步。今存者三級猶高九丈五尺，周遭六面，面各四丈，計共二十四丈，極頂正中作尖峯高二丈。塔之上下一色，方甎砌就。每甎中央俱作圓凹月式。一甎一佛，趺坐其中。

三、繁塔寺之建置及其變遷

繁塔寺非專指何寺，乃以繁塔周圍，寺院林立，故統稱爲繁塔寺。明李夢陽《重修國相寺碑記》："國相寺，繁台前寺也，台三寺，後曰白雲，中曰天清，塔斷而中立。"繁台上有天清寺，創建於周世宗顯德中，昔人有謂繁塔與寺同建之説非。《汴京遺蹟志》："世宗初度之日，曰天清節故名，其寺亦曰天清寺。元末兵燹寺廢，明洪武十九年僧勝安重修，永樂復建殿宇塑佛像。"天清寺之南曰國相寺，《汴京遺蹟志》："即天清寺之前樓：三間，明洪武十七年僧勝安因樓廢址改建佛殿名曰國相。二十一年僧淨慈增建觀音堂方丈廊廡三門。"正德十五年又重修，明季河水圮②。

《宋東京考》：白雲寺在天清寺西北，即天清寺之白雲閣廢址。明洪武十九年僧勝安圓寂於其址，重建殿宇。佛像仍其舊，名曰白雲寺。

李夢陽《重修國相寺碑記》中，言以上三寺之由來與衰廢經過，頗爲詳盡，茲録如下：

按《東京夢華録》，繁台寺一耳，亦不言其地之盛。嘗聞之長老曰寺一耳而三其教：中教之講僧玉色褊衫，後教之禪僧深褐褊衫，前教之瑜伽淺褐褊衫，而寺遂三。後有白雲閣，於是號白雲寺，中

---

① 關百益《繁塔石刻序》。——原注
② 《祥符縣志》卷十三，國相寺註。——原注

有天清殿於是號天清寺，前有國相門於是號國相寺。寺分勢孤，時遷世殊，於是崇者頹而下者蕪。又國初剷王氣，塔七級去其四，崩齧幽窘，狐狸魑魅，昏嘯陰啼，僧席未暖業逃去。而善彬者國相僧也，乃奮然興曰："寺時世廢耶？僧廢之耶？"僧年七十餘，步詣戒壇受戒。寺得不土平者，彬之力也。……正德間，彬葺其殿閣門樓房廡，而百户趙越等助之涅像。

明末河水灌汴，台上殿廡俱圮，惟繁氏一塔屹然而立，而國相三寺已蕩然湮没矣①。順治二年有桂山和尚者偕其徒孫明儒朝五台，道經塔下，見塔甚奇古，慨歎良久。時巡河使者浙江方公大猷遇桂山，留之住塔下後洞，閲一年轉前洞。又二年屯田監司胡公知桂山苦行，命之墾荒，遂墾田四頃，接待往來僧衆。康熙間復募巡撫張公自德修禹王台及塔前寺山門、鐘鼓樓、韋馱殿、伽藍殿、觀音文殊配殿，及落成，額之曰國相寺，而桂山亦於是秋八月初三日圓寂矣②。

國相寺建於明洪武年間，明季河水圮，清康熙年間桂山和尚仍其舊名而重修之。李爲淦《繁塔開山源流記》③，謂國相寺開山於桂山和尚者不可據。

四、大梁書院

繁台之東有大梁書院，祀宋程顥、程頤。《汴京遺蹟志》："汴舊有麗澤書院，在南薰門内蔡河北岸，明天順五年提學使劉昌所建，成化二年巡撫李衎改書院爲巡撫治所，乃徙書院於城之東南三里許繁台之上，更名曰大梁書院。"天啓二年巡撫馮嘉會、巡按邱兆麟重修（《重修大梁書院碑記》今存）。崇禎十五年没於水。清康熙十二年巡撫佟鳳彩改修書院

---

① 《祥符縣志》卷十三，艾元微《重建國相寺碑記》。——原注
② 李爲淦《繁塔寺開山源流記》。——原注
③ 李爲淦《繁塔開山源流碑記》，今存於繁塔之南荒院中。——原注

於城内西北隅天波樓舊址。康熙二十六年驛分守道張思明以廢址改建爲二程書院，正殿祀宋二程夫子，并增祀程門弟子於兩廡①。（張思明創復二程書院碑今存）。乾隆四年，大雨水，榱桷陊剥，丹堊漶漫，乾隆七年開封知府朱繡，道光二年布政使程含章、巡撫程祖洛並重修②。光緒三十一二年改二程書院爲簡易法政，宣統元年楊源懋創中州公學。民國二年與第二中學合併，乃改辦農業專門。十六年與中州大學合併爲中州大學第二院，今仍其舊，惟名易爲河南大學第二院。大梁書院一呼玉泉書院，茲録《如夢録》一段如下：

> 此塔後朝北有玉泉書院亦名九仙堂，係分守大梁道王琡所建，内祀兩程夫子，前有照壁、鹿角、閃牆、大門、甬道、二門、角門，内有大堂，台榭橋梁，自高而下，俱立甎爲細磴，勢落山嶺，清幽雅趣。後有高閣，上塑八仙並王公爲九仙堂。塔後有井一眼，水極甘潔，名玉泉，故書院以玉泉爲名。

大梁書院之前堂曰十賢祠，又名十賢堂。《汴京遺蹟志》：“十賢祠即大梁書院之前堂也，在繁台之上。舊名九賢祠，祀濂溪、二程、張、邵、司、馬、朱、吕、張。後復益以許魯齋，爲十賢祠。”莊昶撰《十賢祠記》：“大梁書院者，祠濂溪、康節、溫公、明道、伊川、横渠、晦菴、東萊、南軒、魯齋十賢，又集天下書以資學者遊學之處也。”③

五、繁台之現在概况

繁台台基約十餘畝，今完全爲河南大學農學院校址。出城南向横過隴海鐵道，東南百數十步逕達農學院前門，而繁塔居其中。

---

① 《祥符縣志》卷十一，大梁書院二程書院。——原注
② 朱繡《重修二程祠記略》。——原注
③ 《汴京遺蹟志》卷十一祠。——原注

進農學院大門即達前院，東西兩廂有房舍數間，東爲該院庶務室，西爲教員室，與之相並一偏院爲教員住宅。自此向南乃至中院，北屋三楹爲教員休息室，東西廂房亦教員與職員住室也。休息室相對者講樓也，高窗素壁，巍然豎立，顯然一新式建築。樓前有二石碑分豎左右，東爲天啓二年《重修大梁書院碑記》，提學使陳騰鳳撰，集褚遂良書，碑陰列督工人姓名。西爲康熙二十六年創復二程書院碑，張思明撰，俞森書。其他碑石尚多，惟均殘缺不整，陷地中者有之，以之作階石者亦有之，蓋今之院落，即明大梁書院及清二程書院遺址，惜古蹟多没，良可慨焉！

　　樓前而西，亦一偏院，乃學生宿舍。繁塔即在其南，自此向南數步，即至塔之初級南洞。近洞口兩旁有石二方，東一爲《興修國相寺記》，西一爲《熏塔施茶碑記》，洞正中近北有坐佛一，前祀孔子木主。東西各壁横陷石六方，東刻《金剛般若波羅密經》，高各二尺七寸，廣共十三尺六寸，第二石二十九行，第三石三十一行，餘俱二十八行，每行三十三字，分上中下三層。西刻《十善業道經要略》，高各二尺七寸，横共十三尺三寸，第一第四兩石各二十行，第二第五兩石各二十四行，第三第六兩石各二十五行，每行三十字，分上中下三層，俱太平興國二年鄉貢進士趙安仁書。

　　第二級向南洞内，東西壁亦各横陷石六方，廣共一丈四尺三寸，高二尺八寸五分，每石三十行，每行三十六字，分上中下三層，刻《大方廣圓覺修多羅了義經》，太平興國七年立，未著書者名，據常茂徠云亦安仁書。二級向北洞内，又初級向北門内左右盤蹬，横額上每石俱刻修塔捐施助緣人等姓名。第一方平海軍節度使特進檢校太師陳洪進捐銀五百兩並撰記，内有"六洞靈仙曾留勝跡，九層寶塔近立崇基"云云。内石共八方，太平興國年者七，淳化年者一，其餘尚有一百五十又三品，不著年月，按關百益《繁塔石刻序》，以其筆法考之，均係宋朝修塔時所刻。惟塔之南北諸洞各不相通，登臨者須内外出入，盤旋而登，勢極危險，此洞又在塔之陰面，爲自來登臨者所不至。如登第二級須從塔之北洞入口，而此洞今在農學院牆外，欲至此者，必出農學院始達。

塔南數武有屋五間，現爲木匠製造室，內有道光九年主持僧空法《重修繁塔寺大殿碑記》，即當前之國相寺大殿也，當時大門向南，今則北向。出該屋向東數步轉南，乃教員住宅，惟北屋三間，爲保藏種子之用。出此院即農學院之後門也。

　　出後門向西，復至一院，頹垣廢舍，荒凉滿目，院內僅存殘碑數方與西屋三間，夫役家於此。繁塔即在其北，斷塔殘碑，倍增凄凉，院之北有屋五間，門向北，即前述之國相寺大殿也，初本與塔相通，今須出院而西始至。屋之南月台上有李爲淦《繁塔寺開山源流記》碑，再南有碑二方，其一，碑陰爲清雍正十一年李爲淦《重修繁塔寺中殿記》，碑陽有張平山畫布袋和尚像，李空同贊，明嘉靖癸巳左國璣書。據常茂徠謂此碑舊在城內相國寺大雄殿內，康熙壬申燬於火，郭世寧重刻於此。其他一碑平臥地上，半陷土中，頗形污穢，字體多爲模糊，現於上之一面俱爲捐助人姓名。

　　院門稍西空地上巨鐵香爐一，鑄於乾隆四十七年，重千餘斤。稍南，一碑獨豎，明萬曆四十五年丁巳秋八月周藩長史司右長史福唐陳嘉俞撰繁塔寺重修記。自此折而向北，經巨爐至羊圈達繁塔，於此可見塔西之三面，適爲全塔之半，其他一半則界於農學院中，而塔之初級北洞於此可入，但現在以塔年久失修，已於民國二十年封禁。

　　自塔而南越大路乃至河南大學農場，場之大約二倍農學院有奇。門外白楊兩列，內則綠柳覆蔭，短柏夾徑，奇花異草，栽植於田畦之間。循徑而西，房舍數楹，乃場中之辦公處，東爲場役住室及新建之種子室；循中道前行不數武偏西小亭巍然，可供遊人休息。亭之西爲草泥所覆之席棚，爲場中飼育雛雞之所，亭之北有花窖，其南有果實保存室一。再南爲玻璃造之溫室，冬日臨之，暖氣甦人，濃綠叢叢，疏花點點，凡冬日不可得之植物均多植養於此。全場約可分三區：一爲育種試驗區，春日多植小麥，以作品種之試驗，秋則種大豆，一爲花卉蔬菜區，廣植以觀賞及經濟之種品，其一爲果樹園藝區，凡葡萄、桃、李及桑樹在焉。

　　又自今農學院前門向東折南，循墻而行，約數十步，則見青石一方嵌於壁中，顏曰"古玉津園"，光緒甲午呂永輝題。此園爲宋都人遊憩所，風景甚佳，太祖太宗數幸於此，詞人題咏亦多。按五代史周顯德五年九月乙丑曾賜宰相樞密使及近臣宴於此。是建置於宋以前。《夢華錄》：宋都人出城探春，州南則玉津園，東去陳州門外園館尤多。《汴京遺蹟志》：園在南薰門外。其註：天清寺則曰在陳州門裏繁台上。南薰門爲正南門，東南則陳州門。據此園址不在繁台矣。

第三　農林局之歷史及其概況

農林局在開封城東南三里許，位於隴海鐵路之南。面積廣闊，土泉肥甘，草木暢茂，風景清幽，踞吹台之勝，毗連繁塔，不僅河南農林試驗之重要場所，亦且開封人士之遊覽勝地也。

農林局之創設，始於有清末季。光緒四年，涂撫宗瀛於繁塔莊附近購地二百餘畝，盡植湖桑，名曰河南蠶桑總局。宣統元年，河南農工商局長何廷俊購地於古吹台東偏，鑿井引水，治稻田，構花圃，闢荷池，並築思饑亭於池之北翼，名曰農事試驗場。民國三年，河南巡按使田文烈由農事試驗場割地三十六畝創辦森林局，復於民國五年出其會辦河南軍務俸入四千九百四十四元，購民地一百餘畝以擴充之。民國八年，河南實業廳長陳善同照省議會議案，於每道設蠶桑局一所，改繁塔莊原有之蠶桑總局爲開封道蠶局；並爲推廣棉業計，撥局地四十六畝分設棉場。民國九年，省長張鳳臺將森林局東南隅毗連之民田，租用四十餘畝，藉以營造保安林；至十二年，林務監督任文斌將森林局歸併造林場，並闢地十餘畝，建築樓房一所及平民屋數十間，爲該場辦公之用。民國十三年，任轉任實業廳長，改開封道蠶桑局爲河南省實業廳第一蠶桑局。十六年二月，郭念箴繼任廳長，改第一蠶桑局爲河南省立蠶桑局；旋奉軍抵豫，蠶桑局與棉場一併停辦。十六年杪，劉鎮華任建設廳長，恢復第一蠶桑局，改造林場爲河南林業試驗場；復先後在龍亭及鐵塔寺左近設立模範苗圃及中山林場，並向商邱行政長公署商撥營田兩千餘畝，設立第五營林局。民國十七年，張鈁繼任，劃農事試驗場一部籌設動物園，並闢宋門關營地九十餘畝，爲模範苗圃育苗之用。十八年二月，復將農事試驗場、林業試驗場、動物園、第一蠶桑局、模範苗圃、中山林場六機關合而爲一，名曰河南農林試驗總場；并在其他地方設立農林試驗場六處。在尉氏者曰第一農林試驗場，係劃撥該縣建設局接收劉師古堂遺產地畝而設立。其第五農林試驗場，則由商邱之第五營林局改組而成者也。廿年四月，建設廳長張斐然將農林總場析而爲二，名曰開封園藝試驗場及河南省立第一區林務局，改尉氏之第一農林試驗場爲苗圃，併入於第一區林務局內；改商邱之第五農林試驗場爲省立商邱麥作試驗場；復就鄭縣碧沙崗三民主義烈士祠地畝設立模範林場。廿一年十一月，建設廳長張靜愚因奉中央緊縮政令，將河南農林機關分別歸併，合開封園藝試驗場、第一區林務局、商邱麥作試驗場、鄭縣模範林場四機關爲一，河南省第一區農林局於以產生。

農林局地畝散處四縣，經營之側重，亦各不相同。商邱以麥作爲主，其他作物次之。鄭縣爲園藝森林，尉氏爲森林苗圃；其在開封者，除原有之森林苗圃桑園等地保存固有狀態外，並側重於果樹花卉蔬菜等之栽培。該局經常費，每月一千九百二十元，事業費一千二百元，設辦事處於禹王台之上，並派員分駐於其他各場地。

吾人所呼之農林局，常爲其禹王台周圍之場地。今者農林設辦事處於台上，已非復昔時舊觀矣。禹王台之北，爲動物園。園中飼養，以民國十八年爲盛。台西曰牛舍，曰羊舍，曰雞塢，惟飼養均甚少。台之西南，有冷牀二，常用以育苗及行促成栽培。台南爲農民訪問處，蓋該局爲推廣農林計，設此以解決農民疑難者也。

各種栽培物模範區，如林木區果樹區蔬菜區花卉區，均在禹王台之偏東部。內植各種作物，並集各地不同之品種，藉資比較；該局之各種試驗，率以此種模範區爲中心。

海棠院爲農林局中最佳之處，遊人常履斯地。院形正方，周圍可百步。四圍蔽以扁柏，中盛植海棠。又有一亭，甚清雅，旁有龍槐，可攀登。春夏之際，海棠怒放，綠槐若傘，息焉遊焉，頓覺別有天地。

出院而東，翠柏夾道，葱槐成蔭，約數百步，可達土坵。坵高數丈，螺旋可登。北則全城在目，南則廣漠萬頃，西則煙突林立，東則商輪輻輳。隴海路車輪飛馳,新時代之神祇已臨;二輪車到處揚塵,舊社會之軀殼仍在。蓋千百種不相同之生活方式,千百年不相同之社會事物,莫不窮類畢集,出没掩映於眼簾視野之下,開封之所以爲開封,殆以此歟。

第四　農林局附近的動植物

　　農林局在開封城東南三里許。位於隴海鐵路之南。地積廣大，概為砂質壤土。草木暢茂，動物繁多，茲將其較重要者約略紀出，以資參考。

　　動植物之分類研究，稍涉專門；在小學教學上，不甚必需，故本編個別叙述，不採系統的分類法。然材料排列，亦有其相屬的近似性。其關於動物者，先家禽而後野禽，先家畜而後野獸，害虫益虫之屬，亦以常見者先焉。其關於植物者，先林木，次果樹，再次花卉，再次蔬菜，最後則為農作。花卉之屬，雖可賞心悦目，然究其社會之價值較小，故非較著名與夫為當地所特多者，概從略焉。農作物為對吾人關係最密切之作物，本擬列之前端，惟農林局農作甚少，作觀察與研究時須至該局附近的田野，故置之於最後焉。

　　本編計有動物四十二種，植物七十一種，欲於極短的時間中，作整個的觀察與研究，當甚困難。惟動物多集中於飼養室內，飛鳥及其他昆虫，只有依機遇之便，作觀察與研究而已。觀察植物與研究植物，最簡便者為至其模範區。各種模範區，如林木區、果樹區、花卉區、蔬菜區，多在該局之東部，可前往觀察與研究焉。如對某種動植物在學校中已有初步研究，至時則僅加以印證即足矣。若能斟酌程度，參照季節，並注意於原有自然科之聯絡與分配，當更善也。

　　動植物的觀察與研究，均應注意其特殊官能及其社會價值；更應注意當地有社會價值的特產。如鴨鵝之蹼，鵜鶘之漁囊，玫瑰之刺，葡萄之鬚，甘藷之根，仙人掌之莖，雁來紅之葉，及虫媒花之色，與夫落花生之生長狀態及功用；均應特別提示，以促進觀察與研究者之注意。

　　本編各物，有俗名者，均附以俗名；所有俗名，均以開封所通用者為準。以開封各小校學生，強半為開封籍，有俗名可便於研究及記憶，並可與固有觀念聯絡也。

一、動物

1. 雞　雞全體被羽毛，喉旁有肉瓣。嘴尖而硬，便於啄食。翼小身重，不善飛行。每足有四趾，趾端有利爪，常用以搔撥地皮，尋覓食料。雄雞毛色美麗，鳴聲頗高，人多畜以司晨，足上生趾，長大堅硬，爭鬥時常用以擊敵。雌雞體略小，能產卵和孵雛。雞肉甚肥美，雞卵亦可供食。（農林局雞舍中有來杭雞、拍拉門雞、廣東雞、本地雞數種。來杭雞產卵最多，年可一百七八十枚。拍拉門雞體最重，適於肉用。）

2. 鴨　鴨俗稱鴨子，爲野鴨經人工飼養而成。體形像船，腹胸扁闊，適於水中游泳。兩翼短小，不能高飛。足部細弱，拙於步行。每足有四趾，趾間有蹼，便於撥水前進。脂肪層甚厚，可保護體溫。尾部脂肪腺特別發達，常分泌油質，以嘴塗抹羽上，故能入水不溼。嘴扁闊，緣邊凸起如齒狀，喫物時，水從齒縫間流出，食物則遺留於口內。鴨卵可供食，鴨肉亦甚肥美。

3. 鵝　鵝爲原鵝由人工飼養而成之變種。軀體肥大，羽毛整潔。翼小足短，不便飛行。體形像船，胸腹寬闊；適於水中生活。頸長大，嘴扁闊，嘴根有肉瘤，捉捕食物極便。產卵多在春季。每年約二十枚。雌鵝工於孵雛，飼養者恒以其爲孵育鴨雛之用。

4. 天鵝　天鵝一名鵠，爲我國北部習見的鳥類。體形似鵝，整潔可愛。頸長嘴闊，便於水中覓食。嘴上有黃色部及黑色部，黃色部不達於鼻孔之前方，黑色部延長於口角之後方。幼者色灰，老者全體純白，常息棲於河湖近旁及海濱，食植物的葉根種子及昆蟲蠕蟲等以營生活。

5. 鶴　鶴全身純白，軀體高大。嘴長而直，頸長而曲，足瘦長，常涉游於淺瀨，素捕小魚昆蟲爲食。嘴色綠，頭頂色赤，下頸之背面及翼之一部與尾端皆黑色。軀幹瘦癯，形態瀟洒，可飼之以供玩賞。鶴繁殖於黑龍江等處，以生殖不繁，故種類日見減少，現已由國際動物學會規定，認爲保護鳥之一種。

6. 鴿　鴿俗稱鴿子，體色不一，光潔可愛。嘴短小，先端被角質，適於啄食。翼長大，便於飛行。足健而短，行走時腹部接近於地面。雌雄雙棲，記憶力甚強，縱之遠方，能自歸其巢。孵卵哺雛，雌雄更迭，不令雌者獨任其勞。幼雛盲目裸體，親鳥自嗉囊分泌乳狀液以喂之。鴿可供玩，又可傳書，其肉與卵，亦爲人所珍賞。

7. 鳲鳩　鳲鳩一名郭公，又名布穀，爲開封常見之候鳥。體長八九寸，翼長五六寸。成長者概爲灰黑色，幼者概爲赤茶色。體之下部，從頭至尾根，爲帶有淡黃之白色。生長於山野間，每年二麥將熟時，則按期飛來。鳴聲奇嗟。宛如布穀郭公割穀等語，故時人予以□種名稱。生性畏怯，嗜食虫類，常飛行於空中，或匿居於林間。習性不能造巢，常產卵於他種較小之鳥巢，使之代爲孵育。

8. 麻雀　麻雀常年住在一處，四季不移，叫做留鳥。翼小身重，尾像槳，飛行不能耐久。脚短而堅強，善跳躍，不能步行。嘴像圓錐，端尖質硬，啄取食物，異常便利。麻雀繁殖頗速，常成群結隊，覓食田間，啄取穀粒，有傷農作，所以稱爲害鳥。

9. 燕子　燕子秋去春來，時期常有一定，叫做候鳥。羽毛背黑腹白。頷下紫褐。翼強大，飛行迅速。尾像剪刀，轉折甚便。脚短小，不善行走。記憶力甚強，能識舊巢所在。眼極敏銳，嘴亦闊大，常飛翔空中，捕食飛虫，有益農作，所以稱爲益鳥。

10. 烏鴉　烏鴉俗稱老呱，全體色黑，性極貪食。常集成大群，在田間飛行，日落則棲息於古木高林中，鳴聲難聞，人多惡之。烏鴉嘴甚強大，飛行亦能持久，常殺食有害昆虫，間亦食五穀種子。其巢多築於高樹分枝處，春後則產卵孵雛。

11. 喜鵲　喜鵲俗稱麻野雀，形狀色澤，均甚美麗。居近於人之庭院大樹上，鳴聲喧噪，性不畏人。常結隊行走地上，覓食植物種子。不喜遷移，其智慧爲鳴禽中之較高者，能貯藏食物，以備冬季雪時之用。構巢極精，保衛力亦大，能聯合群力，防逐貓鷹等之敵害。

12. 啄木鳥　啄木鳥一名鴷，爲能保護林木之益鳥。嘴長質堅，能叩樹木，以知害虫所在。足有四趾，二趾向前，二趾向後，便於握物。趾端有鈎爪，能攀行在直立的樹幹上。羽毛硬直，尾部如針，能插入樹皮，助足以支持體重。舌細長，先端有逆鈎，能鈎取樹中害虫，作爲食料。一樹既盡，再換他樹，終年漂泊，又叫漂鳥。

13. 鳶　鳶俗稱餓老鵰。翼長大，善高飛。目光銳利，飛翔時可見地上細物。足有四趾，三趾向前：一趾向後，趾端有銳利的鈎爪，可以攫取食物。性凶猛，終年食肉。嘴灣曲有鈎，常盤旋空中，如見田鼠小鷄魚蛇等，便撲下攫住，再飛到静僻的地方撕食。

14. 梟　梟體形似鷹，頭形像貓，故俗稱貓頭鷹。嘴强壯有力，先端有鈎，便於捉捕食物。眼圓大，生在頭的前面，四週生有粗毛，故在夜中視物甚便。足有四趾，兩趾向前，兩趾向後，趾端都有鈎爪，便於攫取食物。目畏光，在黑夜始能見物，白天躲在森林深處，夜晚則出而覓食。

15. 鵜鶘　鵜鶘一名伽藍鳥。體大翼長，嘴扁闊，約長尺餘。嘴下有與嘴等長之漁囊，可以容物。食物衆多時，常儲之囊内，以便食物缺少時再食。體概白色，翼部稍褐。羽毛疎長，尾部甚短。性喜群居，工於游泳，常棲息於淺海沙礫間，以便覓食魚類。捕魚之法，以嘴淘水啣魚，得魚後，將嘴緊閉；並收縮其嘴下之漁囊，擠出餘水而吞之。肉可供食，惟味不佳美。羽毛色澤美麗，捕獵者多以之製裝飾品。

16. 牛　牛有水牛、黃牛兩種，因生長地不同，故毛色亦異。水牛概爲青灰色，黃牛概爲赤黃色，顏色雖異，但其爲保護色則同。牛的頭上有角，可爲護身武器；趾的下端着蹄，可免摩擦足部。口内無犬齒，胃分四部，吃草時要反芻，叫做反芻類。牛性馴力强，可以耕田，可以拖車，肉與乳可供食，皮與骨角均可爲製器物之用。

17. 羊　羊有山羊、綿羊兩種。山羊的角較短而直，綿羊的角較長而曲。山羊的尾部短小，綿羊的尾部肥大，山羊的毛長而直，綿羊的毛長而曲，山羊和綿羊的肉都可供食，毛及毛皮都可製物。此外又有瑞士乳羊及美利奴羊者，係用人工淘汰的方法飼養而成，可爲榨羊奶與翦羊毛之用。

18. 鼠　鼠體色灰黑，性情狡怯，舉動敏捷，目光甚銳，在黑夜也能見物。口旁有鬚，鼻能轉動。口內無犬齒，門齒長得很快，故常咬嚼什物，用以磨短。身上多蚤，能傳染病菌，發生鼠疫，釀成大害。其變種有白鼠，體小色白，眼睛珠赤，可供玩用。（農林局動物園中有白鼠，俗稱小洋鼠。在開封亦有賣者，飼之者多以供玩。惟此物能傳染病害，以不飼養爲宜。）

19. 猪　猪體肥胖，性情溫和。足短小，每足各有四趾，趾端着蹄。腹寬闊。耳長大，鼻在口的上端，鼻端有硬殼，突出於口前，能掘土覓食。生殖力甚強，飼養者常將其生殖腺破壞，以便肉質佳良。猪喜雜食，食後善睡，肉肥嫩鮮美，食之甚爲滋養。脊部的毛叫鬃，粗大堅靱，可供製物之用。

20. 兔　兔的種類頗多。毛色赤黃，與土壤之顏色相似，門齒尖銳如鑿，齧物極便。上唇有裂紋，轉動甚爲靈活。兔有四肢，後二肢特長，跳躍極爲便利。性狡怯，耳長大，能轉動，聽覺甚敏，受驚則兩耳直豎。嗅覺亦敏銳，能嗅知敵害之遠近。眼大凸出，常開眼而睡，稍有驚覺，即行逸去。其變種有家兔，可用人工飼育，毛色常隨親體而遺傳。肉可供食，毛皮可製物，生殖力亦極強，如無其他情形，每兔一對，繼續產生不絕，越四年後，可得一百二十七萬四千八百四十頭。

21. 熊　熊俗稱狗熊，又名狗黑子。體甚肥滿，頭大額廣，耳殼短圓。鼻端略鈍，眼露凶光。嘴突出，上唇中央有裂縫。四肢短，各五趾，趾端具爪，行時以蹠踏地。尾短小，毛深密而剛硬，色黑有光澤，咽喉部有白色月形之紋。體身大，穴居於深山樹洞土窖中，至夜則出而覓食。熊須冬眠，春暖始出。熊皮可爲墊，熊肉可食，熊掌稱食中珍品，在冬眠前所得者尤貴。

22. 獾　獾體肥胖，頭長吻尖，眼耳皆小。四肢短，腹部幾觸於地。肢各五趾，前肢之爪最強大。步行緩慢，行時以半蹠踏地，幫助進行。

尾短，毛深而密。體色黃褐，腹面及四肢皆黑色。性怯懦，穴土而居。掘土甚速，不兩分鐘可成藏身之穴。晝伏夜出，尋覓果實、蝸牛、蚯蚓、小鳥等爲食。貛肉可食，毛皮可製裘，陳腐之貛油，又可爲敷治火傷之用。

23. 狼　狼形似犬，性喜食肉，叫做食肉類。眼裂斜，有凶光。鼻長，口裂深。耳殼小而堅，頸上生剛毛，呈粗頸之觀。體瘦肩高，背略傾斜，毛甚剛硬，肩頸臀各部爲尤長。體色黃或褐，前肢之腕部有黑色條紋。尾下垂，常蓬鬆。體上發一種惡臭，爲招集同伴之用。狼性殘忍、吠聲淒切，晝伏於叢莽，至夜則出外覓食。冬季集雪時，乃成群而來村旁，刼食羊犢等物。間亦食人，常隨旅客乘隙噬之。但性畏火光，可燃燒什物，使其驚退。

24. 狸　狸體細長，口吻尖狹，耳殼小，眼銳有光，上脣兩側有鬚，全身叢生黑褐色疏毛，鼻邊黑，眼邊白，肢短而細，肢有四趾，具有不能伸縮之鉤爪，尾細長，被長毛而蓬鬆，常穴居於近村之山野或廢屋中，夜則刼掠家畜爲食。性甚狡滑，常倒行以亂其足跡。毛皮可製裘，尾毛可製筆，肉味不甚佳美，故不宜於供食。

25. 蝙蝠　蝙蝠是哺乳胎生的獸類。毛褐色，前肢變爲翼狀，姆指具有鉤爪，餘四指很長，指間和前後指及尾間，俱有薄膜連張着，飛翻極便。兩腿甚小，行走不便。白晝畏光，常棲息於瓦縫牆隙中，至夜則覓食各種虫類。

26. 蛙　蛙能生長於水或陸地上，叫做兩棲類。眼大口闊，舌根生在下鄂的前端，舌尖向內，可以射出口外，捉捕小虫。舌上有黏液，小虫遇此，便被黏牢，就做他的食料。四足前短後長，適於跳躍。趾間有蹼，便於游泳。雄蛙兩頰有鼓膜，鼓動發聲，非常喧噪；用以引誘雌，藉達傳種目的。蛙卵呈圓形，孵化後叫做蝌蚪，有鰓有尾，在水中生活。長大後，鰓與尾俱失去，以肺及皮膚營呼吸作用，便成爲蛙。

27. 蜻蜓　蜻蜓全體，可分頭胸腹三部。頭部有單眼三個，複眼一對。視覺銳敏，口器扁闊，捉食飛虫，甚爲便利。胸部有六足四翅，翅長大，飛翔極便；常在田野間捕食飛虫，甚有益於人類。腹部有環節，雌者更爲長大。產卵於水草上，幼虫叫做水蠆，有足無翅，在水中生活，捕食孑孓，作爲食料。長大後，變成蛹，蛹再蛻變，即成蜻蜓。

28. 蜘蛛　蜘蛛的頭胸兩部，區別不明，叫做頭胸部。生足四對，足細長。可以爬行。腹部甚大，末端有三對乳頭狀之突起，叫做紡績器，能分泌黏液，變爲細絲，用以結網。絲有黏性，飛虫一經接觸，便難逃脫，就做它的食料。

29. 蚣蜈　蚣蜈的胸腹兩部，區別不明，叫做胸腹部，身體由許多環節合成，兩旁生足二十對，頭部有觸角一對，單眼幾個。口器兩旁，有顎脚一對，彎曲像鈎狀，底部有毒囊，開口在顎脚的尖端。咬物時先放出毒液，使被咬物不能抵抗。口器有大顎一對，小顎兩對，咀嚼食物，甚爲便利。性畏光，常住在黑暗潮濕的地方，有時還要螫人，所以人們很厭惡它。

30. 蚯蚓　蚯蚓全體作圓柱形，由多數體輪合成。兩端稍尖，前端較後端更細。近前端處，有數節體輪，色白帶紅，稱爲環帶。因住在泥土中，無眼無耳無鼻。體有剛毛，靠筋肉收縮，可以行動。雌雄同體，再生作用甚強，以人工處理之，可使一尾數頭，或一頭數尾。終年食泥土，吸取其中的腐敗物質，作爲養料；所剩泥土，再從肛門排出。因此可使土壤輕鬆，並可使土壤變肥。

31. 螳螂　螳螂全體分頭胸腹三部，頭部成三角形，可以隨意轉動。眼甚發達，口器堅硬，前胸部形長如頸，足長大，能將身體舉得很高。前足形如剷刀，善捕小虫。腹部長大，常產卵於樹枝上，有膠殼包裹着，稱爲螵蛸。

32. 蝸牛　蝸牛俗稱惡蛭，體具螺旋形之甲殼，可以防禦敵害。頭有不等長之觸角二對，眼生於長觸角之先端，口在短觸覺之下面。腹部富有筋肉質伸長之肉足，以之匍匐而行。皮膚常分黏液，以防乾燥。性喜水濕，故天旱多潛匿殼內。以白膜封其殼口，不食不動；天雨則伸出肉足，緣物匍匐而行。有物觸之，則頭與足縮入殼內。蝸牛雌雄同體，産卵於水濕之土中。至冬則潛伏於土中或落葉之下以禦寒。

33. 蟬　蟬俗稱麻鷄鳥，口延長爲吻狀，能刺植物之莖而吸其汁液。翅二對，膜質透明。雄者胸腹部之間，有鱗板狀一對之發聲器，鳴聲甚高，用以誘雌。雌蟬體略小，產卵於樹上。孵化之幼虫，在地下發育越二三年之久，乃出地面，旋上樹梢，自脱其皮而爲成虫。（蟬之幼虫，俗稱爬擦，出地面期多在雨後，其肉可食，鄉中小兒常尋其洞口，以水灌之，然後待其出洞而捉之。所脱之皮，叫做蟬脱，俗稱爬擦皮，可供藥用。此等動物，開封特多，夏季常在柳叢中長鳴，非常喧噪。）

34. 蟻　蟻俗稱螞蟻，性喜群居，勇敢善鬥。每群有雌蟻、雄蟻、職蟻、兵蟻等區別；雌雄蟻專司生殖，職蟻專司築巢採食，兵蟻專司戰鬥防衛。冬天潛伏不出，春日繁殖營生。幼虫能自造白繭，由蛹變爲成虫。蟻喜食植物之根，又能搬殖蚜虫，爲藝園之大害。尾端有毒刺，能放出蟻酸，人被螫後便腫脹。

35. 蚜虫　蚜虫俗稱蜜虫，形小而弱，頭小腹大。腹側有蜜管，能分泌甜汁。種類甚多，群棲於果樹蔬菜農作物之柔嫩部，吸食養液，爲作物之大害。蕃殖甚速，春初從卵孵化，皆爲無翅之雌虫。不藉雄體而營單性生殖。入秋則爲胎生，成長則生翅。雌雄交尾而營有性生殖。蚜虫蜜管分泌之汁液，質甘而黏，蟻酷嗜之，故蟻常保護此虫；或有豢養之者，如人之養乳牛然，所以又名蟻牛。在動物界中，凡兩種不相同的類屬共同生活，雙方俱有利而無害者，叫做共生；蟻與蚜虫，即其一例。

36. 蜜蜂　蜜蜂爲蜂之一種。性喜群居，每群有雌蜂雄蜂和工蜂三種。雌蜂一頭，充全群領袖，稱爲蜂王；體高色黑，生活期較長。雄蜂不做工作，專和雌蜂交尾，交尾後，即被工蜂殺死。工蜂是發育不完全的雌蜂，體小善飛，專司築巢、採蜜、釀蠟育兒等工作。巢爲許多六角形小窩合成，構造工整精美，是貯蜜產卵的地方。蜂蜜和蠟，在工業上都很有用。

37. 蝶　蝶的種類很多，體形細長，分頭胸腹三部。頭部有觸角一對，司嗅覺和觸覺。複眼一對，無單眼。口器成管狀，善吸吮，捲舒自如。胸部有翅兩對，脚三對，翅上滿佈鱗粉，有美麗的彩色；静止時，翅直立於背。蝶能傳播花粉，甚有功於園圃；其幼虫有刺狀物及軟毛，叫做毛虫，食量甚大，常毁傷植物的莖葉；長大後變蛹，蛹外無硬殼，以絲懸於草木上及牆壁間，再變而爲成虫。

38. 蝗虫　蝗虫俗稱螞蚱，體分頭胸腹三部。頭上有觸角、眼睛、口器，口器有上下唇和大小顎兩對，大顎强壯，適於咀嚼。胸部有六足四翅，後足强大，能跳躍，後翅特潤，善飛翔。腹部長圓，有環節，產卵於田中，孵化後叫蝻，體黄無翅，不能飛行。蝗虫和蝻，喜喫草物的莖葉，爲害甚大。

39. 天牛　天牛的種類很多，成虫顏色，常隨生活外圍的情狀而不同。體長自五六分至一二寸，體態有褐黄綠黑等色。觸角長大，前翅堅硬像甲殼，後翅膜質透明，翅面色彩不一。幼虫乳白色，頭扁平，顎堅利，善於咀嚼。常侵入於桑柳果樹的莖幹中，蛀蝕木髓，爲園林之大害。

40. 尺蠖　尺蠖爲喜食桑葉之昆虫，故又名桑尺蠖。體圓形，長寸餘，色灰褐，略帶淡綠，恰如桑皮。行動時如尺之量物，休止時以尾端抱於樹上，伸首向外，並吐絲以繫之。乍見如枯枝，巧避鳥類之襲食。成虫爲蛾，產卵於樹枝葉背上，孵化後變爲幼虫，就是尺蠖。

41. 瓢虫　瓢虫俗稱麥大夫，又叫花大姐，爲在麥田中習見之昆虫。體呈半球狀，頭部短小，觸角不長。變種頗多，色彩亦不相同。或黄色而翅鞘有黑斑十九點，或黑色而有黄斑二點至十二點。普通習見者，背部概爲赤黄色，腹部概爲黑褐色，常飛行於麥田間，覓蚜虫而食之。脚之關節部，能泌出黄色臭液，遇敵害更佯死以欺敵。

42. 瓜螢　瓜螢一名守瓜，俗稱黄螢，爲瓜類園作中習見之昆虫。體黄褐，頭胸及翅鞘皆黄。觸角呈黄色，長達體之半。上唇黑，複眼間有一橫溝及不明顯之細刻點。翅鞘有光澤，雌者稍短，不蔽尾端。體下密被白色短毛，尾端尖銳而突出。脚黑褐，前脚及中後兩脚之跗節端色黄。常飛行於園圃間，嚙食瓜類之葉，被害處葉形如網，瓜類生機即被其斲喪。幼虫色白，潛伏土中，俗稱地蛆，喜食瓜之根部及果實，爲害尤大。

二、植物

1. 柳　柳是落葉喬木，幹高二三十尺。葉片狹長，葉緣有細小的鋸齒。春月開花，雌雄異株。雄蕊花甚小，雌蕊花較大。花微有甜味，用以引誘昆蟲，傳播花粉。種子很小，有細長的茸毛，可隨風飛颺，散播他處。柳絮嫩時可食，條可編物，葉可餵蠶，其木材及枝梢，可作器物和製木炭的原料（農林局農民訪問處之南，有柳一種，枝多屈曲，叫做龍柳）。

2. 檉柳　檉柳俗稱三眠柳，性喜溫暖，能生長於鹹地。幹高丈餘，分枝甚分。枝條柔軟，下垂似線。葉細如絲，婀娜可愛。夏月開花，花長成穗。雄蕊五枚，雌蕊一枚。傳送花粉，或用虫力，或用風力。花甚奇特，一年可開三次。根中富含酸素，有消殺鹽鹼及改良土壤的特性，條柔葉綠，可爲點綴庭園之用。

3. 楊　楊是落葉喬木，幹高數丈。皮白而微綠，初時平滑，後生裂紋，顏色變爲灰褐。春月開花，花形如穗，量大質輕，可隨風飛散。花後生葉，葉片肥大。葉表色青，有滑亮之光；葉裏色白，有細膩之粉。木質鬆脆，可供製造普通器物之用。

4. 白楊　白楊俗稱小葉楊，幹高數十尺。葉互生，呈橢圓形。葉厚而硬。遇風蕭蕭作響。春月開花，花成杯狀。花單性，雌雄異株。果實爲蒴果，疏而不密，熟時裂開，散出種子，種子有白色的細毛，可藉風力飛至他處。白楊木質鬆脆，不能供大建築之用。

5. 槐　槐是落葉喬木，幹高數十尺。葉互生，一回羽狀複葉。初夏開花，花冠色黃，狀如蝴蝶，叫蝶形花。雄蕊十枚，各自離生；雌蕊一枚，居花的中部。果實長圓，狀如連珠。花及果實，可爲黃色染料。木材堅緻，可供建築及製造器具之用。

6. 刺槐　刺槐俗稱德國槐，幹高丈餘。幹皮淺褐色，有裂紋。幹枝上生有褐色長刺，用以防禦敵害。葉互生，奇數羽狀複葉。花黃白，香氣濃厚，果實扁長，內生種子數粒。熟時破裂，散種子於他處。木材疏鬆，不能爲大建築之用。但生長甚速，可栽之於庭園或甬道旁，以資點綴。

7. 桐　桐是落葉喬木，幹高數十尺。葉對生，葉片肥大。夏初開花，花下部連合如筒，上部五裂。花色紫或白，內含蜜汁，且有香氣，用以引誘昆蟲，散佈花粉。果實熟則兩裂，散出種子。木材輕鬆，極耐潮濕。普通多用以造箱櫥及建築之用。

8. 梧桐　梧桐是落葉喬木，枝幹色綠。葉肥大，掌狀分裂。葉之裏面有毛茸，可防水濕及害虫達於葉面。夏日開花，圓錐花序，花小色黃，雌雄同株。果實爲菁葖，熟則裂開如葉狀。梧桐種子可食，材可製器，樹皮可製纖維，樹皮中的黏液，具收歛性，又可爲工業上之用。

9. 楝　楝是落葉喬木，性喜溫暖高燥。幹高數丈。葉爲二回羽狀複葉，小葉甚多，作長卵形。夏月，枝梢分椏開花，花色淡紫，微有香氣。果實橢圓，生時色青，熟後變黃，肉質甚厚，可塗龜裂。其材色黃或紫，可供建築及製造器具之用。

10. 榆　榆是落葉喬木。幹長大，皮深褐，有扁平的裂口，剝落如鱗狀。葉橢圓，緣邊有重鋸齒。花小而密，果實扁圓，俗稱榆錢；生時淡綠。熟後黃白；外有膜質的翅輪，可隨風飛颺，散播於他處。榆的葉和花都可供食，木材爲建築和製造器物的重要原料。

11. 椿　椿是落葉喬木，幹高數十尺。葉長大，一回羽狀複葉，嫩時色紅，後變青綠，夏初，枝梢開花成穗，花小，色黃白，雄蕊比花瓣多。花後結筴，秋月成熟而裂開。種子有翅，能隨風飛颺，散播於他處。椿芽嫩者可食，俗稱春頭。其變種爲香椿，葉具香味，以嫩芽混同鷄蛋炒之，味尤鮮美。

12. 桑　桑是落葉喬木，種類甚多。桑有白桑、鷄桑、子桑、山桑、荊桑、魯桑、龍桑各種。餵蠶以魯桑爲最，姿態以龍桑爲奇。農林局農林訪問處南面路旁之桑，枝多屈曲，葉亦肥大，即龍桑也。此物在旅行於該局時，極易爲學生所注意，故附記之。——性喜乾燥，宜種植於高爽疏鬆之地。春末開花，雌雄異株。實果長圓，生時色青，熟後褐紫，叫做桑椹，汁甜而酸，可供食用。葉肥大，呈卵形，可以餵蠶。（桑葉秋後變黃，可以充茶，俗稱北風落。）桑皮可造紙，材可製器；果實除供食外，又可釀酒及供菜用。

13. 皂筴　皂筴是落葉喬木，幹高數十尺。羽狀複葉，爲許多小葉所成。夏間抽莖開花，花小黃綠，集成穗狀，內含蜜汁，用以引誘昆虫。果實扁長，內生種子。果皮肉質甚厚，富有皂質，可以洗濯污垢。枝間多刺，尖銳如錐，用以防禦敵害。木材堅緻，可爲器具及木炭的原料。

14. 扁柏　扁柏俗稱柏樹，是常綠喬木。幹高數十尺。葉形如鱗片，全部密着於莖上。夏月開花，花單性，雌雄同株。果實如球，稱爲球果。中有種子數粒，形狀如麥，俗稱柏麥。成熟後，果皮裂開，可散佈種子於他處。木材堅緻，白色帶黃，中含多量的樹脂，故能不畏潮濕。木材緻密，微具香氣，其收縮性與反張性均小，故可供重大建築及製造貴重器物之用。

15. 松　松是常綠喬木，幹高數丈。葉形像針，叫做針葉。莖粗大，有鱗片形的樹皮。花叢生，雌雄同株。果實略成球形，叫做球果。成熟後，果皮裂開，散出種子。種子形小，有長闊的薄翅，能乘風飛至遠處。松材長大堅固，能耐潮濕，爲建築重要原料。松的樹脂，叫做松香，在工業上很有用。松的烟煤，可以做墨。

16. 梅　梅性耐寒，春初先葉開花。花有萼，上部分裂，下部連合，叫做合萼。花有色香密，能引誘昆虫，傳播花粉。花謝後，子房漸漸肥大，結成果實。生時色青味酸，熟後變黃味甜。重瓣梅不結果實，常用以作觀賞之用。

17. 杏　杏原産於蒙古。性喜高燥。幹高丈餘。葉橢圓形。春月開花，花冠五瓣，顏色淡紅。果實生時味澀而酸，熟後色黃味甜。果實內有堅硬的核，故稱核果。核中有仁，加水蒸餾，可製爲露，常用以下茶，及爲鎮痙鎮咳之藥用。（杏之種類甚多。熟在小滿時節者爲麥黃杏，形甚小，味亦欠佳。熟在穀雨時節者爲水白杏及八達杏。水白杏色白形大，味甚甘美；八達杏大小與白杏同，味不若水白杏之美，惟核優於水白杏。八達杏仁不苦，故開封有八達杏仁鮮之詞。熟在麥後者爲描子杏、梅子杏。描子杏係用李爲砧木而生，果實甚大，惟味不佳；梅子杏果實亦大，熟時呈淡黃色，富有酸味，此外尚有羊屎蛋、關爺臉，或以形名，或以色名；成熟期與八達杏略同，惟味不甘美。上述純爲開封土名，農林局內大多有之。）

18. 桃　桃樹高十餘尺，葉互生，作披針狀。春月開花，呈紫紅色。花冠五瓣，雄蕊多個，雌蕊一枚。果實外面生毛，有保護作用。內有硬核，叫做核果。成熟期因種類而不同，味甚鮮美，可供食用。（桃之種類甚多。其實以色名者，有紅桃、緋桃、碧桃、緗桃、白桃、烏桃、金桃、銀桃、胭脂桃等；以形名者，有綿桃油桃御桃方桃扁桃扁核桃等；以時名者，有五月早桃、十月冬桃、秋桃霜桃等；農林局所栽培者，有五月仙桃、肥城桃、油桃、水蜜桃、上海水蜜桃、美國水蜜桃、黑巴桃、紅面桃、白鷹嘴桃、魁桃、東檀桃、蟠桃、金桃、深州水蜜桃、開封秋桃等十餘種。其中以水蜜桃汁最多，油桃味最甜。又開封所喜食之桃，俗稱頭節桃，即五月仙桃。實大肉肥，味甚甘美。以清油烹後和糖入鍋蒸之，味尤佳絶。）

19. 李　李是落葉喬木，幹高十餘尺。葉互生，長圓而尖。葉綠有鋸齒，參差不齊。春月開花，花五瓣而色白。雄蕊多個，雌蕊一枚，常三花相集生。果實生時色青，外有蠟質白膜，可防雨水的侵濕，昆蟲的傷害。熟後色黃或紫，肉厚味甘，可供食用。（農林局有白李、扁李、御黃李等種。御黃李肉厚核小，甘香而美，爲開封喜食之品。另有一種實大色紫，類似均亭李。惟味香而不甜，不及均亭李遠甚。小兒愛其色香，類喜食之。）

20. 棗　棗爲落葉喬木，幹高二丈許。葉長卵形，有網狀的葉脈。初夏開花，花色綠黃。雄蕊五枚，與花瓣同數。果實長圓，有堅硬的核，叫做核果。生時色青，熟後變紫，肉厚味甜，可供食用。其產於河南者，以內黃、新鄭爲最有名。（內黃、新鄭所產之棗，肉厚味甘，最宜熟食。

靈寶棗質脆而甜，宜於生食。開封棗有靈棗及布袋棗二種；靈棗可生食，惟不及靈寶棗；布袋棗宜熟食，惟不及内黄棗。農林局中之棗，為開封種。）

21. 梨　梨是落葉喬木，幹高丈餘。葉互生，卵形。春月，隨葉開花。花冠五瓣，色白。雄蕊甚多，雌蕊五枚。果實橢圓，在夏秋之間成熟。果實外部為萼及花托發育而成；中央之軟骨質，為子房發育而成；稱為假果。佳種質脆而味甘，劣種質粗而味澀。我國以天津、萊陽、定州所產為佳，鄭州梨在河南亦甚有名。（天津梨、萊陽梨在開封水菓店中不易見到。即其所賣之定州梨——即鴨梨——，類多以鄭州梨充之。鄭州梨質細味甘，然尚不及定州梨之佳。農林局所栽培者，有株梨、鴨梨、萬州株梨、鄭州青梨、黄梨、白梨等種。又開封所賣之熟梨，大多為用紅梨煎羹而成。功能去肺火，止咳嗽；為開封習食之品。）

22. 石榴　石榴是落葉灌木，原產於塗林安石國，故又名安石榴。幹高數尺，分枝甚多。葉平滑，長橢圓形。葉對生或互生，花萼色赤，花冠有深紅淡紅黄白等色。果實球狀，鮮紅色或古銅色。內皮嫩黄，呈凹凸狀，酷似蜂窩。果實上部有萼，熟時裂開，露出種子。種子層叠而生，嫣然作緋紅色。味甜而微酸，產於河南者以河陰石榴為最有名。（在開封所常見之石榴為鐵皮石榴及白石榴二種。二者俱以顏色得名。白石榴汁多味甘，惟不易收藏；鐵皮石榴易收藏，惟味不若白石榴之佳。河陰石榴、鐵皮石榴、白石榴農林局中均有栽培。）

23. 葡萄　葡萄是蔓生的落葉木質植物。莖有卷鬚，用以攀登他物。葉互生，掌狀分裂。初夏，從新枝葉腋間抽出花穗；花形小，色淡綠，花瓣五片，在頂端略結合，不開而脫落。果實肉厚味美，内多漿汁，叫做漿果。秋末成熟，纍纍成串。形狀或長或圓，顏色或黄或紫。既可供食，又可用以製露或釀酒。（在開封所常見之葡萄有青葡萄、水晶葡萄、紫葡萄三種。三者俱以顏色得名。中以水晶葡萄味尤佳美，故有水晶葡萄甜之詞，水菓店中所賣之羊奶葡萄，大多來自北平，非本地產。又近年所見之無核葡萄，係西藏種，俗稱藏葡萄。南關外中國中學植有數株，別處有無植者，尚不得知。）

24. 公孫樹　公孫樹一名銀杏，是落葉喬木。幹高大，葉扇形，常二裂，簇生於頂端。春月，隨葉開花。花單性，雌雄異株。雄花蕊小，有短柄，呈穗狀，有花粉囊二，中盛花粉。雌蕊花較大，叢生於花軸的頂端。花甚奇特，花粉囊中間有精虫，雖相距甚遠，亦能使雌花受精。果實長圓，俗稱白果。此樹自種子發芽至開花結實需時甚長，公種樹至孫始可得食，故有公孫樹之名。

25. 胡桃　胡桃俗稱核桃，爲羌胡原產，漢張騫使西域時，得其種以歸。幹高丈餘，春初生葉，葉油綠，奇數羽狀複葉。夏初開花。雌雄花都成穗狀而下垂，淡黃綠色。秋天結果，狀如青桃。熟後，皮肉漚爛，露出硬核。核中有仁，可供食用。

26. 栗　栗是落葉喬木，幹高數丈。葉互生，作披針狀。夏日開花，花單性，雌雄同株。花呈長穗狀，雌花常三花叢生，果實堅硬，藏在囊狀的斗殼內。殼外全面生刺，可以防禦敵害。成熟後，斗殼裂開，露出果實。每一殼中，常三顆或四顆不等。果實外面，有褐色的皮，內有淡黃色種子。味香肉肥，可供食用。

27. 楓　楓是落葉喬木，幹高二三十丈。葉掌狀，常三裂五裂或八裂不等。葉三裂者叫三角楓，五裂者叫五角楓，八裂者叫八角楓。雖同名楓樹，但屬類各不相同。葉緣有細鋸齒，深秋他樹黃枯時，楓葉變爲紅褐色，點綴庭園，煞是好看。

28. 合歡　合歡俗稱絨花樹，是落葉喬木，幹高十餘尺，葉爲二回羽狀復葉，由許多小葉積成。小葉形小，細綠可愛。白日張開，入夜閉合。夏月，稍頭開花，花瓣小，雄蕊甚多。長如絨綫，呈粉紅色。用以點綴庭園，非常好看。

29. 海棠　海棠是落葉喬木，高十餘尺。葉長圓形，葉綠有缺刻。春初着花。花蕾色紅，開後外面半紅半白，內面粉紅。顏色艷麗，可供觀賞。

30. 夾竹桃　夾竹桃是落葉灌木，原產於東印度。幹高數尺，葉輪生,葉片狹長,酷似竹葉。夏秋間枝梢開花,花有單瓣重瓣兩種,顏色或紅或白。美麗嬌艷,類如桃花,故有夾竹桃之名。

31. 玫瑰　玫瑰是落葉灌木,高二三尺。莖外密生細刺,葉是奇數羽狀複葉。花有紅白兩種,又有單瓣重瓣的分別。花色美麗,芬芳襲人,可用以泡茶或製香精,根和皮可爲黃褐色染料。

32. 月季　月季是落葉灌木,高二三尺。莖嫩時生刺,堅老時脫落。葉爲複葉,卵形而尖。每一葉柄上有小葉三片至五片,平滑而有光澤。花有壺狀的花托,花冠顏色淡紅。既可用以觀賞,又可用以爲製香精之用。

33. 芍藥　芍藥是多年草本的植物。春月,從宿根發出新苗,高至二三尺,莖和葉都帶紅色。葉爲複葉,小葉缺刻很深。初夏,莖頂開花,花有單瓣重瓣之分,顏色紅白紫色各色。花形大而美麗,爲觀賞植物中之佳品。

34. 蜀葵　蜀葵俗稱大蜀稽花,爲多年生的宿根植物。莖高五六尺。葉互生,葉片甚大,常五裂至七裂。夏月,莖稍和葉腋間着花,花甚大,有紅白紫等色。或爲單瓣,或爲複瓣,顏色鮮豔,可供觀賞。

35. 錦葵　錦葵俗稱小蜀稽花,爲一年生或越年的草本植物。莖高二三尺。葉互生,掌狀分裂,葉緣有鈍齒,葉柄甚長。春末,葉腋着花。花叢生,花冠紫紅或淡紅。鮮豔美麗。可供觀賞之用。

36. 草茉莉　草茉莉俗稱粉豆,是一年生的草本植物。生長迅速,性甚頑健,不論土壤瘠肥,皆可種植。莖高尺餘,肥嫩粗壯,椏枝甚多。葉卵形,頗肥大,有網狀的葉脈。枝頭着花,夏秋盛開。花畏光,晨晚怒放,入午閉合。花甚奇特,常一株或一枝上開花數色。花汁甜而有香氣,晚暮則芬馥更烈,故俗有送閨女花之稱。

37. 美人蕉　美人蕉是多年生的宿根植物。高至數尺,根肥大,可供繁殖,葉長大,有平行的橫支脈甚多。夏日,葉心出花。花色鮮紅或絳黃,美麗可愛,爲庭園中點綴之品。

38. 雁來紅　雁來紅俗稱老來少,又稱老來變,是一年生的草本木植物。高二尺許，葉長橢圓形，兩端尖銳，葉柄細長，衆葉簇聚，好像花朵。秋月，脚葉變紫，頂葉變紅。時至深秋，更加鮮麗可愛。（雁來紅入秋變色，用以引誘昆虫，傳播花粉，爲解釋由葉變花的最好例證。）

39. 鷄冠　鷄冠是一年生的草本植物。品種佳者矮生。葉端尖銳作廣披針形。夏秋間，莖頂生花軸，狀如鷄冠。花色紅或黃，常於其基部密生小花。花後結實，種子細小。其嫩葉可食，花可供觀賞之用。

40. 鳳仙花　鳳仙花俗稱桃紅，是一年生的草本植物。莖高尺餘，甚肥嫩。葉互生，爲長圓形或廣披針形。先端尖銳，有深鋸齒。花大，花梗短，有單瓣重瓣的分別。顏色有粉白、暗紅、粉紅、深紫、碧綠等色，品種很多，性質頑健，不擇氣候和土壤，隨地可種。果實呈圓錐形，熟後偶與他物接觸，立即裂開，迸散種子於他處。其花用物搗碎，加入白礬少許，可使指甲着色。故又指甲草之稱。

41. 金箋　金箋是一年生或二年生的草本植物。花黃如金，花形若箋，故名金箋。莖高尺許，葉廣披針形。花期有早晚之別，一年生者，在秋冬之間；二年生者，在夏秋之間。花序頭狀，果實細小，栽培甚易，可供觀賞之用。

42. 菊　菊是多年生的宿根植物。莖高尺許，下部稍具木質。葉卵形，有缺刻及鋸齒。秋末開花，頭狀花序。周圍的花，舌狀花冠；中部的花，筒狀花冠。亦有因人工栽培，全變爲舌狀花冠者。菊花種類甚多，名稱亦繁，可栽培於庭園中，供觀賞之用。（農林局農民訪問處之東有五九菊，夏月開花，爲菊之變種。）

43. 矢車菊　矢車菊俗稱銀邊翠。因栽培地及管理方法的不同，有一年生與多年生之分。莖高尺餘，分枝頗多，葉長而尖，莖葉上具有白色綿狀的茸毛。夏秋開花，頭狀花序。有淡紫、桃紅、銀白等色，可供觀賞之用。（矢車菊甚頑建，雖鹽鹼土壤亦能生長。惟花形不大，形狀亦不美觀，雖名爲觀賞植物，實與野草相差不多。因開封栽培頗多，故行列入。）

44. 向日葵　向日葵俗稱葵花，是一年生的草本植物。莖高七八尺，葉互生，甚肥大，葉緣有鋸齒，葉面粗糙。秋月開花，頭狀花序。周圍之花，舌狀在冠；中部之花，筒狀花冠。花有向光性，常隨日光轉動。此種植物可供觀賞，其種子可以榨油或供食用。

45. 牽牛　牽牛是一年生的草本植物。莖長而弱，常纏繞於他物而生長，叫做纏繞莖。葉心臟形，常有三裂。夏月，葉腋生花，花有單瓣複瓣之分，顏色不一，花冠好像漏斗。晨日開放，日中閉合，種子有毒質，可供藥用。

46. 萱草　萱草俗稱金針，或名黃花菜，是多年生的草本植物。性喜陰乾，根甚肥大。葉片狹長，有並行的葉脈。五月抽莖開花，花冠色黃。花柔嫩而有甜味，爲農家習食之品。

47. 仙人掌　仙人掌是常綠灌木，高可數尺。莖扁闊，外面有刺。刺尖銳，可防禦害敵。夏月開花結實，實外亦生刺（生在本處者常不開花結實，因此植原產於熱帶，所需溫度較高也）。仙人掌原產氣候乾燥雨露稀少之地，欲減少水分的蒸發，故不生葉；欲儲藏多量的水分，故莖肥大。莖色青綠，内含葉綠質，可營葉的官能。

48. 石勺柏　石勺柏原產於歐羅巴，是多年生的宿根植物。莖高二三尺。葉小好像鱗片。葉腋生枝，圓長色綠。肥嫩可食，味甚鮮美。花色淡綠，有長花梗。種子及根，都可爲繁殖之用。

49. 油菜　油菜一名蕓薹，俗稱薹菜，莖葉肥嫩，富含葉綠素，可爲良好的蔬菜。春初開花，花冠色黃。花瓣四片，成十字形，叫做十字花。花萼四片，各自分離，叫做離萼。雌蕊一枚，雄蕊六枚，四長二短，叫做四強雄蕊。花有色香蜜，可以引誘昆蟲，傳播花粉。果實爲長角，熟後能自行開裂。種子可榨油，故稱油菜。

50. 白菜　白菜性喜寒冷濕潤的氣候和砂質腐植質壤土。葉片肥大，顏色淡綠。葉柄短闊，抱合成球。滋味肥美，可供菜食。春天抽出花莖，著生許多小花。花冠色黃，成十字形。果實細長，内藏種子，種子發芽力頗強，可保持時間五年。

51. 甘藍　甘藍種類甚多，最普通者有球葉甘藍、球莖甘藍、球花甘藍三種。球葉甘藍俗稱洋白菜，球莖甘藍俗稱擘藍，球花甘藍俗稱花椰菜，可用他們的葉莖或花作爲菜食。（洋白菜在開封很普通，擘藍亦尚可見到，花椰菜頗不易見。）葉平滑，稍帶白色。花色淡黃，爲十字花科植物。

52. 菠菜　菠菜性喜寒冷氣候和肥沃壤土，是一年生或越年生的矮性草本植物。葉從根部生出，葉片長大，箭形或卵圓形。葉肉肥厚柔頓，濃綠色或褐綠色。微有甜味，鮮嫩可食。夏月抽莖出花，花色黃綠，雌雄異體。果實很小。有有刺和無刺的分別。

53. 葱　葱根細長，好像鬍鬚，叫做鬚根，地下爲鱗莖，鱗莖伸長，富分裂性，一株能分至十餘本。葉呈長圓筒形，稍帶蠟質。葉柄淡綠，頓化後變爲白色。花序球狀。生有許多白色小花。種子微小，略呈三棱形。栽培者常以其葉供食，叫做葉菜類。

54. 韭　韭是多年生的宿根植物。葉細長扁平，質柔色綠。秋月，抽出花梗，頂端叢生白色小花。葉質鮮嫩，有辛香味。春日，取其嫩芽供食，味尤鮮美。冬季，設溫牀或造畦，用馬糞落葉米糠等密蓋，上搭蓬帳，不見陽光，新芽黃嫩，叫做韭黃，用以供用，很爲佳美。

55. 蘿蔔　蘿蔔種類甚多，成長期各自不同。根肥大，露出土外者色青，在土中者色白。根可供食，叫做根菜類。葉羽狀分裂，葉片不整齊。春月，抽莖分枝着花。花冠四瓣，顏色淡紫。果實細長，內有圓褐色的種子。

56. 茄　茄俗稱茄子，種類甚多，莖高二三尺，葉肥大，卵形或橢圓形。花色紫或白，花瓣不分離，稱爲合瓣花冠。萼有刺，常三裂，抱於果實上端。果實碩大，顏色暗紫，間有呈白色或青色者。肉肥微有甜味，可供菜食之用。

57. 辣椒　辣椒種類甚多，高二三尺，葉互生，作廣披針形。夏月開花，花小色白，果實甚多，生時色青，熟後變赤黃紫諸色。有激烈的辣味，爲最經濟的菜食。

58. 胡瓜　胡瓜俗稱黃瓜，是一年生的蔓性草本植物。莖長八九尺，呈四角形。葉互生，爲心臟形，淺裂如掌狀，有葉柄。葉腋生卷鬚，用以攀登於他物。花單性，雌雄同株。不交配亦可結實，稱爲孤雌生殖。果實細長，嫩時生刺甚多。生長甚速，可用以供食。

59. 南瓜　南瓜是一年生的草本植物。莖蔓生，有卷鬚，用以攀登他物。葉心臟形，有淺裂。夏日，葉腋開合瓣單性花。花黃色，雌雄同株。花後結大漿果，形狀頗多，名稱亦異。色黃或綠，肉肥可食。

60. 西瓜　西瓜是一年生的草本植物。莖蔓生，有卷鬚，常攀登於他物。葉三裂至七裂，葉柄甚長。夏月開花，合瓣花冠，雌花與雄花同株。果實爲漿果，至盛夏成熟。瓤色赤或黃或白，甘美可食，爲消暑的佳品。

61. 甘藷　甘藷俗稱白薯，是一年生的草本植物。莖細長，蔓延地上。葉心臟形，葉柄頗長。花冠合瓣，狀如漏斗。種後宜常爲翻動，以免隨地生根。根肥大，呈塊狀，叫做塊根。內含許多澱粉質及少許糖質，既可供食，又可爲製澱粉及酒精之用。

62. 大豆　農作上所種的大豆，有黃豆和黑豆二種。葉圓有尖，葉柄甚長。秋月開花，花色淡紫。形狀好像蝴蝶，叫做蝶形花。莢長寸餘，內生種子數個，種子可作豆腐榨油造醬及炒食之用。

63. 菉豆　菉豆有數種，形狀亦微有不同。莖高尺餘，分枝頗多。葉像心臟，葉柄很長，莖葉上密生茸毛，用以防禦敵害。夏秋開花，花冠色黃。花後結莢，莢呈棒狀。生時色青，熟後褐黃。能自行裂開，迸散種子於他處。種子色綠，呈長圓形。可用以製澱粉或生豆芽之用。

64. 落花生　落花生是一年生的草本植物。有大粒和小粒二種。性喜炎熱乾燥氣候和輕鬆的砂土。莖矮生，蔓延地上。葉爲羽狀複葉，花片四枚。花多在莖的下方，有大蕊和小蕊的不同。花冠四瓣，形小色黃，形如蝴蝶，叫做蝶形花。花謝後，花梗伸入地中，結成莢果。種子肥大，富含油質，可用以生食或熟食及爲製油之用。

65. 蜀黍　蜀黍一名高粱，是一年生的草本植物。莖高八尺，桿粗有節。葉片狹長，葉柄包在莖上，夏月莖梢抽穗，圓錐花序。花後結實，呈赤褐色。種子可供食，亦可作酒；葉可飼畜，桿的外皮可編物，蜀桿可作燃料。

66. 玉蜀黍　玉蜀黍是一年生的草本植物。莖高五六尺。根形像鬚，叫做鬚根。葉柄包在莖上，葉片狹長，有並行的葉脈。花有兩種。生在莖頂的爲雄花，俗叫做穗；生在莖側的爲雌花，有許多花絲，或黃或紅，積成穗狀。外面有大苞數片，將花包在裏面，可資保護。種子很大，或紅或黃，色澤光潤，好像珍珠。俗稱珍珠米，常用以供食。

67. 粟　粟俗稱穀子，是一年生的草本植物。莖高數尺，中空有節。根形像鬚，叫做鬚根。葉片狹長，葉柄包在莖上。夏月開花，花甚小，積成穗狀。果實細小，形圓色黃。外皮容易脫落，俗叫做糠，可以飼畜。所剩的米，叫做小米，可以煑粥。

68. 麥　麥是越年生的草本植物，有大麥和小麥兩種。（大麥芒長，小麥芒短；大麥的葉平滑而肥，小麥的葉較澀而瘦；大麥的莖較粗而短，小麥的莖較細而長；大麥的成熟期較早，小麥的成熟期較晚。）莖高數尺，中空有節。葉片狹長，有並行的葉脈，叫做並行脈。花小色綠，生在莖梢，集成穗狀。花分內外兩部，外部頂端有很長的細針，叫做芒；內部有雄蕊三枚，雌蕊一枚。果實長圓，可以磨粉或製糖，麥桿柔韌，有玻璃光澤，可以飼畜，或編各式草帽。

69. 草棉　草棉是一年生的草本植物，莖的下部，稍具木質。莖高數尺，葉互生，掌狀分裂。夏月開花，顏色或白或紫。花謝後，雌蕊下部，漸漸肥大，結成果實。成熟後，果皮自己裂開，露出白色或紫色的纖維，（草棉的纖維色白者俗稱白花；色紫者俗稱紫花。在現在所通種者爲本國棉及美國棉或巴西棉。）可爲棉織物的原料。種子色黑，可以榨油；所剩渣滓，可以飼畜或肥田。

70. 胡麻　胡麻俗稱芝麻，是一年生的草本植物。莖高三四尺，略成方形。葉片長圓，肥嫩可食。花冠筒狀，顏色潔白，內有蜜腺，能分泌蜜汁，用以引誘昆虫，傳送花粉。果實爲長乾果，熟後自縱面裂開，散出赤褐色的種子。種子扁圓，其數甚多，可用以榨油，爲作料中的要品。

71. 苜蓿　苜蓿是二年生的草本植物。莖高尺餘，平卧地上。葉爲羽狀複葉，由三小葉合成。托葉細裂，葉腋出花軸。花小色黃，蝶形花冠。果實爲莢，呈螺旋狀，外皮着刺，可資保護。此植物莖葉中含氮素甚多，爲牛馬喜食之品，又可堰入地中，製造綠肥。

上爲農林局附近動植物之簡要紀述，其他若動物飼養室，動物標本，各種作物種子（動物標本及各種作物種子均在該局辦公處前存放）。及各種植物繁殖情形，如接木、壓條、分根、插扞、播種等，均可依機遇之便，作相當的觀察與研究。至於雜草，以研究不易，辨識亦難，故略去。

第五　名人軼事

一、豪放的詩人李白

　　李白，字太白，號青蓮居士，隴西人；是唐朝一個很有名的詩人。他的性情豪放，好擊劍任俠，輕財重施；又兼他擅長詩文，廣於交遊：所以在他三十來歲的時候，便已為王公大人所許與，當時社會所推重了。

　　李白性極嗜酒，他嘗說："三杯通大道，一斗合自然。"又因他"但願長醉不願醒"，所以常痛飲狂歌，期在必醉。不過"天生我材必有用"，"我輩豈是蓬蒿人"，僅僅酣歌縱酒，已不能滿足他的慾望，何況他又是"心雄萬夫"呢？因此便"著鞭跨馬涉遠道"，急急於"穎脫而出"了。

　　天下事那能盡如人願，他雖"徧干諸侯""歷抵卿相"，無如"難得階前盈尺之地"，使他"揚眉吐氣，激昂青雲"，結果只有"高歌取醉欲自慰"，徒嘆"漢朝公卿忌賈生"罷了。

　　他這種活動雖未成功，但他在作這種活動時，却做了一樁很重大的事情，這樁事情便是營救郭子儀。原來郭子儀在少年時代曾犯了一次法，被官廳捉了去，要綁到刑場去殺頭；這時李白作客太原，剛巧被他碰到。李白看他體軀魁偉，相貌英俊，想他將來一定是個大有為的人，便極力設法，將他的死罪免去，後來郭子儀不僅建樹一番轟轟烈烈的事業，而且還給李白以生命上的援助。

　　天寶初年，太白到了會稽；道士吳筠，將他薦之于朝，又得秘監賀知章為之稱譽，玄宗乃以奇才相待，徵入京師，"召見金鑾殿，論當世事，奏頌一篇；帝賜食，親為調羹；有詔供奉翰林"。這時他"承恩初入銀臺門，著書獨在金鑾殿，龍駒雕鐙白玉鞍，象牀綺食黃金盤。"可以說是他平生最得意的時期。

無如好事多磨，終因他的生性豪放，且復恃才傲物，使他的生活上起了一個波浪。一日，他在殿中造樂府新章，沉醉殿上，忘記了"有手莫觸猛虎鬚"，却"引足令高力士脫韡"。因此高力士恨着李白，便設法報復這種侮辱。"可憐飛燕依新妝"，竟成為他被斥去的有力訴狀了。

"總為浮雲能蔽日，長安不見使人愁"，他因讒被斥後，心中不免有些牢騷了。在"五月不熱疑清秋"的時候，他曾"訪古始及平臺間"，同杜甫高適在禹王臺上"對酒遂作梁園歌"。後來他到宣州，謁見永王璘，得辟從事，及璘謀逆事敗，白乃亡走彭澤，坐繫尋陽獄；那時多虧郭子儀竭力營救，才算免於縲絏。

李白經這次挫折後，他的生活便入於最愁苦，最潦倒的時期。"今日之日多煩憂"，"人悶還心悶，苦辛長苦辛"，"白髮三千丈，緣愁似個長"，這些可為他生活的寫照。他的生活既這樣愁苦，於是便不能不以"杯中物"來消愁，無如"舉杯消愁愁更愁"，越發使他感覺到人生的空虛，功名富貴的觭幻。他的生活越愁苦，他的性情也越豪放，他的酒也越喝得厲害，他的詩文也越臻於清逸超脫的境界。既是"百年三萬六千日，一日須傾三百杯"，加以他"黃金逐手快意盡"，所以有時便"欲邀擊筑悲歌飲，正值傾家無酒錢"，不能不領略經濟壓迫的滋味了。

他的心境在苦痛着，他的生活在潦倒着，他的"杯中物"在狂飲着，他的足跡在浪遊着；最後他到了采石江中，於長嘯狂飲之後，見到水中一輪明月；他為醉捉江心月，便永遠和他所咒詛的社會別去了，

二、愛國愛民的詩聖杜甫

杜甫，號稱"詩聖"或"詩史"，他的詩不惟在唐代最著名，一直到了現在也沒有人能比得上的。他的詩就是他一生的自述，也就是他的時

代的寫實。

這位詩聖生在唐睿宗先天元年，經歷了玄宗、肅宗、代宗三朝——這正是唐代最多事的一個時代。當他早年的時候，漫遊四方，大河以北都有他的足跡，同時大文學家李白、高達夫（高適）都是他的摯友，當時他們曾經在開封吹台上酣歌狂飲，旁若無人，許多人都在羨慕他們呢。所以給後來遊者不少懷念和景仰的詩料。及他到了中年，先有安禄山之亂，後有吐蕃入寇，兩京陷落了數回，當中年以後，簡直沒有一天不是過避亂的生活，而他又是一位愛國忠君的志士，所以他的詩集竟成了他一部痛史了！

這位詩人字子美，而後人或稱他爲杜少陵，是指地在長安居處說的，或稱他爲杜工部，是指他最後的官銜說的。祖名審言，也是唐代的著名詩人。他的父親名閑，任過朝議大夫，兗州司馬。他本是陝西長安縣人，後徙居湖北襄陽，後又遷徙到河南的鞏縣。

當他中年的時候，安禄山作亂，他從鎗林彈雨中逃難到了甘肅的靈武，這時唐玄宗的兒子肅宗即位，就給他補了個"拾遺"的官，因爲他的性情高傲，所以在那裏不久便告假回家了。這時又碰着了飢荒，在陝西的同谷縣幾乎餓死。後來流落到四川，依一位故人嚴武，這時嚴武做了四川的節度，武就表他爲節度參謀檢校工部員外郎，然而他一點不肯趨承將就。又加以"武在蜀放肆，慢倨不爲禮。"有一天工部和嚴武談天，他忽然指着武說道"嚴挺之何以有這樣的孩子"，因此嚴武大怒，幾次想殺掉狂詩人，都被他的母親奔救得免。他們相處了七個月，他便決然辭幕而歸了。

工部雖然從小就心高氣傲，然而他一生始終熱誠愛國，縈念平民。我們從他詩裏，可以看見。並且，可以看見他對於一般人的同情以及他對於下層社會的注意，他的《奉先詠懷》"朱門酒肉臭，路有凍死骨"。當時正是唐朝黃金時代，全國人都沉迷了，這種景象映到他眼裏，却有無限悲哀。

三、剛毅奮鬥忠正敢言的高適

高適字達夫，唐玄宗時渤海人（今河北滄縣）。

一千二百廿一年前是中國唐代最昇平的時期。適生逢盛時可算幸運，但因適家甚貧，雖逢盛世，爲着生活的窘迫，依然不似一般人的愉快。所以當時的梨園歌聲到他耳腔中，另是一種風味呢。

少年時代　中國古代有一種上進的方法"養客"。一個人如果想在政治上取得相當的地位，發展自己的抱負，必須幕下養一般知名之士，信仰自己和擁護自己的主張。高適少年時代，務功名不事生業，常作客於梁宋間依人爲生。

留意詩文　天寶年中，海內求上進者，必須長於文詞，適年五十，始留意詩文，潛心研究，廢寢忘食，孜孜不倦，數年之間，體格漸變，氣質頗高。每吟一篇，常爲時人所稱頌。

機會到來　高適自發憤讀書，擅於詩文，海內名士，多樂與彼交往，事聞於宋州刺史張九皋，深器其材，乃荐舉爲有道科，但以右相李林甫薄於文雅，對適甚輕視，乃解職令爲汴州封邱尉。適以屈就未能大展其才，鬱鬱之情溢於言表："祇言小吏無所爲，公門百事皆有期，拜迎官長心欲碎，鞭撻黎庶令人悲"適既不甘屈就，乃去位客遊，一復其往日之生活。

遊大梁遇李杜　時適遊河西，過大梁有《古大梁行》之作："古城莽蒼饒荊榛，驅馬荒城愁殺人，魏王宮觀盡禾黍，信陵賓客隨灰塵。俠客猶傳朱亥名，行人尚識夷門道——年代凄涼不可問，往來惟見水東流。"是時李白杜甫皆以讒嫉去國，同遊大梁，因與適交識，同赴吹台暢飲悲嘯，適有梁台之吟，李杜亦有詩焉。

負氣敢言　河西節度使哥舒翰見適身態魁偉，氣宇軒昂不凡，命掌左驍衛兵曹，適任事後，以其勤奮有爲，舒翰依畀甚殷，入朝盛稱適才於王前。玄宗十四年祿山亂起，命哥舒翰討賊，拜適爲監察御史。軍興之後，仍佐舒翰守潼關，舒翰兵敗，適從駱谷西馳，謁見玄宗，面陳潼關敗亡之勢。玄宗嘉之，遂升爲侍御史。適負氣敢言，權幸憚之，肅宗即位後，永王叛變，肅宗聞其論諫有素召而謀之，令彼總領師干削平江淮之亂，師出而永王果敗。

痛恤民艱　永王之亂靖後，適以負氣敢言，權近側目，遂命爲西川（四川）節度使，時以西川之綿益二州各置一節度，橫徵暴斂，人民苦之，因請以罷東川以蘇民困曰："……又言利者穿鑿萬端，皆取之百姓，應差科者自朝至暮案牘千重，官吏相承，懼於罪譴，或責之於鄰保，或威之以杖罰，督促不已，逋逃益滋，欲無流亡，理不可得………臣愚望罷東川，庶免倒懸。"

晚年生涯　代宗即位後吐蕃內侵，時適練兵於蜀，臨吐蕃南境牽制之不勝，還用爲散騎常侍，永泰元年正月卒。適平生能刻苦自勵，以求上進，及任事喜言王霸大略，務功名，尚節義，逢國家多難以安危爲己任，屢爲藩牧，尤甚愛民，好讀書，工詩文，有文集二十卷，爲後之讀者所稱許。

瞧！這才是剛毅奮鬥忠正敢言的一個典型人物呢。

四、繼述孔孟之學的程顥和程頤二先生

在距今八百餘年以前，正是宋朝鼎盛的時候。開封地方爲首都所在，聚集著許多有名的學者。當時有一位姓張名載，字子厚的先生，就在現在的繁塔旁邊設館講學，四方學子前來聽講的人，非常之多。一天張載先生正在沉思默想，推演易理的時候，忽然有姓程的兄弟二人，前來與他談話。大家坐下，閑談了幾句之後，不知不覺就轉到了學問上面，那知這兩位程先生，雖然年紀很輕，但是對於《易經》的道理却非常精通，所謂天地之氣，陰陽之理，聖人之道，被他們說得平易近人，毫不難懂。張載先生聽了之後，非常佩服，便立刻罷館輟講，不再教人；並且對他的學生們說："對於易道我不及二程，你們當拜他們爲師。"這段故事，

非常有名，從前凡在開封讀書的人，都能講述。這故事中所說的二程，就是宋代有名大儒，程顥和程頤兩先生。

程顥先生字伯淳，程頤先生字正叔，世居洛陽，是同胞弟兄，所以大家合稱他們爲二程。二程先生對於孔孟之學，既能深懂又能實用，所以大家都稱他們是孔孟之後，一千四百年內傑出的兩位聖人。孔孟之學被他們體貼得非常明白，"窮理盡性"是他們努力爲學的主要功夫。程顥先生嘗說"學之不進，只是不勇"，又說"不學便老而衰"，程頤先生說"學者先要會疑"，又說"懈心一生便是自暴自棄"。這些言語，不但當時人聽了佩服，就是我們現在聽了，也不由得想挺胸捏拳，興奮起讀書求道的精神來。

他們在生前沒有作過很大的官職，但皇帝和宰相們對他們却都非常尊敬，程顥先生作御史的時候，入見神宗，對神宗講"治國平天下"之道。神宗聽他講得出神，會忘掉了吃午飯。他對神宗說："作人主的當先正心，力防未萌的欲念。"神宗爲他的誠意所感，能忘掉了皇帝的尊嚴，對他拱手施禮，說道："朕當爲卿戒之。"王安石是當時和他主張不同的一位學者，爲人剛健有腕力，好對人動氣，一天程顥先生和他在一塊兒議事，安石以怒顏厲色對待他，他却不慌不忙的對安石說："天下事，不是一家的私議，願你能平心靜氣的講，平心靜氣的聽。"安石不覺愧屈，自己把氣消下了一半。他在鄠縣做主簿的時候，聽說南山之上，有一佛寺，寺內石佛的頭，每年要發光一次，無知的百姓多被迷惑。常常男女雜處晝夜聚觀，縣令雖然明知這事不對，但因事態極大，不敢禁止。先生却用極和平的方法，把那看寺的和尚叫到面前，對他很和氣的說道："貵寺裏面，石佛的頭每年要發光一次是真的嗎？"和尚說，"是真的。"先生說："好，我很願意看看，但是職務過忙，不便前去，等下次發光的時候請你先來告訴我一聲，我要派人把佛頭請到我這裏看一下。"從此以後佛頭發光的話，和尚們再也不敢傳說了。他的作事，多半都是如此，無論甚麼事情，他都主張用和平的方法按理處置，所以凡和他接近的人，都會感覺到彷彿是"坐在春風裏面"。

程頤先生和他哥哥的性情稍有不同，對人嚴而有禮，所以尊敬他的人也很多，他在太學做學生的時候，他的同學呂希哲先生，即以對老師的態度對待他。有名賢相司馬光，文彥博都對他非常佩服。司馬光先生曾屢次薦他做官，在皇帝面前稱他賢德能幹。他做崇政殿說書的時候，每次進講，總要把書上的道理，反復推明，歸到皇帝的身上。借着講書，以糾正皇帝的過錯。一天書講罷後，皇上走在殿前用手折取柳枝，這件事在我們看來是一件小事，但他却認爲非常重要，便立刻上前禁止，對皇帝說："方春發生，不可無故摧折"，他的精神嚴緊剛方到了如此地步，所以皇帝見了他，也得小心規矩起來。他對學生尤其主嚴，然而學生對他，却非常的恭敬，一天他正在瞑目靜坐，他的學生游定夫、楊龜山二先生侍立在旁，預備等他講書，但是他的精神不知凝聚在一個甚麼特異的地方去了，始終不曾開口，一直等天色晚了，他才對兩個學生說："天晚了，你先回家去吧。"游、楊二先生出了房門一看，門外的大雪已集厚尺餘。雖然在這嚴寒的天氣中站了半天，然而大家中心却毫不覺知，學生對他恭敬至於如此，信仰之篤可想而知了。

　　總之"居處恭，執事敬"，是他們作事對人的中心法門，無論怎樣難辦理的事情，他們主張，都應當用"誠敬"二字處理他，所以他們一生所作的事，都是非常令人佩服。對要人沒有表示過屈卑，對常人沒有表示過驕傲。所以後人稱他們也同稱孔夫子一樣，稱爲二程夫子。

　　程顥先生死後，文彥博爲他題墓表，寫了明道先生四個字，所以後來的人，就稱他爲明道先生。程頤先生死後，皇帝曾贈封過他爲伊川伯，所以後人也稱他伊川先生。因爲他們信道極篤，爲學極勇，所以對於社會的影響也非常之大，他們雖在生前，未被重用，但是他們的主張和信仰，却代代都有人崇敬着，光大着。一直到現在，在全中國民衆們的腦海中，還留着他們的思想學說的深刻印象。批評他們的人，說他們是："中國近八百年思想界之權威者"，這話實在也不能算是過當的誇獎。

　　二程之學以明道爲本，所以大家都稱之爲"道學"。又因爲"理"之一字，是他們思想的結晶，所以又稱之爲"理學"，更因爲他們兄弟二人，生於河南的洛陽，所以大家又稱之爲"洛學"。以前讀書的人，無不對他們作十二分的崇拜，繁塔旁邊有二程書院，就是專爲奉祀他們，紀念他們而建築的。我們試到現在的農學院裏細看一下，在殘留的碑石上，還可以看出當日的遺跡來。

五、倡議復古不畏權貴的李夢陽先生

李夢陽先生字獻吉，別號空同子，是明代的一位大文豪，他的父親原住陝西慶陽，因爲作周王府的教授，移家開封。夢陽先生，就是在現在我們所住的這個開封城內，產生而長大的。他的天資聰穎，又肯用功；加之他的父親母親善於教導，於是十八歲便中了舉，十九歲成進士。不數十年便名聞全國，大家都爭着來和他學作詩作文。

明朝承金元之後，新的文學主張，一時非常蓬勃。以尊先法古爲正義的中國社會，向來是不容許這種事態滋長存在的。於是就有許多學者倡議復古，謀挽頹風，但是多因力量薄弱，不能發生多大效力。自夢陽先生一出，力倡"文必秦漢，詩必盛唐"之說。學者翕然宗之，傾刻風靡全國。他的主張在現在看了，雖然有些違背時代。但是他的轉移風氣的精神與魄力，實在值得我們景仰與佩服。他對與古詩的評價是"真實與自然"。他說"詩在民間"，又說："詩出謠口……凡普通人街談巷嘔，一唱而群和"的曲子，都是好詩。現在人所說"平民文學"的精神，完全被他道出。雖然他未曾把這種精神用之創作上面，但是他這種見解，在現在看來却是十分正確的。當時佩服他的人很多。有遠在數千里外的學者，寫信給他，請他收爲學生。他在江西做提學使的時候，因爲彈劾一位大臣，被下到監獄裏。大學生萬餘人，爲他上書鳴冤，用罷課請願的辦法來營救他，學生們對他信仰之深，於此可以想知。

夢陽先生一生坐監獄的次數很多。這完全是因爲他秉性孤傲，疾惡如仇的精神太爲當時人所害怕了，所以才百方的來陷害他。他一生所作驚人的事情很多，最能表現他的爲人精神的，我們可以摘出兩件來說一説：

第一件可以説是——驚戚黨鞭打壽甯侯：原來壽甯侯張鶴齡，是當時大明天子弘治皇帝的寵后張皇后的弟弟。仗着皇家的威嚴，在外橫行不法。招納無賴惡混，奪人婦女，折人房舍。又開張皇店，明營生意，暗截客商，終日率領爪牙，打着黃旌，招謡街市。老百姓們見了，個個害怕。大臣們因爲懼怕張皇后的帝側讒言，也都俛首歛歇，無可奈何他。獨夢陽先生上疏直言，請皇帝立刻拿了壽甯侯治罪，以安天下之心。皇帝雖明知先生爲人忠耿持言有理，應該聽他的話，但終因抵不過張皇后的甜言密語，與後母金夫人的哭訴哀求，於是不得不將夢陽先生下獄，以顧全她們的面子。過了些時，夢陽先生被釋出獄，明白了皇帝是有心無勇，顧礙情面的人，爲着皇后的面子不好處治壽甯侯，於是便打定主意，要自己乘機教訓他。

這天也是該當有事，恰當夢陽先生公畢出衙，策馬回府的時候。壽甯侯張鶴齡，仍和往日一般，張打着黃旌，率領奴僕家丁，穿得錦圍緞裹，騎着高頭大馬，在街上馳騁誇耀。先生一見立刻髮指眦裂。暗想教訓這賊正是此時。於是翻身下馬，緩步走近。張氏家丁，見是李公，不敢攔阻。壽甯侯知勢不妙，連忙下馬賠禮。先生却不慌不忙，捲起袍袖，戟指罵道："你這賊身爲皇親，不知愛國，終日侵公肥己，苦害良民。大明江山，將盡斷送於你，今日不把你教訓，你便不知天有正氣，朝有正人。"説罷舞動馬鞭，分頭擊去，壽甯侯躲閃不及，正中頂門。轉身欲跑被石絆倒，當門二齒連根跌落。家丁奴僕上前扶掖，箇箇腦後，吃了幾鞭。壽甯侯爬了起來，吞血忍疼，跑回家去。從此以後不但壽甯侯不敢再如彼驕縱，其他外戚也都望而却步，箇箇斂跡了。

第二件事情可以説是——除八虎一語動韓文：這是明正德年間的事。明孝宗（弘治）皇帝死後，明武宗（正德）即位。幸臣劉瑾、馬永成等八人，近侍左右，號稱八虎。天天引導着皇帝，作駕鷹走狗，歌舞角觝之戲。勸皇帝改裝出遊，作些不良勾當。國家大事不暇親理，一切朝政盡被劉瑾等八虎所操縱。監察御史，屢次上章彈劾，皇帝一概置諸不理。

眼見百姓怨恨，土匪蠭起，家國前途日就危險。大臣們箇箇愁眉淚眼，暗暗耽心。尚書韓文是一位年事高邁的忠直之臣。他每次退朝之後，對僚友談起國事，總是啼泣不止，十分悲傷。這天恰當夢陽先生在座，他看見韓老先生悲痛傷感的樣子，立刻站起身來，正言說道："韓公，請勿再哭，你是朝廷大臣，義當與國同休戚，哭有何用！你如果真心愛國，就請你，即刻率領諸臣，跪到殿前，以死力爭。"韓文聽了這話，如夢驚醒，站起身來，拈着鬍鬚昂起肩膀，毅然改容，對大家說道："好！吾等義當如此，倘事不成，我年已該死，就請你代我起草上疏吧。"

　　夢陽先生看見韓公已為所動。就把筆起草，代他寫疏。皇皇千餘言傾刻而就。左右大臣無不敬佩他的氣魄與才學。至今翻開史書讀了他這段故事。還使我們肅然起敬，感覺他的軒赫精神，躍然紙上。

　　就上述兩件事情看來，夢陽先生不但是明代文豪，並且還是明朝的直臣，他為人伉爽重氣節，嘗戒諸生敬老尊賢勿拜權貴。在文學主張上雖對李東陽批評最烈，然在國事上並不曾有過齟齬，朝爭雖力，不傷私誼，所謂君子之爭公實有之。他的著作很多，與何景明先生等同稱十大才子，後人景仰他的為人，又因為他老年常在繁台之上飲酒作詩，所以開封人士便把他和他的朋友何景明（信陽人）一同送入三賢祠裏，成為五賢祠。與李白、杜甫、高適等先賢，同受人們的崇敬。

六、不屈權威不慕榮利的大文學家何景明先生

　　何景明先生字仲默，信陽人，生在明成化晚年，他生性敏悟，八歲就能詩能文，十五歲就中了舉人，及他到了京師，那些學士大夫，都是羨慕他的才學，無不降駕造謁。

　　弘治十五年中進士，他才十有九歲。當時開封有一位大文人李獻吉，當時並稱他們為何李。他們雖很投契，因為詩文主張不同，李主模仿，何主創造，學問上不少爭執，友誼仍然超出他人之上。

　　時值正德皇帝在朝，當時宦官劉瑾恃寵驕縱，景明先生不堪坐視朝

政日萎，於是就謝病歸鄉了，而他的朋友李獻吉，因爲秉性正直，幾次和劉瑾等相觸，以致下獄多次，許多人明知道他的冤枉，但是没有人敢替他辯白一句，惟有和他常常打筆墨官司的朋友——這位景明先生和吏部尚書楊一清上書求救，於是方才得免。

　　景明先生志操耿直，尚節好義，不貪財權，不慕榮利。他一生有兩件事情值得注意的：有一次太監錢能的義兒錢寧，想交懽這位先生，就拿着家中所存的古畫，請求他一題，他看錢寧結交劉瑾，出身微賤，當時就說道："這是名人的手筆，我們是何等人，敢來糟蹋它呢？"這幅畫一直留存他手裏年餘，終於又擲還了。當時錢寧與權宦劉瑾很好，因此他在皇帝面前也很得寵，但是景明先生並不因爲他的權威而少屈。其他一件事情就是鞭打蠻橫廖太監諸參隨。這是他升到陝西提學副使，當時有一個廖鵬的兄弟太監廖鑾，鎮坐關中，蠻橫已極，無人敢問，自恃權威，無惡不作。而他的參隨狐假虎威，騎馬遊街，眼中無人，有一次他們遇見了三司，仍然馳馬前趨，連睬也不睬，這時景明先生在一旁看不下去，於是就將鞭奪來大加痛打，一面打一面罵道："你們這樣不知禮的人們，借着你們上司的名義，在地方蠻橫無禮，現在把你們的無禮竟然使到三司的身上，如再不給你們一個教訓，更是無法無天了。"說罷揚長而去。

　　景明先生不但對於國事縈念於心，他一生對於文學的作品，也很有可觀，與李夢陽均有國士風，惜乎年三十九就死了。著有《大復集》，凡二十六卷。

七、富有民族思想的桂山和尚

　　桂山和尚姓趙名行蓮，號不染，又號桂山，廣東人也，明萬曆間曾中乙酉科舉人，後以偉略就武職，爲山海關副將，轉陞廣西總戎，未經到任，於天啓七年，移家於江南廬郡之六安州卜居。崇禎即位後，滿清崛起關外，其勢逐漸內侵，時張獻忠、李自成在關內燒殺搶掠，蹂躪數省，内憂外患交相煎逼，桂山覩國勢之日非，痛民生之多艱，輒自歔欷流涕，恨不能支大厦於將傾。

崇禎十一年清兵犯京師，桂山聞訊痛哭，決志寄跡僧梵，不作滿清之民，乃於是年雉髮爲僧，赴杭州无童山依蜜雲和尚爲師以避清亂，後遊正陽關參費隱和尚座下書記及住持錫壽關之北祥寺，數年間遍歷名寺古刹。

順治二年桂山朝五台，道經汴梁，見繁塔狀甚奇古，慨然曰：“是必當年名刹，惜今廢矣。”爲流連者久之，時巡河使者浙江方大猷遇桂山，深奇之，乃留住塔下後洞一年，又轉前洞。閱二載，屯田監司胡公知桂山苦行，命之墾荒，遂墾田四頃，以接待往來僧衆。自是桂山婆娑袈裟，躬耕繁塔。康熙七年，以其所得合諸善士之捐助，鳩工修葺古吹台及國相寺。工竣，桂山圓寂，自是塔前不復往日之荒凉矣。

第六　往禹王台去經過之重要地方

我們由開封小南門到禹王台去，一路人喊馬嘶，煞是熱鬧。走近小南門緊鄰馬路西邊，就是河南——

汽車道的總樞紐

公路局。該局屬河南建設廳，成立於民國十九年，五年以來，築成公路不少。小朋友如果想乘汽車到外縣去旅行，這裏是河南汽車路交通的樞紐地，很值得注意的。出小南門，綠柳夾道，濃蔭蔽日，傍在馬路東邊的空場，看見——

鍛鍊身手的演武廳

北邊，營房櫛比，旌旗招展，襯着前面曠闊的廣場，十分的威嚴。這裏正是衛國健兒們的策源地。他們雄偉的身軀，正賴這地方鍛鍊的。向前行冒過被風揭起的一陣灰塵，突聞軋軋的車聲，霎時徧身灰塵，汗流夾背的苦力，推着滿載的黑炭，現在眼前。仔細看他們都是從馬路一旁的——

燃料集散地的煤炭公司

內出來的。入內探視，則黑炭如山，苦力蜂擁，正在忙着起卸裝運的工作呢？看起來他們簡直像是非洲的黑人，但這正是他生活上惟一的靠山。我們炊飯用的燃料——煤、炭——也正賴這般勞働的苦力轉運供給。從柳蔭下順着馬路前行,許多折臂斷腿的軍人。

收容殘廢軍人的火柴工廠

這裏原爲商辦的"大中火柴公司",最近政府爲增進殘廢軍人生產技能,改爲殘廢軍人第二工廠。顛連無告的兵士,總可算得到一個喘息之地。再往前行,忽聽汽笛嗚嗚。黑煙繚繞,蜿蜒的隴海道上爬行着一列專車,車窗內無數的男女朋友,好像在探望我們。車過去前邊綠叢中,環抱着的台閣,巍然高聳,這便是我們渴望着的勝地——禹王台。

我們如果出曹門到禹王台去,則另是一種風味,遙望則稼禾叢茂,一碧千頃,原野中白楊蕭蕭,荒塚叢集,這裏面埋藏着無數前代的佳人名士,向前行,則見樹木翁鬱,茅亭聳立,圍牆之外,遊人絡繹,此乃齊魯花園。繼往前進,則有黃園、時園及楊家園等密鄰櫛比。各園均投市民所好,栽培花木出售,每歲頗有收入。經宋門外南趨,則有張家花園二,姚家花園一,渡惠濟河橋,跨過演武廳東部,達到禹王台勝地。

第七　禹王台附近人民生活情況

登禹王台從綠叢的隙縫中北望，蜿蜓如長蛇的隴海車在蠕蠕的行動，附近農業社會的遺跡，已隨着這車道上繚繞的黑烟，逐漸沒落，同時新興工業社會的雛形，已經從舊的農業社會蛻變出來。禹王台緊鄰在隴海路的南邊，所以它附近人民生活的情況，也都附麗在新興工業社會羽翼下，形成以下的形形色色。

一、難民的麕集

中國近年來因爲天災人禍的交逼，多數農村均告破產，死裏逃生的一般農民，都隨着交通便利之賜與，流亡在鐵路沿線就食，開封是河南的省會，尤是隴海路中的一個大站，所以麕集在這裏的難民，正不在少數呢。他們在這裏依附着鐵路作"起卸脚夫""小販""綴補衣物"等業。每天所得不過五角左右，一家數口也都仗着這很小的收入糊口呢。"交通爲文化之母"，在中國更能爲一般流亡的難民造福。

二、居民生活的四大靠山

1. 天豐麵粉公司：該公司是建立在禹王台的西邊，開辦在民國八年一月，內有機器十一部，管理機器工人一百餘人，每月計磨麥子二〇〇萬斤，每日出麵一八〇〇袋，零售至少每日九〇〇袋。且該廠所用之發動機每日需煤一六〇噸，合以上麥子之起卸與麵粉之轉運，均仰賴附近操苦力生涯的居民。計推麵一袋銅元十枚，每人一次可推十二袋，當得二角弱，至於麥子與煤炭之起卸，每百斤按三分錢給與。所以該公司是附近居民生活的仰賴所。

2. 煤炭公司：出小南門往禹王台去，沿路有許多煤炭廠所——同豐、泰豐、豫茂排列在馬路的一邊。其中都是煤堆如山，無數的苦力，正靠着這大堆的煤炭賺錢過活，計卸煤二〇噸每人得工資一元，推煤每百斤工資三分，一個人至多推煤不過五〇〇斤，一次所得僅一角五分。合各廠全年供給開封全市煤量約八〇〇〇〇噸，這麼多煤炭的起卸和轉運大部分是靠着附近的苦力。

3. 大中火柴公司：該公司是在禹王台附近的西北面，內有製火柴機器廿餘部，約容工人五〇〇人之多，附近居民生活過去多仰賴於此，最近該公司已改為軍人第二工廠，預備收容殘廢的兵士和附近的居民繼續製造火柴，所以這個地方過去和未來也是附近居民生活的仰給所。

4. 林立的甎瓦窰：禹王台的西南邊平地上突起着十數個甎瓦窰。每一個窰上計工人六〇——〇〇的額數。負製造、裝窰、燒窰、監護的責任，每窰一次容量約自二〇〇〇〇個至三〇〇〇〇個甎瓦，需煤約一〇〇〇斤，燒成後卸窰轉運仍賴附近的一般苦力，致於甎瓦之轉運，應得車資乃臨時按路途的遠近確定。這也是附近居民生活上的一種大臂助。

三、依靠農林實驗場形成的一種生活方式

由以上的情形可以看到這裏因着隴海路的通過，已形成了初期的工業社會，但是在這個工業社會的領域內，環抱着禹王台的，確是一個復興農業的"第一農林實驗場"，但事實上與原有目的相去已甚遠，來往這裏的不是胼手胝足的勞農，也不是鳩形鵠面的苦力，却是鑒賞風景的紅男綠女。因此附近居民，便在這裏設立茶社及飯棚，或作膠皮車夫招待遊人。藉以維持自己的生活，每屆夏季除拉車的外，居然每日可以從遊人的手裏賺得一元—二元之多。

總括以上所述，沒落的農業社會，農民已失掉了土地的憑依，麕集在禹王台附近的居民，雖有時間先後的不同，半都是從剛破產的農村內

逃亡來的，他們因着生活的促迫，與經濟條件的限制，手工業是他們迫切需要的，因爲他們缺的是成本，有的是苦力，而況在初期工業社會形態下，一切尚未發展完備時，在在需要人力補助機器業之不足。禹王台附近的居民目下都在這種經濟條件的掩護下生活着，所以他們的職業並没有多大的差異，舊有社會的"畜鷄豚重農桑"，"日出而作日入而息"的田園樂趣，已經隨着隴海車上繚繞的黑烟消失殆盡了。

第八　橫貫我國中部四省的隴海鐵路

在禹王台的後面有一條鐵路，東西橫臥在大地上，我們每次由城內到禹王台去遊玩的時候，總須從它的身上跨過，這便是橫貫我國中部四省，有名的隴秦豫海大鐵路，現在大家簡稱它隴海鐵路。

隴海鐵路的計劃線，西起甘肅省的蘭州，東至江蘇省的海州，中間經過了甘肅、陝西、河南、江蘇，四大省區，所以稱之謂隴秦豫海。全線完成後，長約二千餘公里（一公里合市用制二里）由腹地直達海濱，為我國最長鐵路之一。

這條鐵路最初所計劃的，只有開封至洛陽的一段，是清光緒二十九年（一九○三）開始建築的，那時因為開封以東，洛陽以西的路線，未被劃入，所以只稱汴洛鐵路。汴洛鐵路，建築了六年，至清宣統元年（一九○九）一月一日始全線通車。而民國元年，就又劃入了隴海管轄，汴洛之名至此本已完全廢除，但是因為借款合同的關係（比公司借款），汴洛之名一時還被大家沿用著。我們住在開封的人，到現在還有人稱這條鐵路，為汴洛鐵路的，就是因為這個緣故。實在汴洛鐵路早已成了隴海鐵路的一段，隴海二字才是這條鐵路現在的正當名字呢。

汴洛鐵路通車後，大家感到這條鐵路，如果東西展長，在國防和商業上，利益一定更大，民國元年九月二十七日政府便正式通過了展長計劃。因汴洛鐵路之前議，仍和比公司訂立合同，命名為隴秦豫海鐵路，委施肇曾為督辦，開始修築。至民國四年五月東路開徐一段，即開始通車。西路洛潼一段，原為河南人士聚資商辦，經隴海備價收買後，繼續修築，至四年九月亦通至觀音堂。自是以後，一因歐戰關係，借款來源斷絕，一因豫西多山，修築工程不易，直至民國十三年車始西達陝州。十四年東達海州。二十年十二月車達潼關，豫西險阻工程，始完全通過。

屆至本年五月一日，特別快車已可直達華陰。全部完成爲期不遠，所謂開發西北的巨大工作，從此便一天一天的，爲這條鐵路的墨烟飛輪所擔任了。

　　開封居隴海鐵路的中段，西距鄭州六十四公里六百三十三公尺，東距徐州二百七十六公里七百九十八公尺，是隴海路中重要車站之一；宋元各代曾作國都，當時河渠從橫，交通便利，商業之勝，甲乎全國。經明清兩代，屢次河患後，原有水道，盡被湮沒，當年燈紅酒綠的市場，完全變成了黃沙白草，舊日地位一落千丈。自隴海鐵路修築後，荒凉的街市才逐漸熱鬧，到了現在，每年有花生一千五百餘噸，麪粉兩千餘噸，雜糧八百餘噸，都借隴海鐵路，向外輸出。煤炭雜貨輸入亦多。舊日的東京勝地，從此才得稍稍恢復。

　　最近國民政府，又有將此鐵路向西再加展長的計劃。俟車抵蘭州後，便要繼續修築。通過新疆省的喀什噶爾，再通過俄屬土耳其斯坦之撒馬爾罕，以直達歐州。到了那時，我們如果分爲兩隊，從禹王台的後面起，沿着鐵軌，東西行走。向東的一隊，便可以直達海濱，去看那碧水白鷗的佳景；向西的一隊，便可以越過許多名山大川而到達歐州。所以現在看了雖是兩條小小的鐵軌，但是我們試閉目一想，它的身上不知載着多少繁盛的都市，和美麗的風景呢！

第九　農林局附近之工商業

農林局爲開封各小學遠足常至之地，亦爲各小學施行校外教學良好場所。其關於附近工商業，特就火柴、煤炭、石灰、磚瓦、汽車、自動車等物，分別紀出，以資參考。

一、火柴

軍人火柴工廠，即前之大中火柴公司，在農林局西北隅，內有殘廢軍人及貧苦婦孺數百人，專製黃燐火柴。

1. 黃燐火柴的原料　黃燐火柴的原料，爲氯酸鉀、硫黃、膠質和黃燐。氯酸鉀是白色小板狀的結晶體，爲極良的氧化劑，受到摩擦或重擊，便可放出氧氣，幫助燃燒。硫黃爲淺黃色無異味而有微臭之固體，着火點甚低，在氧氣中或空氣中加熱使至燃燒，則舉藍色之火燄。膠質爲使其他原料易於攙合之物質，並可使其易於附着火柴木桿之上；普通常用者爲樹膠，在火柴發火時，常不生若何作用。

2. 燐的性質　燐有黃燐、赤燐兩種，天然產出的很少，普通多和別種物質化合成功燐酸鹽類，積成礦石，或存在於動物的骨骼中。現在所用的燐，大多從動物骨骼中取出。法用動物的骨骼若干，使之燃燒成灰，再從骨灰中用蒸餾法取出燐質；此種所成之燐，稱爲黃燐；體色淡黃，柔軟像蠟，性甚毒，由〇. 二至〇. 三克之小量，即可致人斃命；（普通服火柴而死者，即係燐中毒所致。）置於暗處，能發燐光；在空氣中，即起氧化；（普通盛在有水之瓶中，即爲防止其氧化。）氧化時所生之白煙，稱爲五氧化二燐，性頗毒，多吸之便要致命；（從事製造黃燐火柴的人，多患慢性的燐中毒，即爲吸入此種氣體所致。）着火點甚低，遇到五十度以上的溫度，即起燃燒。赤燐多用黃燐做成，是赤褐色的粉末；性不毒；在空氣中，不會氧化；置於暗處，不能發光；遇到高溫度，變黃燐而燃燒。

  3. 黃燐火柴的做法　用氯酸鉀、硫黃、黃燐、膠質等的混合液，塗在蘸蠟液木桿的一端；匣上塗氯酸鉀、玻璃粉、膠質等的混合物，便成黃燐火柴，這種火柴，在粗糙物質上摩擦，或受到重擊，便要發火。木桿下所蘸的蠟液，常為石蠟，遇到高溫度，便形溶化，以促成火柴木桿的燃燒。

  4. 安全火柴製法　黃燐火柴雖可發火，但不宜於潮濕之季；且在天氣乾燥與夫溫度太高情形之下，常易發生危險；故有安全火柴之製造。安全火柴的製法，係用氯酸鉀、硫化銻、硫黃、膠質等的混合液，塗在蘸蠟液木桿的一端；匣上塗赤燐、硫化銻、二氧化錳、玻璃粉和膠質等的混合物，便成安全火柴。這種火柴，不畏天氣潮濕，且須在匣上摩擦，才會發火；惜外人對硫化物之製造嚴守秘密，故我國從事製造者尚少。

二、煤炭

  農林局之西北面，約有煤炭廠十餘家；所經售者，多為焦作、鞏縣或李河等煤礦公司出品。供給開封全市面之需用。

  1. 煤炭的成因　煤炭為碳氫氧之化合物，概為層狀，多發見於水成岩及鐵鑛層中，由古代羊齒類植物，因地殼變動埋在地下，經過許多年代，由地面的壓力及地心熱力，使植物起炭化作用而成。常為塊狀，有時作葉狀，或現異色的條帶狀，光澤似半金屬乃至黯淡，色黑乃至赤褐，性脆或靱，採而出之，可為燃料之用。

  2. 煤炭的種類　煤炭既由古代植物久埋地下漸漸變化而成，因為被壓的年代有長短，所以炭化的程度有高下。壓在地下年代最久的，叫做無煙炭，就是普通所用的石炭，火力最強；年代稍短的，叫做黑炭，就是普通所用的煤，火力比較差一些；年代更短的，叫做褐炭，俗稱煙煤，力火更弱了；年代最短的，叫做泥炭，顏色黑褐，質地較軟，火力最弱，普通不大用它。

3. 煤炭的功用　煤炭爲日常慣用的燃料，無烟炭含碳百分之九十以上，黑炭含碳百分之七十以上，褐炭含碳百分六十以上，即泥炭亦含碳百分之五十左右，以之與薪柴相較，其含碳量常高出數倍，故火力亦較薪柴爲强；且使用時，輕便省力，既少灰分的堆積，復無燒火的煩擾，故爲最經濟的燃料。近世蒸汽機的發動，及各種工業品的煆煉，直接間接，率以煤炭爲燃料，是煤炭之爲用，關係國計民生者至大，固不僅煑食取暖已也。

三、石灰

開封所用的石灰，多爲煤炭廠所經售；普通用者。可分南山灰與北山灰二種；北山灰品質遠高於南山灰，價格亦相差遠甚；每年使用量，均不在少數。

1. 石灰的製法　用多量的石灰石，放在窰裏，用柴炭燃燒，受熱後，其中主要成分之炭酸鈣，即漸爲熱所分解，放出多量的二氧化炭；其所剩之一氧化鈣，色白質輕，取而出之，便是普通所用的生石灰。

2. 石灰的性質　生石灰吸收水分的力量很强，能使附近的空氣乾燥；以水作用之，便放出多量的熱力變成白色的粉末，叫做熟石灰。

3. 石灰的功用　生石灰既有吸收水分的特性，故能使附近的東西，不受潮濕，因此可用爲乾燥劑。熟石灰用水拌和，在建築時可以塗縫或粉刷牆壁；乾燥以後，遇水不會潮解，也不易風化，能吸收潮濕，保護牆壁，在建築上很爲重要。

四、瓦甎

甎瓦窰在農林局西南面，合計不下十餘處；該處土質含砂太高，故所製之甎瓦不甚耐用；但以其價較低廉，故尚不致淘汰。

1. 磚瓦的製法　磚瓦的原料，最重要者爲黏土；黏土是許多年代前的長石，受到風雨的侵蝕，冷熱的漲縮，逐漸風化而成。在黏土裏加些細砂，用水拌和，再用模型做成磚坯或瓦坯，乾燥以後，放到窰裏去燒，一兩天後，便成磚瓦；普通所用的磚瓦窰，多爲用磚坯砌成，方法笨重，火力不勻，所有出品，不全良好，亟應改用新法，以供社會之需用。

2. 磚瓦的種類　磚瓦的種類很多，最普通者爲屋宇磚瓦：或用以砌牆，或用以鋪地，或用以建造屋頂；功用既異，形狀亦別。此外更有工程磚、瓷面磚、硫璃磚瓦、耐火磚瓦、質地堅固，色澤美觀，惟社會對此尚無大量需要，故本處亦無製者。

3. 磚瓦的功用　磚瓦質地堅硬，性質乾燥，能支持重壓，吸收潮濕，用以砌牆壁，鋪屋面，都很適用，在不產石料的地方，可稱最重要的建築材料。開封地多鹼硝，對於磚的剝蝕，異常厲害，亟應聘請專家，實地研究，藉資改進。

五、汽車

隴海鐵路爲河南重要的交通道，經過於開封城市之南，各校之赴農林局者，須越過此路；開封車站在農林局之西，爲遠足於農林局時參觀所可及之地。

1. 汽體的漲力　以壺盛水，置於爐上，水沸化汽後，汽便奪孔而出，壺蓋被其衝動；如以小瓶盛水，用軟木塞填塞後，再於火上熱之，歷相當時間後，軟木塞可被汽衝出，飛擲於甚遠之處。（作此實驗時，用空墨水瓶即可；惟瓶中之水，最多不應佔全瓶三分之二以上，因盛水太滿，水沸後不易化汽，且可使全瓶炸碎也。）因水化汽後，體積增大一千七百倍有奇，體積既增，壓力遂強，蒸氣機關，即本此原理而成。

2. 汽車的構造　汽車俗稱火車，它的原動力是蒸氣機關，構造的要具有六部，就是鍋爐、汽櫃、汽蓋、汽筒、活塞和飛輪。鍋內盛水，爐内燒煤，煤的熱力，使水化汽，利用它的漲力，從頂端的氣管直通汽櫃；汽櫃左右兩孔，通至汽筒；另有一孔，通至外面。汽櫃內有活蓋，汽筒後有活塞，都有長柄，直達飛輪。水蒸氣從汽管到了汽櫃，從汽櫃右面一孔通至汽筒，便把活塞推前而活蓋移後；這時水蒸氣再從左面一孔，通至汽筒，便把活塞推後，而活蓋移前。汽櫃內多餘的水蒸氣便從另一孔流出。活蓋與活塞常保着反對的方面往來進退，飛輪便轉動不息了。

3. 汽車的功用　汽車爲陸路交通最重要的用具，因爲他駛行迅速，載重量甚大；對於貨物的搬運，旅客的往來，均極便利；我國幅員廣大，須修築十萬英里的鐵路，才足敷用。

六、自動車

自動車又叫摩托車，俗稱汽車，原有煤氣式、蒸氣式、電氣式三種，現在最通用者爲煤氣式。開封長途氣車總站在新南門內，有車五十四輛，專供旅客之用；赴農林局遠足時，可順便一至其地。

1. 爆發機關原理　用可燃性的氣體，像煤氣、石油、蒸氣或汽油、蒸氣等，同空氣混合，就變成爆發性的氣體，遇火便要爆發。爆發時體積增大，生出很大的漲力，利用這種漲力去做原動力機關，便是爆發機關。

2. 自動車的構造　自動車的大部爲乘坐地方，爆發機關裝於車之前部。機關內有幾個氣筒，筒內各有一個活塞。筒後有入氣瓣、出氣瓣和點火器。（點火器的構造，可參考《實用物理學》第二百一十九頁。）活塞上附曲拐，連接飛輪。運動物的動作，可分四段：（一）由飛機輪旋轉，將活塞牽出；同時入氣瓣開，石油氣空氣混合的氣體被吸入筒。（二）入氣瓣閉，機輪繼續旋轉，將活塞推進筒內，使氣體壓縮。（三）筒內點火，氣體爆發，將活塞推出，（四）出氣瓣開，機輪繼續旋轉，推進活塞，將爆發過的氣體排出。照這樣周而復始，機輪就運轉不息，自動車便駛行了。

3. 自動車的功用　自動車的速率很大，載重量亦頗不小，在鐵路不甚發達的區域，可算交通上的重要用具。近年又有木炭代油爐的發明，行駛自動車時，可直接採用木炭爲原料，不必再購價值昂貴的汽油，不僅對自動車本身上加以改進，就是對於國計民生，也都很有裨益。

第十　禹王台與黃河水患

遊禹王台登土山北望，開封儼然是沙漠中孤懸着的一個古城，全城地勢低下如在釜底，亘在城北面的恰是黃流滾滾自古爲患的黃河。寄居這古城的居民，因黃河爲害，自宋以後，不知淹没了多少冤魂。

一、黃河的介紹

黃河因水色黃濁故稱黃河，源出於青海巴顔喀喇山之北麓，東流歷青海，甘肅，寧夏，綏遠，山西，陝西，河南，河北，山東等九省區，長約五千餘公里，面積之廣達一百萬方公里，是我國第二位長流，世界第七大河。但因流域之廣故——

二、黃河下游水道均有變遷

黃河自武陟而東稱下游，自禹迄今大徙已有六次：（一）周宣王五年（公元前六〇二年）河徙，由今濬縣西南宿胥口東走河北省大名、臨清由運河達天津入海。（二）王莽始建國三年（公元二年）又徙，自今滑縣東走濮陽過徒駭達利津入海。（三）宋慶歷八年（公元一〇四八）年又徙，從今濮陽東北走臨清由運河達天津入海。（四）金明昌五年（公元一一九四年）又徙，從今滎澤東走開封過菏澤分兩派：北派由今黃河入海，南派由今運河奪淮入海。（五）元至元二十五年（公元一二八八年）又徙，從蘭封東南，走銅城北由運河達淮入海，即今之淤黃河。（六）清咸豐五年（公元一八五五年）又徙，從蘭封北面的銅瓦厢潰入大清河，始爲今河。這六次的變遷，不知多少生命付諸洪流以飽魚腹；其中之第三次大徙便結成今日——

三、黃河與開封之因緣

開封古無黃河，距開封城四十餘里。宋紹熙五年（即金明昌五年）河自陽武決口，因汲胙之流塞，河遂溢入開封。自此數百年來，遂與汴梁結成不解之緣，汴受水患自此始矣。

四、黃河之爲患開封

黃河爲患開封，宋以後元明爲最。除如附表陳述外，茲舉其大者聊述於後：

明

1 洪武廿年夏六月，河決開封城，自安遠門入，湮沒官民廨宇甚衆。

2 天順五年秋七月，河決，衝入汴城，水深丈餘，官民舍宇盡沒，宗藩皆避水隣邑，而官民悉移居城上以俟水清。

3 崇禎十五年，流寇李自成困汴垣六匝月未克，怒甚，在城官民因久困糧絕，謀引河灌賊。賊知預爲備，反令其黨劉都古決河灌城。水自北門入出曹宋二門；夜半水深數丈，漂屍如魚。茲引《汴圍濕襟錄》一段藉悉當時情狀之慘。

賊久困汴意爲必克，不料堅持死拒已及六匝月，守志更堅，賊恨汴甚！見陰雨連綿，秋水大漲；賊乃挖掘上流，堅塞東西南三面堤口，不令水分四溢，只留北面使全河入汴。九月十五日督賊數萬將河決開，合城居民如在釜底。河流一洩，怒浪巨濤，吼若雷鳴。北門頃刻衝沒，合城男婦哀號，王府士庶盡升房垣，賊亦亂竄。及至夜半，水深數丈，浮屍如魚。哀哉，百萬生靈盡付東流！舉目汪洋，抬頭觸浪……

清

道光二十一年：是年水漲異常，入伏尤甚，六月十六日黎明水決汴城西北十餘里之卅一堡。其地東高西下，水由西至張家灣，折而東壞護城堤；由固門莊分三股直注城下，南門及東南隅涵洞。由南門溢入之水，分東西二股：西由城根注西南坡經臬署，撫署行宮等處，逾西北至龍亭滿營與東水合。東由城根入蔡河，折而東北，逾宋門、曹門經縣學、相國寺、鐵塔寺等處，至北門與西水合。深及丈餘，廬舍湮沒，人皆露居城上，肆市盡閉，物價騰貴。有力者買舟逃生，然遇樹杪而覆溺者甚多。二十三日水愈大，環城巨浪澎湃，聲若雷鳴，人民震驚………危急時巡撫牛鑑跪泥淖中，籲天號泣，大呼百姓助我，眾見之泣集者萬餘人，各挾葦箔秫秸布袋蒲包各物，極力堵塞。城始獲全。

民國

二十二年八月三日夜十時，北門外黑岡口水位陡漲，達六七尺，較低各壩，俱沒於水，稍高各壩，多被沖刷，頃刻即有決口之虞。且大溜已觸大隄，危險萬狀，經星夜搶護始免潰決。至九十兩日，甫至秋汛，河水大漲，孟津決口於前，溫縣漫隄於後，黑岡口因受上游影響，復形飛漲，開封全市驚惶。後因蘭封甄舖村漫溢，順故道而下，沿河諸縣水深數尺至兩丈不等。

五、祀禹與黃河決口

由碧霞元君改祀禹王在明弘治五年後。弘治二、五、六年黃河屢決，政府重視治水，因而崇祀禹王。清康熙元、八、十二年河亦屢決，重修禹廟，有由來矣。

歷代黃河爲患開封情況表

民國紀元前	朝代年月	決口地及湮没情形
九四七	宋乾德三年七月	河決開封溢陽武等處，湮没民舍及隄岸甚夥
九四一	開寶四年	河大決開封、陽武及濮陽
八三五	熙寧十年秋七月	河決澶州曹村北河斷流，爲河道南徙之始，於開封未爲大患
七一八	金明昌五年八月	河決陽武故隄，水勢南趨，歷延津、封邱溢入開封
六二六	元至元廿三年四月	河決開封、祥符諸州縣十有五處，役民夫二十餘萬塞之
六二五	二十四年三月	汴梁河水溢，役夫修故堤
六二四	二十五年五月	汴梁大霖雨，河決汴梁、陽武諸處，河決二十一所，漂没田廬無算
六二二	二十七年四月	河決開封唐義灣，汴河及隄皆爲黃淤而汴水入蔡，蔡水源流亦塞，不能通達淮泗，後以其水淺不能行舟，乃立閘積水以行之
六一六	元貞二年九十月	秋九月河決開封，冬十月又決
六一五	大德元年五月	河決祥符，發民夫萬餘人塞之
六〇八	八年五月	河溢祥符
五八八	泰定元年五月	河溢汴梁樂利渠，詔發丁夫六萬四千人築之
五八七	二年五月	河溢汴渠
五八五	四年六月	汴梁路河決
五六一	至正十一年夏四月	命賈魯爲總治河防使治之，冬十一月諸隄埽成河復故道
五三八	明洪武七年五月	河決開封隄
五三七	八年正月	河決開封大黃寺隄百餘丈，集民夫三萬塞之
五三一	十四年	河溢原武、祥符、中牟
五二九	十六年八月	河決開封東月隄，自陳橋至陳留潰流數十里，是月復決杞縣入巴河
五二五	廿年夏六月	河決開封城，自安遠門入，淹没官民廨宇甚衆

續表

民國紀元前	朝代年月	決口地及湮没情形
五二一	廿四年五月	河決原武東，經開封城北五里南行至項城，經潁州潁上東至壽州正陽鎮入淮，而故道復淤
五二〇	廿五年正月	河溢陽武縣溢入祥符等處十一縣
五一五	卅年秋八月	河溢開封城，按城三面受水將漫及軍儲，按先河決由府城北而東行，至是下流淤塞又決而至南也
五〇二	永樂八年五月八日	淫雨不止，黃河泛溢，壞開封舊城，被患者四千一百餘户，没田七千五百餘頃
四九八	十二年八月	河溢壞開封土城二百餘丈
四九六	十四年七月	河溢開封府十四州縣
四八八	廿二年九月	河決祥符、陳留諸縣
四八六	宣德元年	黃汝二河溢祥符、鄭州、中牟、陽武等九縣，湮没田廬無算
四八五	二年九月	河溢祥符、鄭州等處凡十縣
四七六	正統元年七月	河決開封堤岸傷稼
四六七	十年九月	河決金龍口陽穀堤及黑龍廟口，溢入祥符，湮没民田無算
四六四	十三年	河決滎澤溢祥符大堤，冲決汴河以塞，是年更溢滎澤，順流而下東至開封城西南，自是開封城在河北矣。至景泰四年引黃河東北入運河
四五七	景泰六年六月	河決開封府高門堤二十餘里
四五四	天順二年	河決没祥符等縣民田一千六百三十二頃
四五一	五年七月	秋七月河決開封城，水深丈餘，官民舍宇盡没
四三四	成化十四年三月九月	河決祥符縣杏花營。秋九月黃河水又冲決護城隄，居民被災者五百餘家
四二三	宏治二年五月	河決開封府黃沙岡蘇村等處，是時河復徙從城東北流
四二二	五年四月	河決汴梁之東，蘭陽、鄆城諸縣皆被其害，又決金龍口東，注潰黃陵岡下，張秋陳政督夫九萬治之

续表

民國紀元前	朝代年月	決口地及湮没情形
四二一	六年六月	河決黃陵岡，遣都御史劉大夏、太監李興、平江伯陳銳治之
三三五	萬曆五年八月	河決祥符劉獸醫口
三二五	十五年	夏秋淫雨河水泛瀾，又決劉獸醫口，溢於銅瓦廂荆隆口，淮黃合流
三二三	十七年夏	河決祥符劉獸醫口，又漫出李景高口，新堤被沖決，至十月塞之
三一一	二十九年	河決祥符槐疙疸岡
三〇六	四十四年	河決祥符狼城岡
二七六	崇禎九年	河決祥符黑岡，御史楊繩武治之旬日而竣
二七〇	十五年九月	李自成灌城，河決祥符城北門，出曹宋門，南入於渦
二六八	清順治元年六月	河自復故道
二六〇	九年	河決祥符朱源寨，自是全河北徙張秋運道沖斷
二五五	十四年六月	河決祥符槐疙疸岡，修隄禦之
二五二	康熙元年	河決祥符步李寨及中牟、陽武等七縣，田禾盡被淹没
二四五	八年六月	河溜頂衝祥符縣南岸程家寨隄工坍塌
二四〇	十三年六月	河溜復如八年頂衝程家寨堤工盡壞
一七五	乾隆四年	夏秋大雨，開封、歸德等六十餘縣渾爲巨浸，汴城中水積月不能退，巡撫尹會一奏浚乾河涯，以分上游水漲之勢，兼資宣洩開封，導入於渦，賜名惠濟
一六三	十六年	河決祥符步李寨
一五三	二十六年秋	沁黃並漲，水勢異常，漫決祥符內外堤十五處
一〇九	嘉慶八年	河決祥符六堡
九三	二十四年	河決祥符青堌堆水及護城隄內城濠皆滿，旋經堵塞
七一	道光二十一年六月	河決祥符三十一堡並灌城內，居民淹死甚多
五七	咸豐五年	河決蘭儀縣全河又復北徙，合濟水由利津入海

續表

民國紀元前	朝代年月	決口地及湮沒情形
四四	同治七年七月	河決滎澤縣房莊溢入祥符等縣
二五	光緒十三年	鄭州石橋漫決口，祥符尉氏等十數處皆被淹沒
中華民國	民國二十二年八月	黑岡口決口，幸經警兵搶護，得免大潰之患

第十一　龍尾車淺說

　　開封城東南之禹王廟，爲今河南第一區農林局辦事處所在地；門前有木製器物二，俗稱水龍，相傳爲前禹王治水器。以情理言，斯器如爲有夏遺物，距近數千年，當不能若是其完美；且禹王廟創建於明季，其器物又何得先數千年而已存。閒嘗考之，斯器名龍尾車，蓋用西法所製成之河濱挈水器。取名龍尾者，水象也，象水之委宛而上升也。其構造及功用，《農政全書》載之綦詳，茲依據該書說明如次。

　　龍尾車之構造，可分二部。其一爲器物之機身，軸牆圍等屬之；其他爲器物之屬件，樞輪架等屬之。軸爲機身中心的軸，以圓木爲之。軸長與軸徑，依二十五與二之比製之；即軸長一丈者，軸徑須八寸。軸之長短，又須依河岸之高低斷之，斷之之法，即設岸高與由機身着水處至岸之距離爲勾股，而以軸爲弦，由勾股求弦法計軸應有之長，如勾爲四，股爲三，則弦爲五；岸高九尺者，軸長當一丈五尺也。（此法同畢達哥拉氏定理，即由 $a^2+b^2=c^2$ 式以求 C 也。）牆爲束水之用，兩牆之間有螺旋之溝，機身轉動時，水可繞溝而上。製牆材料，以輕柔者爲佳；更以生漆和石灰瓦灰塗之，以防水濕及罅漏；牆之高不得超過軸長八分之一，上與軸接，下與圍合，合二倍牆高及軸徑之長，即爲機身之最大直徑。旋溝製法，係以軸長八分之一爲三角形之底邊，以八繩附臬法以求軸之中心線，並設軸心爲三角形之頂點而得多個等邊三角形；欲得若干旋溝，須分軸周爲若干等份，緣所有全等三角形某種對應邊之下部而牆之，即可得若干旋溝矣。中軸既立，旋溝既成，再削薄板而爲之圍，更以油漆塗之，機身之裝置即完成矣。

　　機身既成，再於軸之兩端各裝圓形鐵樞一具，使之置於架上。架爲木製或石製，其承軸之處，可以鐵環爲之。架有二，其一置水中，其一置岸上，架之大小高低，須依機身之大小與河水之深淺定之。機身之發動，可利用齒軸及齒輪爲之。齒輪及齒輪之裝置，一端連於機身，一端爲着力處。其接於機身者，可視地勢之高下及發動力之大小而爲數種形式，或置於軸之兩端，或置於樞，或置於圍之某部，均視其便。至齒輪與齒輪之齒數，可依發動力之大小及所欲得機身之轉動數爲之；欲機之轉動迅速，可使在機身之軸或輪體小而齒少，着力處之軸或輪體大而齒多；質言之，即着力處轉動器爲機身之轉動器齒數若干倍，則着力處轉動器一轉，機身可若干轉也。

　　龍尾車之水孔既爲螺旋形，當爲一種省力器械；復因齒輪與齒輪之連合關係，可用較小之力，而得較大之功。裝置既竟，而以人力畜力或其他力發動之，機身即隨之旋轉；當機身轉動時，水即由螺旋之孔入內，繞軸之周圍上升，以達於器外。故亢旱之時，可挈江河之水以灌田；陰雨之際，可挈田中之水以注河。聞豫北輝縣一帶，現尚有類似龍尾車之器械在使用焉。